本书属于国家社科基金重大项目
——梵文研究及人才队伍建设

A History of Indian Buddhism

印度佛教史

[印度] S. R. 戈耶尔(S. R. Goyal)著

黄宝生 译

中国社会科学出版社

图字：01－2018－4639 号

图书在版编目（CIP）数据

印度佛教史／（印）S. R. 戈耶尔著；黄宝生译．—北京：中国社会科学出版社，2020. 12（2023. 4 重印）

书名原文：A History of Indian Buddhism

ISBN 978－7－5203－4722－8

Ⅰ．①印…　Ⅱ．①S…②黄…　Ⅲ．①佛教史—印度　Ⅳ．①B949. 351

中国版本图书馆 CIP 数据核字（2019）第 141624 号

Originally published by Shankar Goyal for Kusumanjali Prakashan in 1987

出 版 人　赵剑英
责任编辑　史慕鸿
责任校对　石春梅
责任印制　戴　宽

出　　版　中国社会科学出版社
社　　址　北京鼓楼西大街甲 158 号
邮　　编　100720
网　　址　http://www. csspw. cn
发 行 部　010－84083685
门 市 部　010－84029450
经　　销　新华书店及其他书店

印刷装订　北京君升印刷有限公司
版　　次　2020 年 12 月第 1 版
印　　次　2023 年 4 月第 3 次印刷

开　　本　710×1000　1/16
印　　张　37. 25
字　　数　467 千字
定　　价　208. 00 元

目　　录

第一篇　背景和起源

第二篇　三宝

第三篇 历史

第四篇　佛教和印度文化

第五篇　衰落、消亡和复兴

第六篇　附录

序言一

佛教在时间和空间两方面具有漫长的历史。它的原始资料使用不同的语言，如梵语、巴利语、俗语、僧伽罗语、缅语、泰语、藏语、蒙古语、汉语、朝鲜语和日语。佛教的现代研究至少有二十种主要语言的出版物。想要编撰一部没有缺漏的书目或书目概述是困难的。即使如此，不可否认需要有确切的和自古迄今的概述。学生或学者能从一部出色的概述中获益。正因为如此，数十年来，不同的学者反复编撰这样的概述。他们根据不同的观点编撰，代表佛教研究的不同阶段。这样，里斯·戴维斯（T. W. Rhys Davids）不仅出版他的研究成果如论著、巴利语词典、校刊本和译文，也在涉及广泛领域的美国和希伯特讲座中总结巴利语佛教研究现状。这些讲座不仅总结，也解释学说和实践，其观点主要依据后期僧伽罗语传统和当时风行的比较宗教研究方法。里斯·戴维斯夫人（Mrs. C. A. F. Rhys Davids）在她的敏锐的研究中质疑依靠后期巴利语传统。她发表于《家庭大学丛书》的总结中，采取一种特殊的宗教史视角。霍纳小姐（Miss I. B. Horner）能干地继续她的老师的工作。欧洲大陆的佛教研究开始更重视藏语、梵语和汉语资料，倾向于集中研究后期部派和大乘。普善（Louis de la Vallée Poussin）、拉莫特（Étienne Lamotte）、舍尔巴茨基（Stcherbatsky）和弗劳沃尔纳

(Frauwallner) 表明这些研究的繁荣。结合校勘的翻译是这种研究工作的核心。普善和舍尔巴茨基也依据特殊的哲学观点撰写一些著名的总结。拉莫特和弗劳沃尔纳也撰写历史。拉莫特的印度佛教史尽管具有广度和令人钦佩的精细，但无意将佛教与印度社会和文化背景结成一体。另一方面，弗劳沃尔纳将佛教哲学放在一种更大的语境中，类似舍尔巴茨基。然而，舍尔巴茨基和弗劳沃尔纳都对佛教哲学的社会前提和含义缺乏兴趣。日本佛教学者中，在国外最著名的是中村元 (Hajime Nakamura)。他最近编撰的印度佛教书目概述是一部颇下功夫和学识渊博的杰作，其中的书目解释显然有助于解决任何想要总结佛教研究现状的人遇到的困难。无论如何，人们应该感谢中村元教授提供这样一部总结。

戈耶尔 (S. R. Goyal) 教授提供的《印度佛教史》是另一部概述著作，但有所不同。他既不企图提供对这个课题的个人印象，主要兴趣也不在书目上。他的观点是历史批评家的，讨论印度佛教史及其在印度文化中的作用问题。不像大多数佛教学者，他的兴趣主要不是文献的或文本的，也不是哲学的或意识形态的。他的兴趣是提供和批判地讨论印度古代历史在它的社会、文化和知识方面的重要主题的发展。不像通常的佛教学者，戈耶尔教授主要是一位通晓印度古代历史复杂和微妙之处的历史学者。他对印度佛教史的说明，卓绝之处在于其基本特色依靠印度历史学者先前的著作，而非依靠境外不同国家流行的不同的佛教研究的学术传统，虽然他对它们也了解。

戈耶尔教授首先讨论佛教起源的复杂问题。奥登伯格 (Oldenberg)、里斯·戴维斯夫人和其他学者包括我本人已经讨论过这个问题的一些方面，但是，近些年来的研究情况似乎表明人们对这个问题缺少兴趣。或许其中的一个原因是通常的专业分类倾向于安排吠陀和佛教学者在不同的部门。此外，似乎大多数佛教学者发现难以在全盘怀疑和巴利语正统，或者非历史的哲学和非哲学的历史之间掌握“中道”。如果不完整研究佛陀时代之前印度的精神和社会发展，便不可能理解佛教的起源。无论如何，必须明白如果忽视社会历史，将是一个明显的错误，而忽视精神经验相对的自主性，或忽视观念史的作用，甚至是一个更大的错误。

佛教的扩展、结集和帝王赞助的作用，戈耶尔教授也予以充分讨论。古代佛教具有一种惊人的生命力。部派的复杂代表阿育王时代名副其实的思想骚动。阿育王本人也不是一个“局外人”。他的法（dhamma）回响着《义品》（Aṭṭhakavagga）和《彼岸道品》（Pārāyaṇavagga）的讯息，令人想起在《大般涅槃经》（Mahāprajñāpāramitāśāstra）中的引文。

大乘的兴起也是一个困难的问题，至今没有形成定论。社会和精神经验的变化和观念的交集肯定形成大乘兴起的背景。作者清楚地解释大乘和小乘的基本区别和大乘兴起的一般意义。佛教的衰亡问题也蒙上迷雾，虽然对此已经有过许多思考。在所有这些方面和其他有争议的问题，戈耶尔教授都对各种主要观点作出出色概述，并进行批评性讨论。

戈耶尔教授这部著作中尤其值得推荐的部分是勾勒佛教的社会、历史和政治观念的不同方面以及寺院和教育制度。这部分可以说相当具有原创性和学术个性。这部著作甚至涉及现代印度的佛教状况，还有许多涉及好几个重要问题的附录。

戈耶尔教授这部著作的视域是全面的，讨论是评价性的和精细的。表述是清晰的和系统的。信息是广泛的和自古迄今的。他令人敬佩地适应社会需求，在一卷著作中用历史的观点对印度佛教作出可靠的概述。我确信这门学科的学生和学者会发现这部著作作为这门学科的导论和随手查阅的参考书大有裨益。

般代（G. C. Pande）
拉贾斯坦、斋浦尔和阿拉哈巴德大学前校长
阿拉哈巴德，1987 年 7 月 8 日

序 言 二

佛教是沙门传统的一个分支。它的早期源流可以追溯到公元前两千多年，是印度文化的重要组成部分。好几种争论集中围绕沙门传统的性质和古老性。沙门的历史和哲学的许多问题还难以获得令人满意的解决，虽然几十年来学者们作出不懈的努力。甚至沙门(śramaṇa)这个词的词源和原义都不能获得令人满意的解释。

正如希腊的 telos 和吠陀的 caraṇa，似乎 śramaṇa 原初是一种游荡者传统。源自印欧语系的 klem > kram = śram，沙门的原义，samaṇa是一个游荡者。这从《百道梵书》的好几个段落得到证实，在那里，词根 śram 的动词形式与 car（“移动”）配搭，如 śrāmayantaśceruḥ（1. 2. 5. 7，1. 6. 2. 3，1. 5. 3. 3 等），śrāmyam = cacāra（1. 8. 1. 7，1. 8. 1. 10，25. 1. 3，3. 9. 1. 4，11. 1. 6. 7 等）。《游荡赞》(《泰帝利耶梵书》8. 15）中的一首诗清楚地提供这种意义：

asya sarve pāpmānaḥ
śrameṇa prapathe hatāḥ

所有他的罪恶通过
在路上游荡而灭除。

其中的 śrama 意谓“游荡”。

śrama 与游荡联系也见于《梨俱吠陀》少数颂诗，如 śramayuvaḥ padavyuḥ，即一个步行的游荡者。

为了确定 śramaṇa 的含义，研究印欧语系中的同源语很有用。粟特语的 šmn 或 šrmn，于阗语的 ṣṣmana，古典希腊作者的 sarmanoi，都意味佛教比丘，确实是后期借用俗语 samaṇa。斯拉夫语的 šamana 意味祭司、医生、巫师和驱邪的人可能是，也可能不是早于俗语的词。但是，吐火罗语 A 的 samam 和吐火罗语 B 的 samāna，两者意味“行动者”（有别于吐火罗语在佛教比丘意义上的 šaman 一词），肯定是早于俗语的用词。在伊朗语传统中，帕提亚语 cam（“跑动”）和波斯语 canīdan（“跨步”）可以联系亚美尼亚语的 cemaran，贝利（Bailey）译为游荡者集会，以及 cemkan（祭司）。

在这个语境中，芬兰－乌戈尔语族的 shaman 一词在祭司的意义上很重要。乔吉（Aulis J. Joki）已经充分研究芬兰－乌戈尔语族和印度－伊朗语族之间词汇的相似性。苏联学者阿巴耶夫（V. I. Abayev）和阿西诺夫（M. S. Asinov）也在这方面作出进一步研究。试图依据语言、语音和语法特点对这两个语族互相接触的编年史研究，赫莫特（J. Hermatta）已经发表许多成果。贝利也提到雅利安语与芬兰－乌戈尔语族之间词汇相似性。这些词汇互相借用无疑表明可能在前于《梨俱吠陀》时期的很早阶段印度雅利安语和芬兰－乌戈尔语族之间的接触。依莱亚德（Mircea Eliade）和斯泰尔（Fritz Stall）近年来竭力将斯拉夫地区的萨满教与早期印度文化相联系。我们在这里不可能详细讨论他们提供的证据。

这首先表明 śramaṇa 是一个游荡者。其次，游荡被认为是一种宗教实践。最后，这是最重要的，śramaṇa 实践流行于原始吠陀时期。

沙门（śramaṇa）具有一种不同于其他印欧语系中的游荡者群体的形象。像 śramaṇa 一样，吠陀的 caraṇa 源自词根 car（“移动”），最初是一个吠陀游荡者的组织。但是，不像 śramaṇa，吠陀的 caraṇa 崇拜各种天神。他们吁请诸神，向他们供奉祭品。在原初的 caraṇa 中，祭祀由祭司（hotā）履行简单的仪式，吁请天神和供奉祭品。

吠陀文献表明 caraṇa 的发展有三个阶段：原始义当然是游荡者群体，其次的含义是一起游荡和居住，即确立暂时的聚居地，崇拜各种天神。这样，在《梨俱吠陀》（9.113.8）中，一个祈求者希望居住在神圣的 caraṇa（“游荡者群体”）中，维婆斯婆多王统治的天国领地中。在后期文献中也提到神圣的 caraṇa。在《百道梵书》（4.4.4.5）中，在完成祭祀后，受邀的众天神遣散他们各自的 caraṇa（vyavasṛjati yatra yatra yeṣām caraṇam）。还有，在这部梵书（4.4.4.17）中，提到楼陀罗的 caraṇa 越过摩遮凡山。

然后，caraṇa 表示敬拜和祭祀天神的特殊方式。在好几处，说到“如同天神的习惯，凡人也是这样”（yadvā vai devānām caraṇam tadvā manuṣyāṇām）。应该注意到，这种说法出现在规定各种小型祭祀仪式的语境中。这些宗教实践代代相传。“一位仙人祈祷：‘如果在祭祀仪式（caraṇam）中记忆（smṛti）失灵，出现疏漏，火神啊，请保护我们！’”（《阿达婆吠陀》7.3.1）

最后，caraṇa 转变成吠陀集会中的祭司，诵习和教导各种吠陀传本。

注意到拉丁语词根 colore = 梵语 car，从游荡转变成聚居地，最后转变成崇拜，与 caraṇa 的词根 car 从游荡转变成聚居地，最后转变成崇拜诸神平行，也是有趣的。

如同拉丁语的 colore 和梵语的 car，希腊语的 telos 也源自印欧语系的 quel，它的派生义是人民、祭司群体、入会仪式以及社会和神秘仪式。莱赫曼（Wilfred P. Lehmann）指出："如果 telos 反映早期的人民甚至部族的用词，我们在 telestos 中有这类组织的残留痕迹，入会者，祭司。……相关的形式如 telete，即'神圣的祭供'和它的复数形式，即伴随有神秘仪式的'节日'，支持这种解释。"（《原始文化中的语言音变证据》，见《印欧语言和印欧人》，第9页）

莱赫曼简要地指出的这一点需要详细说明。我们会在别处讨论这个问题。总之，可以说 telos 原初表示早期希腊的游荡者组织。为准许入会者举行入会仪式。如同 caraṇa，它最后转变成举行社会和神秘仪式的祭司群体。

这样，caraṇa，游荡者（colore）—聚居地—崇拜，游荡者组织（telos）—祭司群体（telestos），表明从原初的游荡者向崇拜天神者的转变过程。共同的传统祭神仪式是这些组织的基础。

转回到沙门（śramaṇa）传统，我们可以指出，在《阿达婆吠陀》（11.1.30）中，提到可能前于梨俱吠陀的三种古老的宗教传统。"人们通过游荡（śrāmyataḥ）、煮食（pacataḥ，即供给祭司饭食）和榨苏摩汁（sunvataḥ）登上天国之路。"当然，榨苏摩汁无疑是在伊朗人、印度人和在亚加亚曼尼亚铭文中提到的塞种人流行的早期雅利安人传统。《梨俱吠陀》（4.33.11）中偶尔提到游荡传统，"除非完成游荡训练者，否则不能成为天神的同伴"（na ṛte śrāntasya sakhyāya devāḥ）。这个观念在《泰帝利耶梵书》（33.3）也有反映："因陀罗是游荡者的朋友，你就游荡吧！"（indraiccarataḥ sakhā caraiveti）因此，《梨俱吠陀》颂诗中的 śrānta（"游荡者"）应该解释为梵书这半行诗中的carataḥ的意义。可以注意到这首诗的含义是赞扬游荡实践，开头提到 āśrānta，即完成游荡（śrama）训练的人。"光荣不属于没有完成游荡训练的人。"（na anāśrāntāya śrīrasti）

原初的沙门传统除了游荡外，还以梵行和苦行为特征。在巴利语文献中，梵行（brahmacariya）几乎是沙门性（sāmanya）或沙门（smaṇa）的本质的同义词。这首诗表达获得沙门性，常常出现在尼迦耶中，如《中尼迦耶》（2，第66页）：

khīnā jāti vusitam brahmacariyam
katam karanīyam nāparam itthattāyā

生已灭寂，梵行完成，
所作已办，不受后有。

还有，批判邪说，说是如果邪说被认为是正确的，那么，我们就不得不接受荒谬的做法，甚至没有梵行，也能获得沙门性。

“我们两个，一个修习梵行，一个不修习梵行，而同样获得沙门性。想到这样，他抛弃修习梵行。”（ubhopi mayam ettha samasamā sāmañña patta …… tasmā brahmacariyā nibijja pakkamehi，《中尼迦耶》，2，第101—123页）

里斯·戴维斯以及伯鲁阿（B. M. Barua）追随他，认为“沙门或比丘群体源自梵行者”。至少可以很有把握地断定梵行是沙门修行的最本质部分。在这方面，戈耶尔博士正确地注意到《阿达婆吠陀》中的梵行者崇拜。

比丘的实践确实与梵行相联系。比丘（bhikkhu）这个词一般译为托钵僧（mendicant）。mendicant 源自 mendicus（“穷人”）和 mendus（“受责备者”），而 mendicant 是行乞的穷人和受责备者。另一方面，比丘（bhikṣu）希望分享（bhikṣu 是 bhaj 即“分享”的派生词）大地的产物，因为大地实际上也属于他。《阿达婆吠陀》（11.5.9）中说“这个广阔的大地和天空，梵行者首先用作乞食

(bhikṣā)”。

游荡（śrama）的实践与苦行（tapas）关系紧密。在《阿达婆吠陀》(4. 35. 2，6. 133. 3，10. 7. 36 等）中有好几处，游荡（śrama）和苦行（tapas）连用。此外，从活命派到佛教的各种派别，显然是沙门传统发展的第二个阶段，苦行被不同程度地接受为修行的核心行为，由此表明它们形成原始沙门传统的一部分。

沙门在这个词的真正意义上是苦行者，源自 askein，即通过折磨身体的方式进行自我修炼。苦行者（ascetic）这个词源自希腊语 askētikos，拉丁语 asceticus，意谓身体训练，askēsos（Strabo，15. 1. 61）是一种宗教实践。苦行（tapas）同样表示通过折磨身体的方式自我修炼。意味苦行的 tapas 不应该与意味热的 tapas 混淆。这是同音词，含有不同的意义，源自不同的词根。tapa 作为折磨，与古斯拉夫语 tep（“打击”，BSOAS，26，1963）、巴列维语 tapāh kartan（“毁灭”）和现代波斯语 tabāh（“毁坏”）相联系。当然，我们不能在这里详细讨论这个词在《梨俱吠陀》中的全部使用范围，但我们偶尔可以注意到 tapana（《梨俱吠陀》10. 34. 7）是一种折磨人的工具，类似刺棒（aṅkuśa），能刺进（nikrutvāna）肉、伤害（nitodana）身体。在另一首颂诗（10. 33. 2）中，tap 用于表示老鼠咬肉。

在《梨俱吠陀》中，几乎没有苦行或折磨身体作为宗教实践的证据。然而，在《阿达婆吠陀》中，苦行被认为是通向精神实现之路。当然，在原始的沙门传统中，苦行是一种重要的成分。

原始的沙门传统是前于梨俱吠陀雅利安人的传统。不像其他印欧人的游荡者（caraṇa 和 telos），它既不与天神，也不与任何仪式相关。它也没有经典文献。可以肯定地说，它以梵行和苦行为特点。沙门僧团包含老师和他的学生，像哲人那样持续讨论关于真实的问题，乞食和随处游荡。

与以神为中心的游荡者（caraṇa 和 telos）相比，沙门组织围绕称为阿罗汉（arhata）和祖师（tīrthaṅkara）的导师发展。

arhata 源自梵语词根 arh > 印欧语词根 algu，主要是产生经济意义的词，如希腊语 alphe-alphano、伊朗语 arjah 和梵语 argha，都意谓价值和有价值的。与这相关联，有一连串词表示有价值的和值得尊重的意义。

但是，在早期阶段，可能在印度－伊朗人阶段，arhata 这个词或它的同源词获得一种宗教含义。

在《梨俱吠陀》中，arhata 这个词一般表示值得崇拜的和值得尊敬的，而特殊地表示火（Agni，或火神），是履行祭拜天神职责的人类祭司的原型。这样，devān = yajatu = agniḥ arhan（2. 3. 1，"让火成为 arhan，祭拜诸神"），或者，īlito manasā no arhan = devān = yakṣi mānaṣāt = pūrvo（2. 3. 3，"你是 arhan，比人类祭司更古老，我们心中渴望祭拜诸神"）。

arejī这个词源自 areg = arh，这是 arhat 的阿维斯陀语形式，出现在《耶斯纳》（Yasna，53. 9）中，dus varenais vaeso rāstī narepis arejis（"随同异教徒，仇恨导致谴责值得尊敬者"）。巴托罗迈（Bartholomae）在他的《词典》（第 34 页）中，指出这些 arejī是预言家和他的学生。塔罗波雷瓦拉（Taraporewala）告知我们在瑣罗亚斯德波斯人中有个家族名为 arjānī，意谓"信仰者"。

在巴利语和半摩揭陀语中，阿罗汉（arhat）是一个觉悟者，类似预言家的精神导师。佛音（Buddhaghoṣa）在《如是语经注疏》（Itivuttaka aṭṭhakathā）中提供一个想象的词源，但也使他的含义变得清晰：arhatā……saṃsāra cakkas arāṇam hatattā（"阿罗汉毁灭轮回的轮辐"）。同样，在《达婆拉注释》（Dhavalāṭikā）中，将 arhat 解释为 arihananād（"由于杀死表现为污垢的敌人"）而称为"阿罗汉"（arihanta）。

这样，这个词的古老可以追溯到印度－伊朗人时期，沙门传统几乎接受它的阿维斯陀语含义，虽然俗语和巴利语语法家和注释家已经忘却它的原始意义。这本身就具有历史意义。

像阿罗汉（arhat）一样，祖师（tīrthaṅkara）一词也是历史悠久。源自词根 tṝ，taraṇe 或 tīrth 的原始意义是浅滩或桥梁。虽然在吠陀文献中没有明显提到，但桥梁在各种印欧语传统中已经变成一种重要的精神象征。我们可以从最早的拉丁语语法家瓦罗（M. T. Varro）说起，他活跃在公元前二世纪。他解释大祭司（pontifices）的词源和原始义，说这个词最初意谓架桥者。他接着说“通过他们，即 pontiffs，首先在桥墩上架桥，同样由他们反复修缮。与此相联系，在台伯河两边举行规模不小的仪式”（De Lingua Latina，5. 83）。这座木桥在罗马旁的台伯河上，由马修斯（Ancus Marcias）建造，这是历史事实。伴随架桥举行一个隆重的仪式。古典语文学家正确地观察到这座桥在这里象征这个世界联系下一个世界的通道。尽管如此，这种仪式属于建造台伯河上这座物质的桥。

在阿维斯陀神话中，经常提到分界（cinvalā）桥。在《阿维斯陀》中，琐罗亚斯德（Zoroaster）报告阿胡拉·马兹达（Ahura mazdā）说：“我将引导他们崇拜你，我将与他们一起通过分界桥。”（《耶斯纳》46. 10）

值得注意的是琐罗亚斯德负责护送马兹达崇拜者通过分开两个世界的桥。伊朗学学者相信分界桥神话前于琐罗亚斯德，而被这位预言家采纳。

在《梨俱吠陀》中，没有提到这样的分界桥。但是，在奥义书中有好几处出现分界桥的观念。例如，《歌者奥义书》（8. 4. 1）中，atha ya ātmā sa setur vidhṛti lokānām asaṃbhedāya（“现在，这个自我是桥，为了保持这些世界不分离”）。奥义书中的分界桥观念也是后期在外来影响下引进的。无论如何，这是像琐罗亚斯德这样的预言家保障从这个世界通过这座桥。祖师、架桥者或制造浅滩者都可以比拟这样的预言家。

总之，祖师（tīrthaṅkara）概念是非吠陀和前于吠陀的概念。因为它见于大多数沙门派别中，可能是原始沙门传统的一部分。

阿罗汉－祖师（arhata-tīrthaṅkara）在沙门传统中的重要性不能过分强调。他只是与吠陀游荡者（caraṇa）中的祭司和天神共享崇高的地位。吠陀祭司引导祭拜天神，而祖师将追求者引向他自己或他自己的教导。几乎是面对一条死胡同，阿罗汉祖师通过他的教导保障追随者们前进，越过这个苦难的世界。

在吠陀领域中，只有奥义书接受教师（guru）的重要性，但也是与天神共享基座。“对待老师像对待天神”（yathā deve tathā gurau，《白骡奥义书》6.23），与琐罗亚斯德教的祭司（ṛtvik）相同：“祭司像全能的天神”（yathā āhu vairyo athā ratus）。

这里，我们可以指出沙门传统的另一个重要特点，即再生理论。它“在佛陀时代，几乎被这个国家整个文明地区的普通人普遍接受”，而与吠陀的死后说（eschatalogy）不相容。普善（Poussin）提出它是“一种野蛮人的思辨”，查特吉（S. K. Chatterjee）提出“它证明原始南方人的影响”。这些看法都已被正确地抛弃。我可以指出再生理论令人想起希腊传统中流行的命运律（thesmos te Adrasteias）。在讨论命运律时，苏格拉底被说成观察到“一个灵魂转生为哲学家，或爱美者，或音乐家，或爱自然者，第二个灵魂转生为执法的国王或好战的统治者”等等（《寓言集》，公元前248年）。

人们感到惊奇，是否再生理论流行在某些印欧人分支中，并由原始沙门带进印度，时间在梨俱吠陀的婆罗多族、俱卢族和其他族进入这个国家的西部地区之前。

总之，这些原始沙门是雅利安种族的游荡苦行者，他们在前于吠陀时期迁徙印度。

说沙门传统是《梨俱吠陀》中耶提（yati）和牟尼（muni）的苦行和非仪式主义实践的继续，这种理论是依据十分可疑的和后期的证据。

在公元前八世纪前后沙门传统发展的第二个阶段，对立的沙门和婆罗门同时发展，反映在后来的阿育王铭文和巴利语文献中。虽然在钵颠阇利的《大疏》（Mahābhāṣya，2.4.9）中，提到沙门和婆罗门的永恒敌对（yeṣām śāśvatiko virodhaḥ），而在巴利语文献中，没有发现经常提到或暗示这种互相的敌对。在经藏中有好几处批评婆罗门实践（《增一尼迦耶》中的《婆罗门品》），这也是事实。但是，复合词沙门婆罗门（samaṇa-brāhmaṇa）只是表示他们是两类精神导师，几乎没有任何区别。例如，在《长尼迦耶》（8.5.25）中，说东方、南方、西方、北方和下方分别象征父母、老师、儿子和妻子、朋友和亲戚、奴仆和侍从，而上方表示沙门和婆罗门。对立出现在梵书时期。《爱多雷耶梵书》提到当时出现的一种争论。它围绕比较两种生活方式的重要性：（1）禁欲和苦行的游荡者采取的生活方式，（2）依据婚姻和农耕的定居生活。因陀罗（Indra）乔装成一个婆罗门鼓励罗希多（Rohita）王子持久游荡，在这过程中宣说游荡哲学。因陀罗说：

我已经听说，罗希多啊！
光荣属于完成游荡的人，
停留在人群中间是罪恶，
游荡者是因陀罗的同伴。

他进而鼓励罗希多：

幸运随他坐下而坐下，
幸运随他站起而站起，
幸运随他躺下而躺下，
幸运随他行走而行走。

我们也可以注意到因陀罗以同样口吻诵出这首诗：

游荡者会发现蜜汁，
发现甜美的无花果，
他想到光辉的太阳，
也是永不疲倦游荡。

针对这种游荡者哲学，那罗陀（Nārada）仙人宣说定居生活的哲学，抚养家庭，举行祭祀。他在同样的狗尾（Śunaḥśepa）传说中说：

父亲生下儿子，
看到儿子的脸，
他便还清债务，
也就获得永生。

那罗陀否定禁欲和苦行实践，接着说：

儿子是装备精良的渡船，
污垢和羊皮衣有什么用？
长头发和苦行有什么用？
婆罗门啊，求取儿子吧！

那罗陀反复强调说："对于一个没有儿子的人，整个世界变得空虚。"人们在这里可以找到传统的游荡生活与依据兴起的农业和永久的乡村定居生活之间的斗争。伴随这种经济结构的变化，是游牧生活和社会生活展现的两种价值体系的紧张关系。持久的游荡者关注自己与自然的斗争，想要超越世俗生活的束缚和限制及其种种弊端。社会与他无关，因此不进入他的哲学思考。他首先关心的是通过苦行方式斩断世俗生活。

社会有它自己的世界观。在前于社会的阶段，人在宇宙等级体系中无足轻重，与野兽和植物差不了多少。"人确实像林中的一棵树"（《大森林奥义书》3.9.28），这是处在社会之外的人的看法。打破宇宙等级体系，放在社会背景中，人变得无限重要。他占据舞台的中心。因为人在社会中，主要的价值与社会义务和责任相联系，即偿还对祖先、圣人和天神的三种债务。

沙门是与游荡者团体一起游荡的优秀游荡者，讨论关于世界真实的本体论问题，实行禁欲生活。另一方面，婆罗门是履行社会义务和责任的家主的典范。因此，沙门和婆罗门形成对立。

吠陀人社会的形成和永久的乡村定居生活，将社会的人推到前面，而使传统的游荡者处在边缘地位。这里，社会的人面对孤独的人。孤独主要不是身体意义上的孤独，而是在精神背景中，他撤出社会，进入自己的意识深处，理解他自己的存在。在身心两方面生活在社会边缘，他主要关注人的意识的性质。对于他，人的意识的内在统一，超越身体、生命和心理方面，远比通过梵（brahman）的概念表达的宇宙意识的外在统一更重要。因此，焦点从早期吠陀时代的梵转移到后期的自我（ātman）。

这样，实际上我们发现三种价值体系：沙门强调世界的罪恶和短暂无常的特点。婆罗门主要关心社会义务和责任。奥义书关注人的意识的性质。

戈耶尔教授以批评的方式全面地讲述这个故事，展现种种迷人的景观，确实值得我们赞美。关于佛教的不同方面，有好几部著作，但是，涵盖整个领域——哲学、宗教、国家和社会，概述从佛教产生前直至现代的历史，这样的一种权威性著作是人们盼望已久的。戈耶尔教授提供这样清晰、全面和批评性的叙述，确实赢得学者和一般读者的感激。我肯定这部著作会成为今后几十年的标准参考书。

帕塔克（V. S. Pathak）

戈罗克普尔大学古代历史、文化和考古系前教授和主任

戈罗克普尔，1987 年 8 月 15 日

序 言 三

对于学术界，不需要对戈耶尔教授进行任何介绍。他已经作出具有持久价值的重要贡献。他令人钦佩地综合与最优秀的科学学术传统相关的所有品质。他十分熟悉这个课题的大量文献，具有难得的把握原始资料的能力。他对于一个论题的各种可能的问题具有细致分析的天赋。逻辑的表达，材料的系统化，总之，观察问题的新颖和创造性思路使他的出版物成为最标准的著作。

戈耶尔教授的研究涉及广泛的领域。他出版的著作包括有政治史、铭文学、古文字学和古币学等。近些年来，他一直关注印度宗教史研究。这导致他深入研究漫长的佛教史中各种有争议的问题。经过长期搅拌提炼佛教史材料，如今产生呈现为本书的学术奶油。

佛教产生于印度。它是佛陀天才的礼物。但是，它也是它自己时代的产物。它提供一些传统的遗产，同时，也对一些观念、实践和现实作出反应。在漫长的发展过程中，佛教受到印度以及其他许多亚洲国家社会的新情况影响。在这个过程中，它深刻影响这些国家的民众生活，同时，为了适应这些民众的社会、文化和精神需求，它也经历了相当大的变化。

像任何其他宗教，佛教不可能局限于精神、神学和哲学问题的狭隘领域。它必须对信徒们迫切关心的其他许多非宗教问题表达意见。甚至佛陀也必须对社会、经济、政治制度和现实敞开思想。由于它的漫长历史和覆盖许多国家和民众，佛教比其他任何宗教更具有文化特色。

专家们常常不太注意佛教具有广阔的维度。他们集中在佛教的宗教观念和实践的历史。而戈耶尔教授将佛教作为一个整体的文化现象进行研究。这帮助他展现完整的佛教，而避免任何片面的反映。

为了准确呈现佛教的历史视野，戈耶尔教授从分析佛教的背景和起源开始。考虑到近些年来人们试图在铁犁的引进和城市化发展这些物质文化的革命性变化中追溯佛教的起源，这样的概述具有特殊的意义。戈耶尔教授选择依照佛、法和僧三宝呈现佛教。他依据佛教本身强调的重点，忠实于这种宗教本身的规范和结构，而避免强加给佛教任何其他外在的模式。戈耶尔教授勾勒从早期佛教第一次结集到怛特罗佛教出现的佛教史。他恰当地强调结集的作用、各种部派的出现、转化为大乘和最后转化为怛特罗佛教。佛教的扩展史中包含有对帮助取得这种成功的因素的分析。戈耶尔教授在具有丰富多样性的印度文化的广阔背景中研究佛教。虽然过去也有个别方面的某些研究，但在这里，关于佛教给予印度文化一个特殊方面的影响和丰富了文化表现的不同领域，我们第一次获得一种完整的评价。佛教作为一种文化运动，其完整的个性获得清晰、客观和忠实的呈现，令人赞赏。我愿意特别提到戈耶尔教授重视佛教在社会哲学、政治思想、历史学、历史哲学和教育领域的突出贡献。为了使他的研究连接现代，戈耶尔教授一直叙述到安贝卡尔（Baba Saheb Anbedkar）发起的新佛教运动。对于阿那伽利迦·法护（Anāgārika Dharmapāla）和印度摩诃菩提协会（Mahābodhi Society）的奉献的介绍会引起现代读者兴趣。对于造成佛教衰落和消亡的各种因素作出的透彻和审慎的分析也有很大价值。

九个附录增添这部著作的学术价值。它们论述佛教史上一些重要而有争议的问题。它们有助于拨开笼罩在佛教史上一些著名人物名字周围的迷雾。其中一个附录关注印度古币上的佛教象征物和佛陀形象。

我肯定对于那些想要获得关于佛教及其历史和丰富的文化遗产的可靠论述的读者，本书将会成为他们手头必备的藏书。

罗兰吉·戈波尔（Lallanji Gopal）
贝拿勒斯印度教大学古代印度历史、文化和考古系教授
贝拿勒斯，1987 年 7 月 11 日

作者自序

面对如此大量的研究印度佛教方方面面的文献，不仅有英语的，还有世界其他各种语言的，我们着手撰写一部印度佛教史，可以认为是一个过于自信和大胆的冒险行为。但是，一些考虑说明值得作出这种努力。首先，没有一部英语的，也可能是其他语言的著作，全面论述印度佛教史，从它的起源直至现代表现为安贝卡尔的新佛教运动的复兴，或许除了有一些极其简单的供公众阅读的一般性质的小册子。本书或许是第一部详尽的印度佛教史著作，涵盖我国佛教的所有历史阶段，从佛陀之前的佛教观念的起源直至它现在在我国宗教境域中的地位。其次，本书论述印度佛教的发展，不仅依据传统的思路——佛陀的生平和教导，佛教僧团和戒律的建立和发展，前四次佛教结集，各种部派的兴起，大乘和怛特罗佛教的起源和发展，在那烂陀遭劫后佛教的消亡，以及近几十年来部分的复兴，而且也论述佛教在印度文化中的地位。本书试图将佛教作为印度总体历史和文化发展的一部分加以研究，勾勒它对印度文化各方面的影响和贡献——哲学、艺术、文学、教育、政治思想和社会哲学等等。这样的思路可能不见于其他的印度佛教史著作。最后，本书不仅叙述印度佛教史中的主要事件，我们也希望进行批评和分析，依据原始资料，同时也采纳有关研究的最新成果。精明的读者会注意到在讨论各种论题时，我们已经批评性地充分引用最新的研究著作和论文。因此，我们相信我们的努力会有益于佛教研究学者以及古代印度文化和宗教研究学者。

在准备这部著作时，我得到许多人的积极鼓励和帮助。我的弟弟古普特（S. K. Gupta）博士，斋浦尔的拉贾斯坦大学历史和印度文化系助教，撰写了第十九章中的印度艺术部分，同时我的儿子商迦罗·戈耶尔（Shankar Goyal）硕士撰写了几篇附录（2、3、7、8和9）。我感谢他们两位。

般代教授、帕塔克教授和戈波尔教授为本书写了序言。我深受他们三位的恩惠，因为他们各自的文稿本身就是学术研究，照亮和详细说明佛教研究中的许多难点。我衷心感谢这三位大师。

我也感谢古苏摩贾利出版社热情而迅速地出版这部著作。在编制索引和参考书目等工作中，我得到我的女儿维遮耶希利·戈耶尔和儿媳阿尔卡·戈耶尔的大力帮助。她们两位值得我祝福和赞美。

我尤其要感谢我的妻子古苏姆·戈耶尔和儿子商迦罗·戈耶尔的帮助。他们两位始终督促我及时完成这部著作，为我提供他们能提供的任何一种方便。我铭记他们对我这次冒险能获得成功所作出的贡献。

对于本书和护封中的照片，我要感谢新德里国家博物馆的各位领导。

本书中古代文字采用的转写方式可以用以下这些例子说明：cāṇḍāla、jñāna、tṛṣṇā、saṃskāra、īśvara、śaṅkara、ṭhākura、pīṭha和 yaśaḥpāla。而现代的国名、地名和人名的拼音一般不添加符号。

书中的疏漏舛误之处，敬请富于同情心的读者谅解。

戈耶尔（S. R. Goyal）

缩略语

AB/Ait. Brā　Aitareya-Brāhmaṇa（《爱多雷耶梵书》）

ABORI　Annals of the Bhandarkar Oriental Research Institute（《班达卡尔东方研究所年鉴》），Poona

AIK　The Age of Imperial Kanauj（《曲女城帝国时代》），ed. by R. C. Majumdar and A. D. Pusalker

Ait. Upa　Aitareya Upaniṣad（《爱多雷耶奥义书》）

AIU　The Age of Imperial Unity（《帝国统一时代》），ed. by R. C. Majumdar and A. D. Pusalker

ĀMMK　Āryamañjuśrīmūlakalpa（《文殊师利根本仪轨经》）

AN　Aṅguttara Nikāya（《增一尼迦耶》）

APP　Aṣṭasāhasrikā Prajñāpāramitāsūtra（《八千颂般若波罗蜜经》）

AV　Atharveda（《阿达婆吠陀》）

BCA　Bodhicaryāvatāra（《入菩提行论》）

BEFEO　Bulletin de L'Ecole Francaise D'Extreme Orient（《法国远东学院学报》）

BMC, AI　Catalogue of Coins of Ancient India（in the British Museum）（《英国博物馆藏印度古代钱币目录》），by John Allan

BMC, GD　Catalogue of the Coins of the Gupta Dynasties and of Śaśaṅka, king of Gauḍa（in the British Museum）（《英国博物馆藏笈多王

朝和设赏迦王钱币目录》），by John Allan

Br̥. Upa　Br̥hadāraṇyaka Upaniṣad（《大森林奥义书》）

BSOAS　Bulletin of the School of Oriental and African Studies（《东方和非洲研究院学报》），London

CA　The Classical Age（《古典时代》），ed. by R. C. Majumdar and A. D. Pusalker

CHI　Culture Heritage of India,（《印度文化传统》），4 Vols.，或者，Cambridge History of India（《剑桥印度史》），依据语境

Ch. Upa　Chāndogya Upaniṣad（《歌者奥义书》）

Corpus　Corpus Inscriptionum Indicarum（《印度铭文集成》），Vol. 3，by J. F. Fleet

DKM　Decline of the Kingdom of Magadha（《摩揭陀国的衰亡》），by B. P. Sinha

DPPN　Malalasekhara's Dictionary of Pāli Proper Names（《巴利语专名词典》）

Dh　Dhammapada（《法句经》）

DHI　Development of Hindu Iconography（《印度图像的发展》），by J. N. Banerjea

Dha　Dhammapada Aṭṭhakathā(《法句经义释》）

Dhs　Dhammasaṅgiṇī(《法集论》）

EI　Epigraphia Indica（《印度铭文》），Delhi

EHI　Early History of India（《印度早期历史》），by V. A. Smith

EHNI　Early History of North India（《北印度早期历史》），by S. Chattopadhyaya

ERE　Encyclopaedia of Religion and Ethics（《宗教和伦理百科》）

GST　Guhyasamāja Tantra（《秘密集会怛特罗》）

HC　Harṣacarita（《戒日王传》）of Bāṇa

HD History of Dharmaśāstra (《法论史》), 5 Vols., by P. V. Kane

HIG A History of the Imperial Guptas (《笈多帝国史》), by S. R. Goyal

HIL A History of Indian Literature (《印度文学史》), by M. Winternitz

HK History of Kanauj (《曲女城史》), by R. S. Tripathi

HNEI The History of North-Eastern India (《东北印度史》), by R. G. Basak

IA Indian Antiquary (《印度文物》), Bombay

IC Indian Culture (《印度文化》), Calcutta

IHQ Indian Historical Quarterly (《印度历史季刊》), Calcutta

JA Journal Asiatique (《亚洲杂志》), Paris

JAHRS Journal of the Andhra Historical Research Society (《安得拉历史研究学会杂志》), Rajamundry

JAIH Journal of Ancient Indian History (《印度古代历史杂志》), Calcutta

JAOS Journal of the American Oriental Society (《美国东方学会杂志》), New Haven

JASB Journal and Proceedings of the Asiatic Society of Bengal (《孟加拉亚洲学会会刊》), Calcutta

JBORS Journal of Bihar and Orissa Research Society (《比哈尔和奥里萨研究学会杂志》), Patna

JBBRAS Journal of the Bombay Branch of the Royal Asiatic Society (《皇家亚洲学会孟买分会杂志》), Bombay

JBHU Journal of the Banaras Hindu University (《贝拿勒斯印度教大学杂志》), Varanasi

JIH Journal of Indian History (《印度历史杂志》), Trivandrum

JNSI Journal of Numismatic Society of India (《印度钱币学会杂志》), Varanasi

JOI Journal of Oriental Institute (《东方研究所杂志》), Baroda

JRAS Journal of the Royal Asiatic Society of Great Britain and Ireland (《大不列颠和爱尔兰皇家亚洲学会杂志》), London

JRASB, L Journal of the Royal Asiatic Society of Bengal (《孟加拉皇家亚洲学会杂志》), Letters, Calcutta

Kh. Khandha (《犍度》)

Kh. N Khuddaka Nikāya (《小尼迦耶》)

Kv. Kathāvatthu (《论事》)

Kv. A Kathāvatthu-aṭṭhakathā(《论事义释》)

Life The Life of Hiuen-Tsiang (《大慈恩寺三藏法师传》), by S. Beal

Lv. Lalitavistara (《神通游戏》)

MASI Memoirs of the Archaeological Survey of India (《印度考古报告汇编》)

Mbh. Mahābhārata (《摩诃婆罗多》)

MBT Minor Buddhist Texts (《短篇佛经集》), 2 Pts., ed. by G. Tucci

MIC Mohenjodara and the Indus Civilization (《摩亨焦达罗和印度河流域文明》), by John Marshell

MN Majjima-Nikāyo (《中尼迦耶》)

MP Milinda Pañho (《弥兰陀问经》)

MSS Mahāyānasūtrasaṃgraha (《大乘佛经集》), Vol. 1, ed. by P. L. Vaidya

Mvg. Mahāvagga (《大品》)

Mvu. Mahāvastu (《大事》)

NHIP　A New History of the Indian People（《新编印度人民的历史》），Vol. 6，ed. by R. C. Majumdar and A. S. Altekar

Num. Chron.（NC）　Numismatic Chronicle（《钱币编年》）

Nnm. Suppl.（NS）　Numismatic Supplement（《钱币补编》）

Origins　Studies in the Origins of Buddhism（《佛教起源研究》），by G. C. Pande

PHAI　Political History of Ancient India（《印度古代政治史》），by H. C. Raychaudhuri

PIHC　Proceedings of the Indian History Congress（《印度历史大会论文集》）

PJ　Prāchī Jyoti（《东光》），Kurukshetra

POC　Proceedings of the Oriental Conference（《东方学会议论文集》）

PRHC　Proceedings of the Rajasthan History Congress（《拉贾斯坦历史大会论文集》）

PTS　Pali Text Society（巴利圣典学会）

Rāmā.　Rāmāyaṇa（《罗摩衍那》）

RE　Rock Edicts（岩石铭文）

Record　A Record of the Buddhistic Religion as Practised in India and Malay Archipelago（A. D. 671—695，《南海寄归内法传》），by I-tsing

Records　Buddhist Records of Western World（《大唐西域记》），by S. Beal

RHAI　A Religious History of Ancient India（《印度古代宗教史》），in two Volumes，by S. R. Goyal

RPV　Religion and Philosophy of the Veda and Upaniṣad（《吠陀和奥义书的宗教和哲学》），2 Vols.，by A. B. Keith

RV　Ṛgveda（《梨俱吠陀》）

ŚB　Śatapatha Brāhmaṇa（《百道梵书》）

SBE　Sacred Books of the East（《东方圣书》）

SI　Select Inscriptions Bearing on Indian History and Civilization（《印度历史和文明铭文选》），Vol. 1，ed. by D. C. Sircar

SN　Saṃyutta Nikāya（《杂尼迦耶》）

Sn.　Suttanipāta（《经集》）

Studies　Studies in Vedic and Indo-Iranian Religion and Literature（《吠陀和印度－伊朗宗教和文学研究》），by K. C. Chattopadhyaya，2 Vols.，ed. by V. N. Mishra，或者，Studies in the Buddhist Culture of India（《印度佛教文化研究》），by L. M. Joshi（2nd ed.），依据语境

TA　Taittirīya Āraṇyaka（《泰帝利耶森林书》）

TB　Taittirīya Brāhmaṇa（《泰帝利耶梵书》）

Travels　On Yuan Chwang's Travels in India（《大唐西域记》），by T. Watters

Upa.　Upaniṣad（《奥义书》）

Vm.　Visuddhimagga（《清净道论》）

Vin.　Vinaya Piṭaka（律藏）

YV　Yajurveda（《夜柔吠陀》）

第一篇　背景和起源

第一章

前吠陀和吠陀背景

一　史前和印度河流域宗教遗产

印度宗教观念的史前先兆

语言古生物学和考古学只能告诉我们一点儿史前印度社会的宗教观念。然而，我们很容易想象在那时人类的生活依靠狩猎，如果人类有任何超自然的想法，其构想必定会与他们的狩猎活动相联系。正因为如此，我们相信崇拜兽主为父亲神远早于崇拜体现繁殖力的母亲女神。后者的流行可能在男人从事农耕和饲养家畜之后，因为这两种活动依据繁殖现象。

这样，在史前时期，产生父亲神（与狩猎相联系）和母亲女神（与繁殖力相联系）的观念。甚至今日，在整个印度都能发现各种与农耕和饲养家畜相联系的民间仪式和节日。也有许多地方性的神和女神，其中一些没有融入古典印度神和女神的大序列中。“毫无疑问，这种现代民间宗教，大部分是极其古老的，含有最早的新石器－铜器时代定居和拓展的特征。”① 但是，几乎不可能将其中的古代成分和后期的增加作出区分。

---

① Allchins、Bridget 和 Raymond，The Birth of Indian Civilization，第 309 页。

印度河流域文明

在公元前三千纪下半叶，印度文化缓慢的发展中突然涌现壮观的印度河流域文明，也称为哈拉巴（Harappa）文化。印度河流域文明的先兆是俾路支山脉村庄遗址即纳尔（Nal）文化、马克兰海岸至印度河三角洲西部遗址即古利（Kulli）文化以及拉贾斯坦和旁遮普地区河流沿岸的一些乡村共同体遗址。俾路支和信德的村庄遗址出土大量赤陶女性小塑像，一般认为是女神①。在这些乡村文化之后，印度河流域文明包括其所影响的地域，不仅有印度河灌溉的旁遮普和信德平原，也有北部拉贾斯坦和格提亚瓦尔地区。它们在时间和空间上都表明具有高度的文化一致性。它们的城市依靠农村的剩余物产维系，不仅表明一致性，而且体现高水平的城镇规划。印度河流域文明的创造者还不能确定他们的种族，也不知道他们的语言。奥钦斯（Allchins）指出，无论怎么不可能，其创造者有两种选择：或者是印欧族人或印度 - 伊朗族人，或者是达罗毗荼族人②。然而，恰托巴底亚耶（K. C. Chattopadhyaya）③ 和般代（G. C. Pande）④ 坚持认为，就我们目前的知识而言，将其创造者归诸吠陀雅利安人或认为它晚于吠陀时代，肯定是不切实际的⑤。吠陀文化达到顶点在佛陀时代，这是毋庸置疑的⑥。碳-14 年代测定法几乎已经作出结论，运用 MASCA 校正，印度河流域早期和成熟

① Piggot, S. , Prehistoric India，第 4 章。

② Allchins、Bridget 和 Raymond，The Birth of Indian Civilization，第 157 页。

③ Chattopadhyaya，Studies，2，第 41 页以下。

④ Pande，G. C. ，Studies in the Origins of Buddhism，第 252 页。也参阅 Pusalker，The Vedic Age，第 197—198 页；Sarup，IC，4；Goyal，RHAI，1，第 14—15 页。

⑤ 正是在佛陀时代，早期的或吠陀的奥义书编撰结束，随后不久摩诃钵德摩难陀（Mahāpadmananda）终结吠陀部落君主制。

⑥ Allchins、Bridget 和 Raymond，The Birth of Indian Civilization，第 139—140 页。

期大约分别属于公元前3200年至公元前2200年和公元前2700年至公元前2100年，而晚期哈拉巴属于公元前2100年之后①。

印度河流域文明的宗教

印度河流域文明的发现彻底改变了我们对印度宗教史的观察，因为现在可以确定印度教的一些基本观念和一些原始信仰以及与非正统意识形态相关的看法，都可以追溯到这种雅利安人之前的前吠陀文化。毋庸置疑，印度河流域的人民属于多神信仰，已经达到拟人化，他们采用拟人化和非偶像两种形式崇拜他们的神祇。

然而，他们的万神殿是以男性神为主，还是以女性神为主，颇有争议。按照马歇尔（Marshall），是以女性神为主②，而按照夏斯特里（Shastri），则以男性神为主③。印度河流域文明中的母亲女神崇拜，依据在它的各个遗址（除了罗达尔遗址）出土的赤陶女性小塑像而得到证实。在印度河流域文明中出土的刻有各种与母亲女神崇拜相关情景的印章也进一步证实这一点④。例如，在哈拉巴出土的一枚椭圆形印章上，在右边表现一个裸体的女性，身体倒立，两腿分开，从她的子宫长出一株植物。另一枚印章可能是刻画一个树女神。从这棵树的树叶可以认出是无花果树（aśvattha）。在莫亨焦达罗和哈拉巴也发现有大量环形石头，直径从一英寸至近四英尺。

---

① Lal，B. B. 和 Gupta，S. P.（eds.），Frontiers of the Indus Civilization，Delhi，1984，第359页；Agrawala，D. P.，The Archaeology of India，London，1982。早期马歇尔（Marshall）将印度河流域文明定在公元前3250—前2750年，迦德（Gadd）定在公元前2350—前1700年，惠勒（Wheeler）定在公元前2500—前1700年（Allchins、Bridget 和 Raymond，The Birth of Indian Civilization，第140页）。塔帕尔（Thapar，Recent Archaeological Discoveries，Unesco，1985，第50页）定在公元前2500—前1700年。

② Marshall，MIC，1，第48页以下。

③ Shastri，K. N.，Sindhu Sabhyatā kā ādikendra——Harappā，第73页。

④ RHAI，1，第17页以下。

马歇尔正确地猜测这些可能表明女阴（yonī），即女性生殖器官，象征母性和繁殖力。同时，在同一遗址发现它们与阳物（phalli，按照班纳吉的说法，它们如此逼真，以致不可能作出别样解释①）并列，表明难以否定马歇尔的猜测。

马歇尔假设在印度河流域宗教中存在一位伟大的男性神，并正确地认为是后期湿婆的原型。奥钦斯也认为一些受崇拜的石头偶像，也可能是庙宇，用于祭拜同一位神祇②。在一系列印章上发现这位神祇的最有意义的表现。在莫亨焦达罗发现其中的一枚（麦盖伊排序第420）表现为瑜伽姿势——莲花座（padmāsana）或龟座（kūrmāsana）③，具有湿婆手印（mudrā）中的眼睛形态④。他坐在一张低矮的座位上，两侧有鹿（鹿座）。他的双臂伸展，佩戴有许多手镯⑤，双手放在膝上。他佩戴一连串项链，头上有一对犄角，与一个高耸的扇形头饰会合。他的阳物勃起，有三张脸（或四张脸），周围有丛林动物（右边有象和虎，左边有犀牛和水牛）。在象鼻下面有一个人形。莫亨焦达罗印章上刻画的这位男性神究竟是哪一位，颇有争议。塞勒道尔（Saledore）猜测他是火神⑥。遮耶薄伽梵（Jayabhagavan）⑦ 和许多耆那教历史学者⑧相信他是一位耆那

---

① DHI，第169页。

② Allchins、Bridget 和 Raymond，The Birth of Indian Civilization，第311页。

③ Banerjea（同上书，第159页）描述为龟座，而 Pusalker 称之为莲花座（The Vedic Age，第190页）。

④ Pande，G. C.，Studies in the Origins of Buddhism，第256页。Wheeler（The Indus Civilization，第64页）怀疑眯缝的眼睛的意义。

⑤ 按照 K. N. Shastri，双臂由蜈蚣组成，但这是错误的。参阅“舞女”塑像，她的左臂佩戴许多手镯。在西部拉贾斯坦和信德，整个手臂佩戴手镯是流行的时髦。

⑥ Dandekar 转引，Rudra in the Veda，第42页。

⑦ Anekānta，10，第433—456页。

⑧ Mehta，M. L.，Antiquity of Jain Culture，Marudhara Kesarī Muniśrī Miśrīmalaji Abhinandana Grantha，第3页。

教阿罗汉。佛教学者乔希（L. M. Joshi）猜测他是一位密教成就师（siddha）的原型（还有著名的青铜“舞女”塑像是怛特罗瑜伽女的原型[①]）。夏斯特里（K. N. Shastri）认为他是一位身体的各种器官由各种动物构成的神，虽然他的构想与楼陀罗（Rudra）神相似[②]。然而，按照苏立凡（H. P. Sullivan）[③]，这位神不是男性，而是女性。但是，如今绝大多数学者，如 G. C. 般代和莫雷斯（Moraes）和丹德卡尔（P. N. Dandekar）等都同意马歇尔的观点，认为这位神是后期湿婆的原型[④]。夏斯特里（K. A. N. Sastri）对此表示怀疑，虽然他承认瑜伽的古老[⑤]。我们也认为马歇尔看来是正确的，即相信与这位神相联系的大部分特征见于后期的湿婆，通常被描写为三张脸（或四张脸，trimukha 或 caturmukha）、兽主（Paśupati）和瑜伽王（yogīrāja），坐在鹿座上。他的特殊武器（āyudha）是三叉戟（triśūla），这或许与头上三个尖端的犄角头饰有某种关联。

在第 420 等印章上刻画的这位有三个尖端头饰的神暗示后期湿婆的原型，这一点根据其他许多因素而强化。首先，在往世书印度教中，湿婆以人的和阳物的形式受崇拜。现在，正如我们在上面看到的，在印度河流域各个文化遗址发现许多石刻阳物。印章上的这位神阳物勃起表明它们与印章上刻画的这位神有联系。其次，湿婆与蛇类联系紧密。在一枚印章上，表现蛇类与这位以瑜伽姿势坐在座位上的神在一起。印度河流域人

---

① PIHC，1964，第 115 页以下。

② Shastri，K. N.，Sindhu Sabhyatā kā ādikendra——Harappā，第 78、83 页。

③ History of Religion（Chicago），4，No. 1，1964，第 115—125 页。

④ Pande G. C.，Studies in the Origins of Buddhism；Dandekar，Rudra in the Veda，Poona，第 42 页以下；Moraes，Dandekar 转引，第 43 页；Wheeler，M.，The Indus Civilization，1976，第 103 页。

⑤ CHI，2，第 65—67 页。

民崇拜一位湿婆的原型，也崇拜一位母亲女神。这位女神在往世书宗教中表现为性力（Śakti）和湿婆的妻子。这个事实也指明同一方向。

总之，正如费尔舍维斯（Fairservis）所说，难以忽视印度河流域具有的一种宗教性质。从个人的出生至死亡，人们能察觉其踪迹。林伽（liṅga，阳物）崇拜的证据，刻画孕育，刻画从女神子宫长出植物，在哈拉巴发现罐中的林伽，表现动物祭乃至人祭，所有这些明显暗示与生育和繁殖力相关。雕刻品暗示的正规列队、沐浴仪式和祭司，使用犄角头饰，偶像的成分，“吉尔伽美什”（Gilgamesh）母题，所有这些证明与各种迄今不充分明了的力量相联系的神话和仪式的复杂性。

印度河流域文明与此后印度宗教传统的联系

印度河流域宗教从未完全灭绝。这种宗教的许多特征在后来的吠陀时代以及此后时代的印度宗教传统中得到再现。首先，印度河流域宗教对印度宗教中的偶像崇拜作出贡献。它对于吠陀雅利安人是某种新事物。同样，采取诸如阳物和女阴这种崇拜形式对神祇崇拜在印度教中如此普遍，也是印度河流域宗教的贡献。其次，女神几乎不是吠陀宗教的产物①，因此，她们作为重要的神祇出现在往世书印度教中，也应该认为是印度河流域宗教影响的结果。最后，印度河流域宗教对大神概念的贡献，可以确信这种概念与后来的湿婆共享许多特征：三张脸、阳物勃起、瑜伽王和兽主。他被构想成人的，也可能是阳物的形式，与蛇（nāga）、公牛（vṛṣabha）和犄角，也可能与三叉戟相联系。他或许被认为是弓箭手和舞王。他几乎也可能被认为是母亲女神的

---

① RHAI，1，第67页。

丈夫和兄弟①。因此，在后期吠陀和吠陀之后的时代中，楼陀罗－湿婆和母亲女神概念的衍化主要是印度河流域宗教影响的结果。在印度河流域人民中的瑜伽知识也极其有意义，是对印度教的主要贡献之一。在某种程度上，至少是间接地，奥义书、佛教和耆那教思辨的源头可以追溯到印度河流域时期。数论（Sāṃkhya）的两种永恒的本原——阳性的原人（Puruṣa）和阴性的原初物质（Prakṛti）也不是绝对不可能受到印度河流域宗教父亲神和母亲女神崇拜共存的影响。“这可能显得自相矛盾，印度河流域文明传递给后继者一种持久的形而上学，而完全没有传递它达到顶峰的物质文明。”② 按照 G. C. 般代，印度河流域文明提供印度文化两方面的证据——入世法（pravṛtti dharma）和出世法（nivṛtti dharma）。在母亲女神崇拜中，人们能觉察到创造原则崇拜，即对具有繁殖力的大地母亲和自然的崇拜，这在整个古代世界属于入世的宗教。同时，对坐在兽类中间的兽主的崇拜，显然提示一种出世的瑜伽传统③。总而言之，毫无疑问，在哈拉巴文化的宗教中，有大量的成分延续并塑造此后的印度教观念和体制。

二 吠陀宗教传统

吠陀文献编年

在印度河流域文明衰亡后，主导印度舞台的吠陀雅利安人的宗教可以从他们的文献中获知。一般说来，梵语文献可以分为两大类：吠陀的和非吠陀的（或吠陀之后的）。本集（Saṃhitā）、梵书（Brāhmaṇa）、森林书（Āraṇyaka）和奥义书（Upaniṣad）被包括在

---

① RHAI，1，第24—29页。

② Wheeler，The Indus Civilization，1976，第95页。

③ Pande G. C.，Śramaṇa Tradition，Ahmedabad，1978，第6页。

吠陀文献中[①]，而经书（Sūtra）、律书（Smṛti）、史诗、古典文学、哲学著作、注疏和手册，这些属于吠陀之后的文献。现在无人怀疑《梨俱吠陀》是最古老的雅利安人文献。尽管普遍认同这种观点，而对于其可能的年代则观点不一。马克斯·缪勒（Max Müller）确定为约公元前1200年。他的观点十分流行，尤其是在西方印度学家中间，虽然惠特尼（Whitney）提出公元前2000年至公元前1500年为最古老的颂诗时期[②]。应该记住的是，在古代世界，从印度到欧洲，没有见到哪里的印欧人（吠陀雅利安人是它的一个分支）早于公元前2000年。例如，巴比伦的卡西特人，安纳托利亚的赫梯人，希腊的迈锡尼人，都出现在公元前两千纪初。因此，印度雅利安人的出现和《梨俱吠陀》的起始不可能早于公元前2000年。另一方面，它不可能晚于这个年代很多，否则，在公元前1400年的波卡兹科易文献中出现的吠陀神名就变得不可理解。这样，印度雅利安人的出现和《梨俱吠陀》的起始在公元前2000年，与考古学、吠陀语文学、古代印度史和西亚史的证据达成一致[③]。关于吠陀文献的上限，一般能正确地相信完成于公元前六世纪。然而，可以再次强调指出，吠陀文本互相重叠，以致《阿达婆吠陀》的起始被认为几乎与《梨俱吠陀》同样早（虽然其中大部分晚于《梨俱吠陀》的大部分），而《梨俱吠陀》的目前形式也被认为包含最晚期的吠陀文献材料[④]。

---

① 关于吠陀文献，参阅 Max Müller, History of Ancient Sanskrit Literature (reprinted 1968); Weber, History of Indan Literature (reprinted 1961); Macdonell, History of Sanskrit Literature (reprinted 1962); Winternitz, History of Indian Literature, 1 (reprinted 1972)。

② 详细的讨论参阅 RHAI，1，第47页以下。

③ Pande G. C.，Studies in the Origins of Buddhism，第252页。

④ Chattopadhyaya，K. C.，Studies，2，第16—24页。

在近些年，乔希（L. M. Joshi）[①] 试图证明吠陀文本出现于很晚的年代。他的观点需要略加讨论，因为它们与佛教观念的起源和古老性有直接关联。乔希猜测公元前 1400 年著名的波卡兹科易铭文中提到的米坦尔人的神祇代表伊朗人和印度雅利安人“尚未分离的”雅利安人的历史阶段。这些神祇后来（即公元前 1400 年之后）出现在吠陀雅利安人的万神殿中。他认为“吠陀文献传统的起始可以安排在约公元前两千纪中叶哈拉巴文化衰亡之后的一些世纪”。《夜柔吠陀》的《泰帝利耶本集》不晚于公元前 600 年。梵书可能编撰于公元前八世纪和公元前五世纪之间，虽然好几种梵书的晚出部分可能增添于佛陀之后的一世纪。没有确凿的证据可以将甚至最古老的奥义书定在佛陀之前的年代。《大森林奥义书》、《歌者奥义书》的出现或许能安排在公元前五世纪，但其他的奥义书，即《泰帝利耶奥义书》、《伽陀奥义书》、《由谁奥义书》、《爱多雷耶奥义书》、《憍尸多基奥义书》、《剃发奥义书》、《疑问奥义书》和《白骡奥义书》或许“属于公元前三、四世纪”。《摩诃那罗延奥义书》、《弥勒奥义书》和《蛙氏奥义书》“属于公元一世纪”，即到达贵霜王朝时代[②]。这位佛教学者渴望确定吠陀文献可能的最晚年代，与他一心想要证明与佛教相联系的观念和体制的古老和深远影响相匹配。他奇怪地猜测[③]遮那迦牟尼佛和他的后继者迦叶佛（非常晚出的过去佛构想）完全可能是真实人物，出现在公元前 900 年和公元前 800 年。他处处提出奇怪的设想：与佛教观念或体制哪怕只有模糊相似的每种观念或体制都必定是这种宗教影响的结果，因此都晚于佛陀的年代。他似乎认为雅利安人除了祭祀崇拜外，没有

---

① History of Punjab，Patiala，1977；Brahmanism，Buddhism and Hinduism，Kandy，1970。

② History of Punjab，第 142—152 页。

③ Joshi，L. M.，in Buddhism，Patiala，1969，第 2 页。

任何实质贡献。他甚至试图推定后来怛特罗佛教成就师依随的密教实践极其古老，以致他认为莫亨焦达罗出土的著名兽主印章上刻画的男性神是“密教成就师的原型”，以及在同一遗址出土的著名青铜“舞女”塑像是“怛特罗瑜伽女的原型”①。我们认为如果有人将沙门观念追溯到吠陀和印度河流域文明，这十分合理。然而，如果有人试图证明印度河流域文明中存在怛特罗成就师传统，实在是太过分。这只能说明这是处心积虑想要证明印度宗教传统中的一种特殊派别的古老性。认为《梨俱吠陀》起始于公元前两千纪中期之后若干世纪以及所有吠陀奥义书构成于公元前五世纪之后，某些在贵霜王朝，这种理论也代表同样的心理状态。众所周知，约公元前400年，随着摩诃钵德摩难陀终结吠陀刹帝利王朝，吠陀时代终止。现在，整个北印度由首陀罗（śūdra）和弗拉底耶（vrātya，“无种姓者”）出身的统治者支配。甚至佛陀时代的政治状况也明显晚于奥义书中反映的政治状况。奥义书中提到迦尸是独立的王国，阿湿瓦波提、遮那迦和波罗瓦赫那·遮瓦利等国王肯定远早于公元前六世纪。而北比哈尔由跋祇人和离车人统治时，迦尸已经不再是一个独立的国家。奥义书中的遮那迦无论如何不可能晚于格拉罗·遮那迦，后者的垮台导致毗提诃国的君主制的解体和跋祇国的共和制的确立，这必定早于佛陀时代一个多世纪。奥义书中的阿阇世王明显属于贝拿勒斯著名的梵授王朝，其统治时期也早于佛陀时代。奥义书的语言明显晚于《梨俱吠陀》的语言，但同时早于古典梵语，其中能发现许多波你尼时代之前的较古的习惯用语。其中有大量接近梵书的散文，因此肯定能认为其早于佛陀和波你尼时代②。实际上，除了《弥勒奥义书》和《蛙氏奥义书》，没有哪部早期的或吠

① Joshi，L. M.，Proto-historic Origins of Esoterism in India，PIHC，1964，第115—120页。

② The Vedic Age，第471页。

陀的奥义书能安排在吠陀之后时期①。罗易乔杜里（Raychaudhuri）②确定《摩诃婆罗多》大战年代的论点显然是错误的，而乔希为了证明奥义书晚出而加以滥用。按照这种论点，《商卡耶那森林书》中提到的古那克亚·商卡耶那间隔乌达罗迦·阿鲁尼只有两代，间隔般度族阿周那的孙子继绝七代或八代。罗易乔杜里将古那克亚·商卡耶那放在六世纪③，设想每位族长的平均跨度为三十年，将继绝放在公元前九世纪。但是，他忘却《大森林奥义书》、《世系梵书》和《阇弥尼奥义梵书》也含有这些世系序列名单，其中的族长共有四十或四十多代。因此，如果这些名单中的乌达罗迦·阿鲁尼只早于公元前六世纪两代，那么，这些名单中的最后一代，由此这些文本的最后构成时间，必须放在一千年之后，即在笈多王朝时代。这就成了一种荒谬的主张。

梨俱吠陀宗教的一般特征

尽管如此，很明显《梨俱吠陀》的主要部分的产生时间早于后期本集和梵书一些世纪，虽然《梨俱吠陀》的某些部分可能出现很晚④。因此，《梨俱吠陀》或早期吠陀时代的宗教氛围不同于中期吠陀时代（即后期本集和梵书文本）的宗教氛围。接着，中期吠陀时代又不同于后期吠陀时代或奥义书时代的宗教氛围。

吠陀宗教（包括《梨俱吠陀》以及后期本集和梵书）的一个显著特征是实用性和功利性。那些诗节虽然富有诗性，而同时意味供家庭祭司或歌手在祭祀仪式上吟诵或吟唱。祭司进行祈祷，提供

---

① The Vedic Age，第 471—472 页。

② Political History of Ancient India，第 35 页以下。

③ 原文如此，似应为公元前六世纪。——译注

④ Chattopadhyaya，Studies，2，第 24 页。“我们应该认为《梨俱吠陀》本集目前形式中包含有从最早到（几乎是）最晚时期的吠陀文献资料。”

祭品苏摩酒或凝乳，转而期望诸神给予祭祀者回报，诸如长寿、兴旺、牲畜和尚武的儿子等。按照布卢姆菲尔德（Bloomfield）的说法，“坦率的、无条件的交换成了公认的动机”①。

吠陀宗教是坦率地入世或现世的（pravṛtti mārgī）。它给予崇拜者或家主的保证不是永生（amṛtatva）或天国（svarga），而是长命百岁、兴旺和尚武的子孙，总之，一切现世的享乐。征服敌人、摆脱疾病和丰富的饮食似乎是吠陀雅利安人最渴望的目标。提到永生或与天神同住天国的情况是十分稀少的。

吠陀宗教的另一个特征即本质上是祭司的宗教②。祭司在祭祀仪式中享有非常重要的地位。他们是王公们和诸神之间的调解者。他们用祈祷和祭品抚慰和取悦诸神，诸神仿佛实际参与人类的战斗，使受恩宠的一方获胜。有时，双方武士祈求同样的神帮助，而诸神帮助他们恩宠的一方战胜另一方。这里似乎呈现这样的精神观念：凡受天神支持的人获得成功或胜利。

吠陀宗教是社会上层的宗教。它的前提条件是相当规模的家业、富裕的家主和大量的资财，许多祭司毫不羞于索取丰厚的酬金。它肯定不同于民间的宗教或穷人的宗教。后者采取谦卑的仪式，依靠巫师和医师，这在《阿达婆吠陀》和家庭经（Gṛhyasūtra）中有所描述。

梨俱吠陀的祭祀

吠陀宗教本质上是祭祀（yajña）的宗教。崇拜者吟唱祷词，向神供奉祭品，期望神回报恩惠，满足他们的愿望。这样，正如前面提到的，它是神和人之间互相给和取的关系。主要有两类祭祀。

---

① Bloomfield，Religion of the Veda，第 184 页。

② Keith，A. B.，The Religion and Philosophy of the Veda and Upanishads，第 55 页。

（1）家庭祭（Gṛhyakarmāṇi）：《梨俱吠陀》中某些颂诗是在出生、结婚或其他日常生活喜庆场合、葬礼、祭祖以及求取牲畜成群和谷物丰收的仪式上用作祝福词和祷词。这些仪式称为家庭祭，属于最简易的祭祀，即向火中投放牛奶、谷物、凝乳或肉食。

（2）天启祭（Srauta）：这类祭祀尤其与崇拜因陀罗有关的苏摩酒祭相联系。它们只能由贵族和富人（maghavan）以及国王举行。天启祭要求比较宽广的祭祀场地，设置三个祭坛（citi），点燃三堆祭火，由四位主要的祭司带领一群祭司代表祭祀者（yajamāna）举行许多繁琐复杂的仪式，由此他们也接受祭祀者慷慨的酬报（dakṣinā）。祭祀者本人无需操劳。那些阿波利（Āpri sūkta）颂诗表明动物祭。那首原人（Puruṣa sūkta）颂诗不是描述实际的人祭，而完全可能只是保留对人祭的记忆。

梨俱吠陀诸神

人性化的梨俱吠陀诸神同样具有人的弱点，明显被认为容易接受奉承和礼物。一顿丰盛的饭食就能赢得神的恩宠。《梨俱吠陀》中也提到谢恩祭品。期望回报是人们提供祷词和祭品的主要动机。然而，在《梨俱吠陀》中，祭祀仍然只是一种影响诸神恩宠祭祀者的手段。这样的观念还没有得到发展：只要崇拜者掌握正确的手段，就能控制诸神①。

梨俱吠陀诗人对看似神秘的、强大的自然力量的运作深感惊奇。这种运作的不可解释的神秘性几乎使这些自然力量带有一种“超自然”特性或神性。他们将这些自然力量看作是神的威力，将各种自然现象看作是人格化存在的行为②。因此，梨俱吠陀仙人

① The Vedic Age，第381页。

② 关于吠陀诸神性质的各种观点的综述，参阅R. N. Dandekar，Vedic Religion and Mythology，Journal of the University of Poona，No. 21，第1—53页。

（ṛṣi）的宗教在初期本质上是一种多神教。其中，自然力量被神化为诸神，受到崇拜。

可能在印欧时期产生了拟人化的天神概念，如提奥（Dyaus，天空神）、密多罗（Mitra）或双马童（Aśvin）①。因此，梨俱吠陀的诸神被构想为人，具有超自然力量的人，摆脱了死亡，但仍然受缚于生，类似处在家庭关系中的人。然而，吠陀诸神缺乏希腊诸神的鲜明人格，也不像希腊男神和女神那样，通常很容易看出吠陀诸神的拟人化形态只是蒙在他们的自然成分上的一层薄纱。

在吠陀诸神中见到的拟人化程度极其多样。在一些例举中，始终呈现实际的成分。例如，水确实是女神，也是可以饮用的。女神乌霞（Uṣā，黎明女神）被描写成美丽的少女，但也表现为自然的朝霞。太阳神苏尔耶（Sūrya）是天空的儿子，但始终保持太阳的自然形态，妨碍了它的拟人化形态的发展。火神阿耆尼（Agni）也遇到同样的情况，从未真正摆脱火的自然成分。

另一方面，因陀罗（Indra）是或多或少摆脱作为神的概念所由产生的自然现象的诸神之一。或许吠陀仙人已经不记得他们所象征的自然成分。伐楼那（Varuṇa）更是失去了他的自然成分的痕迹。双马童也已经失去他们源于自然的任何迹象。

在讨论诸神形态问题时（atha ākāracitatanam devātānām），耶斯迦（Yāska）说有三种不同观点：诸神具有人的形态，诸神不具有人的形态，诸神部分具有和部分不具有人的形态。这一事实是吠陀诸神没有获得充分人格化的又一证明。

大多数吠陀自然神被正常地构想为人形，同时也有一些神被构想为兽形。奥登伯格（Oldenberg）断言在早期宗教中，兽形神的

① Keith，A. B.，The Religion and Philosophy of the Veda and Upanishads，第58页。

构想比人形神更常见。但基思（Keith）认为这种理论得不到证实①。记载中的兽形神只有两种：独足山羊（Aja ekapād）和深水蛇（Ahi budhnya）。

除了那些重要的自然神的具体形象外，还有一些具有特定功能的神，虽然他们也被构想为自然力量。这类神中的典型例子是田野神（Kṣetrasyapati）和室内神（Vāstoṣpati）。这种思维态势的进一步发展，便产生诸如愤怒和语言这类没有任何直接的具体背景的神。这类神还可以提到沙维特利（Savitṛ）、达特利（Dhatṛ）、德拉特利（Trātṛ）和德瓦湿特利（Tvaṣṭṛ），分别执掌推动、创造、保护和制作②。

对天上、空中和地上的自然现象的崇拜有别于对尘世对象或动物的崇敬。这些尘世对象或动物据信充满着在一定条件下适用于一定目的的神的精神。祭司崇拜他们的祭祀用具，诸如压榨石、祭柱和诸神应邀入座的圣草，被猜想在祭祀期间充满着神的精神气息。在《梨俱吠陀》中有一处，一位诗人说道："谁出十头牛买我的这个因陀罗，等他战胜了他的仇敌，再把它还给我。"③ 按照基思的说法，这里意味某种因陀罗偶像，或者是一种粗糙的拟人画像，或者是一种更粗陋的物件。而更可能的是后者，因为直至吠陀时期结束，没有以其他方式暗示有神的塑像④。

三 中期吠陀时代的宗教

《娑摩吠陀》、《夜柔吠陀》和《阿达婆吠陀》这三部本集和大

① Keith, A. B., The Religion and Philosophy of the Veda and Upanishads, 第61页。

② 同上书，第65页。

③ 《梨俱吠陀》4.24.10。

④ Keith, A. B., 同上书，第68页。

部分梵书成书时期可以称为中期吠陀时代。它大约处在《梨俱吠陀》本集主体部分成书时期和奥义书成书时期之间。《梨俱吠陀》本集和《阿达婆吠陀》本集中的晚出部分在这个时期继续进行。森林书成书于从中期吠陀时代向后期吠陀时代即奥义书时代转变的时期。

祭祀法则至高无上

中期吠陀时代可以很容易地称为祭祀崇拜的盛世。在早期吠陀或梨俱吠陀时代，祭祀崇拜是简单的。有日常的和定期的祭祀，诸如早晨祭供和晚上祭供、新月祭和圆月祭、四月祭和季节祭。也有许多家庭仪式，将宗教感情注入各种日常生活事件，诸如出生、结婚、葬礼、祭祖、造房、饲养牲畜和耕作。在这些家庭祭祀中，一般由家主（gṛhapati）本人担任祭司，而如果感到需要帮助，也可以召请一位正规的祭司（purohita）。重大祭祀，尤其是苏摩酒祭祀崇拜的发展只是刚刚开始。但是，到了中期吠陀时代，它们经过苦心经营，已经系统化。《娑摩吠陀》本集和《夜柔吠陀》本集就是为了适应这些被称为天启祭的重大需要而汇编成集的。接着，一种正规的祭祀学获得发展。它是梵书的主要论题。

重大祭祀基本不同于家庭祭。它们必须点燃三堆，而不是一堆圣火。安置这些圣火的祭坛挺立在一个宽广的祭场上。这个祭场是按照规则和复杂的仪式需要建造的。大量的祭司分成四组，在四位主要祭司带领下，正确地举行极其繁琐复杂的仪式。祭祀者本人除了向祭司支付慷慨的酬报外，几乎不用动手。天启祭依据“所闻”（śruti），而家庭祭依据律法，即“法论”（smṛti）。后来，它们被记载在属于律书文献的家庭经中。

按照传统，天启祭分成火供祭（Haviryajña）和苏摩酒祭（Somayajña）。火供祭包括 Agnihotra、Darśapūrṇamāsa、Cāturmāsya、

Āgrayaṇa、动物祭、Sautrāmaṇī 和 Piṇḍapitṛyajña。苏摩酒祭也分成七种：Agniṣṭoma、Atyagniṣṭoma、Ukthya、Ṣodāṣī、Vājapeya、Atirātra 和 Āptoryāma。它们又进一步分成 Ekāha、Ahīna 和 Sattra。其中马祭（Aśvamedha）和王祭（Rājasūya）是最重要的苏摩酒祭①。

各种学者对吠陀祭祀的性质作出不同的解释：祖先崇拜、供奉礼物、繁殖仪式和与神交流等。正如 G. C. 般代已经指出②，能从礼仪经文中收集一些证据，支持这些观点中的任何一种。例如，Piṇḍapitṛyajña 显然与祖先崇拜有关，Iḍābhakṣaṇa 的实践含有与神交流的观念，马祭保留有繁殖仪式的痕迹。然而，在中期吠陀时代，所有这些线索已经缠在一起。现在，祭司强调祭祀高于诸神本身的观念。在梨俱吠陀时代，祭祀被认为是抚慰诸神的手段，但诸神是否赐予祈求的恩惠，以回报供奉他们的祭品（bali），这完全取决于他们的意愿。这种理论就是"我给予你，神啊，但愿你也给予我"。在中期吠陀时代，这种理论实际上已被摒弃。现在，祭祀受到推崇，成为一种超神的宇宙原则。Yajñapuruṣa（"祭祀原人"）是创造的最终本质，它的能量无法计算。"从事祭祀的人高于一般的人。祭祀就是毗湿奴，是生主，是宇宙的肚脐，是创造的本质，甚至诸神也依赖它。"③ 这样的观念经常出现在这个时期的文献中。安置圣火的祭坛的建造具有神秘的意义，反映宇宙的统一及其保存方式的新概念。伊格林（Eggling）认为，它象征按照生主的形状建造宇宙。

这种新的祭祀哲学改变了吠陀雅利安人的宗教观。首先，与梨

① Pande，G. C.，Studies in the Origins of Buddhism，第 274 页，并参阅这部著作中第 275—277 页对这些祭祀的描述。详情参阅 Keith，A. B.，The Religion and Philosophy of the Veda and Upanishads，第 313—357 页。也参阅 Pandey，U. C.，Vedic Sacrifice，Bhāratī，6，Pt. 2，第 105—108 页。

② Pande，G. C.，Studies in the Origins of Buddhism，第 274 页。

③ 同上书，第 277 页。

俱吠陀时代祭祀相联系的、宗教感情的自发性或纯朴性不复存在。《娑摩吠陀》《夜柔吠陀》和梵书代表的时代是一个形式的时代，更为关注的是宗教的外在形式，而不是它的精神。哪怕最琐屑的细节也含有象征意义。

其次，由于祭司是祭祀崇拜的监护人，他们现在妄自尊大，声称他们不仅能迫使诸神按照他们的意愿行事，甚至也能故意制造差错，毁灭他们所效劳的祭祀者，如果他们愿意的话。现在，祭祀的效力依赖吟诵颂诗时的正确发音，因为据信有力量的是它们的发音，而不是意义。按照祭祀的繁缛仪式而用作祷词的《梨俱吠陀》颂诗现在与它们的意义无关。

吠陀万神殿的变化

在中期吠陀时代，寻求诸神基本统一性的倾向持续发展，导致更加明确地承认一位至高的神。他有时被称作生主（Prajāpati）。按照《泰帝利耶梵书》，阿耆尼（Agni，火神）是一切神。而按照《百道梵书》，各种神只是至高之光即生主或因陀罗的光线。但常常也出现一种非人格的转折，将至高之神与祭祀同一①。

作为新的祭祀概念的结果，必定有损于诸神的崇高地位。如果祭祀是唯一的实质性力量，如果它能使诸神服从于祭祀者的意志，诸神也就无关紧要了。结果，《梨俱吠陀》中一些小神或者完全消失，或者徒有空名。生主（作为创造主）是梵书思索的主要论题，但他不是“民众之主”。“民众之主”是楼陀罗（Rudra）。根据《夜柔吠陀》以及《爱多雷耶梵书》、《憍尸多基梵书》和《百道梵书》对他的描述，这一点是显而易见的。楼陀罗作为“民众之主”（Bhūtapati）是一个可怕的形象。在《爱多雷耶梵书》中，当生主

---

① 参阅 Pande, G. C. , Studies in the Origins of Buddhism, 第 279 页。

与他的女儿犯下乱伦罪，楼陀罗夺取生主对一切牲畜的统治权。《夜柔吠陀》和梵书中的楼陀罗完全可能不仅是《梨俱吠陀》中的楼陀罗的发展，也是包括印度河流域兽主在内的好几位非雅利安通俗神的混合。无论如何，他现在以大神（mahādeva）的身份出现，接受“湿婆”（Śiva，“吉祥者”）的称号。这个称号后来成为他的主要名称。

接着楼陀罗的下一位是毗湿奴（Viṣṇu）。如上所述，他被认为与重大祭祀同一。因此，他的地位上升。他可能在一些地区获得绝对效忠，而楼陀罗受到另一些地区崇拜。在《泰帝利耶森林书》中，那罗延（Nārāyaṇa）和毗湿奴发生联系。后来，他俩完全同一。

吠陀万神殿中的另一种新的发展是女神逐渐作为一种重要的因素出现。可能是非雅利安影响的结果，现在偶尔提到诸神的妻子杜尔迦（Durgā）、迦利（Kālī）、安必迦（Ambikā）和乌玛（Umā）。在《梨俱吠陀》中只是偶尔提到诸神的妻子，而在梵书中，她们的地位已经确立。拉迦（Rākā）和悉尼瓦利（Sinīvālī）分别与圆月和新月有关。在《梨俱吠陀》中提到的语言（Vāk），在《百道梵书》中获得一种更具体的形态，被称为学术女神。在《泰帝利耶梵书》中，她被说成是因陀罗的妻子。在《伽陀本集》中，她与娑罗私婆蒂（Sarasvatī，语言女神）同一。而《二十五梵书》使她成为生主的妻子。安必迦在《瓦遮萨奈伊本集》和《泰帝利耶梵书》中，似乎是楼陀罗的姐妹。但是，在《泰帝利耶森林书》中，她是他的妻子。在《泰帝利耶森林书》中，她也被称为杜尔迦·维罗遮尼、迦底亚耶尼和迦尼亚古玛利①。

这里还可以注意到吠陀万神殿中的其他一些变化。健达缚

---

①　参阅 Bhattacharya，N. N.，The Indian Mother Goddess，第100页。

（Gandharva）、天女（Apsarās）和蛇（Nāga）等现在上升到半神地位。蛇崇拜可能借自印度河流域居民和土著部落，现在变得更加普及。神魔（天神和阿修罗）斗争的主题出现。梵（brahman）的概念逐渐演变。最初，它意味具有神秘的巫术力量的“祷词和规则”，人们企图借助它使诸神服从自己的意志。接着，它意味包含这些祷词和规则的“三明”（trayīvidyā，“三吠陀”）。然后，它意味最早创造的事物。最后在这个时期，它表示“创造原则”，万物存在的原因。

梵的词义的这种演变可能是因为在这个时期，吠陀的神圣起源和权威已经毫无疑问受到确认。在《原人颂》[①] 中，创造的行动被描述成是一种供奉一切的祭祀（sarvahut），从中产生三吠陀[②]。按照《百道梵书》[③]，“自在”呼出吠陀。吠陀的所谓作者就是接受天启的、富有灵感的诗人（ṛṣi，“仙人”）。“声”（śabda）或“音节分明的声音”是永恒的这一理论基于这个事实：无数世代以来，吠陀口口相传。

中期吠陀宗教的其他方面

关于道德观念，梵书的核心伦理教诲是：生活是责任和义务。人生而负债。他要偿还天神的债（deva ṛṇa）、仙人（即老师）的债（ṛṣi ṛṇa）和祖先的债（pitṛ ṛṇa）。如果他崇拜诸神、学习吠陀、举行葬礼、热情待客和祭供众生，就能还清债务。梵书中有一种著名的“全祭”（sarvamedha），即献祭一切，以求得精神自由。

甚至在梵书中也暗示过分的仪式主义正在产生反作用。例如，

---

① 《梨俱吠陀》10.90。

② The Vedic Age，第448页。

③ 《百道梵书》11.5.8.1以下。

在《泰帝利耶梵书》[1] 中，苦行主义被视为一种伟大的理想。而在《百道梵书》中，知识被说成比祭供或苦行主义更有价值[2]。含有忏悔意思的坦白或多或少减轻罪愆，这种观念见于《百道梵书》。内心的洁净与外表的洁净同等重要。言行诚实，履行职责，尊敬父母，热爱同胞，戒绝偷盗、邪淫和谋杀，这些被认为是道德生活的必要原则。

对天国和地狱的描写见于《梨俱吠陀》。在后期的本集和梵书中，这种描写更加细致，但本质相同。《梨俱吠陀》预示的两条道路——天神之路（devayāna）和祖先之路（pitṛyāna）也被提到。获得永生，与天国诸神为伍，是热烈向往的人生目标。然而，《百道梵书》、《阇弥尼耶梵书》和《憍尸多基梵书》也详细描写地狱的恐怖画面。

这个时期宗教哲学思想的一个重要方面是这个学说的发展，即奖赏和惩罚不是永恒的。人在短暂的一生中所做的善事或恶事是有限的，怎么可能在下个世界产生无限的快乐或痛苦呢？因此，奖赏或惩罚与所做的善事或恶事严格一致，必定有个终止。这意味善人和恶人都有再生的前提。这就为无始无终的生死轮回（saṃsāra）概念准备了土壤。伴随这种所谓的轮回或转生学说而产生这种观念：终极的幸福高于天国生活，在于摆脱轮回，获得真正的解脱（mokṣa）。然而，这是奥义书的主要学说，在这个时期只是一种模糊的提示。一些学者如奥登伯格和布卢姆菲尔德在梵书的死后学思索中看到轮回学说的起源。但是，正如 G. C. 般代指出的，轮回学说与只是在奥义书时期出现的其他一些观念有关（参见后面有关部分的论述）。

吠陀时代普通人的宗教观念主要从《阿达婆吠陀》中得知。一

---

① 《泰帝利耶奥义书》3. 12. 3。

② 《百道梵书》10. 5. 4. 16。

般认为《阿达婆吠陀》是雅利安人和非雅利安人理想的混合。按照这种观点，吠陀雅利安人进入印度时，他们遇到崇拜蛇和石头的未开化部落。但雅利安人没有消灭这些原始邻居，而是吸纳他们。这种调和精神自然提高原始部落的宗教，但由于引进巫术、魔术和妖术而降低吠陀宗教。但是，这种观点并不完全正确①。巫术和宗教崇拜在起初有同一目的，即控制超然的世界。这两者都被包含在雅利安人的宗教中，只是《梨俱吠陀》和《夜柔吠陀》等所描述的上层阶级观点更为祭司化，而普通人更依赖巫术和魔术。《阿达婆吠陀》更关心后者，虽然不可否认，印度的前雅利安人有自己的精灵、星星、树木和山岳崇拜以及其他迷信，而雅利安人与他们的接触肯定强化了这一方面。

祭司编撰的《梨俱吠陀》、《娑摩吠陀》和《夜柔吠陀》是供富裕的祭祀者举行祭祀用的，因此，它们的口吻主要是乞求的和劝说的，甚至那些并非直接呼告诸神的颂诗也是如此。但是，《阿达婆吠陀》的口吻完全不同。在这里，婆罗门祭司诉说的对象是社会下层。因此，这部作品中，他们毫不掩饰地肯定他们设想中的特权，而几乎没有提及他们的义务。

阿达婆祭司通常出没在贫穷无知的村民社会，满足他们的原始迷信要求。但是，甚至上层阶级也不能摆脱这些迷信，因此，阿达婆祭司得以接近他们，甚至接近国家的统治者。事实上，阿达婆祭司成了国王的“知己”，起到他的家庭祭司的作用。其他祭司只是精通间或举行的、高级的天启祭仪式，而阿达婆祭司担当国王日常生活琐事的顾问。因此，他必须陪伴国王。在这样的环境下，只有他能成为国王的主要顾问。

《阿达婆吠陀》的主要目的是抚慰（妖魔）、祝福（朋友）和

① 参阅 Apte，V. M.，The Vedic Age，第 444 页；Keith，A. B.，The Religion and Philosophy of the Veda and Upanishads，第 337 页以下。

诅咒（仇敌），因此它没有受到祭司阶层的厚爱，而被排除在“三吠陀”之外。然而，这是后期的发展情况。在它们起源之时，巫术和崇拜两者有同一目的——控制超然的世界。它们具有这种目的的基本统一性。但是，两者不久便分手，祭司向诸神表示敬意，而巫师与妖魔为伍。然而，值得注意的是，尽管对《阿达婆吠陀》这部巫术吠陀怀有反感，描述重大祭祀的礼仪经文依然收入驱邪咒语和巫术仪式，以便祭司用于摧毁他所憎恨的和憎恨他的敌人①。后来，摩奴（Manu）准许用驱邪术对付敌人②。

《阿达婆吠陀》中最乏味的是魔法（abhicāra）之类的咒语。它们构成它的“安吉罗”（āṅgiras）部分。其中的一些旨在防卫，而大多数旨在攻击敌人。邪恶的精灵先被引出来公开亮明他们的真实身份，因为一旦这样做了，他们就丧失了危害人的力量。对付妖魔最有效的金属是铅，因而在这些颂诗中发挥突出的作用。

在《阿达婆吠陀》中含有大量治病的咒语。企图用巫术治疗的主要疾病是热病（takman，最有可能是疟疾）。古湿塔草（kuṣṭha）被认为有制伏热病的效力，但它是作为药草，还是作为护符，不十分清楚。在一处，要求热病抓住首陀罗女（śūdrā）和女奴（dāsī），或前往摩遮凡人或更远的瓦赫利迦人。在最后一节诗中，作者满怀恶意地说他正在将热病送给犍陀罗人、安伽人和摩揭陀人，“犹如将财宝送给一个人”③。《阿达婆吠陀》中也含有对付蛇咬的咒语。其中一首出现 tabuva 一词，韦伯（Weber）认为它与“禁忌”（taboo）有联系。

《阿达婆吠陀》中的诸神概念比《梨俱吠陀》更加进步。例如，楼陀罗－湿婆概念肯定代表《梨俱吠陀》中的楼陀罗概念和

① The Vedic Age，第 442—443 页。

② 《摩奴法论》（Manusmṛti）11.33。

③ 《阿达婆吠陀》5.2。

《白骡奥义书》中系统的湿婆教哲学之间的过渡阶段。有一首很长的颂诗吁请楼陀罗，正如在对这位神的祷词中的常见情形，没有请求他赐予恩惠，而只是请求免受伤害①。在这首颂诗中用于这位神的各种称号很自然令人想起湿婆颂诗《百楼陀罗》(Śatarudrīya)。

《阿达婆吠陀》的一些哲学观念是富有创造性的和深刻的。时间(kāla)是一切存在的第一原因。这是一种真正的哲学概念，但被赋予一种神秘的形态。在其他地方，呼吸(prāṇa)和爱欲(kāma)被称作第一原因。《红色颂》(rohita)这首颂诗庄严地赞美"红色者"(太阳的天赋特质)是宇宙进化的力量。与此同时，还有种种神秘的幻想，如借助一位梵行者将太阳推崇为原初的本源，赞美牛、公牛、母牛和杂种姓者(vrātya)交替作为至高存在②。《阿达婆吠陀》(40.8)暗示这个观念：梵是一切存在的第一原因。

四　后期吠陀或奥义书宗教

森林书：过分的仪式主义开始产生反作用

中期吠陀时代过分的仪式主义必然会产生反作用。森林书通常附属于梵书。它们实际上承认不可能期望所有人准确地举行已在梵书中发展成规模庞大的种种仪式。那些高度复杂的祭祀需要依靠大批祭司，耗费巨资，持续多年，普通人怎么可能举行？史诗讲述寿那迦这样的仙人举行大祭，用了十二年完成。另外，有一些祭祀知识技艺具有神秘性，只能在林中秘密地点传授。森林书是针对这些问题编撰的。因此，它们主要着力阐明祭祀的神秘主义和象征主义。沉思而非执行是它们教导的精神。它们以一种更

① 《阿达婆吠陀》9.2。

② The Vedic Age，第 444 页。

简单的仪式取代梵书复杂的祭祀。它们强调内在的或精神的祭祀效力，以区别供奉肉、稻、麦或牛奶的外在的或形式的祭祀。这样，它们标志从梵书关注的行动之路（Karmamārga，“业路”）向奥义书倡导的知识之路（Jñānamārga，“智路”）转移。进而，森林书强调沉思（upāsanā）某些象征，强调苦行，以认知“绝对”。现在，“绝对”已经替代梵书的“天国”，成为人生的最高目标。

奥义书：对祭司仪式主义的进一步反作用

奥义书在本集和梵书基础上的提高体现在“不断强调吠陀颂诗中暗示的一元论，中心从外在世界向内在世界移动，反对吠陀实践中的外在性，淡化吠陀的神圣性”①。奥义书发展本集中的观念，达到更高水平。例如，本集中突出天国，并描述举行祭祀是达到它的主要手段。奥义书也关注人渴望享乐的愿望，但指出甚至天国的欢乐也不是永恒的。永恒的至福来自认识梵（brahman）和自我（ātman），也是人力所能及的。同样，它们指出祭祀崇拜的缺点。代替通常的供奉祭品的祭祀崇拜，指出许多非凡的火，例如天国以太阳为燃料，以太阳光线为烟雾，以月亮为火炭，等等，旨在将追求者的思想从外在事物中撤回，而趋向内在。奥义书宣称，依靠祭祀，自我（或灵魂）不会获得解脱。完美是内在的和精神的，不是外在的和机械的。我们不可能依靠洗净衣服让人纯洁。神应该依靠沉思崇拜，而不是通过外在的仪式。

然而，奥义书中对祭祀崇拜的态度并非连贯一致。一部分激进的思想家认识到祭祀仪式不可能获得永生，而采取完全摒弃的态度。而另一些比较温和的思想家在思考中，寻求将它与新兴的梵的学说（Brahmavidyā）加以综合。这是知识和行动（或祭祀）综合

① Radhakrishnan，Indian Philosophy，1，第114页。

说（Jñānakarmasamuccayavāda）的开端。然而，大多数正统的祭司继续执着旧有的信仰，只是稍加调整。他们现在对祭祀至高无上说作出让步，而将祭祀行动包括在最正当的行动中。不足为奇，现代学者在评论奥义书对祭祀崇拜的态度时不能达到一致。有些学者如达多（N. Dutt）相信“举行祭祀继续成为这种宗教的核心”①。同时，另一些学者如罗纳德（Ranade）认为“除了各处出现的少数例外，奥义书全然反对梵书的祭祀崇拜”②。

奥义书的有神论

奥义书被正确地认为是所有印度哲学的源泉。《梵经》（Brahmasūtra）自称是一部总结奥义书的经。《薄伽梵歌》（Bhagavadgītā）被认为是从奥义书母牛中挤出的牛奶，尤其受到《伽陀奥义书》和《自在奥义书》影响。各位吠檀多导师——商羯罗、罗摩奴阇、尼姆帕尔格、摩陀瓦和伐尔勒伯认为奥义书是第一原典，对它们进行阐释，以适合他们各自的理论。耆那教从奥义书中获取它的唯心主义。佛教从奥义书中获取它的唯心主义、一元论、绝对论、世界万物刹那生灭论、区分经验的和绝对的立场的理论以及唯独通过正确的知识才能达到涅槃的理论。数论获取原初物质说（从《白骡奥义书》），三性说（可能从《歌者奥义书》中的“三色”），原人说，思想、智慧和自我的关系的理论（从《伽陀奥义书》）以及微妙身体说（Liṅgaśarīra，从《疑问奥义书》）。瑜伽主要依据《白骡奥义书》。这样，奥义书几乎对印度每种哲学体系的这种或那种演变作出贡献。

奥义书对梵的描述有两种方式。它被称为宇宙的、遍及一切的

---

① Dutt，N.，Early Monastic Buddhism，第12页。

② Ranade，Constructive Survey of Upaniṣadic Philosophy，第6页。

和具有一切优良品质——有形（saprapañca）、有性质（saguṇa）和有特征（saviśeṣa）。它也被称为非宇宙、无性质、不能确定和不可描述——无形（niṣprapañca）、无性质（nirguṇa）、无特征（nirviśeṣa）和不可言说（anirvacana）。这种区分是商羯罗区分神和绝对依据的基础。前者被称为"下梵"（Apara brahman）或"自在天"（Īśvara），后者被称为"上梵"（Para brahman）或"绝对"。神是绝对的人格方面，绝对是神的非人格方面。但是，罗摩奴阇反对这种区分。对于他，绝对是人格的和内在的神，物质和自我同样形成他的真正的身体。

无论如何，在宗教层面，奥义书倡导一神论，崇拜一位神——《由谁奥义书》中的 tatvanam① 和《歌者奥义书》中的 tajjalān。在一些奥义书中对作为创造主的神的存在提供宇宙论论点，也有对有神论提出最初的本体论。奥义书的一神论产生于早期吠陀诸神的性质。它似乎最初已经发展成一种创造宇宙的原人的观念。《梨俱吠陀》中有好几首颂诗证实这一点。在《梨俱吠陀》第十卷中已经表达一位创造宇宙的神的观念。按照《不存在颂》（Nāsadīyasūkta），许多神，许多自然力量，都后于创造，而一位神是创造的本原。唯独他知道和监督创造。按照《原人颂》（Puruṣasūkta），整个宇宙只是原人身体的一部分。在梵书中，经常提到生主（Prajāpati）、金胎（Hiraṇyagarbha）和工巧天（Viśvakarman）。在奥义书中，诸神的多样性被追溯到一个简单的本原——生命气息（Prāṇa），它似乎代表宇宙的原动力，与作为终极的知觉本原自我和原人不可分离。诸神只是生命气息的作用者，是神性的有限方面。后来，《薄伽梵歌》宣称："有些人怀抱信仰，虔诚祭拜别的神，尽管不符合仪轨（vidhi），他们也是祭拜我。"②《由谁奥义书》宣称梵是诸神背后的

① 《由谁奥义书》31。

② 《薄伽梵歌》9.23。

力量。没有它的协助，火神不能燃烧一根草，风神不能吹动一根草。《自在奥义书》宣称这位神居住在整个世界中，是一切本原的最内在者和最外在者。《伽陀奥义书》宣称自我只能通过它自己的光辉达到，至高原人超越一切本原，而又隐藏在一切中。在《剃发奥义书》中，也提到至高的人格神。

《大森林奥义书》有一段维陀揭达·夏迦利耶与耶若伏吉耶的著名对话。前者询问："耶若伏吉耶啊，天神有多少?"后者回答："三百零三位，三千零三位。"而在重复询问时，天神的数目逐渐减少到三十三位、六位、三位、两位、一个半，最后一位[①]。耶若伏吉耶解释说，最初提到的大数目只是为了赞颂三十三位天神，即八位婆薮神、十一位楼陀罗神、十二位太阳神以及因陀罗和生主。六位天神是火、地、风、空、太阳和天。三位天神是三个世界。两位天神是食物和气息。一个半天神是吹拂的风。一个天神是气息，也就是梵[②]。

奥义书有神论在《白骡奥义书》中达到最高发展。它宣称终极本原既不是时间、自性、必然、偶然、物质和个体灵魂，也不是它们的结合。终极本原是神（Īśa，自在），其威力不可思议，只能通过禅瑜伽（dhyānayoga）接近他。他不仅创造宇宙，也通过赐予恩惠（prasāda），消除罪恶和苦难，作为对至高虔诚（parā bhakti，6.23）的回应。这位神在这里被称为楼陀罗－湿婆或大自在天（Maheśvara），而在《伽陀奥义书》中是毗湿奴。

这里可以注意到，奥义书的一神论倾向于削弱吠陀宗教的一般基础。现在，各种天神世界（devaloka）被附属于精神的梵界（brahmaloka）。这符合它们对祭祀崇拜以及作为神圣知识来源的吠陀和梵书权威性的一般态度。然而，奥义书思想家尽管主要强调禅

① 《大森林奥义书》3.9。
② Pande，in History of Punjab，第97页。

瑜伽或沉思，而倾向于强化只见于本集和梵书中潜在形式的有神论的虔诚方面，但变成吠陀之后时代印度宗教的主要成分。实际上，虔诚或虔信派别的种子甚至可以追溯到《梨俱吠陀》①。在奥义书中，虔诚的观念更清晰。班达卡尔（Bhandarkar）早就指出虔诚观念可以追溯到奥义书的敬拜（upāsanā，“专注的沉思”）观念。这不仅能起到推崇所沉思的存在物的作用，而且给予这种存在物以光辉的形式，以致激起热爱和敬佩。他也指出在《大森林奥义书》中，自我被称为比儿子、财富和所有一切更可爱。这一路径十分接近于虔诚观念，只是一位人格神被替换成非人格的自我。这样，奥义书也为后期的虔诚崇拜的兴起准备了背景②。

奥义书也为派别崇拜的兴起准备了背景。例如，楼陀罗作为某个派别的神的崇拜显然可以追溯到《白骡奥义书》③。其中一处，描述楼陀罗是诸神（Īśvara）中的大神（Maheśvara），诸神（Devatā）中的至高之神（Parā devatā）。他也是梵天的创造者，并将吠陀交给梵天④。这即使不是证明，也暗示在《白骡奥义书》时期，楼陀罗已被崇拜他的派别信众视为最伟大的神。

---

① 参阅 Sicar, Antiquity the Bhakti Cult, The Bhakti Cult and Ancient Indian Geography，第 36 页以下。

② Goyal, S. R., RHAI, 2，第 88 页以下。

③ 《白骡奥义书》6.7。

④ 《白骡奥义书》6.18。

第二章

佛陀之前佛教观念的根源

一 吠陀社会的异质特点

扰乱祭祀者

虽然早期和中期吠陀或梵书宗教是入世性质的（pravṛtti mārgī），崇拜者在祭司的帮助下举行各种祭祀，抚慰诸神，但也不能设想整个吠陀社会都相信祭祀崇拜。首先，在《梨俱吠陀》中，提到一些人或群体反对雅利安人的仪式宗教。在《梨俱吠陀》（11. 12. 5）中，提到一些人或群体既不相信因陀罗，也不相信天国的存在。在《梨俱吠陀》（8. 103. 3）中，祈求阿耆尼帮助祭祀者，他们的牲畜和其他财物常常被无信仰者偷走。在《梨俱吠陀》（8. 104. 24）中，祈求因陀罗帮助祭祀者对付男女扰乱者。在一些颂诗中，迫害举行仪式者的人被称为男女 yātudhāna。按照沙耶那（Sāyaṇa）的解释，yātudhāna 这个词意谓“引起麻烦（yātanā）或折磨（pīḍā）者”。在好几首颂诗中，召请各种神粉碎他们。在一些颂诗中，扰乱祭祀仪式者被称为罗刹（rakṣasa），召请因陀罗、阿耆尼、苏摩或其他神将他们赶出祭场，消灭他们。罗刹分成各种部族或群体①，他们的旗帜以狗、猫头鹰、兀鹰和秃鹫为标志。他们包围举行仪式者，

① 《梨俱吠陀》7. 104. 22。

破坏他们的祭祀，甚至杀害他们。史诗传说中关于罗刹扰乱众友仙人和其他仙人，而罗摩和其他国王热心帮助这些仙人摆脱罗刹（rākṣasa，《梨俱吠陀》中的 rakṣasa）的威胁，是依据吠陀仙人的实际经验。

这也并非完全不可能，即有些扰乱祭祀者也是雅利安人自身。按照《梨俱吠陀》（1. 33. 5），他们中有些人尽管邪恶，而具有红肤色（piśaṅgabhṛṣṭi）。正如帕特恰利耶（R. K. Bhattacharya）所指出，他们最有可能属于雅利安人共同体自身[1]。

其他与吠陀宗教敌对的成分

其次，我们应该记住吠陀文献提到崇拜诸神形象或象征的人群。这些人可能不是僧侣宗教的衷心支持者。然后，我们看到《阿达婆吠陀》保留有普通人的迷信和信仰的画面，只是在后期勉强地被接受为吠陀传统的一部分。这证明梨俱吠陀的仪式主义宗教并非在雅利安人中间享有无可争辩的垄断地位。

但是，早期和中期吠陀时代的印度社会甚至比以上提到的事实更具有异质性。雅利安人在不同的时间涌入印度。因此，他们本身不可能是一个紧密的群体。涌入印度的雅利安人十分可能属于不同的文化传统，正像希腊的情况。在那里，所知道的早期印欧人是亚加亚人，他们打败克里特文明的创造者，但很快就采纳被征服者的物质文明。但是，此后所知道的印欧人是多利安人，更具有破坏性。他们毁灭亚加亚人创造的迈锡尼文明，而不是适应它[2]。同样的情况也可能出现在印度。罗塔尔（Lothal）和迦利班甘（Kalibangan）的创造者，因为那里没有发现母亲女神的小塑

---

① Bhattacharya，R. K.，Opposition to Rituals in the Ṛgveda，Religious Life in Ancient India，ed. by D. C. Sircar，第 11 页。

② Botsford，G. W. and Robinson，C. A.，Hellenic History，第 11、31 页。

像和石头林伽，而有拜火祭坛，故而不能排除他们可能是非梨俱吠陀的雅利安人①。他们可能采纳印度河流域人民的物质文化，而略去后者的宗教。而梨俱吠陀的雅利安人完全拒绝采纳城市生活方式。这方面立刻令人想起关于印度雅利安人内在帮（Inner Band）和外在帮（Outer Band）的著名理论②。

然后，有雅利安人接触的非雅利安人。他们属于不同的文化传统，处在不同的文化发展程度。一方面是高度发展的城市化印度河流域文明；另一方面是大量的原始部落，生活在森林、山区和平原。这样，早期和中期吠陀时代的印度社会十分复杂。这种复杂性反映在这个时期的宗教观念中。吠陀文献本身，主要与僧侣宗教传统相关（只有部分与民众的宗教信仰相关），证明非吠陀的宗教观念逐渐地影响早期和中期吠陀时代的社会。作为所有吠陀的和非吠陀的观念融合的结果，奥义书和吠陀之后的宗教意识形态演化，它们的异同主要产生于对各种吠陀的和非吠陀的思潮所显示的强调或排斥的程度。

二　吠陀时代的“边缘人”问题

吠陀文明的“开拓者”性质

雅利安人以部落群体的形式迁徙印度，注入他们的具有“开拓者”特征的文明。在早期，雅利安人定居于印度西北部。他们的地域从西部古跋延伸到东部恒河。后来，俱卢－般遮罗地区成为雅利安人传统的主要中心。然后，雅利安人越过萨达尼拉，从憍萨罗进入毗提诃。甚至在公元前六世纪，比哈尔的摩揭陀人仍被鄙视为不洁者，北比哈尔的离车人被称为低贱者。在南方，雅利安人只是逐

---

① 参阅 Goyal，S. R.，Viśva kī Prācīna Sabhyatāyen，第 534—535 页。

② Chanda，R. P.，The Indo-Aryan Races，第 2 章。

渐向文底耶山脉以及更远地区扩展。这样，在整个吠陀时代，雅利安人始终处在移动中。正因为如此，他们的政体表现为实行部落君主制的部落国家（jana），而非领土国家（janapada）。后者出现在吠陀时代结束之时。这样，吠陀社会像十八世纪和十九世纪早期的美国，是开拓者的社会，展示某些开拓者文明的特征，正如拉斯基（Laski）[①] 简明的概括："不安全感和粗野的乐观主义，鼓励'成功'，依靠宗教作为手段。在这样的环境下，祭司和骁勇的国王自然地位突出，领导社会。"[②] 但是，吠陀部落的迁徙也产生另一种类型的领导者，我们使用罗伯特·帕克（Robert Park）的术语，称之为吠陀时代的边缘人[③]。事实上，正是他们响应雅利安人和非雅利安人的融合。然而，对于这种类型，需要做一些解释。

人类迁徙和"边缘人"的作用

作为社会变化的一种因素，迁徙明显不同于和平渗透、战争和革命。它们在人类古代历史中的作用比当今时代重要。在古代，迁徙通常是整个部落或者几乎是整个部落（或一个部落群体）向前推进，最后以迁徙的民族与迁徙地的民族融合告终。它不仅引起迁徙部落的习惯的变化以及迁徙部落和本土民众两者的某些风俗和习俗的变化，也出现由此产生的一种变异的人格类型。它导致两种社会传统机制的破裂和个人的解放。原先由习俗和传统控制的力量松懈。个人摆脱他们从属的社会限制和约束。他体验到摆脱因循守旧的思想方式，通常证明这种摆脱表现为挑战性的自我独断[④]。然而，

---

① Laski，H. J.，The American Democracy，第 1 和第 2 章。

② Pande，G. C.，Studies in the Origins of Buddhism，第 264 页。

③ Park，Robert，Human Migrations and Marginal Man，The American Journal of Sociology，33.

④ Teggart，J. F.，Theory of History，第 196 页。

随着时间推移，必然随之出现个人在新的社会秩序中重新整合。在某种意义和某种程度上，他变成一个世界主义的人。他学会以某种陌路人的超然态度看待这个产生和养育他的世界。西梅尔（Simmel）依据移动和迁徙描述这种陌路人在共同体中的位置。按照他的说法①，这种陌路人的人格呈现流浪者和定居者两者的特征。他停留而不定居。这意味他不像其他人那样受地方习俗的限制。尽管所有这一切，他也不准备与他的过去决裂。他是一个文化混血儿——生活和分享两个不同民族的文化生活和传统，从不愿意与过去决裂，也不愿意完全接受。他是一个“边缘人”，一个生活在尚未完全融合的两种文化和两种社会边缘的人。虽然不是必然地，他常常是一个混血儿。他生活在两个世界中，或多或少是这两个世界中的陌路人。在他的思想中发生的文化冲突是自我分裂的冲突——旧我和新我。确实，这种危机可能会出现在每个人的生活中，甚至现代出现在定居国外的人的生活中。但是，就古代迁徙产生的各种“边缘人”而言，这种危机更为持久，发生在大量的个人生活中，结果是边缘人变成一种人格类型，持续好几代。

吠陀时代的“边缘人”

中期吠陀时代的宗教观念如前面所述，不仅是梨俱吠陀、阿达婆吠陀和非雅利安人思潮的自然演化，也是这些意识形态融合的结果。这种融合表现在那些处在各种宗教传统边界线上的人们思想中。正如我们在下面看到的，这些人不属于一种宗教背景，也不是不感到自己处在某种困境中。有些非雅利安人受到雅利安人的宗教观念吸引，但不能割断自己的过去。同样，有些雅利安人倾向接受非雅利安人的宗教成分或受到非雅利安人传统思想的触动，但是也

---

① Robert Park 转引。

为自己的吠陀传统感到骄傲。这样的人是雅利安部落迁徙的产物（也是非雅利安部落受到雅利安人强力推动的结果）。对于原本所属和后来受到影响的两个文化世界，他们是其中的一部分，但仍是陌路人。因此，他们属于罗伯特·帕克所谓的“边缘人”或西梅尔所谓的“陌路人”范畴。正是在他们的思想中，互相冲突的文化相遇和融合。在许多人的生活中，这种新旧文化的冲突表现为道德的分歧和内心的骚动。在一套习惯和观念正在被抛弃，而另一套还没有被接纳时，出现这种情况是很自然的。

吠陀时代的“边缘人”来自雅利安人和非雅利安人两边的边缘。在非雅利安人方面，梨俱吠陀时期已经提到达娑（dāsa）接受某些雅利安人的实践，向婆罗门供奉礼物。《梨俱吠陀》（8. 46. 32）中提到一位名叫巴尔菩特的达娑是向婆罗门供奉礼物者。在后面讨论的《梨俱吠陀》中的牟尼（muni）在某种程度上是梨俱吠陀时期的“边缘人”。虽然他们的传统“退回到吠陀之前的前雅利安人的源头”，是“梨俱吠陀文化的异己者”[①]，但他们仍然有时被因陀罗称为朋友，向他们表示敬意。《百道梵书》中提到杜罗·迦婆舍耶是一位牟尼[②]，但《爱多雷耶梵书》说他的父亲迦婆舍耶·埃罗舍被赶出对娑罗私婆蒂的祭祀，并这样说他：“嗨，女奴的儿子，你是一个无赖，不是婆罗门。”[③] 他们甚至拒绝与他共餐[④]。耶底（yati）在多处被描述为因陀罗的敌人，而有时被描述为雅利安婆利古族的朋友。这样，他们也属于“边缘人”范畴。吠陀的汇集和分编归诸毗耶娑（Vyāsa），而他无疑具有非雅利安人血统。

在雅利安人方面，“边缘人”来自不同的社会群体。首先有弗

---

① Pande, G. C., Studies in the Origins of Buddhism, 第 258 页。

② 《百道梵书》2。

③ 《爱多雷耶梵书》8. 1。

④ 参阅 Basu, Jogiraj, India in the Age of the Brāhmaṇa, 第 30 页。

拉底耶（vrātya）。他们说雅利安语，但是不相信仪式主义宗教。然后，有像代伐毗这样的王子，按照往世书传统，据说他们因为放弃坚持吠陀宗教而被逐出①。那些接纳和普及夜柔吠陀和阿达婆吠陀的楼陀罗崇拜（已经吸收许多非雅利安成分）② 的雅利安思想家显然属于两个文化世界。同样是那些雅利安人的情况，他们接纳瑜伽和其他印度河流域宗教的特征。他们处在两个世界的边界线上。奥义书时代的刹帝利王子，诸如般遮罗的波罗婆诃那·遮婆利、羯迦耶的阿湿婆波提、迦尸的阿阇世和毗提诃的遮那迦以及与他们同时代的婆罗门如耶若伏吉耶，还有出身不明的萨谛耶迦摩·贾巴罗和雷格瓦等，也处在两种文化的边缘。他们一方面宣传一种与本集和梵书入世的仪式主义宗教对立的出世哲学，另一方面不摒弃早期婆罗门经典的权威性。

三　吠陀时代的“边缘人”群体

牟尼

牟尼（Muni）是处在吠陀和非吠陀宗教观念边界线上最重要的群体。他们支持出世的或沙门的意识形态。商羯罗导师在他的《薄伽梵歌注》的引言中已经看到吠陀宗教具有双重性，分为入世法和出世法（dvividho hi vedokto dharmaḥ pravṛtti lakṣaṇo nivṛtti lakṣaṇaḥ ca）③。雅各比（Jacobi）和奥登伯格等学者基本接受这个观点，将出世法（神秘主义和苦行传统）的兴起归诸吠陀传统中的改良派，并认为佛教和耆那教是继续这种改良主义倾向。其他一些学者如查特吉（S. K. Chatterji）和昌德（R. P. Chanda）相信这两种倾向可以归诸

① Chitrav, Bhāratavarṣīya Prācīna Caritrakośa, 第 300 页。

② Goyal, S. R., A Religious History of Ancient India, 1, 第 78 页。

③ Gītā, Śaṅkara Comm., Gita Press ed., 第 1 页。

雅利安和非雅利安两种不同的人种传统，苦行传统是后者的贡献。其他一些历史学者感到苦行运动的兴起是部落经济崩溃和伴随第二次城市化革命的社会经济变化的结果①。然而，按照 G. C. 般代，认为入世和出世属于两个不同人种和历史层次的看法并不正确。他指出甚至在印度河流域文明中，人们也能觉察到这两种倾向——崇拜母亲女神和繁殖力的入世法和崇拜兽主和瑜伽传统的出世法②。然而，他也承认吠陀宗教"在开始时，本质上是入世法，而后来部分通过内部演化，更通过牟尼沙门的影响，发展出世法，作为内部的一种倾向"③。

"沙门"（Śramaṇa）一词仅仅随着佛教和耆那教而流行，虽然《泰帝利耶森林书》使用此词表示一类特殊的圣人④。在《大森林奥义书》中，它与苦行者（tāpasa）一词一起使用⑤。它逐步变成一般用词，表示各种非正统派别的僧侣。在《长尼迦耶》、梅伽斯梯尼的《印度》和阿育王铭文中，表明这种非正统的派别声称沙门和婆罗门地位平等。沙门主义的本质特点是苦行。这是《梨俱吠陀》所不知道的，虽然它逐渐被后来的婆罗门教吸收⑥。苦行（tapas）不同于祭祀（yajña），在于后者用以获取尘世的成就、财富、孩子和天国，而前者帮助获得神秘的超自然能力。后来，诸神也被设想为实施苦行，正如他们希望接受祭供⑦。

---

① 具体参阅 Pande, G. C. , Śramaṇa Tradition, Its History and Contribution to Indian Culture，第 4—5 页。

② 同上书，第 6 页。

③ Pande, G. C. , Studies in the Origins of Buddhism，第 261 页。

④ 《泰帝利耶森林书》2. 7。

⑤ 《大森林奥义书》4. 3. 22。

⑥ 参阅 Jain, Bhagchandra, Antiquity of Śramaṇa Cult, World Buddhism, 15, No. 1，第 3 页以下。

⑦ Chakraborty, H. , Asceticism in Ancient India，第 9 页。

牟尼的最早文献证据出自《梨俱吠陀》①。“牟尼”（muni）一词在一首《摩录多颂》（《梨俱吠陀》7.56.8）中出现一次。在这里，此词意味一个出神入迷的人。在另一处（《梨俱吠陀》8.3.5）中，因陀罗被称为牟尼们的朋友。在第三处，也是最重要的一处，即在《长发颂》（Keśīsūkta，《梨俱吠陀》10.136）中，提供给我们牟尼的奇特形象：长头发（keśī），身穿肮脏的棕色外衣（piśaṅgā vasate malā），在空中行走（vātaraśanāḥ）② 或飞行（antarikṣeṇa patati），癫狂（unmadita mauneyena），激动（deveṣita）。他与风神有交情（vāyoḥ sakhātho）。他与楼陀罗一起喝毒液（keśī viṣasya pātreṇa yad rudreṇāpibat saha）③。他跟随移动的风（vātasyānudhrājim yanti），获得天神的地位（yaddevāso avikṣata）。凡人（martāso）只能看见他的身体（śarīra），看不见其他。他行走在林中野兽、健达缚和天女的道路上（apsarasām gandharvāṇām mṛgāṇām caraṇe caran）。牟尼的人格在许多方面十分隐晦，但明显地被描写为“长发者”（keśī），穿棕色外衣，心醉神迷。他与楼陀罗崇拜的联系也很明显。提到他与楼陀罗一起喝毒液，可能是后来的湿婆吞下毒药（viṣapāna）传说的种子。而与林中野兽的联系令人想起这位神作为兽主的方面。他被描写为“长发者”，令人想起公元前六

---

① Chakraborty, H., Asceticism in Ancient India，第9页。

② 许多学者认为不能将 vātaraśanāḥ这个词解释为以风为腰带者即裸体（参阅 Chakraborty, H., Asceticism in Ancient India，第57页），因为后面的词清楚地提到他们的衣服。Sāyaṇa 解释这个词为伐多罗舍那圣人的儿子们。G. C. Pande 认为 antarikaṣeṇa patati（“在空中飞行”）出现在第四节诗中，是再现和扩充 vātaraśanāḥ（“在空中行走”）这个词的意义。

③ Griffith 将 viṣa（“毒液”）一词解释为“水”。但是，这个词通常意谓毒液。这个词义与后来湿婆吞下毒药的传说一致。

世纪的长发（keśī）苦行者和束发（jaṭila）苦行者，两者都属于异端传统①。显然，《长发颂》的作者认为牟尼不同于吠陀仙人。正如 G. C. 般代所说，吠陀雅利安人充满一种惊奇感，畏惧牟尼展现的奇迹②。他们在这个古老时期的意识形态状况还需要思考。然而，很明显他们属于苦行的沙门意识形态。后来的耆那教、佛教、数论、瑜伽和其他小宗派体系都源自它。在佛陀时代，这种意识形态的领导者常常被称为牟尼、沙门或出家人。他们宣传瑜伽和禅，过出家人生活。他们不承认吠陀权威和祭祀仪式的效力，不相信吠陀诸神是创造者，无视婆罗门声称的出身优越性。法称（Dhamakīrti）宣称③“有五种丧失智力的愚者标志：相信吠陀权威（vedaprāmāṇyam）、相信创造者（kasyacitkartṛvādaḥ）、相信沐浴净化（snāne dharmecchā）、相信种姓优越（jātivādāvalepa）和忙于强行消除罪恶（pāpahānāya santāpā-rambhaḥ）”。很难说这些观念在中期吠陀时代发展到什么程度，但是，很容易在吠陀文献中发现牟尼传统的持续存在。例如，《阿达婆吠陀》（7.74.1）提到一位神仙牟尼（devamuni）依靠苦行获得神秘的力量。同样，《爱多雷耶梵书》（6.33.3）中说牟尼埃多舍被自己的儿子认为神经错乱，无论他说什么，都被称为“埃多舍胡说”（aitaśa pralāpa）④。《二十五梵书》（10.14.47）提到一个称为“牟尼之死”的地方，因陀罗在那里救活被阿修罗杀死的维卡那舍。《泰帝利耶森林书》也提到伐多罗舍那（Vātaraśana）圣人，他们是沙门和禁欲者（ūrdhva-manthin）。按照这部作品，伐多罗舍那沙门过禁欲生活，能随意消

---

① Sāyaṇa 将 keśī（“长发者”）这个词理解为太阳。Sukumar Datta 同意他的看法。

② Pande，G. C.，Studies in the Origins of Buddhism，第 258 页。

③ Pande，G. C. 转引，Śramaṇa Tradition，第 52 页。

④ 可以与《长发颂》（Keśīsūkta）中的 unmadita mauneyena（“癫狂”）比较。

失，教导婆罗门超越罪恶的方法。它也向恒河和阎牟那河的牟尼表达敬意[1]。

耶底

像牟尼一样，耶底（Yati）也属于非雅利安人苦行传统。它逐渐融入吠陀内部。在《梨俱吠陀》的一些段落中，他们被描写为与婆利古族交往，因此与因陀罗关系良好[2]。《娑摩吠陀》也提到他们支持婆利古族。但是，在其他段落中，他们被描写为敌视因陀罗，因陀罗在沙罗树前摔倒他们[3]。像牟尼一样，他们也具有神秘的力量。他们被说成征服他们的敌人阿修罗。《二十五梵书》（10.14.4）和《爱多雷耶梵书》（7.8）提到因陀罗杀死耶底。沙耶那将耶底解释为“阿修罗众生”（āsurāyāḥ prajāḥ）和出家人。按照迦奈（P. V. Kane），雅利安出身的人采取沉思和苦行生活方式被称为牟尼，而非雅利安的这类人被称为耶底。然而，按照班达卡尔，耶底属于阿修罗共同体[4]。按照迦奈，如果耶底与亚杜（yātu，“巫术”）有任何联系，那么，耶底可能是非吠陀的巫师[5]。

耆那教徒

如果在梨俱吠陀时期存在牟尼和耶底（相信苦行方式，实施瑜伽，一般的生活观是出世的）不容置疑，那么，耆那教作为一种不同的宗教是否存在于这个古老时期颇多疑问。按照耆

---

① Pande, G. C. , Studies in the Origins of Buddhism，第258—259页。

② 《梨俱吠陀》3.9，6.8。

③ 《爱多雷耶梵书》7.28.1。

④ Chakraborty, H. , Asceticism in Ancient India，第11页

⑤ Kane, P. V. , History of Dharmaśāstra，2，第419页。

那教，有二十三位祖师出现在第二十四位祖师大雄（Mahāvīra）之前。第二十三位祖师巴尔希婆纳特（Pārśvanātha）一般也被认为属于历史人物，排在大雄之前约250年。然而，其他祖师的历史真实性仍然只是耆那教的信仰问题。但是，贾伊恩（H. L. Jain）[1] 试图证明第一位祖师利舍跋提婆（Ṛṣabhadeva）的历史真实性：将《薄伽梵往世书》中发现的描写与《梨俱吠陀》的《原人颂》证据相联系。《薄伽梵往世书》[2] 说到王仙利舍跋变成一位苦行者（avadhūta），在这个背景下，提到伐多罗舍那（Vātaraśana）沙门，并将“头发浓密者”（keśabhūri bhāraḥ）和“遵行沉默誓言者”（maunavrataḥ）用作利舍跋的称号。这令人想起《梨俱吠陀》的《原人颂》，其中提到牟尼是“长发者”（keśī）和“以风为腰带者”（vātaraśanāḥ）。按照贾伊恩，《梨俱吠陀》这里提到的是耆那教第一位祖师利舍跋。无论他的论点正确与否，也揭示了一种有趣的可能性。

弗拉底耶

另一个属于非雅利安人文化复合体的群体是弗拉底耶（Vrātya）。在《摩奴法论》（10.20）中，弗拉底耶被规定为再生族的后代不举行佩戴圣线仪式而失去种姓者。然而，《包达延那法经》（1.9.16）说那些混合种姓者是弗拉底耶。在《摩诃婆罗多》中，弗拉底耶被规定为首陀罗和刹帝利妇女的后代[3]。尽管存在这些歧异，所有文本都同意这一点，即弗拉底耶是不举行佩戴圣线仪式者（sāvitrīpatita）。正因为如此，许多学者包括迦奈（P. C. Kane）认

---

① Pande, G. C. 转引，Śramaṇa Tradition，第3页。

② Bhāgavatapurāṇa，5.5.29、31（Gita Press ed.）.

③ Karṇa parvan，37.44—46，Droṇa parvan，143.17。

为弗拉底耶（vrātya）一词源自 vrata（“誓言”）[1]。然而，其他一些学者包括夏斯特里（H. Shastri）[2] 认为这个词源不可能，如果这样，也就没有不遵守神圣誓言的意思。现在，学者们一般相信 vrātya 这个词应该源自 vrāta，意谓部落或群体（vrāte samavetāḥ vrātyāḥ）[3]。

按照一些历史学者，弗拉底耶是一种非雅利安部落[4]，而另一些学者主张他们是雅利安人[5]。对于我们，他们是非吠陀文化复合体中的雅利安人这种观点是正确的。依据《二十五梵书》[6]，似乎他们说雅利安语（dīkṣita vācam）。他们的族长被称为家主（gṛhapati）。但是，他们的生活方式不同于雅利安人。他们肯定不被包括在吠陀正统圈内。他们不赞同婆罗门教祭祀[7]，分享一种 surā（“酒”）估计是他们的宗教祭祀的组成部分[8]。依据《二十五梵书》，似乎甚至他们的衣着等也十分不同于雅利安人。有意义的是，依照这个文本，他们分成两类：阿罗汉（arhat）和勇士（yaudha），令人想起吠陀共同体分成婆罗门和刹帝利。弗拉底耶使用“阿罗汉”一词（后来被耆那教采用）暗示他们是非吠陀的。阿罗汉和勇士可能是吠陀的婆罗门和刹帝利的翻版[9]。在《阿达婆

---

① Kane，P. V.，History of Dharmaśāstra，2，第 386 页。

② Shastri，H.，Absorption of the Vrātyas，第 3 页（S. Singh in Evolution of the Smṛti Law 转引，第 134 页）。

③ S. Singh in Evolution of the Smṛti Law，第 136 页。

④ 例如，Bhandarkar、Dutta、Ghosh 和 Bhagawat 等。具体参阅 S. Singh in Evolution of the Smṛti Law，第 138 页。

⑤ 例如，H. Shastri、Chattopadhyaya、Keny 和 Keith。具体参阅 S. Singh in Evolution of the Smṛti Law，第 138 页。

⑥ 17. 1. 9—15。

⑦ 《阿达婆吠陀》12. 1—4。

⑧ Karmarkar，A. P.，The Vrātya System of Religion，第 23 页。

⑨ Dandekar，R. N.，Rudra in the Veda，Poona，1953，第 8 页。

吠陀》中，摩揭陀族与弗拉底耶有朋友关系①。在《拉提亚延那天启经》(8.6.28) 和《迦旃延那天启经》(22.4.24) 中，也将弗拉底耶的特性赋予一个低等婆罗门或摩揭陀婆罗门。这些引证即使不能证明，也表示弗拉底耶生活在这个国家的东部，这里后来成为佛教的摇篮。

弗拉底耶似乎已经描述他们的至高存在埃格弗拉底耶(Ekavrātya)。在《阿达婆吠陀》弗拉底耶篇中，埃格弗拉底耶被描写为实施苦行，挺直站立一整年 (15.3.1)，有七种元气 (prāṇa)、七种下气 (apāna) 和七种行气 (vyāna，15.15.1、2)。这表明他与瑜伽的紧密联系。他被说成已经启发生主，已经变得优美、伟大和年迈，成为真谛、梵和苦行。他被说成在行进中，波利诃特、太阳、祭祀、维希吠提婆、伐楼那和苏摩等神跟随他 (15.1.2 以下)，诸神被说成是他的侍臣，意愿是他的使者，一切生物是他的仆从。正如商布尔纳难陀 (Sampurnananda)② 所指出，埃格弗拉底耶这个词在这里似乎不表示一个人的存在，而似乎有一种神秘意义，像《梨俱吠陀》的《原人颂》中的原人。他也明显显出与楼陀罗的紧密联系。他的某些体貌特征如蓝腹和红背 (15.1.7)，与大神 (Mahādeva，15.1.4) 身份一致，与瑜伽的联系，还有这个事实：在弗拉底耶的诸神中，包括乌格罗、楼陀罗、舍尔婆、兽主和自在天，这一切暗示弗拉底耶对楼陀罗-湿婆崇拜作出重要贡献。《二十五梵书》将弗拉底耶分成四类：低劣者 (hīna)、吞食毒药者 (gārāgir)、阳物低垂者 (śamanīcameḍhra) 和受谴责者 (nindita)。这四类中，吞食毒药者令人想起《梨俱吠陀》中与楼陀罗一起喝毒液的牟尼。通过控制性欲而阳物低垂者令人想起牟尼和梵行者遵奉严格的苦行和瑜伽实践。

---

① 参阅 Law, B. C., The Māgadhas in Ancient India，第 1 页。

② Sampurnananda, The Atharvaveda Vrātya Kāṇḍa，第 11 页。

这样，我们可以得出结论：弗拉底耶追随一种特殊的宗教崇拜，属于雅利安人而源自非吠陀，与楼陀罗－湿婆崇拜有紧密联系。

梵行者崇拜

按照 R. N. 丹德卡尔（R. N. Dandekar）①，另一种源自非吠陀而与楼陀罗和阳物崇拜关系紧密的苦行崇拜是梵行者（Brahmacārin）崇拜。他们在《阿达婆吠陀》的《梵行者颂》（11.5）中被提到。关于这首颂诗涉及吠陀学生，或者梵，或者太阳，种种看法受到丹德卡尔的挑战。按照他，这首颂诗的目的是赞颂一种梵行者的崇拜。它的成员追随一种戒律严格的生活。他们穿得很热（gharma），经受得起苦行，获得特殊的精力。他们的许多特点令人想起楼陀罗－湿婆崇拜。例如，梵行者被描写为受到健达缚追随（11.5.2），后者与楼陀罗－湿婆的联系是著名的（参阅《梨俱吠陀》的《长发颂》）。这种联系的最明显证据是描写梵行者具有大阳物（bṛhacchepa）和喷洒精液（retaḥ siñcati）。显然，这种崇拜是楼陀罗和林伽崇拜所属的文化复合体的组成部分。

林伽崇拜

依据以上的讨论，很明显，在中期吠陀时代，林伽（Liṅga）崇拜变得比较流行，尽管它的非吠陀来源，但开始在吠陀雅利安人内部越来越获得认同。梨俱吠陀仙人祈求“别让阳物崇拜者（śiśnadevāḥ）进入我们的祭场（paṇḍāla）”（《梨俱吠陀》7.21.5）。我们在此处和别处看到对阳物崇拜者的贬斥，最可能是针对印度河流域文明中的阳物崇拜者。但随着楼陀罗的人格的转化，关于阳物

---

① Dandekar，R. N.，Rudra in the Veda，Poona，1953，第6—7页。

崇拜的观念逐渐进入吠陀宗教。《泰帝利耶森林书》（2.7）提到伐多罗舍那圣人，他们是沙门和禁欲者。按照沙耶那，ūrdhvamanthī（“禁欲者”）一词意谓 ūrdhavaretas（“让精液向上者”）。这显然表明他们主张控制性欲，令人想起《二十五梵书》中描写弗拉底耶为“通过控制性欲而阳物低垂者（śamanīcameḍhra）和梵行者是有大阳物者（bṛhacchepa）”。

《阿达婆吠陀》中其他一些段落表明林伽崇拜日益流行。在一处（10.8），描写斯甘跋（Skambha）神与宇宙共存，将他理解为物质宇宙的各个部分以及各种抽象性质。与此联系，说他知道“金芦苇（vetas）是神秘的生主”。有意义的是，vetas 一词在这里用作“芦苇”，而在《梨俱吠陀》（10.95.4—5）和《百道梵书》中也用作“阳物”。按照拉奥（Rao）①，“正是这位斯甘跋，已经产生湿婆作为一根闪亮的柱子出现在梵天和毗湿奴之间的故事。他俩当时在争论谁比谁伟大”。在《瓦遮萨奈伊本集》、《泰帝利耶本集》、《弥勒本集》和《百道梵书》中也提到许多阳物观念和仪式。在《白骡奥义书》（4.11 和 5.2）中，楼陀罗被描写为女阴（yonī）之主，表明他与女阴崇拜的紧密联系，也间接表明与林伽崇拜的紧密联系。

四　出现新的综合

新的综合的需求

非吠陀意识形态的影响给吠陀社会提出许多社会和道德问题，甚至威胁到它依靠的基础。非吠陀意识形态一方面在雅利安人面前提出男女乱交（kāmācāra）的理想；另一方面又诱导他们接受出世的或沙门的观点。其中后者成为佛教和其他这类意识形态的源头。

---

① Elements of Hindu Iconography，2，第 571 页。

这似乎显得奇怪，却又是事实，思想家们响应这两种与楼陀罗－湿婆崇拜相联系的、显得相当矛盾的观点。但是，这两种观点的奇怪对照更多是表面上的，而不是实际的。因为甚至在后来的历史时期，印度教和佛教的怛特罗宗教被发现同时与出世法和最粗俗的性仪式相联系。在卡朱罗霍和其他地方的湿婆寺庙中发现的爱欲形象是湿婆教中这种结合的最好证明。往世书中有许多故事，讲述湿婆常常裸体出外乞食，吸引仙人们的妻子与他相爱①。在吠陀时代的许多部落中，有一种性宽松的气氛，这是有案可查的。虽然这些部落的身份常常不能确定，但可以想象他们与上面讨论的楼陀罗和林伽崇拜有关。他们的影响在吠陀社会引起混乱。《梨俱吠陀》第十卷中阎摩和阎蜜的对话记录下阎摩的精神焦虑。他的妹妹阎蜜想要与他发生乱伦关系，借口他们受到时间和传统的认可，而阎摩感到这种关系违背伐楼那的法规。这里，我们可以回想印度河流域文明中流行兄妹婚姻②。很可能阎蜜的借口来自这个事实：在印度河流域的一些部落中，这样的传统可以追溯到遥远的过去，而阎摩的观点是依据吠陀社会的道德观念。因此，这是一对青年男女生活在两种道德观的边界线上的绝好例子。《摩诃婆罗多》记载有好几个具有吠陀时代特征的故事，讲述吠陀雅利安人必须保护他们的社会，避免受到那些相信男女乱交的人的影响。按照一个故事，长暗仙人（Dīrghatamā）开始追随性自由的生活（godharma，“牛法”），而其他仙人因为他的这种罪孽，而将他驱逐出净修林③。在这同一部史诗中，有一处，般度提到有这样的时代，妇女不受缚于一个丈夫，与她们喜欢的任何男人发生性关系④。然后，乌达罗迦之子白幢引

① 参阅 B. C. Law Volume，1，第 461 页。

② RHAI，1，第 24—29 页。

③ Meyer，Sexual Life in Ancient India，第 124 页。

④ 《摩诃婆罗多》1. 22. 3—21。

进婚姻制度。从吠陀雅利安人的道德观念中，不可能推断出这类男女乱交的性关系，同时有迹象表明许多非雅利安部落依随这种习惯，因此可以合理地证明男女乱交不是吠陀社会的特点，或者宁可说那是吠陀社会面对的一种危险。

在雅利安人中，家庭生活（gṛhastha）的重要性是至高的。他们的宗教是入世的，家庭的圆满依靠男性后代的繁衍。因此，一些雅利安人受到牟尼的出世理想吸引时，成为一个是否应该斥责弃世哲学的问题。正因为如此，一方面，我们的古代文献充满对牟尼、耶底和弃世者的赞扬；另一方面，又有许多章节段落严厉斥责他们。这种矛盾的态度见于《梨俱吠陀》自身，一方面将牟尼视为吠陀传统的异己者；另一方面又视为因陀罗的朋友。同样，对于耶底，既视为婆利古族的朋友，又视为因陀罗的敌人。但是，直到中期吠陀时代结束，主要的倾向是强烈斥责所有这些群体。《摩诃婆罗多》谴责弃世者是“罪人”（pāpiṣṭha）①。按照一个故事②，悔罪的遮罗特迦鲁贪求苦行的力量，而他的祖先说服他结婚，因为不结婚就不能生儿子，也就没有儿子举行祭祀让祖先的灵魂获得解脱。同样，说到古尼伽尔伽的女儿一生实施苦行，仍然不能升入天国。唯有在她抛弃处女性，嫁给舍楞伽伐那后，才得以升入天国③。在有个章节中，因陀罗这位入世宗教意识形态的大神向一些想要采取隐居生活的婆罗门儿子解释弃世无益④。在坚战表示想要过弃世生活时，他的弟弟们和德罗波蒂成功地说服他放弃这个想法，强调弃世无益，而必须过家庭生活。所有这些例子表明那些雅利安人的困境，他们受到弃世生活的吸引，同时又发现难以

① 《摩诃婆罗多》12.8.7。

② Meyer，Sexual Life in Ancient India，第147页。

③ Vedalankar，H.，Hindu Parivāra Mīmāṃsā，第16页。

④ 《摩诃婆罗多》12.11.27。

抛弃将这个世界视为值得向往的传统。

奥义书作为吠陀主义和沙门主义之间的纽带

奥义书时代的思想家试图综合吠陀的入世理想和沙门思潮的出世理想。奥义书一方面体现吠陀思想的自然发展，而另一方面体现向沙门苦行主义的“半转折”①。奥义书的学说主要代表中期吠陀宗教的继续和发展。但是，当我们突然在多处遇见相信生死轮回和强调苦行主义的基本价值，也就很明显，我们必须认真对待沙门的影响②。例如，在《歌者奥义书》第二章中提到正法的三个部分：祭祀、诵习吠陀和布施，分别等同于苦行、梵行者和向老师供奉礼物。其中前两者令人想起沙门主义。在第四章中，说到一个知道梵的人不再关心世俗事物，人类生活充满欲望、罪孽和病痛，因此死亡并不更坏。进而，提到一种神的道路（Devapatha）或梵的道路（Brahmapatha），追随这种道路的人不再返回人类旋涡中。按照 G. C. 般代，这明显是提到再生学说③，在这里与罪孽和无知相联系。在第七章中，那罗陀宣称希望通过知道自我而摆脱痛苦。这里，“希望知道梵”（brahma jijñāsā）与生活的烦恼相联系。在《大森林奥义书》中，耶若伏吉耶在准备脱离家居生活时，宣称追求永生（amṛtatva）不同于追求财富（vitta）。精神生活最终导致一切二重性结束。精神与身体一起死亡，仅仅“伟大的存在”（mahābhūtam）保持。这显然预示唯识论佛教徒（vijñānavādin）所理解的涅槃学说④。

---

① Pande，G. C.，Śramaṇa Tradition，第 4 页。

② 关于沙门主义（Śramaṇism）的古老，参阅 RHAI，1，第 95 页以下。也参阅 Jain，Bhagchandra，The Antiquity of Śramaṇa Cult，World Buddhism，No. 1，第 3—6 页。

③ Pande，G. C.，同上书，第 7 页。

④ 同上书，第 10 页。

最有意义的沙门学说是与业报（karman）规律一致的再生学说或生死轮回（saṃsāra）学说。这种学说的起源及其迅速流行和几乎得到普遍接受的原因是印度思想史上最大的问题之一。查特吉（S. K. Chatterji）将生死轮回观念追溯到“原始南方土著居民”①。而阿伯代（V. M. Apte）质疑这种理论，即雅利安人的生死轮回学说源自“土著人的泛灵论”②。业报学说意谓一个人做出的任何行为会留下某种潜能，具有决定他在将来按照这种行为的好坏获得快乐或痛苦的力量。一旦它与再生学说结合，它意谓他们在今生不能获得这种行为的果报，必定会在下一生获得。所做的行为会消失，而它的道德效力储存在潜能中，在将来获得果报③。一些学者在梵书的死后学思考中看到与业报一致的再生学说的起源。这已经被正确地受到质疑。在《梨俱吠陀》中，绝对没有生死轮回的踪迹。在《梨俱吠陀》中，注意的焦点是世俗生活，死亡者的世界被认为是幽暗朦胧的。《梨俱吠陀》（10. 163）暗示在死后，一个人可能消失在水中或植物中，意识与宇宙合一，并非获得再生。一种道德规律（ṛta）在宇宙中发挥作用得到确认，而它被认为依靠诸神的意志实施，人的意志承认它和寻求跟随它。至于梵书，确实，正如基思（Keith）已经指出④，其中发现有在死后世界中“再死”（punarmṛtya）的观念。但是，这里的“再死”似乎是指第二次出生在天国。在《爱多雷耶梵书》（7. 13. 6）中，一个人在他的儿子身体中复活。正如恰格罗伐尔提（Chakravarti）已经指出，梵书对

---

① The Vedic Age，第 151 页。

② 同上书，第 496 页。

③ 关于吠陀时代业报学说的详情，参阅 S. P. Duby，The Concept of Karma in Vedic Literature，Bhāratī，1963—1964，第 105 页以下。关于再生学说的心理学依据，参阅 Banerjee，H. N.，The Concept of Rebirth in Indian Tradition，Indian Journal of Parapsychology，6，No. 3，第 49—71 页。

④ Keith，A. B.，Religion and Philosophy of the Veda and Upanishads，第 5 页。

待死后生活的通常态度不表现为相信生死轮回学说。在梵书中，祭祀者在死后再生在天神中间，享受一种按照世俗生活方式想象的不朽存在[①]。另一方面，正如 G. C. 般代所指出，生死轮回学说以相信一种不朽的意识本原（ātman，“自我”）为前提，确认业报（karman）规律和一种追求解脱（mukti）的强烈渴望。业报和再生学说已被称为原始观念，或原始的吠陀观念，或吠陀思想派别中逐渐发展的观念。然而，按照 G. C. 般代，这些观念似乎表明以牟尼和沙门为代表的前存在的非吠陀意识形态源泉已经流入吠陀思想。到了后期吠陀时代，吠陀思想家已经准备接受这些观念，这样，我们在奥义书中突然发现提到它们。尽管如此，在提到它们时，这些观念对于他们显然是新鲜的[②]。例如，在《大森林奥义书》中，在遮那迦王宫的集会中，阿尔多跋伽询问耶若伏吉耶：人死后会发生什么？耶若伏吉耶将阿尔多跋伽拉到一旁，回答他这个问题，教导他业报学说。这暗示在那时，与业报学说一致的再生学说在婆罗门圈内被认为是一种奇怪的，甚至秘密的学说。另一方面，正如巴沙姆（Basham）所指出，在巴利语经文中，生死轮回获得认可。“除了唯物主义派别完全否认任何形式的死后再生，无论对于生死轮回的事实，或对于摆脱生死轮回而获得解脱的追求，都不存在不同观点。一个派别与另一个派别之间的区别仅仅在于再生过程的机制和个人摆脱生死轮回后获得的最终平静状态的性质。就我们的知识而言，我们在佛教经文中没有发现哪里有一位导师试图说服听众相信生死轮回的事实。这肯定暗示在佛陀时代，这个学说在印度的所有文明地区几乎已被普遍接受。而这种巨大的变化怎么出现，为什么会出现，完全不清楚。而暗示它源自土著的非雅利安人的信仰，这

① Chakravarti, Moni, Meta-psychosis in the Saṃhitās and Brāhmaṇas of the Ṛgveda, ABORI, 42, 1961, 第 155—162 页。

② Pande, G. C., Origins, 第 216 页以下；Śramaṇa Tradition, 第 12—13 页。

至多是个猜想，文本证据本身更暗示它起始于上层阶级的小圈子内，无论是刹帝利或婆罗门。”①

无论如何，接受生死轮回和业报学说在吠陀社会引起一次真正的革命。早期吠陀宗教是肯定生活的，而后期吠陀的态度是更多地否定生活的或出世的。这种变化的出现主要通过生活概念的变化，其中含有生死轮回和业报学说。如果一种行为的道德性质对将来起到唯一的和不可变更的决定作用，那么，人成为自己命运的主宰者，祭司和祭祀就不再必不可少。甚至诸神也受缚于这个规律，变成只是出生在某个位置的灵魂。耶若伏吉耶解释这种业报学说，说“一个人怎样行动，怎样指引自己，他就变成那样。因善业而成为善人，因恶业而成为恶人。欲望是生死轮回之源。如果没有欲望，甚至业也不能束缚他”。只是一种典型的佛教学说，也得到《薄伽梵歌》中“无欲望的”（niṣkāma）行动学说的支持。

从耶若伏吉耶与遮那迦的谈话中，明显可以看出他很了解牟尼和沙门以及他们的意识形态。他在解释什么导致解脱时，说到一种熟睡状态，即在这种状态中，旃陀罗不知道旃陀罗，包格沙不知道包格沙，沙门不知道沙门，苦行者不知道苦行者。他在别处说到牟尼和出家人全都通过“无欲望”（atha akāmayamānaḥ）追求灵魂摆脱生死轮回。婆罗门通过诵习吠陀、祭祀和慷慨布施追求它。牟尼和出家人通过苦行和禁食。对牟尼和沙门以及再生和业报的这些描述表明耶若伏吉耶熟悉沙门学说和受到他们影响，虽然他与有神论的关联明显不同于他接受的沙门主义哲学②。

熟悉生死轮回学说在诗体奥义书中变得更为明显。在《伽陀奥义书》第二章中直接提到牟尼，描述人受束缚和解脱的过程。“一

① Basham, A. L., in Studies in History of Buddhism, ed. by A. K. Narain, Delhi, 1980，第 14 页。

② Pande, G. C., Śramaṇa Tradition，第 21 页。

旦摒弃心中的所有欲望，凡人就达到永恒，就在这里获得梵。”按照 G. C. 般代，这暗示生命解脱和阿罗汉性的可能性。

沙门主义的最大影响见于《剃发奥义书》。这个书名就暗示沙门的影响。它贬斥祭祀是“破船”，宣称那些追随仪式主义道路和忙于慈善活动的人不能摆脱生死轮回。这部奥义书也提到“比丘行”（bhikṣācaryā），也提到耶底，他们摒弃内在罪恶，遵奉真理、苦行、梵行和正知（samyak jñāna）。《自在奥义书》讨论吠陀传统的行动、仪式主义和道德与沙门的弃世哲学之间的矛盾。如同《薄伽梵歌》，它得出结论：只要怀着献身精神行动，感到神的遍在，行动就不会束缚行动者（na karma lipyate nare）。确实，不应该抛弃行动，一个人应该始终从事行动。

然而，应该注意到，虽然奥义书一般了解与一个人的行动一致的再生学说和弃世，但不能认为这些文本在整体上倡导出世的意识形态。按照 G. C. 般代，“在奥义书中流行的学说是展现神圣的存在和能力。早期的许多天神无疑融入一个与自我同一的伟大存在，而结果是一种唯灵主义的宇宙观。……其中，每个限定的对象只是无限的梵的有限展现。创造和展现被认为是真实的，而不是虚幻的。确实，在另一方面也能引述偶然提到否定二重性或断定名称和形式不真实的说法。但是……现实主义的解释似乎是正确的解释”①。这样，似乎应该认为虽然奥义书提供日益增长的沙门意识形态的证据，而它们仍然主要强调肯定的、行动的和健壮的生活观，寻求在我们所见事物背后更高的真实②。

生活阶段作为一种新的综合设计

这样，在奥义书时代，苦行倾向对吠陀社会的影响不一定意味

① Pande，G. C.，Śramaṇa Tradition，第 22 页。

② 同上。

弃世生活阶段早已制度化。个人生活四个阶段的设计被认为是古代印度教的一个重要特点。āśrama 一词在文字上意味“隐居地”或“栖息地”，而在技术上意味印度教徒生活中的一个阶段。四个生活阶段的设计是社会－宗教性的。它确认四个阶段，即梵行期（brahmācārya，“学习吠陀的学生阶段”）、家居期（gṛhastha，家主的阶段）、林居期（vānaprastha，隐居林中的阶段）和弃世期（sannyāsa，摒弃一切世俗考虑的阶段）[①]。一些早期学者包括马克斯·缪勒（Max Müller）、比勒（Bühler）和雅各比（Jacobi）相信苦行主义产生于吠陀社会本身。雅各比已经暗示婆罗门苦行者提供佛教徒和耆那教徒复制的共同原型。为支持这种观点，也指出耆那教和佛教为苦行者规定的戒律与《乔答摩法经》和《包达延那法经》中所见的那些戒律相似。但是，S. K. 达多和 G. C. 般代已经指出这种理论的弱点[②]。般代指出，首先，上述相似性主要属于一般性质的戒律。例如，弃世者的头四种誓愿可以说是属于苦行主义的一般常识，换言之，如果存在借用，与其说是这些特殊规定，不如说是苦行的理想。其次，“阶段”（āśrama）一词没有出现在本集和梵书中。按照迦奈（Kane），在吠陀文献中，也没有与“林居”（vānaprastha）相应的表达[③]。āśrama 这个词并不非常古老。它最早见于《白骡奥义书》（6. 21）中使用的 aty-āśramibhyaḥ 一词。但按照般代，这种用法似乎表示行乞生活仍在四阶段范围之外[④]。按照迦奈，或许最早提到四阶段的是《爱多雷耶梵书》（33. 1），其中说到“污垢有什么用？鹿皮有什么用？苦

---

① 参阅 Joshi，L. M.，in History of Punjab，第 158 页。

② Dutt，S. K.，Early Buddhist Monachism，第 39 页以下；Pande，G. C.，Origins，第 322—324 页；也参阅 Joshi，L. M.，in History of Punjab，第 158—165 页。

③ Kane，History of Dharmaśāstra，2，Pt. 1，第 418 页。

④ Pande，G. C.，Origins，第 322 页。

行有什么用？婆罗门啊，盼望一个儿子吧！他是一个受到高度赞美的世界”。但是，在这里发现提到四阶段，显得十分冒险。迦奈承认甚至在《歌者奥义书》（2.23.1）中更为清晰的表述中，仍然缺乏第三和第四阶段之间的明确区别。以上讨论的一些奥义书中的表述无疑表明熟悉行乞生活，尽管认为它们表示四阶段的设计是值得怀疑的。至于那些法经（Dharmasūtra），它们的年代不确定，甚至它们之中被设想为最古老的《乔答摩法经》和《包达延那法经》就目前的形式而言，也是一种汇编性质的著作。按照霍普金斯（Hopkins），这些法经不可能早于公元前七世纪和晚于公元前二世纪。因此，似乎不可能安全地设想在这些著作中接受的理论前于公元前六世纪在婆罗门圈内已经完全确立的教条。而在公元前六世纪，耆那教已经是一个古老而受尊敬的派别。也应该记住婆罗门社会本身是与第四生活阶段对立的。整个祭祀传统以及它的物质价值是反苦行主义的。上面引用的《爱多雷耶梵书》中的段落，正是对吠陀社会怀抱的价值的出色描述。确实，在一些早期奥义书中，可以见到向苦行理想的“半转折”。但是，甚至在这些奥义书中，仍然主要强调肯定的、行动的和健壮的生活观①。“这也许不无意义，即最强烈谴责祭祀和倡导‘第四生活阶段’的奥义书是《剃发奥义书》。”② 事实是四阶段的理论在法经时代尚未成为最终确立的理论。依据他们在这方面使用的名称不规则，这一点是明显的。《阿波斯坦跋法经》使用 gṛhastha（“家居者”）、ācāryakula（“老师的家”）、mauna（“沉默者”）和 vānaprastha（“林居者”）。《乔答摩法经》使用 brahmacārī（“梵行者”）、gṛhastha（“家居者”）、bhikṣu（“比丘”）和 vaikhānasa（“隐居者”）。《婆私湿吒法经》和《包达

① Pande, G. C., Śramaṇa Tradition, 第 22 页。

② Pande, G. C., Origins, 第 325 页。

延那法经》使用 brahamacārī（“梵行者”）、gṛhastha（“家居者”）、vānastha（“林居者”）和 parivrājaka（“出家者”）[①]。按照般代，在吠陀传统中最初确认的是前两者。后来，可能随着沉思（upāsanā）时代的开启，隐居林中的实践流行，随着时间推移，形成一种真正的制度[②]。在严格的吠陀圈外，始终有游荡的苦行者群体，有时称为牟尼。到了奥义书时期结束时，婆罗门的价值经历了变化，吠陀社会中的某些部分倾向接受生死轮回学说遗传的悲观主义世界观，第四阶段即弃世期被确立为制度。换言之，苦行理想似乎已经传给耆那教和佛教，而不源自婆罗门，而是源自前已存在的牟尼－沙门派别。进而，也应该承认吠陀社会以弃世生活阶段的形式接受的苦行理想发生在奥义书之后的时期，虽然甚至在奥义书自身中已经认同苦行的倾向。

人生目的和种姓制度作为新的综合设计

各种雅利安人（属于吠陀和非吠陀两者）和非雅利安的（属于印度河流域和非印度河流域两者）文化潮流的互相接触不仅产生它们的混合，也产生它们的复合——不仅是各种意识形态的结合，也是某种全新的事物。这不仅出现作为个人生活理想格式的生活阶段理论，也导致产生作为人类生活目标的人生目的（puruṣārtha）[③]理论和作为社会组织理想格式的瓦尔那（varṇa）[④]体系。所有这三

---

① 关于人生四阶段理论在法经中的演化，参阅 Haripada，Chakraborty，Asceticism in Ancient India，第 50—82 页。

② Pande，G. C.，Origins，第 326 页；也参阅 Joshi，L. M.，Brāhmaṇism，Buddhism and Hinduism，1970，第 45 页以下。

③ “人生目的”（puruṣārtha）指正法、爱欲、利益和解脱四大人生目的。——译注

④ “瓦尔那”（varṇa）的词义为颜色，这里主要指肤色，转而表示种姓。——译注

种制度旨在达到入世和出世两种对立意识形态主张的综合。这种综合，尤其是生活阶段和人生目的学说的出现，更多发生在后期吠陀或奥义书时代，或者更晚。但是，后来转化为种姓体系的瓦尔那体系，在中期吠陀时代已经开始得到巩固。

雅利安和非雅利安种族的文化融合的主要障碍不仅在于他们的语言、精神和文化构成不同，也在于他们的体貌不同。在现代，日本人发现由于他们的种族体貌，比欧洲人更难与美国人混合。黑皮肤的非雅利安人的威胁是现代美国人意识中的所谓“黄祸”的翻版。在这样的环境下，虽然雅利安人和非雅利安人生活在一起，各自在政治经济生活中发挥作用，仍然长期觉察不到他们之间的杂交。在其他国家，被征服者和征服者的关系通常变成奴隶制形式。而在印度，在调整关系中，采取瓦尔那体系（它逐步转化为种姓体系）的形式，使两者成为一个社会整体的组成部分。这样，瓦尔那体系成为一种调整形式，部落涌入造成的问题（以及其他许多问题）由此得以解决。

但是，瓦尔那体系的出现并不能完全解决“边缘人”的问题。因为瓦尔那体系从一开始，至少在实践中，就依据出身，而不是依据一个人的品质和性向。因此，它只是产生人的附加类别。人们发现很难越过一个人世袭的群体界限。流行的观点认为在吠陀时代，一个人的种姓取决于职业，而不是出身，这是不正确的。众友仙人是刹帝利，想要获得婆罗门地位，而尽管他的伟大精神成就，受到他的对手们钦佩，但仍然不能实现他的雄心。《爱多雷耶梵书》的作者摩希陀娑·爱多雷耶是一个首陀罗妇女伊多拉的儿子①。他的父亲也有与其他高级种姓妻子生育的儿子，然而鄙视他，不让他使用自己的姓氏。在奥义书时代，一个首陀罗遮那悉如底通过馈赠大

---

① “爱多雷耶”（Aitareya）这个名字意谓伊多拉（Ītarā）之子。——译注

量礼物，说服雷格瓦传授给他真正的知识，但他并不能取得高于首陀罗的地位。同样，在《摩诃婆罗多》中，迦尔纳作为车夫的儿子，即使难敌让他担任盎伽国国王，他也没有被接受为刹帝利。德罗波蒂借口他是低级种姓，而拒绝他参加她的选婿大典。在《罗摩衍那》中，一个首陀罗商菩迦企图成为苦行者，而被这部史诗的主人公罗摩冷酷地杀死。像迦婆舍·埃卢舍、摩希陀娑·爱多雷耶、众友仙人、迦尔纳、遮那悉如底和商菩迦这些人的烦恼不难想象。在这方面，回想在这同样的社会中，诸如持斧罗摩和德罗纳，他们一生从事刹帝利武士的活动，但所有人毫不怀疑地认为他们是婆罗门，是有趣的。然而，设想只有婆罗门对种姓体系存在这样的矛盾态度，是不正确的。刹帝利也纠缠于种姓的优越感。正因为如此，佛陀和大雄一方面斥责四个等级①的种姓体系，另一方面从不疲倦地主张刹帝利的最高地位。这种心理活动，如果得到正确的理解和解释，可以阐明印度古代宗教史的许多社会方面的问题，包括佛教的社会观问题。

① “四个等级”指婆罗门、刹帝利、吠舍和首陀罗。——译注

第 三 章

造就佛陀的社会和思想骚动

一 佛陀时代物质文化的变化

物质文化变化的诸因素

公元前五、六世纪的时期被认为是“整个古代世界出现广泛的宗教改革的时代”①。中国、希腊和伊朗都在这个时代出现显著的知识和宗教剧变。很幸运，我们有好几个独立的证据，即佛教、耆那教和婆罗门教的证据。奥托·施罗德（Otto Schrader）已经在1902年明确地予以论述②，而此后，伯鲁阿（B. M. Barua）在他的经典之作《佛教之前的印度哲学》（Pre-Buddhist Indian Philisophpy）中，以更为细致的形式予以论述。导致贝尔沃卡尔（S. K. Belvalkar）命名的这种“思想骚动”③ 的诸因素不容易确认。唯物主义历史家如戈登·蔡尔德（Gordon Childe）将这种变化归诸社会存在，而唯心主义历史学家如贝利（Bury）发现它是通过自主的辩证法发展的思想进程④。

而就印度而言，不能否认在佛陀时代和前后几个世纪，社会发

---

① Cambridge Ancient History，3，第499页。

② S. K. Belvalkar转引，Gopal Basu Mallik Lectures on Vedānta Philosophy，第84页。

③ 同上书，第85页。

④ 参阅Pande，G. C.，Origins，第310页以下。

生重要的变化。在梵书文本中，我们遇见的社会仍然在相当程度上具有部落特点，由部落首领统治，虽然他具有财富和权力，但只有一种初步的政府机器，呈现为“诸宝”（ratna）组合的形式。正如巴沙姆所指出[①]，流行的观点认为梵书中的“诸宝”代表雏形的内阁会议，是不正确的，因为“诸宝”的名单中还包括工匠和信使等。后期吠陀社会也缺乏文字[②]，没有货币，只有微弱的商业系统。

但是，不久在吠陀社会的部落中出现张力。部落首领（rājan，“王”）开始将自己视为部落土地的绝对所有者，分配给他选择的人。他不再只是部落的领导者，而成为真正的国王，具有一个初步的政府体系，在婆罗门的支持下，几乎对他的臣民享有无限的权力。旧有的部落大会大量消失，被朝廷取代。

按照夏尔马（R. S. Sharma），“某些物质条件有利于大国（mahājanapada）兴起。在旁遮普和恒河上游平原地区，大规模的定居早已开始。而在恒河中游平原地区，大国的出现是与北方抛光黑陶器时期相联系的产物。迄今为止，在北印度、中印度和德干地区已有近570个北方抛光黑陶器遗址，但是，它们大多位于东部北

---

① Basham, A. L., The Background to the Rise of Buddhism, in Studies in History of Buddhism, ed. by A. K. Narain, New Delhi, 1980, 第14页。

② 我们已经在别处说明在吠陀和早期佛教时代不知道有书写艺术，婆罗谜字体（brāhmī）是在孔雀王朝早期发明的（参阅我们的论文：Brāhmī Script: An Invention of Early Maurya Period, in The Origin of Brāhmī Script, ed. by S. P. Gupta and K. S. Ramachandran, Delhi, 1979, 第1—53页；也参阅我们的著作：Kauṭilya and Megasthenes, Meerut, 1985, 第十二章，第82—100页）。巴沙姆（A. L. Basham）在上面提到的他的论文中也说道：“在四部主要的尼迦耶中，我只是在《增一尼迦耶》（1. 283）中发现提到书写，而这值得怀疑，是否只不过是记号或线条。在《中尼迦耶》（1. 127）中提到画图。另一方面，《律藏》和《本生经》似乎可以确认有书写（例如，《律藏》3. 76、4. 7、4. 305；《本生经》2. 174、6. 369等）。”这里可以注意到，巴沙姆认为《律藏》和《本生经》中提到书写，说明这些经文的晚出，而非说明印度书写艺术的古老。

方邦和比哈尔邦。它们暗示自从公元前六世纪前后，在冲积平原地区大规模定居的开始。在工艺和农业中使用铁器是北方抛光黑陶器文化的一个本质特点，虽然使用铁器也与其他类型陶器相联系。使铁器更加廉价和方便使用的两个因素是能大量获得和使它与碳结合的工艺技术。从贝拿勒斯出土的一些铁制品含有与辛格菩姆和摩由罗般遮出土的铁矿石同样的铁矿杂质。这无疑说明在恒河中游盆地的铁器使用者熟悉蕴藏最丰富铁矿的地区。同样，考察属于北方抛光黑陶器早期的铁制品，表明冶金工匠能加入更多的碳，使铁器更加经久耐用”①。巴沙姆也注意到，《梨俱吠陀》中不知道铁器，可能在后期吠陀文献中，铁也属于稀有金属，而在这时广泛使用，结果是更加容易清理森林，开辟耕地，发展农业。巴沙姆进而指出：“如果 ayas 在《梨俱吠陀》中指称铁，我们就必须修订所有我们对这部经典的年代概念。因为估计那时没有铁的一般看法已经得到对公元前 950 年前印度遗址考古发掘的证明。在憍赏弥 S. P. I. 3 发现的‘小的铁碎片’（G. R. 夏尔马：《憍赏弥考古发掘》，阿拉哈巴德，1960，第 45 页），但年代（同上书，第 22 页）是可疑的。事实上，在公元前十三世纪之前，在安纳托利亚之外，几乎不知道铁的存在（O. R. 格尼：《赫梯人》，伦敦，1952，第 83 页）。在《阿达婆吠陀》（11. 3 和 1. 7 等）中，黑铜（śyāma ayas）暗示某种新的金属，对它尚未命名。同样，在《歌者奥义书》（4. 17. 7）中的形容词‘黑铜的’（kārṣṇāyasa）也是如此。”②

---

① Sharma, R. S., Material Progress, Taxation and State Formation in the Age of the Buddha, in B. P. Sinha Felicitation Volume, ed. Bhagwnt Sahai, Delhi, 1987, 第 248—249 页。也参阅 Sharma, R. S., Material Culture and Social Formation in Ancient India, Delhi, 1983, 第 96—99 页。

② Basham, A. L., The Background to the Rise of Buddhism, 第 25 页。关于铁器引进印度的年代，参阅 Sinha, S. D., Journal of the Economic and Social History of the Orient, 5, 1962, 第 212—216 页；Kosambi, D. D., 同上书，6, 1963, 第 309—318 页。

“对这个时期物质生活作出贡献的第二次发展是在恒河中游地区开始移植稻谷。大规模清理恒河中游地带极其肥沃的土壤，引进新的耕作方法，每公顷的产量成倍增长。这样，农民能维持家庭，赡养家属，也能向国家纳税。”①

佛教早期是物质文化扩展的时期，具有比以前时期远为广泛的商业联系，富人的生活更加舒适，虽然城镇出现无产者，他们的生活或许比旧时代的部落民更贫穷。在吠陀文本中，几乎没有提到城市。现在，在佛陀时代，恒河流域所有地区存在人口众多的城镇和城市。印度社会和生活结构已经迅速发生巨大变化②。“在城市中，许多部落民互相交往，脱离他们的土地和部落同胞。在恒河流域的大部分地区，具有雄心的国王已经实际取消早期流行的部落体制。新兴的商人和技艺精湛的工匠日益富裕。”③

按照 R. S. 夏尔马，北方抛光黑陶器的分布暗示“实际上在恒河中游地区的每一个国家都有社会上层使用这种精致的陶器。他们包括祭司、武士和重要的家主（gṛhapati）。他们显然成为巴利语和梵语文本中的要素。他们形成一种统治秩序，具有战斗和管理等功能，法经依据世袭的基础予以法律化，这是印度的特殊状况。在后期吠陀文本中，部落首领（rājā）的亲属（rājanya）发挥小首领的作用，而现在在法经和巴利语文本中，实际上已经被刹帝利（kṣatriya 或 khattiya）取代。后期吠陀礼仪反映农民（viś，‘吠舍’）或部落农民和向部落民收取贡物的首领们（rājanya）之间的斗争。而在佛陀时代，法经中已经明确规定刹帝利的统治功能，当然也得

① Sharma, R. S., Material Progress, Taxation and State Formation in the Age of the Buddha，第 249 页。也参阅 Jain, J. C., Early Jainism and Archaeological Cultures, Śrī Dineśacandrikā, ed. by Mukerjee, B. N., Delhi, 1963，第 135—140 页。

② Basham, A. L., The Background to the Rise of Buddhism，第 25 页。

③ 同上书，第 16 页。

到祭司即婆罗门的支持。耆那教和佛教僧侣在婆罗门的世袭制度中没有地位，而大力支持新兴的统治秩序，因为他们将刹帝利排在社会地位中的首位。虽然没有充分研究刹帝利种姓的构成，但我们可以说刹帝利主要由统治阶级及其世系的首领构成，虽然他们的许多贫穷的堂兄弟也可能包括在这个范畴中”①。

在恒河北部地区到处还残存旧有的部落寡头政治集团。“最重要的共和政体，跋祇人的联盟，显然是受重视的一股力量，但有许多迹象表明它的部落联盟的统治机体即大会，很快就不适应对付新的形势，部落结构已经筋疲力尽。在佛陀的晚年或他逝世后，跋祇人的部落联盟被新兴的摩揭陀国压倒。”②

二 思想骚动

思想观念领域变化的诸因素

这样，我们看到随着吠陀时代结束，部落“边缘人”的时期告终，货币经济和铁器时代开始，第二次城市化革命导致城镇增多和商业发展。商业发展的结果是出现极其富裕的商人阶层，工匠组织成行会，对种姓体系造成影响。所有这些变化一方面唤醒精神探索，另一方面导致人们对一些阶层兴旺发达的背景产生强烈的不公正感觉，虽然 G. C. 般代认为社会危机“仅仅表示需要不决定其性质的新思维。社会变化是一种起因，而非精神变化的原因，提供它的前件，而非逻辑联系”③。即使如此，也不能否认“这样一种变化不能不反映在这个时代的宗

① Sharma, R. S. , Material Progress, Taxation and State Formation in the Age of the Buddha，第 16 页。

② 同上。

③ Pande, G. C. , Origins，第 311 页。

教思想和实践中。对吠陀祭祀宗教最早明确的批评出现在早期奥义书中，但只是采取温和的形式。祭祀或许有某种效用，但不能拯救人的死亡。而对于宇宙，旧有的仪式主义宗教不能作出令人完全满意的解释。探索第一原理实际上早在《梨俱吠陀》的晚出部分中已经存在，现在得到奥义书仙人的强化。新的建议和原理被提出，依据由苦行和沉思获得的超自然洞察力”①。“在同样的转折时代，中国圣人依据更新社会的手段提出互相冲突的理论，也涉及第一原理。但印度最优秀的思想家对于社会不抱有幻想，认为社会依随宇宙必然衰亡的过程是日益恶化的。对于印度圣人，拯救（或解脱）只是少数人能获得的事，而非整个社会的事。后来，智者们以‘经’（sūtra）和‘经论’（śāstra）的形式整理编订正统的社会习俗规范。但是，在佛陀时代，人们的思想转向摆脱习惯的束缚，而非保持传统的生活方式。”②

在公元前五、六世纪，恒河中游地区有“奇趣堂”（kutūhalaśālā）即休憩和辩论的场所。这些场所不仅用作宗教导师在雨季的安居处，也便于吸引听众。城市生活释放好奇心和自由思想，当时的一些导师加以利用，因为他们急于要向大量听众宣说③。他们的教导向所有人开放，或许与婆罗门林居者的说教相比，较少神秘性。“一位导师的重要性取决于他的信众规模，也取决于他阐述的理论。这种成规模的信众在大城市中心的边缘地区更容易获得。讨论的主题多种多样，但基本问题集中在人类经验、知识和本能的普遍性。这些场所常常位于花园，围绕成排的树木，令人想起森林。……这些奇趣堂由富裕的市民维持，或由王室恩赐，成为讨论各种学说的重要场所。通常说到他们讨论的话题着重宗教和伦理，但必定也包

---

① Basham，A. L.，The Background to the Rise of Buddhism，第 14 页。

② 同上。

③ Tharpar，R.，From Lineage to State，Bombay，1984，第 153 页。

括人们关心的其他问题。在奇趣堂中的集会无疑也是确定哪个教派会受到恩宠的一条途径。”①

一些学者在佛陀时代的宗教运动中，发现一种种姓关系，一种刹帝利对婆罗门的反叛②。事实上，耆那教和佛教，这时期最重要的两个宗教，是由两个刹帝利王子创立的。他们强调刹帝利的地位高于婆罗门，为这种理论增添色彩。但是，正如我们在别处看到的③，甚至在奥义书时代，刹帝利就已经对宗教哲学追求发生兴趣。在《薄伽梵歌》（4.1—2）中，提到王仙（rājarṣi）的瑜伽传统。此后，也明显提到婆罗门参加各种非吠陀或沙门团体。有些人将这种知识活动仅仅归诸沙门，这也是不正确的④，因为这个时期毗湿奴教和其他正统的虔信派的兴起和发展在某种程度上也是这种思想骚动的结果。

公元前五、六世纪流行的哲学

在佛陀时代，业报说（kammavāda 和 kiriyavāda）及其对立的无业报说（akammavāda 和 akiriyavāda）似乎是讨论最多的问题。耆那教和佛教都相信业报说。按照 B. C. 劳，kammavāda 和 kiriyavāda 这两个词没有区别，都表示业报说⑤。但是，更可能这两个词有某种区别⑥。大致说来，这两个词表示人的苦难不是由时间、命运、偶然或灵魂，而是由自己的行动引起，因为人的行动含有一种道德束缚力，其结果不可避免。与这种学说对立的是永恒说（sassatavāda，

---

① Tharpar, R., From Lineage to State, Bombay, 1984, 第 153—154 页。

② Rhys Davids, Buddhist India, 第 138—143 页；The Vedic Age, 第 468—469 页。

③ RHAI, 1, 第 6 章。

④ Mishra, G. S. P., The Age of Vinaya, 第 36 页。

⑤ Law, B. C., Indological Studies, 2, 第 285 页。

⑥ Mishra, G. S. P., The Age of Vinaya, 第 55 页。

即终极真实是永恒的学说）和偶然发生说（adhiccasamuppāda，即偶然性起因的学说），其结论是没有任何行动能称为道德或不道德，因为它既不引起任何变化，也不是自由的行动。在《大品》（Mahāvagga）中，尼乾陀·若提子认为佛陀相信无业报说（akiriyavāda）。有时这个段落被略去不提，因为无关紧要，只是偶尔出现的指责。但是，正如密希罗（G. S. P. Mishra）所指出，如果我们注意两者提出的“业”（kiriyā和kamma）的概念之间的区别，这种指责就变得清晰。按照耆那教，强调行动的肉体性质，每种行动必然产生一种结果，影响一个人变成什么。例如，如果一个人从事杀生行动，他必定获得罪孽，他自己有意识或无意识从事这种行动并不重要。而另一方面，佛陀强调人的行动的精神方面。他认为，一种行动除非伴随有意愿和意识，否则不成其为行动，理由是人不受那些无意识的行动的结果影响。因为耆那教不接受这种观点，尼乾陀·若提子指责佛陀相信无业报说（akiriyavāda）[①]。

除了无业报说，断灭说（ucchedavāda）也受到佛教和耆那教的贬斥。这是对伦理和宇宙问题的唯物主义的虚无主义的态度。这种哲学的基本点是唯有肉体是真实的。灵魂并非是有别于身体的事物。在身体瓦解后，不存在灵魂、生命或业报。一旦死亡，所有一切断灭。

在佛陀时代的其他哲学理论中，也可以提到时间说（kālavāda）。它见于《阿达婆吠陀》，也见于《摩诃婆罗多》。“受到不可抗拒的时间悲剧的打击，产生一种深刻的宿命感，怀着强烈的畏惧谈论时间。”[②] 自性说（svabhāvavāda）似乎与下面将会讨论的数论和拘舍罗的观点有接触点。它确认通过内在力量发展的理论，但否认自由意志[③]。命定说（niyativāda）相信命运或必然性，可以意味一种自然

---

① Mishra，G. S. P.，The Age of Vinaya，第56—57页。

② Pande，G. C.，Origins，第338页。

③ 同上书，第339页。

的（因果的）、超自然的（命定的）、道德的（业报的）或逻辑的必然性①。与之对立的是否认因果业原理的偶然说（yadṛcchavāda）②。

这个时期的其他两种并非严格意义上的哲学的意识形态是苦行说（tapavāda）和戒律说（vinayavāda）。苦行说许诺通过实施严厉的苦行能获得最终解脱，而这种苦行包含身体的剧烈痛苦。这种观念在婆罗门苦行者以及非吠陀苦行者如生命派和尼乾陀派中流行。而佛陀宣说“中道”学说，不赞同这种信仰。戒律说主张为了达到人的目的，应该接受一些固定的行为规则。正因为如此，佛陀和大雄以及其他的导师为他们的信徒制定戒律。

关于世界、灵魂和人生至善，在这个时期流行若干种哲学。有好几部佛教和耆那教经文以及一些早期奥义书之后的婆罗门教文本中提到或详细讨论这些观点。但是，《长尼迦耶》中的第一部《梵网经》（Brahmajālasutta）系统地论述这些观点。这部经中讨论以下这些问题。

1. 四种永恒说（sassatavāda）。
2. 四种半永恒说（ekaccasassatavāda）。
3. 四种有限和无限说（antānantikā）。
4. 四种油滑说（amarāvikkepikā）。
5. 两种偶然发生说（adhiccasamuppanikā）。
6. 十六种死后有想说（saññivāda）。
7. 八种死后无想说（asaññivāda）。
8. 八种非有想和非非有想说（nevasaññināsaññivāda）。
9. 七种断灭说（ucchedavāda）。
10. 五种现世涅槃说（diṭṭhadhammanibbānavāda）。

① Pande, G. C., Origins，第 339 页。
② 同上书，第 340 页。

所有这些观点[①]在小乘和大乘佛经中都被称为“邪见”（micchādiṭṭhi），并归诸那些坚持“有身见”（sakkāyadiṭṭhi）的人，即认为身体或身体的任何特殊因素都是灵魂（“自我”）[②]。

关于佛经论述这些问题的目的，佛音（Buddhaghoṣa）和后来的大乘学者认为出于阐述“空性”（suññatā）的必要。佛音所谓的“空性”意味“人空”（puggalasuññatā），而对于大乘学者，则意味“人空”和“法空”（dharmaśūnyatā）[③]。然而，按照现代一些学者，这部经的目的是简要概括佛陀时代北印度流行的非佛教学说。而按照达多（N. Datt），这部经并无这样的前提[④]。他指出五位外道导师和大雄的学说，还有奥义书中发现的哲学观点，都在这部经的视野之外。按照达多，这部经的主要目的是勾勒萦绕在那些隐士（“沙门－婆罗门”）头脑中关于世界和灵魂的可能性理论的名单。这些隐士凭借直觉或沉思获得某种力量而没有达到最高状态。“所谓的‘六十二见’显然是系统说明隐士或思想家的经验，而很少涉及那时的观点。或许在‘六十二见’中的某些观点和体现在奥义书中的哲学教义之间稍许有些一致之处，但不能确定这部经的撰写是针对它们的，一致的原因或多或少是偶然的。”[⑤] 然而，按照 G. C. 般代，虽然“毫无疑问，这部经归功于佛教的系统化，但要接受达多的观点，需要用以下事实予以修订：（1）在《梵网经》中提到的一些观点能表明是非佛教思想家实际持有的。（2）按照这部经本身，应该相信有些观点出自理性思辨，而非特殊的神秘经验。（3）许多‘佛教僧侣的经验’与某些或其他非佛教思想家的经验是同样的”[⑥]。

---

① Dutt，N.，Early Monastic Buddhism，第 37 页。

② 同上书，第 38 页。

③ 同上。

④ 同上书，第 35 页以下。

⑤ 同上书，第 36 页。

⑥ Pande，G. C.，Origins，第 352 页。

无论如何，人们可以同意达多（N. Dutt）所说《梵网经》已经用于两个目的：消除我们头脑中对于世界和灵魂的许多根深蒂固的观念，提醒我们不要以先入为主的观念解释佛陀的学说。例如，可以指出自我（ātman）作为一种永恒的和纯洁的实体存在于我们的体内，不受我们的行为（“业”）影响，这种观念很可能会歪曲佛经中关于attā（“自我”）和puggala（“人”）的真正含义。同样，断灭说（ucchedavāda 或 natthatta）可能会影响我们对“无我”（anattā）或“空性”（suññatā）学说的解释。作为一个典型例子，达多引用《中尼迦耶》，讲述一个永恒论者听了佛陀教导通过灭除激情、欲望和邪见等获得涅槃，便错误地得出结论，认为佛陀是一个断灭论者①。

沙门和婆罗门

早期佛教时代的宗教派别可以大致分为两类，前者称为正统派（āstika），后者称为非正统派（nāstika）。正统派或婆罗门教派并不意味有神论教派。它表示这些体系确认吠陀及其分支为至高的权威。例如，数论通常被认为是无神论哲学，而仍然是一种婆罗门教体系，因为它接受吠陀的权威（veda prāmaṇyam）。佛教和耆那教被认为是非正统派或非婆罗门教派，因为他们不接受吠陀经典的权威。摩奴将“非正统派”界定为挑战吠陀权威者（nāstika vedanindakaḥ）。按照另一种观点，正统派是相信存在未来世界等。按照这种解释，佛教和耆那教不是非正统派。著名的佛教学者龙树（Nāgārjuna）在这种意义上使用这个词，说“非正统派必定下地狱”。这样，将佛教和耆那教称为非正统派，便成为一种误称。他们宁可被称为“非吠陀派”（avaidika）。

---

① Dutt，N.，Early Monastic Buddhism，第36页。

佛教和耆那教文献似乎将所有的非婆罗门体系称为沙门，通常的用语是 samaṇa vā brāhmaṇa vā（“沙门或婆罗门”）。在那个时代，这是共同的实践，即一个人想要过出家人生活，想到凭他个人的努力不能认识真理，于是拜师求道。这样的导师身边围绕有大批信徒，王舍城优楼频螺和珊阇夜的那些束发者导师便是明显的例子。在《妙吉祥光》（Sumaṅgalavilāsinī）[1] 中，沙门明显不是那些出身婆罗门家庭而抛弃世俗生活的人，同时婆罗门是那些出身婆罗门家庭而对宗教和哲学比对世俗事务更感兴趣的人。在波你尼（Pāṇini）[2]、钵颠阇利（Patañjali）[3]、梅伽斯梯尼（Megasthenes）[4]的著作以及阿育王铭文[5]中，被发现婆罗门和沙门这两个词结合使用。按照钵颠阇利，沙门和婆罗门属于两个对立的群体。在佛经中，“出家人”（paribbājakā）和“苦行者”（tapassino）一般指称沙门。在《破戏论》（Papañcasūdanī）中，一个活命派圣人被称为沙门[6]。耆那教和佛教通常使用“沙门”一词指称所有的非婆罗门教苦行者。

婆罗门和沙门之间的对立如此尖锐，以致被钵颠阇利说成是类似蛇和猫鼬或猫和老鼠的关系[7]。婆罗门深深嵌入共同体，不能作为共同体外的另类存在。而沙门和弃世者刻意脱离社会，反映在奥义书和梵书中，他们的主要意图是摆脱社会义务而思考和行动。这些群体的成员一般限定为高级种姓，而进一步保持距离[8]。而沙

① Dutt，N.，Early Monastic Buddhism，第 62 页。

② Agrawala，V. S.，India as Known to Pāṇini，第 383 页以下。

③ 同上。

④ McCrindle，Ancient India as Described by Megasthenes and Arrian，第 65 页。

⑤ RE，13。

⑥ Dutt，N.，Early Monastic Buddhism，第 63 页。

⑦ 《大疏》（Mahābhāṣya，1.4.9），1，第 476 页。

⑧ Tharpar，Romila，From Lineage to State，Bombay，1984，第 152 页。

门——尼乾陀派、活命派、佛教和其他派别——选择一种中间道路。在一个层面上，他们抛弃社会，而在另一个层面上，他们又回到社会，依靠居士共同体①。事实上，佛教居士（upāsaka，“优婆塞”）信众在支持教团方面发挥主要作用，反过来，比丘给予他们帮助。出于对活动基地的需求，比丘依靠居士共同体建造寺院。在这方面，各种新教派以及他们与婆罗门之间存在竞争。在意识形态层面存在对抗，同时在接受赞助层面存在竞争。而他们最大的怒火直接针对斫婆迦派（cārvāka）或顺世论派（lokāyata），因为后者甚至嘲讽僧侣的用处②。

婆罗门和沙门对待苦行的态度基本不同。这些不同出自他们对社会和道德问题的一般看法。早期的吠陀文献中含有印度人道德意识的最初表达。在这里，我们发现强调意志、选择和行动，强调依照宇宙规律或法则（ṛta）指导他们的必要性。法则（ṛta）或正法（dharma）的概念逐步结晶成三种具体的社会秩序——种姓制度、生活阶段以及家庭经和天启经仪轨③。我们已经讨论种姓制度的演化，也已经讨论原先只是确认前两种个人生活阶段，然后接受第三种林居生活阶段，这是仪式衰微和沉思（upāsanā）流行的结果④。确认第四种生活阶段的时间较晚，而且十分勉强，旨在适应那些人，他们已经开始相信与一个人的“业”一致的再生这种出世的悲观主义意识形态，而且这些人的数量日益增长。同样，早期的吠陀社会只是设定三种人生目的（trivarga），即追求符合正法（dharma）的爱欲（kāma）和利益（artha）。而在这三种人生目的上增加解脱（mokṣa）作为最高的人生目的，从而

① Tharpar，Romila，From Lineage to State，Bombay，1984，第 152 页。

② 同上书，第 154 页。

③ Pande，G. C.，Śramaṇa Tradition，第 29 页。

④ RHAI，1，第 129 页以下。

出现四种人生目的（caturvarga 或 puruṣārtha）。这种发展显然源自奥义书思想家确认获得梵为人生至善。

然而，从实际的观点看，人对于从社会和诸神那里获得恩惠予以回报的义务继续成为吠陀社会伦理的基石①。与此对照，沙门主义削弱人对诸神的依赖感，并打击社会义务说。它用业力取代诸神，人获得什么并不归诸诸神，而归诸他自己过去的行为。进而，因为人不能逃避他的行为的道德结果，他必须摒弃个人主义和暴力等这些主要罪恶，而追求道德。因此，在各种苦行宗教及其派别的寺院戒律文献中，可以发现他们的苦行主义理想的具体形式。这些戒律用于规定食物、饮料、衣服、住处、乞食和僧侣的宗教实践乃至微小的细节。这些苦行派别甚至也为男女居士制定戒律，虽然在性质上不很严格。例如，耆那教为僧侣制定《大戒》（mahāvrata），而为居士制订《小戒》（aṇuvrata）。同样，佛教《长尼迦耶》的《悉迦罗经》（Sigālovādasutta）讲述“家主戒律”（gihivinaya），即佛教居士的戒律。而在讲述家主的责任时，沙门教派更强调社会义务。

婆罗门奉吠陀为圣典，允许一个人成为弃世者，仅仅在他经历前三个生活阶段之后，因为在这三个阶段，他已经完成对社会的所有义务。按照这种理论，只有再生族（dvija）能成为出家人（parivrājaka）②。而沙门一般不太考虑年龄或种姓。佛陀认为正如许多河流流入大海后，失去它们各自的身份，同样，一个人无论是婆罗门、刹帝利、吠舍或首陀罗，一旦寻求他的僧团庇护，也就放弃各自先前的名字、族姓（gotra）或种姓（jāti）③。苦行者通常生活在森林中，尽可能避免与社会接触，只是为了乞食或受到邀请而

---

① Kane, History of Dharmaśāstra, 2, Pt. 2, 第942—946页。

② 同上。

③ Mishra, G. S. P., The Age of Vinaya, 第37页。

前往村庄。他们从一处向另一处游荡。如果佛陀连续三季停留在一处，就会招致社会不满和斥责。然而，在雨季，苦行者们生活在一起。这称为“雨季安居”（varṣāvāsa）。雨季安居和雨季结束时的“自恣”（pravāraṇā）已经形成习惯。按照《大品》，每个苦行派别的信徒在双周第八、第十四和第十五日集会，进行教义讨论，居士们前来聆听①。这种仪式称为“布萨”（uposathā或upavastha），甚至在婆罗门教的仪式中也占有重要地位。它是经由频毗沙罗的提示而引入佛教僧团的。

这些苦行派别对待不杀生和非世俗性等有基本相同的看法，但在衣服、食物、托钵和寺院生活细则方面互相不同。他们穿戴不同类型的衣服，同时有的抛弃所有衣服，选择裸体生活。佛教允许使用三件衣服。大雄自己抛弃所有衣服，但允许他的信徒穿一件衣服，由此他们被拘萨罗派称为“单衣派”（ekasāṭaka）。关于托钵，佛教允许使用铁制或陶制。而活命派谴责使用托钵，只用双手接受乞得的食物。关于接受的食物，各派之间也有不同。婆罗门苦行者不接受甜食，仅仅接受那些自动脱落的植物。活命派可以接受冷水、不煮熟的种子和特别准备的食物，而耆那教禁止所有这三种。然而，佛教徒可以接受任何食物，但一天只能乞食一次，并且在正确的时间。关于接受其他物品如火炬、木杖和水罐等，也有不同观点②。

佛陀时代的沙门派别中，佛教和耆那教占据主要地位。与他们同时的其他派别没有留下独立的文献资料。他们经常在佛陀和大雄的说法中受到批评。然而，佛教和耆那教经文中常常不呈现他们最好的方面，也可能常常不正确地描述他们的学说。所有这些派别似乎有以下共同特点。

---

① Mishra, G. S. P. , The Age of Vinaya，第41页。

② 同上书，第55页。

（1）他们挑战吠陀权威。

（2）他们允许任何人加入他们的团体或僧团，不考虑种姓或生活阶段。

（3）他们遵守一套伦理规范。

（4）他们奉行脱离世俗的生活，追求摆脱世界的束缚。

（5）他们能在童年之后就过出家生活（pravrajyā）。

虽然像婆罗门那样，沙门奉行乞食（bhikṣācaryā，“比丘行”），而在沙门传统中，梵行（brahmacaryā）有不同的含义。在婆罗门中，“梵行”一词开始时意味遵守某些规则，要求学习吠陀。在一个老师身边学习者称为“梵行者”（brahmacārin）。人的第一生活阶段称为“梵行期”。但是，在奥义书时代，梵（brahman）意味最高真理。因此，这时的梵行表示一种旨在获得最高真理的特殊生活方式[①]。在沙门传统中，“梵行”这个词也表示获得最高真理的生活方式。这样，这个词的原始意义表示生活阶段，而现在在苦行规则的背景下，新的意义表示精神的努力和培养，适用于任何种姓出身的人。在佛教文献中，一般使用这后一种意义。追求真理的沙门在这个阶段的生活自然不是轻松的。它包括食物、衣服和住处等方面的艰苦，这导致相信自我折磨和严酷的苦行是解脱的唯一源泉。提婆达多（Devadatta）要求在佛教僧团中引入更严格的戒律，其动机可能出自真切感受到当时围绕他的社会气氛。在这种气氛中，佛教寺院的戒律显得相当世俗和宽松[②]。耆那教依据他们自己的立场，指责佛教徒生活奢侈，因为佛教的“中道”说倾向减弱梵行中的艰苦性。

---

① Pande，G. C.，Origins，第 331 页。

② Mishra，G. S. P.，The Age of Vinaya，第 40 页。

三 这个时代的宗教领袖

非吠陀的沙门宗教团体，我们仅仅通过散见于佛教和耆那教庞大文献中引述他们的导师和教义得知。律藏提到佛陀在得道前与阿罗逻·迦罗摩和郁陀迦·罗摩子有交往。依据律藏，东北印度的著名导师被称为外道师（titthiya）。这个词最初不属于任何特殊的教派，虽然佛陀有时用作外道师的意义。佛陀指称的外道师有富楼那·迦叶、婆浮陀·迦旃延、末伽梨·拘舍罗、阿耆多·翅舍钦婆罗、珊阇夜·毗罗胝子和尼乾陀·若提子。《小品》中提到宾陀罗·跋罗堕遮施展神通力，讲述王舍城一个商主将一个檀香木托钵放在一根竹竿顶上，宣称谁能施展神通力取下它，就归谁。而那些声称具有这种神通力的人都不能办到，其中有富楼那·迦叶、婆浮陀·迦旃延、末伽梨·拘舍罗、阿耆多·翅舍钦婆罗、珊阇夜·毗罗胝子和尼乾陀·若提子。除了耆那教和活命派，他们的学说可能都没有持续很久。

富楼那·迦叶

按照佛经，富楼那·迦叶（Pūraṇa Kassapa 或 Pūrṇa Kāśyapa）是一位著名的导师（tīrthakāra）和宗派领袖。他最有可能出身婆罗门家庭，因为他的名字富楼那（Pūraṇa 或 Pūrṇa，“圆满”）也表示他被认为智慧圆满。据说摩揭陀国王阿阇世曾经拜访他，富楼那向他阐述自己的观点：“行动者或使人行动者，伤害者或使人伤害者，惩罚者或使人惩罚者，使人受折磨或烦恼者，颤抖者或使人颤抖者，杀害其他生物者，获取不给予者，毁坏房屋者，抢劫者，偷盗者，说谎者，均不造成恶业，也不增加恶业。……布施、祭供、自我克制、控制感官和说话诚实，既不造成善业，也不增加善业。”[1]这样，富楼那似乎是一个无道德论者，相信一个人既不通过诸如布施、祭祀或戒绝恶行等善行获得功德，也不通过杀害、偷盗、奸淫或说谎获得罪孽。这可能意味“无业说”（akiriya），即一个人从未真正行动，或者，身体按照它的行为享乐或受苦，而非灵魂。一个人可以做他喜欢做的事，而不会变成恶人或善人[2]。耆那教经文也将“无业”理论归诸富楼那。然而，按照埃耶斯瓦米·夏斯特里（Aiyaswami Sastri）这可能并不真正代表迦叶的观点，因为在印度思想体系中，除了唯物主义的斫婆迦派，并不知道有这种否认任何行动的善和恶的观点[3]。按照伯鲁阿，富楼那倡导灵魂无为（niṣkriya）理论：没有行动能影响灵魂，它超越善恶[4]。正因为如此，耆那教注释家希兰迦（Śīlāṅka）将非作者说（akārakavāda）等同于数论的观点[5]。但正如达多（N. Datt）所指出，既非数论，也非吠檀多教导不存在业力。正是身体或原初物质（prakṛti）起作用，而在今生和来世收获业果。进而，这两个学派都不否认生死轮回说。因此，它们不足以支持迦叶的观点[6]。

富楼那·迦叶也支持无因说（ahetuvāda）。在《杂尼迦耶》[7]中，佛陀说富楼那·迦叶认同人受污染或净化无因（hetu）无缘（paccaya）。无畏（Abhaya）也提到迦叶也认同“智”（ñāṇa）和

---

① Rhys Davids, Dialogues of the Buddha (Sacred Kooks of the Buddhists), 1, 第69页以下。

② Pande, G. C., Origins, 第347页。

③ The Cultural Heritage of India (CHI), 1, 第390页。

④ Barua, B. M., A History of Pre-Buddhist Indian Philosophy, 1921, 第279页。

⑤ 同上。

⑥ Dutt, N., Early Monastic Buddhism, 第28页以下。

⑦ CHI, 1, 第391页。

“见”（dassana）无因①。因此，伯鲁阿相信富楼那支持《梵网经》中的偶然发生说（adhiccasamuppada）或无因说（ahetuvāda）②。

在《增一尼迦耶》中，两个顺世论婆罗门告诉佛陀，富楼那·迦叶声称自己或行走或停留，始终具有“智见”（ñāṇadassana），能通过无限的知识感知无限的世界。同时，他们将通过有限的知识感知有限的世界的理论归诸耆那教③。在别处，佛陀描述迦叶具有说出死者再生在某个地方的能力④。

婆浮陀·迦旃延

按照佛经，婆浮陀·迦旃延（Pakudha Kaccāyana 或 Prakruddha Kātyāyana）是六位外道导师之一。他也是一个教派团体的领袖。佛音指出婆浮陀是他的名字，迦旃延是他的族姓（gotra）。传统解释 pakudha（婆浮陀）一词与 prakruddha 和 kakudha 同义。据说 kakudha 是原义，意谓“背上有隆肉的人”。伯鲁阿将婆浮陀·迦旃延与迦般提·迦旃延相联系，后者是《疑问奥义书》中毕波罗陀的学生⑤。然而，迦般提·迦旃延在奥义书中被描写为“立足梵”（brahmaniṣṭha）。佛音记载迦旃延从不接触冷水，甚至从不越过河流或泥路，以免逾越自己的誓言⑥。

婆浮陀的哲学观念从《沙门果经》（Sāmaññaphalasutta）和

---

① CHI，1，第 391 页。

② 同上。对比 Pande，G. C.，Origins，第 348 页。他指出：“伯鲁阿所说的偶然发生说不能成立，因为数论思想家并非不相信因果论。种种事件可能与灵魂无关，但它们的起源不可能是偶然的。”

③ CHI，1，第 391 页。

④ 同上。佛陀的弟子阿难错误地将末伽梨·拘舍罗关于人的六类存在学说归诸富楼那·迦叶，可能因为拘舍罗也有富楼那的称号（CHI，1，第 391 页）。

⑤ Barua，B. M.，A History of Pre-Buddhist Indian Philosophy，1921，第 227 页。

⑥ CHI 转引，1，第 392 页。

《分辨支》（Sūtrakṛtāṅga）中得知。《沙门果经》描述他是一位多元论和半唯物主义者。他相信一个存在物由存在于永不变化的“空隙”（vivara）中的“七身”（kāya）构成，即地、水、风、火、乐（sukha）、苦（dukkha）和命（jīva）。这七身既不被创造，也不被改造。它们无生育，坚如磐石，不产生任何什么，互相之间不发生作用。它们不运动、不变化和不互相阻碍以致引起痛苦、快乐或无苦无乐。因此，既无杀者，也无使人杀者，既无听者，也无说者，既无学生，也无教师。如果一把剑刺穿一个存在物的身体，并不毁灭它，而只是穿过构成身体的“七身”之间的空隙①。按照 G. C. 般代，“空隙”的概念通常解释为貌似的运动，而不被认为是一种实体。它被理解为只是假设的“非对抗”②。

另一方面，《分辨支》提出“自我第六说”（ātmaṣaṣṭhavāda），与婆浮陀的学说相似。这是含有六种范畴的体系，略去上述“七身”中的苦和乐，而增加一个“空”（ākāśa）③。佛陀批评婆浮陀的学说是永恒说和断灭说④。正如宇井伯寿（H. Ui）所指出，如果这种永恒说得到发展，“结果必定是原子论”。因此，这种永恒说可能与“极微说”（aṇuvāda）相同⑤。按照伯鲁阿，婆浮陀是印度的恩培多克勒（Empedocles）。按照他们两位，四大元素是根基，构形的要素对于恩培多克勒是爱和恨，对于婆浮陀是苦和乐⑥。

珊阇夜·毗罗胝子

珊阇夜（Sañjaya）是毗罗胝（Belaṭṭhi 或 Vairāṭi）的儿子。他是

---

① Rhys Davids，Dialogues of the Buddha，1，第 74 页。

② Pande，G. C.，Origins，第 348 页。

③ 同上。

④ Dutt，N.，Early Monastic Buddhism，第 35 页。

⑤ CHI 转引，1，第 392 页。

⑥ Barua，B. M.，A History of Pre-Buddhist Indian Philosophy，1921，第 283—284 页。

公元前六世纪的另一位宗教领袖。他可能是比佛陀年长的同时代人。据说他领导二百五十个信徒。他可能就是舍利弗和目犍连原先的导师出家人珊阇夜。他俩信服佛陀的“缘起说”（pratītyasamutpāda），而与珊阇夜的另一些信徒一起加入佛教僧团[①]。出家人苏毗耶（Suppiye）是珊阇夜的另一位信徒。珊阇夜著名的观点一方面是怀疑论；另一方面像希腊哲学中的一些诡辩家，体现初步的知识批评。他一般被描述为不可知论者（ajñānavādin），一个怀疑论者，不愿意对另一世界、化生和业报规律给予任何确定的回答，因为他认为这些问题都是不可确定的。这与佛陀的学说相似，即认为诸如“灵魂是否与身体同一”和“解脱者在死后是否存在”等这些问题都无法说明（avyākata），而应该搁置一边。但是，不像佛教徒，珊阇夜在拒绝对责任问题作出任何回答时，作出进一步论证。在《梵网经》[②]中，一位珊阇夜的信徒被描述为“油滑论者”（amarāvikhepika），即对询问的问题作出含糊其词的回答，像鳝鱼那样油滑。按照伯鲁阿，在《增一尼迦耶》中提到的那些“无相违论者”（aviruddhaka）也是珊阇夜的信徒。他们的哲学学说被称为“油滑论”，而伦理学说被称为“无相违论”。然而，佛教徒没有称他们为“无业论者”（akiriyavādin，“不相信业报者”）[③]。在《分辨支》中，批评这种不可知论者是盲人：如果他们自己不能达到真理，怎么能引导他人达到？

---

① 雅各比（Jacobi）指出《大品》（1.23 和 24）提到不可知论者珊阇夜（SBE，45，第 29 页）。按照这个文本，舍利弗和目犍连去见珊阇夜，告诉他他们决定追随佛陀。他试图劝阻他们，提出与他们共同领导他的僧团。然而，没有成功，他深感悲伤而吐血。

② CHI，1，第 399 页。

③ Dutt，N.，Early Monastic Buddhism，第 33 页。

阿耆多·翅舍钦婆罗和斫婆迦派

在这个时期的一些思想家中流行唯物主义的虚无主义。阿耆多·翅舍钦婆罗（Ajita Kesakambalin）是其中之一。他是早期佛教和耆那教经文中提到的六位婆罗门导师之一。他享有很高声誉。他被称为翅舍钦婆罗（kesakambalin）是因为他身披人的头发编织成的毡衣。在《大品》中，佛陀禁止他的信徒穿这种毡衣，因为这是外道穿的衣服。

阿耆多相信人由四大元素构成（catummahābhūtiko ayaṃ puriso）。人一旦死去，固体复归地，液体复归水，热量复归火，气息复归风。他的感官（indriyāṇi，“诸根”，五种感官加上心）复归空。阿耆尼否认死后生命的存在。只有傻瓜才会说存在灵魂等等。一个人的尘世存在在火葬后结束。一旦身体死亡，愚者和智者同样毁灭。死后不会留存什么（bhasmībhūtasya punarāgamana kutaḥ，“化为灰烬后，哪里还会返回?”）①。

阿耆多的伦理和宗教教导是他的激进唯物主义的必然结果。他相信祭祀和供奉祭品没有功德。善业和恶业没有果报。侍奉父母没有利益。犯下恶业没有罪孽。他相信没有人追随正道而达到完美，没有人依靠知识证得今生和来世②。

阿耆多的这种学说显然与毗诃波提（Bṛhaspati）创立的毗诃波提派学说有关。这个思想派别在《摄一切见论》（Sarvadarśanasaṅgraha）中称为斫婆迦派（Cārvāka），在《六见集论》（Ṣaḍdarśnasamuccaya）中称为顺世论派（Lokāyata）。“斫婆迦”是人名或称号，难以确定。然而，可以肯定，这个派别的学说完全排斥吠陀及其作者和教导的宗教。这样，吠陀被说成是骗子、伪君子和食肉者的著作，充满胡言乱语。其

---

① CHI，1，第398页。Dutt，N.，Early Monastic Buddhism，第34页。

② 同上。

中也指出与马祭相关的一些污秽的习俗①。

斫婆迦派竭力宣传一个人在今生应该利用一切可能的手段追求自身的快乐。从事那些被设想会在来世获得果报的行为徒劳无益。一切随同死亡结束，举行祭祀和从事其他设想的道德行为毫无用处。这种学说受到佛陀的严厉批评，称之为断灭说，即认为人死后，身体瓦解，他的存在永远消失。在《分辨支》中对非正统派或斫婆迦派的说明与此有些相似，即五种粗大元素产生自我（ātman）。然而，在五大元素解体后，生命停止存在。……“既无善恶，也无另一个世界。”②

在《莲花往世书》中，也将这类学说归诸提舍那（Dhīṣaṇa）。他断定不存在神。纷繁复杂的世界自身存在。然而，他像阿耆多那样只承认四大元素，不包括第五种“空”③。

佛教徒也并非不知道顺世论者。《杂尼迦耶》中记载有一位顺世论婆罗门和佛陀的对话④：

婆罗门：一切存在吗？（sabbam atthi）

佛陀：说一切存在是顺世论（lokāyatam）的第一种观点。

婆罗门：一切不存在吗？（sabbam nāstthi）

佛陀：这样说是顺世论的第二种观点。

婆罗门：一切的性质同一吗？（sabbam ekattam）

佛陀：这样说是顺世论的第三种观点。

婆罗门：一切的性质各别吗？（sabbam puthuttam）

佛陀：这样说是顺世论的第四种观点。

于是，佛陀宣说缘起论（pratītyasamutpāda），避免以上的极端

---

① CHI，1，第398页。Dutt，N.，Early Monastic Buddhism，第34页。

② Dutt，N.，Early Monastic Buddhism，第34页。

③ 同上。

④ 同上。

说法。

这里也应该注意到阿耆多没有对知识现象设定结论。而斫婆迦派试图以这种方式予以解决：四大元素构成身体时，精神（caitanya，“意识”）自动出现，犹如稻米和糖浆发酵产生酒。

因此，婆迦派相信知觉是知识的唯一来源。感官感知不到的东西不存在。但是，这种说法太粗糙，经不起细究。正如那些批评这种哲学的人所指出，一旦某位斫婆迦论者在任何情况下走出家门，他的妻子在一段时间里看不到他。那么，这能意味在这段时间里，她成了寡妇吗？

巴亚希・贝希（Pāyāsi Paesi）可能是佛陀时代的另一位唯物主义思想家，虽然他的年代存有疑问[①]。他也不相信灵魂，在否认与“流行的先验观念”一致的任何事物的真实性方面与阿耆多一致[②]。

末伽梨・拘舍罗：活命派

在公元前六世纪或之前出现的非佛教和非耆那教的五个主要外道中，唯有活命派（Ājīvika）[③] 享有大约两千年的漫长历史之后消亡。它可能由难陀・婆恰（Nanda Vaccha）创立，继他之后的领袖是吉沙・商吉遮（Kisa Saṃkicca）。这派在末伽梨・拘舍罗的领导下获得力量。他是佛陀和大雄的同时代人。从阿槃底到安伽，对他的崇拜一时间很流行。虽然耆那教和佛教斥责拘舍罗及其教导，但也悄悄吸收这派的教义和实践。《长尼迦耶》的《沙门果经》提到末伽梨・拘舍罗是六位导师之一，称他为僧团导师（Gaṇācāriyo）、

---

① Pande，G. C.，Origins，第351页。

② 同上。

③ Ājīvika（“活命派”）这个词也拼写为Ājīvaka。参阅佛教使用samyagājīva（“正命”）这个词。关于这个词的词源，参阅A. L. Basham，History and Doctrines of the Ājīvakas，第103—104页。他已经讨论Lessen、Barua和Hoernle的观点。也参阅Barua，Ājīvakas，第11页。

祖师（Titthakāra）、公认的圣者（sādhu sammato）和长期出家游荡者（cirapabbajito）。

据说拘舍罗出生在舍卫城附近。出于某种不知道的原因，他离家成为出家人。他作为出家人的生涯约有二十四年。其中，前六年①在波尼耶普弥与大雄在一起。那时，他是巴尔希婆纳特（Pārśvanātha）的信徒。后来，由于学说的分歧，他与大雄分手，前往舍卫城，获得圣者地位，成为活命派领袖。据说他逝世早于大雄十六年。在《薄伽梵蒂经》（Bhagavatī Sūtra）中，他被说成是在那烂陀时大雄的信徒，但这很不可能。

这位导师的名字有多种拼写法：巴利语为 Makkhali Gosāla，半摩揭陀语为 Maṅkhaliputta Gosāla，泰米尔语为 Markali，梵语为 Maskarin。汉语传统记录他的名字为 Maskari Gosāliputra（“末羯梨瞿舍利子”），解释 Maskari（“末羯梨”）是他的族姓，Gosāli（“瞿舍利”）是他的母名。按照波你尼②，Maskarin 意谓手持竹竿的出家游荡者。在古代文献中，对这个名字有许多其他想象性的解释③。

霍尔诺（Hoernle）指出“活命派”这个名称是对立派给予这派信徒的称号。对立派公开指责拘舍罗实行宗教乞食生活不是作为获得解脱（mokṣa）的手段，而是作为谋生的手段。佛陀斥责拘舍罗“不遵守梵行生活”（abrahmacaryāvāsa），是“愚痴者”（mogha purisa）。里斯·戴维斯认为活命派在获取生活手段方面有严格要求。按照查朋蒂埃（Charpentier），拘舍罗的父亲末伽梨是手持湿婆画板的乞食者。有可能活命派不仅依靠乞食，也通过展示画像谋取食物。保存在《本生经》和《天譬喻经》中的古老传说证明星

① 按照《薄伽梵蒂经》（Bhagavatī Sūtra）是六年，而按照《劫波经》（Kalpa Sūtra）只有一年。参阅 Barua，Ājīvakas，第 7 页。

② 6. 1. 154。

③ 参阅 CHI，1，第 393 页以下。

象学几乎是活命派的一种专业。这种传说与他们信仰命定论一致。

没有活命派经文保留下来的迹象，而只有散见于佛教和耆那教文献中的引述。按照保存在《薄伽梵蒂经》中的传说，估计活命派的经典包括十种《古经》（puvva）：包括八种《大相经》（Mahānimitta）和两种《道路经》（Magga），类似耆那教的十四种《古经》（Pūrva）①。他们的经典使用的方言十分接近半摩揭陀语。南印度传统提到他们的经典称为《九光》（Navakadir），最有可能体现末伽梨的教导。这可能是一种原始俗语的泰米尔语译本。依据散见于这些和其他文本中的资料有助于构建活命派的哲学观念②。

《薄伽梵蒂经》对拘舍罗的哲学提供如下说明：一次，拘舍罗和大雄一起进行一个实验，将一株芝麻植物连根拔起和毁坏，而经过一段时间又再次长出。由此，拘舍罗得出结论：存在物从属于复苏（pauṭṭa parihāram parihanti），不死不灭。他又据此提出一种学说：一切存在物从属于一种固定的从最低阶段到最高阶段的存在系列。这个系列不可改变（niyati saṅgatibhāva）。各种存在有自己不可替代的特性，正如热是火的特征，冷是冰的特征。按照《沙门果经》，所有的存在物和灵魂没有自己的力量和能力，他们的变化都受制于命运（niyati）、所属类别（saṅgati）的条件和各自的本性（bhāvapariṇatā）。他们在六类存在中的这类或那类中依据他们的位置感受快乐和痛苦。他们达到最后的至福都必须经历八百四十万大劫。其中包括七生作为天神，七生作为粗大存在物，七生作为无生物，七生身体通过复苏变化③。

末伽梨·拘舍罗否认业力（karman）和能力（vīrya）。他提出

---

① Barua，Ājīvakas，第 43、47—51 页。

② 关于活命派的学说，参阅 Hoernle in ERE，1；Barua，A History of Pre-Buddhist Indian Philosophy，第 21 章。

③ CHI，1，第 395 页以下。

极端的命定论。他认为人的努力无用（nāstthi purisakāre）。一个人全然无助，他既不能帮助自己，也不能帮助他人，也不能通过自己的努力获得解脱（vimutti）。他必须从一个存在转生为另一个存在，只有经过反复的存在，才能达到清净（suddhi）。连续转生中存在的时间和类别是命定的（niyati）。连续的存在如同线团放线，放尽为止，达到清净（suddhi）或解脱（vimutti），即存在结束[①]。正因为如此，阿阇世将这种哲学称为“轮回清净”（saṃsāravisuddhi）。G. C. 般代认为这是确切的特征概括[②]。

按照活命派，在胚胎阶段，有八种注定的结果：获得、失去、受阻、转移、受苦、享乐、得而复失、生和死。《薄伽梵蒂经》中提到六种，缺少其中的第三和第四种。

依据泰米尔语文本，我们得知活命派相信五种原子：地、水、火、风和生命。唯独生命有知识，其他则没有。它们没有起始，永恒存在，不可分割。它们能聚合和呈现各种形式，如高山、竹子和金刚石等。只有具备天眼的人能感知单个的原子。而生命原子是不可感知的，它通过自己的“业”呈现。如果它进入身体，便接受身体的所有性质作为自己的性质[③]。

按照《摩尼珠腰带》（Maṇimekhalai，四世纪），活命派相信六种存在物：黑色、深蓝色、绿色、红色、黄色和白色。最后的阶段是解脱（vīḍu），呈现极白色[④]。佛音试图详细解释拘舍罗学说中展示的各种存在阶段[⑤]。在耆那教文献中，也有用颜色区分存在的各种状态，如黑色、暗色、蓝色、绿色、红色、金色和白色，与活命

① Dutt, N. , Early Monastic Buddhism, 第 29 页。

② Pande, G. C. , Origins, 第 342 页以下。

③ CHI, 1, 第 396 页。

④ 同上。

⑤ 《妙吉祥光》（Sumaṅgalavilāsinī），第 161—164 页。

的学说有联系。虽然用颜色区分并不容易理解，但这是这派哲学的一个重要特点①。

有两种获得解脱的人："正觉者"（sambodhaka）和"圆满者"（maṇḍala）。前者始终保持在最高生命阶段，而后者来到大地向世界灌输神圣知识。如果所有的生命都获得解脱，轮回的源泉也就枯竭。这样，活命派提出这种"圆满解脱"（maṇḍalamokṣa）的理论，即已经获得解脱的生命可以进入轮回，以保持轮回运转②。

在耆那教《薄伽梵蒂经》中提到活命派将他们的中心移到文底耶山山脚的朋德罗国，在他们的神殿中包括吠陀和非吠陀神。其中，富那跋陀（Puṇṇabhadra 或 Pūrṇabhadra）和摩尼跋陀（Maṇibhadra）的崇拜者在佛教的《义释经》（Niddesa）中也提到，虽然与活命派有所不同。现代作家认为富那跋陀和摩尼跋陀是药叉，但没有疑问，《义释经》中提到的这两位有别于后来的超自然的一类。波瓦耶雕像基座铭文（公元前一世纪）表明曾经有一类摩尼跋陀崇拜者，摩尼跋陀获得常见的"薄伽梵"（bhagavat）的尊称③。

一般相信活命派坚持严格形式的苦行。《本生经》中好几个故事以及《杂尼迦耶》④ 和其他经文表明拘舍罗享有苦行的声誉。加入僧团要保持裸体，去除头发（虽然他们并不始终削发）⑤。早期佛经有多处提到活命派裸体生活⑥。他们也有居士信众。一部泰米尔耆那教的《尼罗盖希经》（Nīlakeśī）讲述拘舍罗勉励信徒遵守严格的道德戒律。他们持戒（śīla），虽然他们否认持戒的功效。按

---

① Dutt, N., Early Monastic Buddhism, 第 30 页。

② CHI, 1, 第 396—397 页。

③ 参阅 Bhattacharya, H. D., in The Age of Imperial Unity, 第 463 页以下。

④ Chakraborti, H., Asceticism in Ancient India, 第 452、455 页。

⑤ 同上书，第 453—454 页。

⑥ Mishra, G. S. P., The Age of Vinaya, 第 52 页以下。

照另一部南印度经文，活命派崇拜无忧树（aśoka）树神，否认吠陀权威，实施严格的苦行，保持身体的污垢（因为不进行日常的沐浴），抛弃家庭生活，用草席衣遮盖裸体，手中持有孔雀羽毛①。《薄伽梵蒂经》说他们禁食五种果子，也禁食根茎等②。《增一支》（Sthānāṅga）也描写活命派实施各种苦行。各种种姓的人和妇女都被允许加入僧团。然而，《沙门果经》讲述按照拘舍罗的观点，通过遵守道德戒律并不能获得精神发展。这就很难解释为何活命派要求遵守道德和宗教戒律，却又否认它们的功效。按照 N. A. 夏斯特里，这可能是拘舍罗迎合时代风尚，赞同遵守道德和宗教戒律，即使他认为它们没有功效，毫无好处。

很可能“命定”（niyati）一词是由活命派引入印度思想的。摩奴和《益世嘉言》（Hitopadeśa）努力纠正信仰命定论者的思想，而伐致诃利（Bhartṛhari）的《正道百咏》（Nītiśataka）赞扬这种思想。

大雄和耆那教

在佛陀时代，耆那教被称为尼乾陀法（Nigaṇṭṭha dhamma）。因为它特别强调不执取和抛弃被认为是“结”（grantha）的家庭（āgāra 或 gṛha）。它一般也被称为沙门法（Śramaṇa dharma），而这个词被用于所有的非婆罗门教派。它相信克服贪欲和仇恨的罪恶倾向是真正的目的。这种理想的传播者被认为是耆那（Jina，胜者）。他们的信徒被称为耆那教徒（Jaina），它们的宗教被称为耆那教。

---

① CHI，1，第 394 页以下。

② CHI，1，第 395 页。

耆那教声称他们的宗教极其古老[①]。他们相信与佛陀同时代的大雄（Mahāvīra）是他们的第二十四代祖师（Tīrthaṅkara）。跋德罗跋呼（Bhadrabāhu）的《劫波经》（Kalpasūtra）给予我们耆那教每位祖师的生平[②]。利舍跋提婆（Ṛṣabhadeva）或阿底纳特（Ādinātha）是其中的第一位。甚至在《毗湿奴往世书》和《薄伽梵往世书》中也提到他是一位伟大的圣王，属于非常遥远的年代。进而，我们在更早的《梨俱吠陀》中发现有称为牟尼和沙门的宗教思想家存在的踪迹，可以认为是耆那教信仰的前驱。贾伊恩（H. L. Jain）甚至声称在《梨俱吠陀》中提到利舍跋提婆[③]。按照后出的传说，他是憍萨罗国的王后摩茹黛维和国王那毗的儿子。在深邃和漫长的沉思之后，他获得“唯一智”（kevala jñāna），即至上智。据说他领导的僧团有八万四千沙门、三十万僧尼和其他居士信众。他抛弃自己的王国，托付给儿子们，拥抱苦行者生活。

按照耆那教传统，在摩诃婆罗多大战时，由第二十二代祖师奈密纳特（Neminātha）领导这个僧团。据说他与黑天同属雅度家族。如果按照我们倾向接受的说法，即摩诃婆罗多大战发生在公元前九世纪[④]，那么，奈密纳特可以归在这个时期。因为第二十三代祖师巴尔希纳特的年代通常被放在公元前八世纪，也有助于肯定奈密纳

---

① 参阅 Jacobi，Intro. to SBE，45；Acharya Shri Tulsi，Pre-Vedic Existence of Śramaṇa Tradition，Calcutta，1964；Jain，R. C.，The Pre-Aryan Shramaṇic Spiritualism，Muni Hazarimal Smṛti Grantha，Beawar，1965，第 12—26 页；Mehta，M. L.，Antiquity of Jaina Culture，Munishri Mishrīmalji Mahārāja Abhinandana Grantha，Jodhpur，1968，第 1—9 页。

② SBE，22。

③ 参阅 RHAI，1，第 97 页。

④ 参阅 Goyal，S. R.，Mahābhārata aura Dāśarājña Yuddhon kī Tithiyān，Purākalpa，Varanasi，1974，4，No. 1，第 5—18 页。

特的这个年代[①]。奈密纳特之前的其他祖师的年代则完全属于耆那教的信仰问题。

在公元前八世纪巴尔希婆纳特（Pārśvanātha）的领导下，耆那教获得特殊的力量[②]。据说他是贝拿勒斯国王阿湿婆塞纳的妻子伐玛的儿子。他获得“民众爱戴”（purisādānīya）。他度过三十年家主生活。后来，经过三天半斋戒，没有喝水，穿上圣衣，与三百五十人一起出家。在深邃沉思的第八十四天，获得“唯一智”。此后，他有“一个以阿利耶达多为首的一万六千沙门的优秀僧团”，还有其他许多僧团和两千女信徒。巴尔希婆死于一百岁，约在大雄逝世前的二百五十年。他和大雄之间的时间间隔通常被认为是真实的，也就是他生活在公元前八世纪。

巴尔希婆的宗教被称为四夜摩法（caujjāma dhamma 或 caturyāma dharma），即四种禁戒誓言：杀生（paṇaivāya 或 hiṃsā）、妄语（muṣāvāya 或 asatya）、偷盗（adinnādāna 或 steya）和执取（bahiddhādāna 或 parigraha）。按照耆那教学者，虽然没有明确提及禁欲（maithunavirama 或 brahmacarya）的誓言，但已暗含在禁执取（aparigraha）中。这四种誓言表明巴尔希婆将他的僧团建立在道德原则基础上。他的第一种禁杀生誓言暗示他对吠陀婆罗门的动物祭提出抗议。按照《所行支》（Ācārāṅga），大雄的父母是巴尔希婆崇拜者，进行忏悔，修苦行赎罪，躺在拘舍草床上绝食，持久折磨肉体，直至身体枯竭死去。这表明巴尔希婆倾向忏悔和自我折磨。他明确教导以自制（saṃyama）断除业报，以苦行导致寂灭。

依据《劫波经》，我们得知巴尔希婆组织他的僧团，聚集他的

---

① 然而这不意味在耆那教经文中提供的他的生平细节都一定是正确的。

② 参阅 Muni，Devendra，Bhagavān Pārśva：Eka Samīkṣātmaka Adhyayana，Poona，1969；也参阅 Shastri，Permanand Jain，Bhagavān Pārsvanātha，Anekānta，18，No. 6，1966，第 269—274 页。

四类信徒（僧侣、僧尼、居士和女居士），每一类都有一个主持（gaṇadhara）。布湿波朱拉是僧尼的女主持（gaṇinī）。提到僧尼和女居士暗示他不忽视妇女。

耆那教经典不仅提供巴尔希婆学说的一些观念，也保留了他的信徒的轶事，由此增强巴尔希婆的历史可信性。在经典中，对信徒盖希（Keśī）的描述相当逼真。据说是他让国王贝希皈依巴尔希婆的信仰。他也与大雄的主要信徒戈耶摩进行过一次辩论。据说巴尔希婆的好几位信徒已经表达这个愿望①：将巴尔希婆的四种誓言的宗教改换成大雄的五种誓言的宗教。甚至大雄的父母也是巴尔希婆的居士信众。而且，雅各比已经结论性地指出，一部佛经（即《沙门果经》）错误地将四种誓言的宗教归诸大雄。这样一个错误的出现只能是由于实际上那时存在一些巴尔希婆的信徒。《后学经》（Uttarādhyana）中盖希和戈耶摩的对话证实在巴尔希婆信徒和大雄信徒之间的友好关系，故而，他指出尽管存在一些较小的差别，两者本质上是相同的。正因为如此，传统只保存巴尔希婆教导中那些与大雄的学说不同之处，而略去所有相同之处②。主要的表面上的不同是巴尔希婆允许僧侣穿一件白衣，而大雄甚至对此也禁止。因此，这两个耆那教派别被称为白衣派（Śvetāmbara）和天衣派（Digambala，或裸体派）。但是，这样的区别不足以肯定大雄是现存信仰的改革者。增加一种誓言、强调裸体生活和哲学教义的比较系统的编排可以相信他的改革热忱③。大雄的生平传说也说明这个事实。我们知道，佛陀在他的精神生涯的开端，拜师求道，但他不

---

① 按照 Vyākhyāprajñapti，9.23，巴尔希婆的一个信徒 Gāṅgeya 接受大雄的“五种誓言”（pañca-mahāvrata）。这样的其他巴尔希婆信徒是 Ārya Kālāsavesiyaputta 和 Peḍhalaputta 等。

② 参阅 Ghatage，A. M.，in AIU，第 412 页。

③ 同上。按照 Dhammananda Kosambi（Pārśvanātha kā Caturyāma Dharma，第 24—26 页），佛陀在觉悟前，曾有一段时间加入巴尔希婆（Pārśva）的僧团。

满足于一些导师的教导，最后自己发现真理。不像佛陀，大雄明显追随巴尔希婆已经确立的教条。同样有意义的是，佛陀坚持要求他的信徒应该记住他的最初的说法，这暗示他的学说的创造性。而在耆那教中没有这种情况。总之，在早期佛经中，十分明显，认为大雄不是一个新的教派的创立者，而只是作为一个既有的宗教团体的领导者①。

由于大雄之前的耆那教学说不很清楚，现代学者对此进行一些探索是很自然的②。按照维廉斯（R. Williams），后期耆那教的一些方面可以归诸大雄之前，实际是巴尔希婆之前的时期。其中包括“抛弃身体似落叶”（sallekhanā），追求苦行生活方式，以裸体和不执取为特点，而不是梵行；采取一些崇拜形式，包括称为“舍身”（kāyotsarga）的虔诚崇拜的仪式姿势；依据“地身（pṛthvirkāya）、风身（vāyukāya）、火身（tejaḥkāya）和树身（vanaspatikāya）”这样一些假设的生命形式，遵守不杀生。这些最终的元素通常被称为是有灵的，证明耆那教学说的古老性。维廉斯也相信他们据此演化出的理想尤其在古贾拉特流行，与一种数字巫术相联系。其中，四这个数字最为重要。还有，对圣山的崇拜，其中之一是与奈密纳特联系紧密的吉尔纳尔山③。

四　佛陀时代的婆罗门教和通俗崇拜

各种类型的婆罗门

在佛陀时代，除了婆罗门祭司（Ṛtvika）形成一类专职的祭司

---

① Ghatage, A. M., in AIU, 同上。

② 参阅 Jacobi, SBE, 45, Intro.; Mahāvīra and his Predessors, IA, 9; Jain, Bhagchandra, Antiquity of the Śramaṇa Cult, World Buddhism, 15, No. 1, 1960, 第3—6页; Phaltane, L. A., An Ancient Form of Jainism, Jain Antiquity, 22, No. 2, 第17—20页。

③ Williams, R., Before Mahāvīra, JRAS, 1966, Pt. 1—2, 第2—6页。

外，还有其他各类婆罗门。首先，婆罗门家主，享受国王赐给他们的村庄税收。这些婆罗门非常富裕，被称为“豪族”（mahāśāla）。他们有时举行豪华的祭祀，而通常办学，让附近地区的学生前来学习吠陀。佛陀批评他们只会背诵吠陀颂诗，教导到达无人见过的梵界（Brahmaloka）的方法。

然后，有婆罗门出家人。按照《大森林奥义书》，他们出家的目的是求取梵。但在奥义书中，出家人（parivrājaka）和弃世者（sannyāsin）之间没有明确的界限。在巴利语经文中，出家人被描述为游荡者。在佛经中提到的束发者（jaṭila）可能属于出家人范畴。《律藏》中认为束发者是一个重要派别，佛陀与他们有良好关系。他们成群地生活在一起，有领导者，忙于修炼苦行和举行祭祀。他们被称为拜火束发者（aggikā jaṭilikā）。按照G. C. 般代，他们是林居者（vānaprastha）群体。他们可能代表正统的祭司苦行者，数量可观。他们的称谓暗示他们留有长发。梅伽斯梯尼将孔雀王朝时期的哲学家分为婆罗门和沙门，说沙门一类生活在树林里，以树叶和野果维生，穿树皮衣。他们禁欲和戒酒[①]。他们一般等同于束发者。梅伽斯梯尼将他们归入沙门一类，可能因为他们实施苦行。《大品》提到伽耶附近的优楼频螺是一个很大的束发者定居点。优楼频螺迦叶、那提迦叶和伽耶迦叶这三位束发者导师拥有大量信徒。束发者受到民众高度尊敬，在他们举行祭祀时，民众通常会带着食品等前来。

束发者明确地被称为业报论者（karmavādin 或 kriyāvādin），因此，只有经过“见习”（parivāsa）才能加入他们的团体。这种“见习”是其他教派信徒想要进入佛教僧团必须经历的。然而，按照密希罗（G. S. P. Mishra）[②]，这种规定是深受束发者团体影响而遗传

① McCrindle，Ancient India as Described by Megasthenes and Arrian，第101页。
② Mishra，G. S. P.，The Age of Vinaya，第47页。

给佛教僧团的。显然，这些束发者皈依佛教是佛陀的一大成就。按照《小品》（Cullavagga），第一次佛教结集是由原束发者导师摩诃迦叶主持的。其中提到优楼频螺的“圣屋”（ayyāgara）表明他一直住在这个地方。《波逸提》（Pācittiya）中明白提到一个名叫阿摩昼的束发者一直住在跋陀婆提迦。可能仙人堕处（Isipattana 或 Ṛṣipattana）获得这个地名是因为那里有好几个这样的定居点①。

隐居生活体系在婆罗门社会中十分古老。在佛教之前时期的森林书中，我们发现提到一类婆罗门（以及其他人）隐居森林，被称为林居者。他们研究吠陀，举行祭祀（实际上以沉思的方式）。然而，没有提到他们也实施苦行。实际上，在婆罗门社会中，乞食生活胜过林居生活的时间很晚。在《摩诃婆罗多》中，我们发现林居者的数量超过出家人②。按照商羯罗（Śaṅkara），居住林中的隐士以修苦行著称，而游荡者以自制等为特征。然而，按照 G. C. 般代，在早期，两者的不同在于隐士继续举行吠陀仪式，而乞食者摒弃吠陀仪式。但是，这种区别只对于婆罗门苦行者是重要的。在婆罗门社会自身中，林居生活阶段逐渐被认为只是为弃世作准备，最后被废弃。

以上这些清楚说明在佛陀时代，婆罗门宗教作为一个协调神和人关系的简单宗教已经经历了漫长的时期。现在，已经形成尖锐的对照：一方面是它的入世性质，它的仪式主义的形式；另一方面是在奥义书中指引的一种秘密的和苦行的新方向。在奥义书中，经常以“智”（jñāna，知识）和“禅”（dhyāna，沉思）取代仪式功效的学说，强调行动的道德作用，而非仪式作用。在《薄伽梵歌》和《摩诃婆罗多》的一些其他部分中，仪式主义在与弃世、沉思和虔诚的较量中居于次位。这些变化导致接受解脱（mokṣa）为人生的至善，加入人生三要学说中。这样，人生四要（即人生四大目的）

---

① Mishra，G. S. P.，The Age of Vinaya，第 47 页。

② Pande，G. C.，Origins，第 329 页。

变得完全，吠陀宗教真正变成入世（pravṛtti）和出世（nivṛtti）理想的综合。法经中的人生生活四阶段的理论是这种转变的现实反映[①]。

药叉崇拜和其他通俗崇拜

人的宗教信仰的表现与他的内心爱好一致。按照《薄伽梵歌》："所有人的信仰都符合各自的本性。"（sattvānurūpa sarvasya śraddhā bhavati）[②]"善性之人祭祀众天神，忧性之人祭祀药叉和罗刹，而暗性之人祭祀各种各样亡灵和鬼怪。"[③]另一个决定宗教信仰性质的因素是一个民族的文化氛围。在印度，令人眼花缭乱的文化多样性，信仰遍布各地空中的无数天神、半神、精灵和魔鬼一直是通俗宗教的显著特点[④]。正如惠勒（Wheeler）所指出，"最原始的泛灵论和魔鬼学仍然形成少数文化人士半哲学的和伦理的概念基础。……虽然更高的思想象征是农民敬畏的物质现实"[⑤]。在佛陀时代，正像在印度历史上的任何时代，可能每个部族或家庭都受他们所崇拜的某位特殊的天神引导和保护[⑥]。树一般被认为是精灵或天神的住处。有时，一棵树等同于一位神而受到崇拜。《律藏》中记载一个故事，讲述一位树神（rukkhadevatā）要求一位僧侣停止砍伐他所居住的这棵树[⑦]。《大品》中提到一位生活在迦鸠陀树上的神。这些神或半神被认为本性善良。他们努力引导一些怀有不良

---

① RHAI，1，第129—132页。

② 《薄伽梵歌》17.3。

③ 《薄伽梵歌》17.4。

④ Pande，G. C.，Origins，第318页。

⑤ Wheeler，M.，The Indus Civilization，第83页。

⑥ Mishra，G. S. P.，The Age of Vinaya，第43页。

⑦ 同上书，第44页。

愿望的人走正道[①]。

药叉（yakkha）和药叉女（yakkhī 或 yakkhiṇī）常常与树有联系。对他们的崇拜十分流行。“药叉”几乎与常用的“神灵”（devatā）是同义词[②]。按照古马尔斯瓦米（Coomaraswami），药叉崇拜在通俗层面上代表前雅利安宗教的延续[③]。药叉满足人们的世俗愿望、生育和发财[④]。他们通常被说成具有地方神或守护神的特点，但有时被描写为怀有恶意。他们甚至依附人体，引起人出现迷狂的症状[⑤]。他们通常生活在树上、建筑物上、森林或十字路口。

药叉女有时会引诱男人，如同天女（apsaras 或 accharā）。天女是精灵，被认为容貌美丽，肉体迷人。饿鬼（peta 或 preta）和饿鬼女（petani 或 pretanī）可能是人的亡灵，出没空中，成为世上的可怕对象。他们有时被说成生活在林中。《小品》中说到大海（mahāsamudda）是提弥鱼（timi）、提弥伽罗鱼（timiṅgala）、阿修罗（asura）、蛇（nāga）和健达缚（gandhabba）的住处，并明确说到阿修罗在那里游戏。这些生物被说成形体庞大，甚至达到五由旬[⑥]。毕舍遮鬼（pisāca）被认为形体可怕，怀有恶意。《大品》规定僧侣在某处雨季安居时，如果受到毕舍遮鬼侵扰，可以离开那里，而不必害怕违反雨季安居戒规。然而，健达缚是寻求再生的精灵。

除了以上提到的神，人们还崇拜各种动物，诸如象、马、牛、狗和乌鸦[⑦]。《薄伽梵歌》也提到崇拜祖先、精灵（bhūta）等以及

---

① Mishra, G. S. P., The Age of Vinaya, 第 44 页。

② Coomaraswamy, A. K., Yakṣas, 1, 第 36 页。

③ 同上。

④ 同上。

⑤ 同上书，第 21—22 页。

⑥ Mishra, G. S. P., The Age of Vinaya, 第 43 页。

⑦ Law, B. C., India as Described in the Early Texts of Buddhism and Jainism, 第 195 页、第 197—198 页。

大量的天神、树神和动物神[①]。"一种模糊的和变化的多神论不知不觉地融入一种多魔论，构成通俗的神学。"[②]

除了这些低等的神和魔，还有居于更高层次的天神。《律藏》中提到的这类天神有地神（Bhummā devā）、四大天王（Catummahārājikā devā）、忉利天（Tāvatiṃsā devā）、夜摩天（Yāmā devā）、兜率天（Tusitā devā）、化乐天（Nimmānarātī devā）、他化自在天（Paranimitta-vasavattī devā）和梵众天（Brahmakāyikā devā）[③]。地神是居住地上的神，而四大天王是统辖四个方位的神。后者侍奉佛陀。他们的身体放射光芒，看似一团火焰。夜摩天在夜间活动，兜率天生活在兜率天国。《大品》中提到隐秘天（Antarahitā devā），按照密希罗，显然是人的本能的人格化[④]。《律藏》中也提到摩罗（Māra）是一位恶神，如同印度神殿中的伽摩（Kāma，"爱欲"），引导圣洁的人偏离正道。按照巴沙格（Basak）[⑤]，佛陀降伏摩罗表示所有欲望撤退。摩罗是追求真理者在前进道路上必须面对的种种心理和物理的困难和冲突的人格化。因此，摩罗的魔军（mārasenā）包括萦绕在追求真理者心中的各种不良本能欲望、观念和感情[⑥]。

梵天（Brahmā）和帝释天（Sakka）是早期佛经中提到的两位重要的天神。梵天不同于奥义书中非人格化的梵（brahman）。他似乎是维护人类和其他生物利益的神。佛陀最初不准备向世人说法，于是梵天从梵界下凡大地，劝说佛陀说法。

帝释天被称为"神中因陀罗"（Sakko devānāmindo），表明他是最高的神。有趣的是，吠陀中的Śakra（巴利语Sakka）只是因陀罗

① 《薄伽梵歌》9.25，10.21—38。

② Pande，G.C.，Origins，第319页。

③ Mishra，G.S.P.，The Age of Vinaya，第45页。

④ 同上书，第46页。

⑤ Basak，R.S.，Lectures on Buddha and Buddhism，第55页。

⑥ Mishra，G.S.P.，The Age of Vinaya，第46页。

（Indra，巴利语 Inda）的一个称号，现在变成正式名字，而因陀罗变成称号[①]。由于他的身体放射光芒，看似“一团大火”（mahā aggikkhandho）。按照一些人，“佛教的帝释天是吠陀神因陀罗的发展，强调他的道德性方面”[②]。但是，帝释天并非是一位不同于因陀罗的神，而是同一位神。佛教的帝释天正如我们看到的吠陀中的因陀罗，并没有什么特别的伦理性的提升[③]。

由于业报学说十分普及[④]，相信中间生活的存在，死者的灵魂按照他的业果享乐或受苦。这种信仰广泛流行，在通俗死后学中发挥重要作用。我们在佛教和耆那教经文中看到地狱的生动画面，虽然这样的画面不见于早期吠陀经典。地狱是接受惩罚和不可忍受的折磨的地方，天国则是享受一切感官快乐的地方。佛陀向居士信众讲述天国故事（saggakathā），引导他们从事善业。

举行各种通俗节日（maha），纪念“因陀罗、室建陀、楼陀罗、摩贡陀、魔鬼、药叉和蛇……或纪念墓地、神龛、树、山岳、洞穴、水井、水库、水池、河流、湖泊、大海和矿藏”[⑤]。在这种庆祝活动中，婆罗门、沙门、客人、穷人和乞丐都会受到食品和礼物的招待。混杂的交际、酗酒和粗野的人群也并非不存在。G. C. 般代将它们与佛经中提到的“祭会”（samajjā）比较，这种祭会有开创性，至少有一种崇拜意义[⑥]。

---

① 参阅 Keith，Religion and Philosophy of the Veda and Upanishads，第 338 页。

② University of Ceylon Review，3，No. 1，April 1945，第 40 页。

③ Mishra，G. S. P.，The Age of Vinaya，第 48 页。

④ Pande，G. C.，Origins，第 321 页。

⑤ 参阅 Agrawala，V. S.，Prācīna Bhāratīya Loka Dharma，Varanasi，1964；Jain，J. C.，Life in Ancient India Depicted in the Jaina Canon，第 215 页以下。

⑥ Pande，G. C.，Origins，第 319—320 页。

第二篇 三宝

第 一 章

佛陀：形成中的影响

在前面第一篇的三章中，我们已经概述佛教起源的社会宗教和物质背景。然而，没有论述佛陀时代的思想潮流怎样塑造佛陀的思想和人格。我们试图在这章中对此进行探究。这里，我们将限定自己研究宗教氛围对佛陀教义的影响。其他问题如当时的部落共和体制对他的寺院组织观念的影响将放在更合适的地方论述。

佛陀与吠陀和奥义书

公元前六世纪的吠陀宗教有两个主要的分支：仪式主义和非仪式主义。在早期佛经中，多次提到佛陀与代表前一分支的婆罗门学者辩论。话题主要是种姓、祭祀[①]和吠陀的权威性。佛教在这三方面的反对立场始终是明确的。佛陀也着重批驳一切外在的崇拜。在一些佛经中，他嘲讽吠陀神崇拜。《长尼迦耶》的《三明经》（Tevijja sutta）中，他嘲讽婆罗门召请因陀罗、自在天、生主、梵天和阎摩等。他嘲讽通过抚慰诸神获得果报的观念。

关于奥义书，佛经中保持沉默。然而，从很古的时候起，就流行奥义书学说和佛陀学说存在深刻关联的观点。乔荼波陀

① 参阅 Horner, I. B., Early Buddhism and the Taking of Life, B. C. Law Volume, 第1卷，第436—455页。

(Gauḍapāda)[①] 就认为奥义书的主要观念与佛陀一致。其他许多古代思想家持有同样的观点[②]。马克斯·缪勒、布鲁姆菲尔德、T. W. 里斯·戴维斯、C. A. F. 里斯·戴维斯和奥登伯格坚持认为佛陀深受奥义书教导的影响。基思认为佛陀是不可知论者，但甚至也将佛陀的涅槃概念与奥义书的绝对作比较[③]。伯鲁阿（B. M. Barua）已经作出充分的努力，试图追踪佛陀观念的奥义书来源[④]。但是，佛陀是否对吠陀和奥义书有深入的知识无法确定。没有佛陀与具有奥义书智慧的任何代表人物进行过任何讨论的记载。然而，佛陀肯定多少有些熟悉奥义书思想的基本论题。佛陀和奥义书嘲讽吠陀的态度以及他们认为道德热忱、沉思和禅定比仪式主义更崇高，两者有相似性。然而，佛教不赞同祭祀的态度更加明确和更具批判性。确实，我们发现一些奥义书温和地贬斥祭祀崇拜，一些奥义书企图将祭祀仪式寓意化和精神化。但是，它们接受吠陀仪式主义作为一条通向较低的祖先领域之路（pitṛyāna）的效力。这样，吠陀的“仪式篇”（karmakāṇḍa)[⑤] 至少在奥义书的设计中具有附属地位。但在佛陀的教义中不是这样。

佛陀是否受奥义书的梵的学说的影响是一个有争议的问题[⑥]。按照拉达克利希南（Radhakrishnan），奥义书的梵被佛陀称为“法”（dharma)，“向我们表示经验层面上的基本伦理价值”[⑦]。但

---

① 乔荼波陀是吠檀多哲学家，约八世纪人。——译注

② Varma，Early Buddhism and its Origins，第 79 页。

③ Keith，Pre-canonical Buddhism，IHQ，12，No. 1，第 1—20 页。

④ 也参阅 Upadhyaya，K. N.，Early Buddhism and Bhagavadgītā，第 90—105 页。Upadhyaya 提供了见于奥义书和早期佛经中相似观念和表述的一个长名单。

⑤ 通常将梵书称为吠陀的“仪式篇”（karmakāṇḍa，或“业篇”），将奥义书称为吠陀的“知识篇”（jñānakāṇḍa，或“智篇”）。——译注

⑥ 参阅 Pratap Chandra，Was Early Buddhism Influenced by Upanishads? Philosophy: East and West，1971。

⑦ Gautama Buddha，第 49 页。

是，按照佛陀，法是道德规范，从来不是一种至高的原始真实。按照厄克特（W. S. Urguhart），佛陀没有明确表明态度，而“暗含承认一种终极真实”①。按照 G. C. 般代，确实没有看到佛陀在任何地方批评奥义书的“自我说”（ātmavāda）或“梵说”（brahmavāda），甚至在后期，佛教也很少批评吠檀多。“商羯罗的绝对论追溯到奥义书，同时，佛教的绝对论追溯到尼迦耶。”G. C. 般代暗示，如果我们设想“尼迦耶本身受奥义书影响，这就能看清后期吠檀多和佛教的接近。……它表明早期佛教基本上受奥义书影响，由此佛教早期倾向唯心论和绝对论。可以注意到，这些倾向不可能源自沙门思想界”②。

早期吠陀对待生活及其问题持有乐观主义态度。但奥义书表现出悲观主义。世界现象被认为充满烦恼。在《伽陀奥义书》中，我们发现提到普遍的“世界的痛苦”（lokaduḥkha）。然而，奥义书赞同一种沉思伟大真理的生活，但并不强调摒弃世俗的家主生活。而在佛教中，全然强调摒弃一切家庭生活的束缚。按照雅各比，寺院运动起始于奥义书时代，在佛陀和大雄领导下获得长足发展。因此，他得出结论说耆那教和佛教的寺院组织的原型是婆罗门苦行者。“他们从婆罗门苦行者那里借用苦行生活的许多重要的实践和体制。”③ 这种看法并不新鲜。马克斯·缪勒④、比勒和科恩持有同样的观点⑤。我们已经详细批评这种理论。

按照奥义书，人的终极精神命运是“存在、意识和欢喜”（saccidānanda）。甚至像梅怛丽依⑥这样的太太也渴望永生，不满足

---

① Vedanta and Modern Thought，1928，第 94 页。

② Pande，Origins，第 556 页。

③ Jaina sūtra，SBE 22，第 24—25 页。

④ Hibbert Lectures，第 351 页。

⑤ Manual of Indian Buddhism。

⑥ 梅怛丽依（Maitreyī）是奥义书哲学家耶若伏吉耶的妻子。——译注

于世俗的富裕生活。对此，佛教提出涅槃概念作为人生的至善。这种概念是否受奥义书的梵的概念影响是一个有争议的问题。佛陀本人并不热衷对奥义书教导的基础进行深奥的心理学和形而上学的考察。他采取实际的态度，将这类问题称为“不可说明”（avyākṛta，“无记”），是毫无用处的戏论。

数论体系

数论哲学在印度哲学思想中享有很高声誉，《薄伽梵歌》将它的传说的创立者迦比罗（Kapila）称为完美的牟尼。数论（Sāṃkhya）这个名称本身暗示它运用依据数字分类的分析方法。古典数论承认两种互相独立的最高真实，即原人（puruṣa）和原初物质（prakṛti）。原人或自我是智性原则，与身体全然不同。意识（caitanya）不是原人的特征，而是原人的本质。物质的存在供原人享受。有无数自我或原人，与不同的身体相联系。原初物质是世界的终极原因。它是永恒的无意识原则。它始终变化，除了满足自我，别无目的。按照希尔（B. N. Seal），它是“一种漠然的真实”①。在德宝（Guṇaratna，十四世纪）为《六见集论》所作的注释《思辨秘密灯》（Tarkarahasyadīpikā）中，将数论分成两派：（1）认为每个原人有各自不同的原初物质；（2）只存在一种永恒的原初物质（maulikya sāṃkhya，“根本数论”）②。善性（sattva）、动性（rajas，忧性）和惰性（tamas，暗性）是原初物质的三性或三要素（不是品质或特征）。原初物质保持它们处在一种平衡状态（sāmyāvasthā）。善性具有明亮性，动性产生行动和能力，惰性是一种阻碍因素。按照《数论颂》（Sāṃkhyakārika），善性是光明（prakāśa），动性是活动的源泉（pravṛtti），惰性有沉重的特点，造

---

① Seal，B. N.，Positive Sciences of the Ancient Hindus.

② Varma，Early Buddhism and its Origins 转引，第 298 页。

成限制(niyama)。从存在于一切事物中的快乐、痛苦和冷漠的特质可以推断这三性。一旦原人与原初物质结合(saṃyoga),原初物质演化出世界。从原初物质依次演化出大(mahat)、智(buddhi)和自我意识(ahaṃkāra)。自我意识的作用是骄慢(abhimāna)。由于它,自我认为自己是行动者(kartā),而实际并不是。从自我意识产生五种感觉器官(jñānendriya,“五知根”)。从它们产生五种行动器官(karmendriya,“五作根”)和思想(manas,“意”)。随着自我意识的增长,产生五种感觉对象(tanmātra,“五唯”)。从它们产生五大元素(空、风、火、水和地)。这样,数论共有二十五种原则(“二十五谛”)。原初物质包含原人之外的所有这一切。它是包括思想、物质和生命在内的所有一切的终极原因。原人既不是任何事物的原因,也不是它们的结果。实际上,自我是自由的和永恒的,然而由于无知(avidyā),它将自己与身体和思想混为一谈。这是所有人烦恼的原因。一旦我们认识到自我和非自我的区别,就达到解脱(mukti 或 mokṣa)。关于神,数论的主要倾向是摆脱有神论信仰。而有些数论哲学家允许神作为至高原人存在,但他只是见证者,而非世界创造者。

这样,古典形式的数论现实主义二元论试图构成一个演化体系,取代吠陀和梵书中接受金胎或生主为创造主,在这种意义上是反吠陀的。但是,许多学者试图在吠陀中追溯数论的起源①。不同于佛教,数论承认吠陀的权威(pramāṇa),始终盼望确立自己的吠陀起源(这种主张受到商羯罗的严重挑战)。有论证说《梨俱吠陀》中存在数论概念的萌芽,其中提到有两只鸟结为朋友,栖息在同一棵树上,一只鸟吃甜蜜的无花果,另一只鸟不吃,只是观看②。按照麦克唐纳(Macdonell),《不存在颂》中提出的存在产生于不

---

① Varma, Early Buddhism and its Origins 转引,第 299 页以下。

② 《梨俱吠陀》,10. 125。

存在的概念是自然哲学的出发点，发展成数论体系[①]。按照拉达克利希南，有些颂诗停留在原人和原初物质两种原则[②]。有些学者从后期吠陀中追溯数论的起源。《阿达婆吠陀》(10.8.43) 提到三性。许多印度和欧洲学者从梵书和奥义书中追溯数论的发展。约翰斯顿 (Johnston) 认为数论根植于梵书的思辨[③]。伯鲁阿追溯数论二元论根植于《疑问奥义书》。《大森林奥义书》中说："将我从黑暗带往光明！"(tamaso mā jyotirgamaya)[④] 然而，按照 G. C. 般代，数论和瑜伽属于沙门思想源流。奥义书中企图将数论与有神论观念相结合[⑤]。这里，可以回想《数论颂》明确批评吠陀祭祀，称说它们污秽不洁。它认为并非祭祀，而是具有分辨力的知识是解脱的真正手段。

佛陀和数论体系

关于数论和佛教的关系，经常是认为数论对佛教产生深刻的影响。雅各比认为佛陀不可能摆脱数论的影响。佛陀充分吸收瑜伽，也就不可能摆脱数论的影响。数论和佛教进行同样的探究，对于痛苦 (dukkha) 的原因的解释本质上相同[⑥]。而且还暗示佛陀的缘起说可能源自数论的演化说。然而，按照奥登伯格，数论没有直接影响佛教，虽然不能否认存在间接的影响[⑦]。但是，按照 G. C. 般代，数论对佛教的影响，以往的设想过于轻率。不可否认数论和佛教之

---

① The Veda Reader，第 207 页。

② Indian Philosophy，1，第 102 页。

③ Varma 转引，第 304 页。

④ A History of Pre-Buddhist Philosophy，第 234 页。也参阅 Hume，Thirteen Principal Upanishads，第 8 页。

⑤ Origins，第 547 页。

⑥ Origins 转引，第 549 页。

⑦ Origins 转引，第 550 页。

间有基本的哲学相似性。两者拒绝认同非人格的绝对，而相信灭除世界存在的痛苦。两者也都认为心理和物理的复合体是变化的和非自我的。但是，两者也存在根本的差异：（1）数论的原人和佛教的“无我”（anātman）；（2）数论的原人的独存和佛教的涅槃。还有，数论的因中有果说（satkāryavāda）及其原初物质演化说显然与佛教的缘起说和无常说是对立的。世界充满变化和痛苦的观念可能不是公元前六世纪的数论哲学的构成部分。最后，即使数论作为哲学的发展早于佛教，早期佛教也没有十分注意它。尼迦耶中没有提及数论这个名称。《梵网经》提到一类永恒论者认为灵魂和世界两者都是永恒的。加布（Garbe）将它等同于数论的基本学说，但没有说出这类永恒论者的其他信仰。按照马鸣（Aśvaghoṣa），佛陀的一位导师阿罗逻相信一种本质上是数论的哲学，但很奇怪，没有提及三性。而且，马鸣的这种说法的来源也不清楚①。因此，认为早期佛教受到数论很大影响，这种看法显得不牢靠②。

瑜伽体系

瑜伽的根源可以追溯到印度河流域文明③。在吠陀中，瑜伽（yoga）一词有多种意义：（1）完成未完成者；（2）上轭或套住；（3）联系或结合；等等。在《阿达婆吠陀》中，确认生命气息（prāṇa）伟大的内在力量④。其中，著名的《梵行者颂》赞美自制

---

① Origins，第547页；Upadhyaya，K. N.，Early Buddhism and Bhagavadgītā，第95页。

② 我们已经讨论佛教和耆那教的关系。这里只要提示许多早期学者如Lassen、Barth、Weber和R. C. Dutt认为耆那教是佛教的一个流派。但是，这种观点在Bühler和Jacobi说明耆那教不同于佛教之后，已经被抛弃（参阅Dutt，R. C.，Buddhism and Buddhist Civilization in India，1983，第77页以下）。

③ 参阅RHAI，1，第2章。也参阅，同上书，第93页以下。

④ 参阅Ṛgveda men Prāṇa Vidyā，Kalyāṇa（Yogāṅka）。

的力量[①]。它特别强调培养禁欲能力（urdhravaretas）[②]。《阿达婆吠陀》中提到的另一个有意义的瑜伽观念是“八轮”。“轮”（cakra）是后期印度哲学和诃陀瑜伽（Haṭhayoga）实践的关键概念。通过哲学的和神秘的沉思实现超然的至福是奥义书的中心教义。《伽陀奥义书》反复教导限制思想和语言的外在活动。《憍尸多基奥义书》提到波罗多尔陀那的“内在火祭”（antara agnihotra）。《白骡奥义书》第二章含有瑜伽的心理学和技巧。《弥勒奥义书》提到瑜伽“六支”（ṣaḍaṅga），其中也包括思辨（tarka），作为瑜伽的一种基本要素。

瑜伽体系的哲学与数论关系紧密。它的创立者是钵颠阇利（Patañjali）牟尼，《瑜伽经》（Yogasūtra）的作者。它接受数论具有二十五种原则的认识论和形而上学，但也承认神的存在。因此，有时它被称为有神（seśvara）数论，有别于迦比罗的无神（nirīśvara）数论。它将神视为沉思的最高对象。在瑜伽实践中，作为手段，这个体系最重视获得“分别智”（vivekajñāna），被认为是达到解脱的根本要素。据此，瑜伽是“抑止心的活动”（cittavṛttinirodha）。心的状态（cittabhūmi）有五个层次，最后两个导向瑜伽。有两种瑜伽或入定（samādhi），即“有智入定”（samprajñatā，思想完全集中在沉思对象）和“无智入定”（asamprajñatā，抑止包括认知沉思对象在内的一切精神活动）。瑜伽实践有八支：自制（yama）、遵行（niyama）、坐姿（āsana）、调息（prāṇāyāma）、制感（pratyāhara）、专注（dhārana）、沉思（dhyāna）和入定（samādhi）。

瑜伽对佛陀的影响

瑜伽对佛陀的影响被认为是肯定的。乔答摩出家后，尝试用各

---

① 参阅 RHAI，1，第 5 章。

② 同上。

种方法求取真理和智慧。他也修习瑜伽。阿罗逻·迦罗摩教导他达到"无所有处"的技巧。郁陀迦·罗摩子教导他进一步的瑜伽阶段，达到"非想非非想处"的神秘方法①。但是，佛陀不满足于这些技巧。因此，他返回，依靠自己的努力。据说他实践控制呼吸，凝思静虑。著名的"八圣道"涉及沉思（dhyāna）和入定（samādhi）。早期佛经提到"四重禅"。此外，早期佛教瑜伽的第二种设计是"四梵住"（brahmavihāra）——慈（maitrī）、悲（karuṇā）、喜（muditā）和舍（upekṣā）。按照佛教和钵颠阇利，瑜伽体系努力的最终目标是获得智慧（prajñā，"般若"）。但是，尽管瑜伽对早期佛教产生这种明显的影响，由于《瑜伽经》的年代不能确定，也就难以断定佛教和瑜伽的历史联系。

佛陀和耆那教

耆那教和佛教同为与婆罗门教抗衡的沙门思潮的流派。耆那教的最后一位祖师尼乾陀·若提子或伐陀摩那·大雄继承巴尔希婆的"四夜摩法"（cāujjāmo dhammo）宗教，改造成"五学处法"（sikkhāpada 或 pañcasikkho dhammo）宗教。他也引入僧侣裸体，取代巴尔希婆确立的穿内衣和上衣的规则。

按照多提耶（N. Tatia），佛陀显然面对巴尔希婆的宗教，称之为"四夜摩律仪"（cātuyāmasaṃvara），并归诸大雄。佛陀提到的"四夜摩律仪"与耆那教经典中的传统解释差异很大。按照耆那教经典，"四夜摩法"代表四大誓言（mahāvrata），包括禁止一切杀生（savvāo pāṇāivāyāo），禁止一切妄语（savvāo musāvāyāo），禁止一切不与而取（savvāo adiṇṇādāṇāo），禁止一切执取（savvāo bahiddhādāṇāo）。然而，佛陀解释尼乾陀·若提子的"四夜摩律

① Upadhyaya, K. N., Early Buddhism and Bhagavadgītā，第 95 页以下。

仪”为遵守一切禁戒，保持一切禁戒，依靠一切禁戒获得净化，实现一切禁戒。其中，第一种涉及阻断业的流入（āśrava），第二种涉及限制业（saṃvara），第三种涉及摆脱业（nirjarā），第四种涉及达到解脱（mokṣa）。这样，巴利语经文中提到的“四夜摩律仪”最有可能涉及耆那教伦理的基本原则。佛陀可能不熟悉大雄的“五学处法”①。

由于产生于同样的知识氛围，佛陀和大雄的教导自然会呈现相同的表述，显出某些共同的特点②。相信过去和未来的觉悟者，尘世快乐无常的观念，厌弃生死轮回，否认吠陀权威和婆罗门的仪式功效，这些是两者的共同基础。对待生活和世界的悲观主义也相同。两者也都认同生死轮回说和业报说。还有，两者强调苦行者优于家主，但也指出“遵守戒律和道德作为达到解脱的准备阶段的重要性”。耆那教坦率地信奉无神论，不承认凌驾于个人生命之上的至高的或宇宙的灵魂，而在佛教的实用道德中也含有无神论倾向。至少两者都否认存在一种智性的第一原因。按照 G. C. 般代，“不相信世界进程的创造者和控制者可以认为是沙门思潮的一个显著特色”③。还有，两者崇拜神化的圣人，拥有实行禁欲的僧团，强调非暴力。

由于这些明显的相似性，以致有些早期学者认为这两种宗教实际是一种，耆那教是佛教的分流。按照巴思（Barth），佛陀和大雄之间有这样许多相似性，让人自然而然设想“两者是同一人”。而且，按照他，他俩的宗教学说和历史的相似性也证明其中一个是另一个的流派④。但是，科尔布鲁克（Colebrooke）、雅各比、比勒和

① Tatia，N.，The Interaction of Jainism and Buddhism and its Impact on the History of Buddhist Monasticism，Studies in History of Buddhism，ed. by A. K. Narain，Delhi，1980，第 321 页。

② Pande，G. C.，Origins，第 542 页。

③ 同上书，第 543 页。

④ Barth，The Religiongs of India，第 148—150 页。

格利诺特等已经结论性地证明这是两个不同的宗教。确实，佛陀和大雄是同时代人，但无疑是两个不同的人。而且，尽管有上述这些相似性，他俩的宗教展示明显的个性，并得到不同的国王恩宠，从不被婆罗门学者混为一人[①]。作为公元前六世纪出现的著名信仰，它们在此后的时期日益分离。佛陀的“中道”采取自律意义上的苦行，与之相比，耆那教更加强调苦行实践的重要性。佛教所贬斥的折磨身体的严格戒律在耆那教那里受到高度重视。两者的寺院戒律也有一些重要差别[②]。耆那教和佛教之间宗教观的差别也反映在其他许多方面。首先，佛教倡导“无我说”（至少按照传统的派别），而相信存在无数灵魂是耆那教的基本学说之一。耆那教甚至相信无生命的对象如石头、树木和山岳等也有灵魂，含有不同程度的意识。还有，关于世界，佛教认为既不能说它永恒，也不能说它断灭。而耆那教对物质世界持有现实主义观点。其次，佛教的涅槃被规定为摆脱存在，而耆那教的解脱设想为无形体的灵魂继续存在，处于完美和至福状态。独存者（kevalin）的全知全觉始终是耆那教的一个重要信条，而佛教不认同这种主张。还有，耆那教的业论是唯物主义的，而佛教认为业是一种非物质的心理原则。佛教强调业作为行动的主动方面，而耆那教强调产生业果的机械方面。两者对物质的态度也相当不同。在强调非暴力和不积聚财物方面，佛教不像耆那教那样极端。佛教认为不杀生是体现慈悲的积极的精神态度，而耆那教强调它的否定性方面。再有，佛陀贬斥大雄竭力主张裸体生活，而要求他的信徒保持“衣着端正”。这些不同形成两种宗教的信徒之间相当程度的对立。

---

① 参阅 Radhakrishnan，Indian Philosophy，1，第 291 页。

② 参阅 Mishra，G. S. P.，Some Reflections on Early Jain and Buddhist Monachism，Jijñāsā，Jaipur，1，Nos. 3—4，第 4—15 页。

佛陀和虔诚崇拜

按照班达卡尔（R. G. Bhandarkar），“自由思辨的潮流在东部达到鼎盛，形成佛教和耆那教这样的体系。然而，在西部，出现一种有神论，有一位生活在人们中间的神”①。“虔诚崇拜的宗教观念似乎出现在更早的时间，虽然成型于黑天向阿周那传授《薄伽梵歌》。”② 鉴于虔诚崇拜的古老以及薄伽梵教和早期佛教之间的某些相似性，一些学者设想前者对后者的影响。例如，塞纳特（Senart）③ 认为黑天和佛陀同样使用“薄伽梵”（bhagavat）这个称号，这个事实表明后者是前者的重新塑造。还有，他提到“至高原人”（Puruṣottama）黑天和“大人”（Mahāpuruṣa）佛陀都有神奇的传说，并指出《薄伽梵往世书》的下凡说（avatāra）和佛教的一系列佛先后从天国下凡人间教导众生的传说之间的相似性。塞纳特甚至在各种佛陀的故事中发现《薄伽梵歌》的虔诚主义，指出两者的共同要素，诸如智（jñāna）、瑜伽（yoga）、入定（samādhi）和涅槃（nirvāṇa，《薄伽梵歌》中提到“梵涅槃”，brahmanirvāṇa）等。依据这些相似性，他得出结论说“佛教无疑是借用者”④。

但是，塞纳特的论述不能证明这一点。“薄伽梵”这个词是任何神灵或值得尊敬的人物的共用称号。佛陀和黑天的生平历史不显示任何相似性。甚至关于他俩的神话也截然不同。爱戴佛陀的概念全然不同于无条件地服从黑天。事实上，像早期佛教这样的弃世的宗教不可能源自《薄伽梵歌》的有神论宗教。在尼迦耶中，没有提到毗湿奴或黑天作为至高的神。在尼迦耶古老部分中似乎熟悉的有

---

① Bhandarkar，Collective Works，4，第 3 页。

② 同上书，第 11 页。

③ IHQ，6，第 669—673 页。

④ 同上。

神论形式只是大梵天（Mahābrahmā）作为创造主。还有，尼迦耶不熟悉《薄伽梵歌》，《薄伽梵歌》也不熟悉尼迦耶。因此，我们感到G. C. 般代是正确的，他得出结论说佛教和虔诚崇拜“是共同的反仪式主义的自由思辨的基本倾向的交替发展”①。

① Pande，G. C.，Origins，第557页。

第二章

佛陀乔答摩的生平

悉达多·乔答摩

佛陀的信徒追溯他们伟大先知的教导根植于深邃的超人的（uttarimanussa）认知。对于宗教信徒，这是很自然的，相信他们信仰的创立者具有对真理和真实的深刻洞察力。但是，黑格尔让我们懂得伟大人物只是他们所处时代的“观念”的代言人。时代的朦胧模糊的观念在伟大人物的头脑中获得具体化。按照这种观点，甚至认为构成我们思想中原创性要素的概念和准则本身受社会制约，这并不夸张。为了获得更可靠的知识，采取这种方法显然是必要的。但是，这并不意味贬低伟大的宗教创立者的天才。例如，按照佛陀本人的情况，将他的悲观主义世界观归诸他所处时代经济的压抑或政治的专制，是歪曲事实的。他出生为王子，养尊处优，生活舒适。因此，他的弃世和苦的学说（dukkhavāda）不能凭想象认为是出于逃避现实的动机[1]。

---

① Mookerjee，Satkari，CHI，1，第589页。

在巴利语经典中没有完整的佛陀传记[①]。然而，在尼迦耶中[②]有分散的片断记述，展示佛陀的人格和某些生平事迹[③]。梵语传统中的一种早期形态见于藏语典籍中的传说集，尤其是《律藏》[④]。属于出世部律藏的《大事》（Mahāvastu）包含许多佛陀生平传说的资料。其中的《罗睺罗本事》（Rāhulavatthu）对于了解佛陀的早期生活很重要。《神通游戏》（Lalitavistara）的目前形式是大乘佛经，但也包含一些明显是早期的资料[⑤]。它提供了连贯的佛陀生平。最后也应该提到仅存在于汉译的 Abhiniṣkramaṇa sūtra 和《佛所行赞》（Buddhacarita）[⑥]。

似乎早期的佛陀的信徒兴趣集中在学说，而非导师[⑦]。因此，佛陀生平的确凿证据很少。在排除后期增添的传说后，只能勾勒具有历史真实性的主要事件和特点。我们下面准备这样做。

按照传说，佛陀乔答摩原先住在兜率天，是那里的主神。他从兜率天下凡人间。他选择最适合自己成为一个人的时间、地点和家

---

① 参阅 Warder，A. K.，Indian Buddhism，第 43 页。因为佛陀的历史真实性现在已经获得确认，我们不再讨论那些早期学者的观点（如 R. Otto Franke、E. Senart 和 A. Barth），他们怀疑或彻底否认佛陀的历史真实性。关于佛陀生平的近期研究，参阅 Despande，P. Y.，Tathāgata Buddha，New Delhi，1984；Dhammaratna Thera，B. 和 Wijayasundar，Senarat，Life of Gotama the Buddha，Singapore，1984。

② Pande，Origins，第 370 页。

③ 第 26，Ariyapariyesanāsutta（《圣求经》），第 36，Mahāsaccakasutta（《萨遮迦大经》），第 85，Bodhirājakumārasutta（《菩提王子经》），第 100，Saṅgāravasutta（《伤歌逻经》），是了解佛陀努力求道的过程的重要经文。

④ 参阅 Rockhill，Life of Buddha。

⑤ Pande，Origins，第 370 页。

⑥ Published in an abridged trans. by Beal as The Romantic Legend of Sākya Buddha。[Abhiniṣkramaṇa sūtra 这个梵语佛经名直译为《出家经》，指汉译佛经中《菩萨本起经》或《修行本起经》一类佛陀传记。英国学者比尔（Beal）据以翻译为《释迦佛传奇》（The Romantic Legend of Śākya Buddha）。同时，他也将汉译《佛所行赞》译为英语。《佛所行赞》的梵本现存前半部。——译注]

⑦ Warder，A. K.，Indian Buddhism，同上。

庭。他诞生在公元前563年[①]。关于他的涅槃时间现在通常放在公元前483年，当时他的年龄为八十岁。他的诞生地是迦毗罗卫城（Kapilavastu），释迦族的主要城市。它可能位于已经发现的阿育王蓝毗尼铭文的地方附近。

释迦族（Śākya）被描写为血统纯洁的刹帝利族。同时，婆罗门族姓乔答摩（Gautama）也被归属于他们。还有关于不同种族之间通婚的传说，表明有某些非雅利安姻亲。他们是一种寡头政治的部族，有部族大会和选举的首领。他们的经济生活是简单的，具有乡村和农业性质。在这种背景下，佛陀的传说中，他早年有适应三个季节的三座宫殿的说法显得不十分可信[②]。依据《大品》，他的父亲的名字是净饭（Śuddhodana）。他的母亲是摩耶（Māyā）或摩诃摩耶（Mahāmāyā）。他自己的名字是悉达多（Siddhārtha）。按照《小品》，佛陀的母亲生下他后不久去世。他由摩诃波阇波提·乔答弥（Mahāprajāpati Gotamī）抚养。在后期传说中，她被描写为佛陀的姨母（mātuccha）。《律藏》和尼迦耶中有好几处提到她，但她与佛陀的关系没有像后期传说中那样明确[③]。按照一个传说，阿私陀（Asita）仙人凭借天眼通得知这位伟人出生，来到迦毗罗卫城，预言这个孩子将来或成为转轮王，或成为出家人，一位如来，一位正等觉。但是，阿私陀的预言这个传说很不可信[④]。关于佛陀的教育和他的妻子的名字[⑤]不见于最早的记载中。罗睺罗（Rāhula）这个人物在尼迦耶中多处记载是一个比丘，但没有被称为佛陀的儿子。

---

① 参阅 Goyal, S. R., Māgadha Sāmrājya Kā Udaya，第148—152页。关于佛陀的涅槃时间的各种理论的详细研究，也参阅 Upadhyaya, K. N., Early Buddhism and Bhagavadgītā，1971，第31—38页。

② Pande, Origins，第372页。

③ 同上。

④ 同上书，第373页。

⑤ 她有不同的名字，如 Yaśodharā、Gopā、Bimbā和 Bhadda Kañcanā。

只有在《大品》中，一个具有这个名字的人被他的母亲带到佛陀那里要求他的遗产（dāyajja），但没有提及罗睺罗的母亲（Rāhulamāta）的名字。

佛陀在二十九岁成为出家人。传说中这个十分哀婉动人的故事，确认他由最初见到老、病、死和苦行者而引起的危机。但是，正如 G. C. 般代所指出，似乎难以相信悉达多在以往二十九年的生活中会对老、病、死和苦行一无所知[①]。《中尼迦耶》的《圣求经》（Ariyapariyesanā sutta）记载他违背哭泣的父母的希望，穿上黄袈裟衣，离家成为出家人。在《增一尼迦耶》的一部经中，提到他通过沉思老、病和死，失去青春、健康和生命的所有骄傲。这样，虽然他实际出家的确切背景不再能得知，似乎也没有理由相信这是一个突发的事件[②]。

出家后的好几年中，他游荡和求道。他先受到两位婆罗门女修行者，后又受到婆罗门仙人雷瓦多和罗遮迦·特利丹底迦邀请住在他们的净修林中，遭到他的婉言谢绝[③]。尼迦耶中提到佛陀求道所拜的导师只有阿罗逻·迦罗摩和楼陀罗迦·罗摩子或郁陀迦·罗摩子。阿罗逻·迦罗摩传授给他名为"无所有处"（akiñcaññāyatana）的禅定第七阶段（在这里，人的思想无所企求），而郁陀迦·罗摩子传授给他名为"非想非非想处"（nevasaññāsaññāyatana）的禅定第八阶段（在这里，感觉既不活动，也不寂灭）[④]。

---

① Pande，Origins，第 374 页。

② 同上书，第 376 页。

③ Dutt，N.，Early Monastic Buddhism，第 87 页。提到两位婆罗门女修行者是有趣和有意义的。

④ 关于佛陀在得道前曾经是耆那教牟尼的观点，参阅 Jain，B. Bhagachandra，Buddha and Buddhism，Mahābodhi，74，Nos. 1—2，第 18—20 页。

觉悟成佛

从那里，乔答摩前往象头山（Gayāśīrṣa），看到许多求道的苦行者实行严酷的自我折磨，但他发现他们没有完全摆脱世俗的执著，远未获得真正的知识和洞察力。然后，他前往尼连禅河畔优楼频罗的将军村（Senānīgāma）。在那里，他修炼严酷的苦行整整六年，认识到这不能导向圆满的知识。于是，他决定改变修行方法，开始进食。他接受善生（Sujātā，当地一位将军的女儿）施舍的牛乳（khīra）。她以为他是一位树神。而他的五位婆罗门苦行者同伴（pañcavargīya，"五比丘"）憍陈如（Koṇḍañña）、婆颇（Vappa）、跋提耶（Bhaddiya）、摩诃那摩（Mahānāma）和阿说示（Assaji）对他感到失望，离他而去。乔答摩坐在一棵菩提树下，发誓如果不获得正觉（sambodhi），即使身体枯竭，也不从座位起身。摩罗企图破坏他的决心，但未能得逞。他逐步从第一禅（jhāna）进入第四禅，证得至高真理，达到正觉，由此觉悟成佛，成为正等觉（samyaksambuddha 或 prabuddha）。按照一些学者，佛陀在菩提树下觉悟成佛只是一种通俗传说。按照托马斯（Thomas），"与摩罗战斗的整个故事是一种神话的发展"①。里斯·戴维斯在这个摩罗故事中看到"一种主观的现实"②。而按照 G. C. 般代，与摩罗的斗争"实际是与世俗的诱惑进行的心理斗争"③。

在觉悟成佛后，佛陀在菩提树下停留的一些日子里④，享受解脱的快乐（vimuttisukha）。《大品》中讲述佛陀然后接受多婆萨（Tapussa）和跋利迦（Bhallika）为居士信众。之后，描写佛陀对

---

① Thomas，Life，第 74 页。

② Pande 转引，Origins，第 381 页。

③ Pande，Origins，第 381 页。

④ 停留的时间有一周、四周或七周的不同说法。

于是否说法犹豫不决（因为他证得的真理深邃微妙，常人难以理解）①。最后，在大梵天劝请（Brahmayācanā）下，他决定说法。他首先向他原先的五位婆罗门苦行者同伴说法。他们当时住在波罗奈附近的仙人堕处或鹿野苑。他由此开始传播佛法的生涯，通常称为“转法轮”（dhammacakka pavattana）②。

传播佛法

科恩、托马斯和达多等已经系统地描述佛陀传教活动的传说，从三十五岁开始，直至生命结束。然而，这些传说大部分出自后期的经典，大多缺乏早期的证据。上面说到他的传教活动始于鹿野苑，他向原先的五位婆罗门苦行者同伴说法。很可能在鹿野苑，富楼那弥多罗尼子（Pūrṇa Maitrāyaṇīputra）、那罗迦（Nālaka）和萨毗耶（Sabhiya）也表示赞赏佛陀的学说，虽然他们是稍后在佛陀传教的第一年或第二年加入僧团。尼迦耶中没有接着描述佛陀在这之后的传教活动，而在《律藏》中描述耶舍（Yaśa）及其朋友们的皈依，派出第一批传教者，象头山迦叶（Kassapa，束发者的领袖）及其信徒们的皈依，第一次向大众说法，王舍城国王频毗沙罗（Bimbisāra）的皈依，舍利弗（Sariputra）和目犍连（Moggalāna）的皈依。频毗沙罗的儿子阿阇世（Ajātasattu）最初对佛陀没有好感，直至佛陀晚年，他听取《沙门果经》后，才改变态度。在摩揭陀的婆罗门中，佛陀似乎不很成功，虽然在这个地区的居士信众中包括许多村长、长者、家主、王子和公主。

有一些证据表明释迦族最初也对他的教导没有好感。然而，在《律藏》中提到罗睺罗加入僧团，虽然净饭王和罗睺罗的母亲皈依

① Origins，第383页。

② 一种有趣的研究参阅 Some of the Common Features in the Life-story of Buddha and Mahāvīra，Malvania，Dalsukh D.，POC，Gauhati Session，1966，第149—153页。

的传说是晚出的[1]。一些杰出的释迦族青年成为他的信徒，加入僧团。其中包括阿难（Ānanda）、阿那律（Anuruddha）、跋提耶（Bhaddiya）、金毗罗（Kimbila）、难陀（Nanda）和提婆达多（Devadatta）。阐铎迦（Chaṇḍaka）和优波离（Upāli）跟随这些释迦族贵族加入僧团。阿难是净饭王的弟弟甘露饭（Amitodana）的儿子。难陀是佛陀的异母兄弟。提婆达多是佛陀的内弟和耶输陀罗（Yaśodharā）的兄弟。优波离出身理发匠家庭，成为“持律第一”。阐铎迦是侍从，王子悉达多的车夫。

在佛陀传教的第五年，应摩诃波阇波提的请求，也在阿难的劝说下，他同意设立比丘尼僧团，前提是她们必须同意接受“八重法”（参阅论述佛陀对待妇女的态度的部分）。

在尼迦耶中描写憍萨罗国国王波斯匿（Pasenadi）和王后摩利迦（Mallikā）崇敬佛陀。公主苏摩（Somā）、奢拘梨（Sakulā）和须摩那（Sumanā）也对佛法感兴趣。在憍萨罗的长者中，两位最重要的人物是给孤独长者（Anāthapiṇḍika）和弥伽罗（Migāra）的儿媳（虽然称为弥伽罗母）毗舍佉（Viśākā）。前者施舍胜林寺院（jetavana），后者施舍东园鹿母讲堂（pubbārāma migāramātu pāsāda）[2]。在这个地区接受这种新的信仰的富裕而有影响的婆罗门中，可以提到生闻（Jānussoṇi）、拜火婆罗堕婆阇（Aggika Bharadvāja）、陀那奢尼（Dhānañjani）、沸伽罗娑帝（Pokkharasādi）、罗醯遮（Lohicca）和商伽（Caṅki）。憍萨罗活命派的最著名皈依者是俾摩那修（Vekkanassa）和布吒波陀（Poṭṭhapāda）[3]。

正如舍卫城是活命派的大本营，毗舍离城是尼乾陀派的大本营。佛陀在这里取得的最重要的成就是尼乾陀派的居士师子（Sīha

---

① Pande，Origins，第 389 页。

② 同上书，第 388 页。

③ 同上书，第 389 页。

或Siṃha），一位离车族将军的皈依。首摩罗山跋伽族中有三位著名的居士信众：那拘罗（Nākula）的父母和菩提王子（Bodhirājakumāra）[1]。末罗族中两位最著名的皈依者是沓婆摩罗子（Dabba Mallaputra）和铁匠子纯陀（Cunda Kammāraputta）。据说在鸯伽国，佛陀与瞻波城的婆罗门导师种德（Soṇadaṇḍa）进行过辩论。佛陀还在憍赏弥、毗兰若以及俱卢地区的迦摩萨陀摩村和吐罗戈提多村向大众说法。

在信仰佛陀的著名人物中，值得提到以下这些：摩诃迦旃延（Mahākātyāyana，阿槃提国王的王室祭司的儿子）、摩诃那摩（Mahānāma，富裕的释迦族亲戚）、菴婆波利（Ambapālī，妓女）、火生（Jyotiṣka，王舍城巨富的儿子）、耆婆（Jīvaka，著名的医生）、无畏王子（Abhayarājakumāra，频毗沙罗王的儿子）、希诺那·戈提毗舍（Śnoṇa Koṭiviśa，瞻波城富豪的儿子）、尼拘卢（Nyagrodha，著名的出家人）、优波离（Upāli，那烂陀的一位家主）、弗迦罗娑黎（Pukkusāti，德叉尸罗国国王）、究罗檀头（Kūṭadanta，博学的婆罗门）、般尸诃（Pañcaśikha，一位健达缚）、难陀母（Nandamātā，一位著名的夫人）、计尼耶和世罗（Keniya和Sela，束发苦行者）、鸯掘摩（Aṅgulimāla，波斯匿王的祭司的土匪儿子）、摩诃梨（Mahāli，著名的离车族人）、萨遮迦（Saccaka，离车族导师）、生闻（Jānussoṇi，富裕而著名的婆罗门导师）、薄伽梨（Vakkali，舍卫城著名的婆罗门）、跋婆梨（Bāvarī，憍萨罗国王室祭司）、须那呵多（Sunakkhatta，毗舍离城离车族王子）、须菩提（Subhūti，给孤独长者的侄子）、摩诃俱提多（Mahākoṭṭhita，博学的婆罗门）、宾头罗·婆罗堕遮（Piṇḍola Bhāradvāja，优填王的祭司）、谶摩（Khemā，频毗沙罗的王后）和娑摩婆提（Sāmavatī，

---

① Pande，Origins，第389页。

一位长者的女儿)[①]。

依据上面这个名单，显而易见，佛陀活动的地区主要在憍萨罗国和摩揭陀国。在居士信众中，似乎富豪和统治阶级发挥重要的作用。妇女成为比丘尼和女居士也引人注目。许多婆罗门也加入新僧团，也有来自底层阶级的信徒。僧团向所有种姓开放，所有人都能平等加入，除了政府雇员、负债者、奴隶、某些罪犯和残疾人[②]。

进入涅槃

在完成传教活动和建立僧团后，佛陀准备进入涅槃（parinirvāṇa）。那时，波婆城的铁匠纯陀（Cunda）邀请他吃饭。佛陀吃了纯陀供奉的米饭、糕饼和 sūkaramaddava。学者们对最后一个词的词义说法不一，或说是野猪软肉，或说是一种食用药草。佛陀吃后病倒。他在末罗族的拘尸那罗（Kusīnārā 或 Kuśīnagara）最后咽气。他去世的时候八十岁，在毗舍佉月月圆日，正如他诞生和觉悟成佛的日子。大地出现地震，昭示这个重大事件。娑诃主梵天和众神之王帝释天感叹世上一切聚合物终将毁灭，表达他们的哀伤[③]。他的葬礼享有王室的荣耀。为了争夺他的舍利供日常敬拜，发生一场战斗，后被婆罗门头那（Doṇa 或 Droṇa）制止。最后，建立八座供养舍利的塔（stūpa），分布印度各地。

① 详情参阅 Dutt，N.，Early Monastic Buddhism，第 116 页以下。

② Pande，Origins，第 390 页以下。

③ Dutt，N.，Early Monastic Buddhism，第 132 页。

第三章

佛　法

不可能确定什么是佛陀实际所说的话语。对于佛教三藏（Tripiṭaka）是佛陀的原本教导产生种种怀疑，许多讨论现在集中在他的原始学说①。例如，一些历史学者相信他没有否认自我（ātman）或灵魂的观念，而另一些人认为他否认。一些人认为他的观念“与奥义书圣人们的教导没有多大差异”，而另一些人暗示他的教导与奥义书截然不同。一些人认为他相信生死轮回说，而另一些人认为他“摒弃生死轮回说，只是教导不言自明的一代受前一代行为影响”。还有，一些学者认为他采取极端的实用主义而无视一切教条，而另一些人否认这种说法。现代学者对早期佛经中使用的苦（dukkha）、缘起（pratītyasamutpāda）和涅槃（nibbāna）等术语的确切意义也存在分歧。在关于佛法各方面流行的各种观点中可能含有某些真实性，但显然有相当程度的主观成分，常常难以形成定论。

佛教经典

包含佛陀的教导的佛教文献大致可以分成两部分：小乘（使用

---

① 对于争论的详细研究参阅 Pande，G. C.，Oringins，Allahabad，1957；A. K. Warder，Indian Buddhism，Delhi，1970，第81—156页；Varma，V. P.，Early Buddhism and its Origins，New Delhi，1973。

巴利语和混合梵语）和大乘（使用混合梵语和规范梵语）。进而，还可以分成小乘和大乘两者各派的文献。

巴利语三藏（Tipiṭaka）代表现存最早和最完全的佛经总集。“藏”（piṭaka）的词义为“筐”，意谓汇集。三藏包括（1）律藏（Vinaya piṭaka），戒律的汇集；（2）经藏（Sutta piṭaka），说法的汇集；（3）论藏（Abhidhamma piṭaka），高级宗教或形而上学的汇集。

律藏通常居于三藏之首，包括戒律，有时对佛教比丘和比丘尼的行为作出细微琐屑的规定。佛陀在初转法轮后，生活了四十五年。他本人肯定确立了许多戒律。但也肯定有其他一些戒律是在他去世后增添的，虽然通常也归在他的名下。律藏包含以下经。(1)《戒本》(Pātimokkha，“波罗提木叉”)，提供227条戒规（最初只有152条）以及犯戒的赎罪处罚。(2)《经分别》(Suttavibhaṅga)，包含对戒本的解释，附有简短的历史事实的说明。它分成《大分别》(Mahāvibhaṅga）和《比丘尼分别》（Bhikkunivibhaṅga)。(3)《犍度》(Khandaka)，是《经分别》的续编，分成《大品》(Mahāvagga）和《小品》(Cullavagga)。(4)《附随》(Parivāra)，是后期作品，提供《经分别》和《犍度》的概要（详情参阅下面第四章)。

经藏专门记录佛陀本人的言说，一般采取与某人对话的形式，常常是苏格拉底式的问答方式。偶尔也有一位信徒复述佛陀的言说。这些经附有简短的引言，说明乔答摩或他的信徒在何时何地说这部经。它分成五种尼迦耶：（1）《长尼迦耶》(Dīghanikāya)，包含34部篇幅较长的经；(2)《中尼迦耶》(Majjhimanikāya)，包含152部中等篇幅的经；（3）《杂尼迦耶》（Saṃyuttanikāya）包含56集（saṃyutta，“杂”）各种话题的经，通常分成五品：《有偈品》(Sagātha)、《因缘品》(Nidāna)、《六处品》(Saḷāyatana)、

《犍度品》（Khanda）和《大品》（Mahā）；（4）《增一尼迦耶》（Aṅguttara 或 Ekuttaranikāya），包含以数字逐一递增方式排列的经，分成 11 集（nipāta）；（5）《小尼迦耶》（Khuddanikāya），各种短经的汇集①。

《小尼迦耶》包括十五种经：（1）《小诵》（Khuddakapāṭha），包含一些短经；（2）《法句经》（Dhammapada），包含 423 首道德格言诗；（3）《自说经》（Udāna），包含 82 首短诗，被认为是佛陀有感而发；（4）《如是语经》（Itivattuka），包含 110 种佛陀的言说；（5）《经集》（Suttanipāta），包含 70 首教诲诗；（6）《天宫事经》（Vimānavatthu），讲述天国宫殿的故事；（7）《饿鬼事经》（Petavatthu），论述饿鬼；（8）《上座僧伽他》（Theragāthā），比丘创作的诗歌；（9）《上座尼伽他》（Therīgāthā），比丘尼创作的诗歌；（10）《本生经》（Jātaka），讲述佛陀前生的故事；（11）《义释》（Niddesa），舍利弗对《经集》的解释；（12）《无碍解道》（Paṭisambhidāmagga），论述直觉的洞察；（13）《譬喻经》（Apadāna），讲述阿罗汉的传说；（14）《佛种姓经》（Buddhavaṃsa），讲述过去佛和佛陀乔答摩的前生故事；（15）《所行藏经》（Cariyāpiṭaka），讲述佛陀乔答摩的前生故事，采用偈颂形式。

论藏旨在讨论形而上学或高级宗教，但实际上是论述与经藏相同的主题，虽然采取一种更加学究的方式。它包括七部（sattapakaraṇa）：《法集论》（Dhammasaṅgiṇī）、《分别论》（Vibhaṅga）、《论事》（Kathāvatthu）、《人施设论》（Puggalapaññati）、《界论》（Dhātukathā）、《双要论》（Yamaka）和《发趣论》（Paṭṭhāṇa）。所有这些论都是很晚出现的。例如，《论事》通常归诸目犍连子帝须（Moggaliputta Tissa，公元前三世纪），虽然温特尼茨正确地将它的一些部分归在更晚的

① 《小尼迦耶》有时归入论藏。

时期。

巴利语经典的权威问题

三藏最初用巴利语、摩揭陀语和其他俗语写成。其中，唯独巴利语三藏得以完整留存。其他俗语三藏仅有残片留存。不幸，我们现在没有完整的梵语佛经。然而，看来说一切有部有梵语阿含经（āgama）与巴利语尼迦耶相对应，论藏七部与巴利语论藏七部相对应。根本说一切有部也有一部律藏。其中大部分保存在现存的吉尔吉特（Gilgit）抄本中。巴利语经典大约能放在佛陀逝世（公元前483年）和斯里兰卡婆多伽摩尼王在位时期即最初用文字写定（约公元前30年）的时间之间。尽管正统佛教徒声称整个经藏和律藏（按照《妙吉祥光》，甚至论藏）是在佛陀逝世后不久的第一次结集中诵出的，但现代学者不接受这种说法。这里，不可能详细讨论巴利语经典的权威和编年问题，但可以提到一些杰出学者的看法和某些一般性结论。按照孔泽（Conze），在佛教历史初期，十八部派的每派“都可能主张代表佛陀的教导”。“现在众所周知巴利语不是佛陀使用的语言，而是印度西部的俗语。佛陀使用某种摩揭陀语。他的所有言说如同耶稣的言说，都已经失去它们的原始形式。”[①] 也有学者正确地指出，梵语和汉语的说一切有部和其他派别的经典也不代表佛陀使用的语言[②]。“所有派别对佛法的保存和解释都与上座部存在不同的距离。纯粹的摩揭陀语经典并不存在，如果像孔泽那样企图追溯到‘原始经典’，那么，他必须承认巴利

① Conze, Edward, Recent Progress in Buddhist Studies, in Thirty Years of Buddhist Studies, Oxford, 1967, 第3—4页。

② Bond, G. D., Theravāda Buddhism and the Aims of Buddhist Studies, in Studies in History of Buddhism, ed. by A. K. Narain, 第49页。

语至少像梵语那样与摩揭陀语关系紧密，而且远比汉语更紧密。”①A. K. 沃德维护巴利语经典的权威，说道：“就保存在部派分裂之前公认的佛陀说法的措辞用语方面而言，现在保存的巴利语（一种印度西部语言，显然是阿槃提语，当时这个部派以阿槃提国为主要活动中心）上座部三藏肯定是最权威的一种。”②

孔泽还认为上座部代表佛教的一个边缘派别，因为它在斯里兰卡“在海洋包围的环境中”发展它的“智力”，远离“中心传统”。但是，这种观点已经受到正确的质疑。斯里兰卡上座部编年史记载摩亨德拉使团将佛教从阿育王帝国带到斯里兰卡。这样，上座部佛教属于阿育王时期印度的主流佛教。记载在斯里兰卡编年史中的阿育王传教活动已经获得考古证据肯定，因此，上座部的主张看来是合理的。也可以指出，巴利语经典中没有提到斯里兰卡的人和事，而如果它在那里得到发展，应该会出现这种情况。这表明从印度传到斯里兰卡的巴利语经典基本上是完整的，斯里兰卡上座部保存它，没有本质上的增添或改动。

经典的编年层次问题

正如前面提到，论藏被认为全部是晚出的（不早于公元前三世纪）。至于经藏和律藏，现在一般同意它们的目前形式“不像第一次结集，甚至第二次结集那样古老。但是，依据阿育王铭文中的经典引语，公元前二世纪的铭文中提到通晓经文的人物，以及巴尔胡特和山奇的围栏和门口的浮雕和铭文，这些暗示经藏和律藏流行于孔雀王朝和巽伽王朝之前。《弥兰陀问经》（Milindapañho）是证明

① Bond, G. D., Theravāda Buddhism and the Aims of Buddhist Studies, in Studies in History of Buddhism, ed. by A. K. Narain, 第 49 页。

② Warder, A. K., Indian Buddhism, 1970, 第 296 页。

三藏和五种尼迦耶存在的最早证据”①。按照关于这个问题的最大权威之一 G. C. 般代，“可以断定尼迦耶的发展在公元前五世纪至公元前三世纪之间。尼迦耶中只是稍微涉及最早时期部派争论的问题，这个事实暗示它们完成于佛陀涅槃后一世纪。律藏中没有提到第三次结集暗示它完成于佛陀涅槃后一、二世纪。经典中没有提到阿育王，这与后期传统形成鲜明对照，这也很有意义，表明它的古老”②。

按照斯里兰卡传统，三藏经文口头传承四百五十年，这导致怀疑甚至巴利语经典作为佛陀教导以及他所处或稍后时代状况记录的较早层次的可靠性。但是，正如巴沙姆所指出，前四种尼迦耶和经藏暗示它们相当古老：“它们的地理区域十分有限。在后期巴利语文献经常提到的多摩利提港和婆留迦车港，在孔雀王朝时期肯定很重要，但它们没有提及。斯里兰卡也在早期巴利语经典的地理区域之外。德干也极少提及。这暗示它们的汇编时期属于雅利安人文化限于印度北方的时期，在旃陀罗笈多孔雀王朝之前。前四种尼迦耶的主体部分没有提到孔雀王朝。《大般涅槃经》（Mahāparinibbāna, 2. 87—88）中佛陀在华氏城的预言中没有提及阿育王。如果这个段落是在阿育王统治或之后时期插入的，那么，应该提及阿育王。华氏城是优陀夷王（Udāyin，约公元前 450 年）统治时期摩揭陀国的首都。因此，我们可以认为适合这个段落的时间在公元前 450 年和公元前 250 年之间。

“在巴利语经典早期层次中，仅有这个预言段落暗示晚出。这个段落是佛陀著名的预言，即由于允许妇女加入僧团，真正的佛法将在五百年内消失。它出现在《增一尼迦耶》（4. 278）和律藏（2. 256）中，都不能暗示它们的古老。当然，也很有可能是在很早

① AIU，第 408 页。

② Origins，第 16 页。

的时期暗示五百年的时限，即在五百年过去之前。虽然有明显的理由可以说这不可能是佛陀本人所说的话语，但是，我们不能排除这个怀疑：这个段落是反对女性的比丘们所为，在佛陀涅槃后的五百年，那时僧团中的异教倾向非常明显。与此相联系的另一个段落（《杂尼迦耶》2.224）中，声称佛陀说正法消失后，世上出现'像法'（paṭirūpaka）。佛音似乎将这解释为意味各种大乘形式，可能正是作者的意图。

"提到臾那人（Yona，即希腊人）主要是在注释中，但在较早的经典（《中尼迦耶》2.149）中也有一处提到。这不能绝对说明它晚出。阿育王甘陀哈尔希腊人铭文证明公元前三世纪在印度边境出现希腊人定居者。自从亚加亚人在大夏建立定居点，这些人可能在亚历山大之前就已经在那里。在四种尼迦耶中一部明显晚出的经是《长尼迦耶》的《转轮圣王师子吼经》（Cakkavattisīhanāda sutta）。在一些年代不确定的经中，它尤其具有不可信的成分。转轮王奈密（Nemi）的故事倚重印度教传说。他通过和平的劝导，并依靠他的魔轮的帮助，征服全印度。这样的故事几乎不可能编撰于阿育王时期之前，虽然它也可能暗示它启发阿育王的政策，并非相反。他警告一旦出现苛政，魔轮就会消失，帝国就会崩溃。这暗示阿育王之后的年代，可能是孔雀王朝后期一位具有批判性的比丘编撰的一本政治小册子。此外，还增加了未来佛弥勒（Metteya）的预言，这在较早的巴利语文献中很少提到，显然是较晚出现的场景，是受伊朗救世神话影响的结果。

"然而，它们之中例外的经和段落不会影响我们宽泛的主张，即四种尼迦耶的主体部分反映孔雀王朝之前时代的生活和思想。另一方面，我们严重怀疑律藏。无论《戒本》怎样古老，律藏作为整体显然是后出的，与佛陀本人的年代关联很少。寺院生活各方面的细微戒规和犯戒的各种细微分类，明显暗示经过许多年发展而强大有力和分布广泛的僧团，不是一种处在摇篮期的宗教运动。佛陀怎样制定这些戒规的故事与为何讲述本生故事的说明一样，几乎没有什么可信性。虽然其中某些说明可能依据早期的传承，但绝大多数，如果不说是全部的话，是想当然编造的轶事，为了确立他们讲述的戒规的权威性。而且，律藏与四种尼迦耶相比，其中较多提到书写和货币，它的地理区域也可能更广。《小品》（2. 284—308）结尾提到王舍城和毗舍离城结集明显表明远晚于佛陀时代。《附随》明白说明编撰于斯里兰卡，是比丘提波（Dīpa）的作品。我们相信律藏大部分反映不早于阿育王时期的僧团状况，那时明显存在佛教寺院严厉的‘赎罪’。

“《小尼迦耶》中的许多材料证明其更加晚出。《本生经》（Jātaka）散文部分常被视为反映佛陀时代的，甚至更早时代的状况①，但它们显然与佛音及其派别的注释处在同一时期，虽然某些故事的情节可以追溯到久远的古代。它们反映的状况明显有别于经典的主体部分，地理区域也远为更广。有可能这些故事在公元初夏多婆诃那帝国时期形成目前这样的形式②。《本生经》偈颂部分显示的地理知识比四种主要的尼迦耶更广，因此，我们不相信它们特别古老。一般认为《经集》（Suttanipāta）十分古老。主要依据它的语言，也可能是这种情况。另一方面，《饿鬼事经》（Petavatthu，4. 3）中明确提到孔雀王朝，其中的背景表明他们的帝国已经不再存在。”③

---

① Mehta，R. L.，Pre-Buddhist India，Bombay，1939。

② Kosambi，D. D.，Introduction to the Study Indian History，Bombay，1956，第259—260页。

③ Basham，A. L.，The Background to the Rise of Buddhism，in Studies in History of Buddhism，ed. by A. K. Narain，第22—24页。

四圣谛或苦说

按照达多，我们可以接受那些在尼迦耶中多次重复的佛陀的教导为原始教导①。大多数的传说与佛陀宣说的三四部经（即《圣求经》、《转法轮经》和《大般涅槃经》）一致。它们基本上包含佛陀的所有教导。《中尼迦耶》的《圣求经》讲述佛陀在获得菩提（bodhi）后，对宣说主要与缘起说相联系的佛法犹豫不决。但是，他的宗教的出发点是苦，实际上也是所有沙门哲学的出发点，而通过遵循中道追求的是涅槃。佛陀明显受到流行的苦说（dukkhavāda）的哲学基调影响。他深入思考生活中固有的老、病、穷、死和其他各种烦恼的痛苦现象。《转法轮经》的第一部分包含对中道的解释。在这部经的第二部分，佛陀运用四圣谛（cattāri ariya saccāni）的公式解释他的关于痛苦的看法：

"众比丘！这是苦（dukkha）的圣谛，生是苦，老是苦，病是苦，忧愁、烦恼、缺陷和绝望是苦。与可憎者接触是苦，求不得是苦。总之，五取蕴是苦。

"众比丘！这是苦集（dukkhasamudaya，即苦的原因）的圣谛。贪求（taṇhā或tṛṣṇā）导致再生，伴随喜欢和欲望，喜欢这，喜欢那，即贪求欲乐，贪求有，贪求无有。

"众比丘！这是苦灭（dukkhanirodha）的圣谛。彻底断除贪求，抛弃，放弃，摆脱，无所执著。

"众比丘！这是通向苦灭之道（dukkanirodhagāminī paṭipadā）。这是八圣道（āryāṣṭāṅgamārga）：正见、正思惟、正语、正业、正命、正精进、正念和正定。

"众比丘！在这些前所未有的法中，我产生见、识、智、慧

① Dutt，N.，Early Monastic Buddhism，第134页。

和光。”

佛陀在仙人堕处首次说法中的教导可以总结为：(1) 生命通常活着时，必定混杂烦恼。通过生之门，进入烦恼和痛苦的峡谷；(2) 正是贪求或欲望导致再生，由此烦恼；(3) 为了消除烦恼，我们必须灭除它的根本原因即贪求；(4) 遵循八圣道能实现这个目的。

痛苦源自贪求或欲望，表现为三方面：欲爱（kāmataṇhā）、有爱（bhavataṇhā）和无有爱（vibhavataṇhā）。为了说明它们的虚妄，教导燃烧法（ādittapariyāya）、无我（anatta）和无常（anicca）。在燃烧法中，感官欲望世界被描写为燃烧的世界，一个燃烧着贪（rāga）、瞋（dosa）和痴（moha）之火的世界①。人类永远渴求存在，没有认识自我的真正性质。佛陀通过他的无我说和无常说揭示这种虚妄的根源。

关于苦谛的真正意义，学者们已经提出各种观点。舍尔巴茨基（Stcherbatsky）显然相信苦是烦恼不安②，而实际上烦恼不安只是苦的产物，不是苦本身。按照古马尔斯瓦米，“苦应该理解为症状和疾病两方面”。这可能是为了调和尼迦耶中所说的三种苦性：(1) 苦苦性（dukkha dukkhatā），感官直接感触到不愉快（如皮肤被割破）；(2) 坏苦性（pariṇāma dukkhatā），快乐变化无常造成的痛苦；(3) 行苦性（saṃkhāra dukkhatā），这与业说相联系，因为行为始终寻找机会，造成今生或来世的痛苦③。《律藏》以一种标准的方式将五取蕴（upādānakhandha）称为苦。但是，正如世界意味一无所有，一些经文宣称一切皆苦。热灰论者（Kukkulavādin）或

① Mishra, G. S. P., The Age of Vinaya, 第65页。

② Mishra 转引，同上书，第66页。参阅 Saddhatissa, Dukkha, the First Noble Truth, Mahābodhi, 74, 第78—79页。

③ Mishra, G. S. P., The Age of Vinaya, 第67页以下。

鸡胤部（Gokulika）甚至否定存在快乐的感受（sukha saṃvedanā）。按照他们，快乐只是不存在痛苦。但是，上座部和说一切有部认为一个人相信存在痛苦而不相信存在快乐是荒谬的。如果众生在世界上感受不到乐趣，也就不会执著于它。因此，不贪求快乐只是意味不贪求其中固有的痛苦。佛陀认识到没有快乐也就不能设想有痛苦。但他的结论是因为快乐的结果也是痛苦，所以不应该渴求①。

科恩已经暗示佛教的四圣谛借自医学②。在《疾病经》（Vyādhisūtra）中，四圣谛被比作医学中的疾病、病因、治疗和药物。在《神通游戏》（Lalitavistara）中，佛陀被赋予医王（Vaidyarāja）的称号③。

四圣谛学说属于佛陀的原始教导几乎不容置疑④。它受到所有经文的重视证明这一点，虽然里斯·戴维斯夫人持反对的观点⑤。但是，她的怀疑没有得到公认。“在任何领域，对现存机制的不满是改革的必要前提。佛陀看到围绕他的世界存在某种错误，他开始寻找缺少和需要什么。”⑥ 同样，她认为“苦”这个词在经文中的使用只是指身体和思想的疾病，缺少精神领域的疾病概念⑦，看来不能令人信服。按照 G. C. 般代，“将苦规定为生、老、病和死，应该理解为是象征性的表述，而不是字面意义的。一个佛教徒沉思生命时，悲哀地看到它的局限性和不确定性，肯定会产生精神的不

---

① Mishra，G. S. P.，The Age of Vinaya，第 68—69 页。

② Kern，Manual of Indian Buddhism，第 67 页以下。

③ Mishra 转引，G. S. P.，The Age of Vinaya，第 63 页。

④ Oldenberg，Buddha，第 197—198 页；Thomas，The Life of the Buddha，第 173 页；Winternitz，HIL，2，第 2 页。

⑤ Mrs，Rhys Davids，Gotama the Man，第 147—148 页；What was the Original Gospel in Buddhism? 第 378 页。

⑥ Mishra，G. S. P.，The Age of Vinaya，第 64 页。

⑦ Mrs，Rhys Davids，What was the Original Gospel in Buddhism? 第 56—57 页。

满。而他用公式化的术语总结为‘五取蕴是苦’时，不意味只是身体和思想的不满，除了身体和思想的不满，更表现为一切精神的不满”①。

佛教以及耆那教的苦说不源自早期吠陀宗教。梨俱吠陀时代的民众想要活满一百多岁。但在奥义书中，世界充满灾难和矛盾，如同重担压迫思想家的思想。有时，他们明白地宣说其他一切都是烦恼（anyadārtam）。然而，他们看待世界的烦恼是以梵的至福为背景。还有，奥义书中提到世界的苦难特征的段落并不很多。《伽陀奥义书》中提到“世界的痛苦”（lokadukkha），但这部奥义书比较晚出。《弥勒奥义书》中有悲观主义倾向，但它被认为晚于佛教②。奥义书中一些重要人物都是家主和国王。乌舍斯提·贾格罗耶那、乌达罗迦·阿卢尼和萨谛耶迦摩·贾巴罗都过着家主安宁的正常生活。雷格瓦以热衷礼物和酬报闻名。耶若伏吉耶从国王遮那迦那里接受大量的牛和金子。他们全都忙于哲学讨论，而没有感到抛弃世界的迫切性。

这里也可以注意到佛陀本人“摒弃所有那些观点，一般可以概括为有神论（āstika，相信至高之神或创造主）、无神论（nāstika，虚无论或唯物论）、命定论或宿命论（daiṣṭika）、永恒论（śāśvata）、断灭论（uccheda）或半永恒论和半断灭论的混合。他没有明确提到奥义书或体现在奥义书中的哲学，但显然他充分了解婆罗门教的个体自我（jīvātman）和至高自我（paramātman）的观点，以及世界万物起源的理论……然而，他明确和重复断言唯一的真实是涅槃，并非完全否定一切（abhāvamātra），而是认为世界上

---

① Pande，Origins，第403页；参阅 Thera C. Nayanasatta，Dukkha，Contemplation of Suffering，World Buddhism，90，No. 7，第21页。

② Pande，Origins，App. 3，第575页以下。《弥勒奥义书》中含有对佛教的暗示。

一切聚合物不真实”[①]。

学者们已经提出各种理论，解释印度哲学中苦说的出现。按照心理学理论，苦说的根源应该从佛陀本人的心理神经元中寻找。他是一位极其敏感和温柔的人物。通过老人、病人和尸体向他启示烦恼的普遍性，显然只是对一种常见现象的夸张解释[②]。按照另一种解释，东方哲学产生令人麻木和消沉的影响，奥义书和佛教两者都有责任[③]。第三种是人类学解释，依据种族混合的理论说明佛教的苦说。例如，按照格里斯沃尔德（Griswold），雅利安人和达罗毗荼人的种族混合可能是印度人的忧郁气质的原因[④]。第四种是马克思主义哲学提供的解释，相信绝望和空虚的悲观主义意识形态是统治阶级利益的代言人宣说的，为了麻痹被压迫阶级的革命热情。例如，罗睺罗·商格利底亚耶那（Rāhula Sāṃkṛtyāyana）指出奥义书的忧郁对三种因素负有责任：（1）受到抑制的反叛剥削阶级的意识；（2）社会不平等；（3）剥削阶级内部的纷争[⑤]。另一方面，一些学者强调这个时期的政治动乱和剧变造成不快乐的因素。例如，按照斯蒂文森（Stevenon），佛教和其他同时代体系中强调苦的观念是实际而具体的苦难现实的理论表现[⑥]。人们希望躲避国王贪婪的手指，而抛弃能从他们身上掠取的一切。然而，按照古马尔斯瓦

---

① Dutt, N., Early Monastic Buddhism，第133页。

② 参阅 Wells, H. G., The Outline of History, New York, 1931，第390页；Streeter, B. H., The Buddha and Christ, London, 1932，第62页；也参阅 Griswold, H. G., ERE, 9，第812页。

③ Bloomfield, The Religion of the Veda，第264页；参阅 Tagore, Rabindranath, Sādhanā，第1章；Melamed, Spinoza and Buddha，第235页；Keith, The Religion and Philosophy of Veda and Upanishad, 2，第469页。

④ Griswold, H. G., ERE, 9，同上。

⑤ Darśana Digdarśana，第382页以下。

⑥ Stevenson, S., The Heart of Jainism, New Delhi, 1970，第3页。

米，佛教和其他哲学的悲观主义是哲学经验积累的结果①。时常是一种哲学探索世界的本质和进程，指出痛苦的无限性。而一种哲学教导事物就像它们原本应该的那样，根本没有哲学。佛陀强调世界现象的黑暗方面，是依据他的感受和经验。对于我们，似乎佛教的苦说是它的创立者直觉经验的结果②，虽然以上讨论的其他因素也发挥它们的作用。

缘起说（因果律）

缘起说或因缘法是佛陀对公元前五世纪印度哲学思想的重大贡献③。“缘起”（pratīyasamutpāda，巴利语 paṭiccasamuppāda）意味一切存在的对象隶属于解体，而解体的对象又一再出现（pratīyasamutpāta 等于 idaṃ sati idaṃ hoti，“此有则彼有”）。它被称为“依缘性”（idaṃpratyayatā，巴利语 idappaccayatā，意谓世界万物是有条件的和互相依存的）和“中法”（majjhima dhamma，等于中道）。

佛陀在他的觉悟中发现缘起说，同时发现它如此深邃微妙，以致常人难以理解，故而对说法犹豫不决。他只是在梵天的劝请下，才同意说法。这个定理最为古老，以这种或那种形式归诸佛陀本人。仅在佛陀觉悟后的几个月，那时还是非佛教徒的游方僧舍利弗（Sāriputta）和阿罗汉阿说示（Asajji）之间的谈话就证明这一点。在舍利弗的询问下，阿说示对佛法作出简括的回答：“诸法依缘而生，如来解释它们的原因，也解释它们的寂灭。这位大沙门这样说法。”（ye dhammā hetuprabhavā tesaṃ hetuṃ tathāgato āha | tesaṃ ca yo

① Coomaraswami，Buddha and the Gospel of Buddhism，第 180 页。

② Varma，V. P.，Early Buddhism and its Origins，第 137 页。

③ 参阅 Gokhale，V. V.，Gotama's Vision of Truth，Brahmavidyā，Adyar，30，第 105—121 页。

nirodho evaṃ vādī mahāsamaṇo）[1] 从这个简括的定理，后来发展成详细的因果链。无论如何，所有佛教派别同意它的意义。在小乘和大乘早期和后期的所有经文中，它已被等同于佛法和佛陀。“普遍公认这个观念的重要性，它的晦涩，以及它出现在尼迦耶一些最古老的段落中，都证明它的可信性。”[2]

作为“中法”，缘起说力图避免有（sat）和无（asat），存在（atthita）和不存在（natthita）。“它否认事物是纯粹的和不变的，或者是虚无的。它否认事物的产生没有可知的规律，是偶然的、决定的或怪异的。它否认一物产生另一物，或一物产生自另一物。它否认永恒论、虚无论（断灭论）、偶然论以及赋形的或动力的因果关系。……缘起说体现一种规律，即任何事件不是孤立发生的。这样，它确定世界是一个序列，看到它持续中的必要的次序。”[3] 这样，对于佛陀，生成是不可否定的，而是有限世界的极其重要的事实。通过这个规律，他力图“确定世界不是神的创造，也不是偶然产生，也不是产生于永恒的原初物质（prakṛti），也不是永恒的原子（aṇuparamāṇu，‘极微’）的构成物，也不是活命派所主张命定的”[4]。进而，力图证明世界是有原因的，而非无原因的，“它处于一种变化的状态，一刻也不固定。换言之，它只是一系列的刹那存在。由此得出结论，世界万物都是依缘的，因此，它们无常，成为痛苦之源。除了涅槃（nibbāna）和空间（ākāśa），没有什么不是依靠原因和条件的序列而产生。这个规律也表明一切有原因和条件产生的事物刹那生灭（kṣaṇika），没有任何实质。这说明万物的固

---

① Bikshu Sangharakshita，in A Cultural History of India，ed. by A. L. Basham，第85页。

② Pande，Origins，第412页。

③ 同上书，第423页以下。

④ Dutt，N.，Early Monastic Buddhism，第214页。

定不变的依缘性”①。对于佛陀，一切现象对象存在，虽然只是刹那存在，类似大海的波浪。这些波浪不是想象的，并非不存在，但只是刹那存在。因此，它们无常（anitya）。

这样，佛陀反复教诲宇宙无常。同时，他认为这是苦，并与奥义书哲学明显对立，教导“无我”（anatta），即没有一种称为自我（attā或ātman）或灵魂的永久不变的实体。正是由于无知（avidyā，“无明”）或偏爱宇宙三界而产生贪求（taṇhā），最终造成烦恼②。

在诸如《大缘经》（Mahānidānasutta）这样的佛经中，试图以十二因缘精心构建缘起或因果律，阐明无明和苦的关系：从无明（avidyā）产生行（saṃkhāra），从行产生识（viññāna），从识产生名色（nāmarūpa），从名色产生六处（ṣaḍāyatana），从六处产生触（phassa 或 sparśa），从触产生受（vedanā），从受产生贪爱（taṇhā），从贪爱产生取（upādāna），从取产生有（bhava），从有产生生（jāti），从生产生老（jarā）、死（maraṇa）、忧愁（soka）、哀伤（parivedā）、痛苦（dukkha）、烦恼（domanassa）和绝望（upāyāsa）③。只要没有克服无明和贪爱，生死轮回（saṃsāra）就会继续，也就不能摆脱包含在生中的烦恼束缚。而断除无明和贪爱，生死轮回就会结束，达到涅槃，获得解脱④。然而，虽然能看到互相依存的观念是佛陀说法中的基本思想，但是十二支的形式在早期佛经如《经集》中没有提到。在阿含经（即尼迦耶）中，人们发

---

① Dutt，N.，Early Monastic Buddhism，第214页。

② A. K. Warder，Indian Buddhism，第106页以下。

③ 参阅 Yamada，Isshi，Premises and Implications of Interdependence（pratītyasamutpāda），in Studies in History of Buddhism，ed. A. K. Narain，Delhi，1980，第373—399页；也参阅 Bodhi Bhikshu，Great Discourse on Causation（The Mahānidāna sutta and its Commentarial Exegesis），Kandy，1984。

④ 参阅 Baptist，E. C.，Buddhist Law of Dependent Origination，Buddhist，Colombo，32，第161—164页；37，No. 4，第100—103页。

现有各种缘起形式，分支的数目和名称互有差异。而其中的十二因缘被认为代表长期发展中最成熟的形式①。

缘起说通常被认为代表佛陀对苦谛的解释。雅各比暗示这个理论源自数论的演化序列②，并得到施罗德的认同。而塞纳特认为受瑜伽影响③。确实，像佛教那样，数论认为痛苦产生于欲望驱动的行为，而欲望产生于某种无明，但正如 G. C. 般代所指出，无明的观念在某种程度上是所有印度哲学体系共同的。按照他，“将数论的二十五谛（tattva）系列与缘起说进行比较，显得很勉强”④。

关于缘起说的意义，现代学者的观点也有差异。基思认为缘起系列旨在解释罪恶的来源，并不表示本质上的因果关系⑤。另一方面，里斯·戴维斯认为这个定理是一切现象的自然因果关系学说史上首次作出的清晰解释⑥。里斯·戴维斯夫人认为这个定理是“规律”（ṛta）和“律令”（vrata）的原本意义的准确表达，与它们相联系，诸神也就失去他们的重要性⑦。奥登伯格认为提出这个“存在物的因果关系”定理，得以加强关于苦的起源和灭除的教义⑧。古马尔斯瓦米更加明白地解释这个观念，说“它抓住这个事实：我们都是机械物，由因果关系决定。……指出逃脱之路”⑨。

有意义的是，佛陀认识的真理包含缘起说和涅槃两方面。在梵天劝请的背景下，佛陀将他的法分成缘起说和涅槃。按照 G. C. 般

---

① Yamada, Premises and Implications of Interdependence（pratītya samutpāda）, in Studies in History of Buddhism，第 387 页。

② Origins 转引，第 407 页。

③ 同上。

④ 同上。

⑤ Buddhist Philosophy，第 112 页。

⑥ Rhys Davids，Dialogues 2，第 42 页以下。

⑦ Mrs. Rhys Davids，Gotama the Man，第 77—78 页。

⑧ Buddha，第 226—227 页。

⑨ Hinduism and Buddhism，第 80 页。

代，“因为涅槃显然是终极原则或经验，缘起说可以称为非终极经验的原则”①。这两者的关系似乎与商羯罗哲学中的梵（brahman）和幻（māyā）平行。

灵魂（自我）问题

早期佛教有三种基本学说：苦说（dukkhavāda）、无常说（anityatā）和无我说（anātmavāda）。因为没有永恒的事物，一切事物处在流动状态，这自然得出结论：不存在一种自身存在的实体灵魂②。就在五比丘受戒（upasampadā）后，佛陀向他们说法，讲述无我说，强调色（rūpa）、想（saṃjñā 或 saññā）、受（vedanā）、行（saṃkhāra）和识（vijñāna 或 viññāna）不构成自我。相信灵魂存在或个体独立存在的邪见（satkāyadiṭṭhi，“有身见”）是将五蕴（khandha）之一误解为灵魂③。许多经文宣说无我说。在《杂尼迦耶》中，阿难向佛陀询问“世界是空”这个短语的意义，佛陀回答说：“阿难！那是自我或任何具有自我性质者的空。什么是这样的空？五种感官的五种所在处，思想以及与思想关联的感情，所有这些是一种自我或任何类似自我者的空。”④ 在《中尼迦耶》中，灵魂永恒的学说被称为愚者的学说。容易产生痛苦和朽坏的东西不可能是事物的自我⑤。

这样，佛陀明显否认现象领域中的自我。在这个意义上，他的观点并不与奥义书中阐述的正统婆罗门教观点对立。因为在这里，

---

① Origins，第 414 页。

② Mahathera，Saddhatissa，H.，The Anatta Doctrine，Mahābodhi，74，No. 9 - 10，第 194—196 页。

③ Dutt，N.，Early Monastic Buddhism，第 232 页。

④ Saṃyutta nikāya 4. 54。

⑤ Majjhima nikāya 1. 138。

他否定的是五蕴有自我，而不是自我本身。但是，奥义书中的超然的、内在固有的自我究竟什么样？不同的学者对这个问题的回答有差异。按照舍尔巴茨基和罗睺罗·商格利底亚耶那，佛陀不相信任何类型的自我。他的法是彻底的无我说（anattavādī）[①]。按照里斯·戴维斯，在佛陀时代，北印度流行泛灵论、多神论、泛神论和二元论的观点。它们都相信自我或灵魂。佛陀不仅无视它，而且认为它是精神进步的障碍[②]。按照维杜舍克罗·夏斯特里（Vidhushekhara Shastri），佛陀否认自我，基于这个事实：他依据自己的经验，发现没有任何与设想的独立、永恒和至福的自我特征相一致的事物[③]。按照普善（Poussin），在巴利语文献中，有许多段落支持“无自我”，但也有少量支持“自我”[④]。黑格尔认为佛教是一种终极否定的信仰[⑤]。爱德华·凯尔德（Edward Caird）解释佛教是一种涅槃寂灭的学说。斯特利特（Streeter）和梅拉默德（Melamed）解释佛教是一种否定的信仰，即否定灵魂和世界[⑥]。里斯·戴维斯夫人在她的早期著作中也对佛教的无我说作出否定自我的解释[⑦]。

然而，按照施罗德（Schrader），佛陀在同时代人中表现为“否定自我者”仅仅因为他们以极端的拟人化方式设想灵魂，讲述

---

① Sāṃkṛtyāyana，R. Bauddha Darśana，第 22—23 页；Stcherbatsky，The Central Conception of Buddhism；Malalasekara，G. P.，The Unique Doctrine of Buddhism，mahābodhi，74，Nos. 5 - 6，第 63—69 页。

② Rhys Davids，Hibbert Lectures，第 29 页；Buddhism，第 95—99 页。

③ Origins 转引，第 482 页。

④ Poussin，The ātman in Pāli Canon，Indian Culture，2，1935—1936，第 821—824 页。

⑤ Hegel，Philosophy of History，第 167—172 页。

⑥ Varma 转引，V. P.，Early Buddhism and its Origins，第 154 页以下。

⑦ 参阅她的早期著作 Buddhism，A Study of the Buddhist Norm，1912；Buddhist Psychology，1914；也参阅她的论文 Soul Theory in Buddhism，JRAS，1903。

它的形式、重量和颜色等①。里斯·戴维斯夫人在她的后期著作中，竭尽全力支持佛陀没有提出无我说的观点，并认为无我说是后期僧人的发展，出于对婆罗门的敌视而强加在原始福音上②。她评论《杂尼迦耶》中的一首偈颂，与《大森林奥义书》的一个段落比较，说：“我相信非常可能，这首偈颂的原始作者所用的自我（attā）这个词，其意义正是奥义书原始作者使用的自我（ātman）的意义。”③ 古马尔斯瓦米④和拉达克利希南⑤对这个观点稍作修订，予以重申。拉达克利希南在一处明显地说：“无论如何，认为按照佛陀，根本没有自我，这是错误的。……奥义书通过剥掉自我的一层又一层可能的面纱，达到万物的根底。这样在最后，他们发现普遍的自我，它并非是这些有限的实体，虽然是它们所有的根底。佛陀持有同样的观点，虽然他没有肯定地说出。”⑥ 按照索金（Sogen）⑦ 和铃木（Suzuki）⑧，佛陀否认自我，只是在一种有限的实存个体的意义上，而不是在宇宙的绝对统一性的意义上。

那些主张佛陀不否认作为一种超然实体的灵魂存在的学者的观点（虽然他们的观点在细节上存在差异）可以归纳如下。

（1）里斯·戴维斯夫人认为如果佛陀反对奥义书中接受的灵魂

---

① Origins 转引，第 483 页。

② 参阅她的 Gotama the Man，1928；What was the Original Gospel in Bhddhism? Śākya or Buddhist Origins，1931，等等。

③ Varma 转引，V. P.，Early Buddhism and its Origins，第 156 页。

④ Coomaraswamy，Living Thought of the Buddha；Hinduism and Buddhism；参阅 Gour，H. S.，The Spirit of Buddhism，第 285 页。

⑤ Indian Philisophy，1，第 386—389 页；也参阅 Chatterji，J. C.，The Buddha and the ātman，Prabuddha Bhārata，63，No. 3，第 91—98 页。

⑥ 同上书，第 388 页；参阅 Bahm，Archie J.，Was Gautama a Buddhist? Bulletin of Ram Krishna Mission Institute of Culture，15，第 9—15 页。

⑦ Sogen，Y.，Systems of Buddhist Thought。

⑧ Suzuki，D. T.，Outlines of Mahāyāna Buddhism，1927。

理论，那么，他应该在与婆罗门学者的论争中提出，而实际上他没有这样做。

（2）在早期经文中出现的一些复合词，其中的“自我”（atta 或 attā）一词的意义不同于只是作为身体和思想的复合体的人。例如复合词 ajjhatta（“内在的自我”）、paccatta（“各自的自我”）、attabhāva（“自我的状态”）、pahitatta（“专注的自我”）和 bhāvitatta（“修习的自我”）。按照 G. C. 般代，至少依据其中的第一个，这种说法有些分量。佛陀相信自我存在也可以从《拘萨罗杂尼迦耶》（Kosala saṃyutta）的摩利迦（Mallikā）部分中见出。按照这部分中的叙述，自我（attā）是整个世界中最可爱的，一个“热爱自我”（attakāma）的人不会伤害他人。在少数段落中，自我（attā）用作“内在监视者”或良心的意义①。在《大品》中，佛陀要求三十位青年比丘寻求灵魂（attānaṃ gaveseyyātha，“你们应该寻求自我”）。在《大般涅槃经》中，ātmadīpa（“自我灯”）和 ātmaśaraṇa（“自我庇护所”）这两个词用作鼓励比丘将自我看作他们的灯和庇护所②。然而，在这里，佛陀的目的似乎是强调个人的努力，未必意味存在一种形而上学的灵魂。

（3）在鹿野苑宣说的《转法轮经》中，佛陀说罪恶的和痛苦的不可能是自我（ātman）。佛教自我说（attavāda）的支持者认为否认现象的自我暗含间接肯定超然的自我真实。

（4）支持佛教自我说的理由之一是三藏中经常提到的天国和地狱信仰。如果人死后，依据他的善业或恶业，前往天国或地狱，那么，必然得出结论：首先应该有灵魂存在。在《法句经》中，佛陀谴责说谎者下地狱。他本人也被说到访问各种世界（loka）。只有承认存在灵魂，相信存在天国和地狱才变得有意义。

---

① Origins，第 488 页。

② 参阅 Coomaraswamy，in JRAS，1938，第 680—681 页。

（5）支持对佛教中的自我说作出肯定解释的另一个证据是它强调修禅（dhyāna）。如果不确定一种精神原则，也就不可能解释进入神秘的意识领域①。

（6）佛经中多次提到涅槃的至福性质。在《法句经》中，涅槃被描写为最高的快乐状态。在《上座僧伽他》和《上座尼伽他》中，也将涅槃描写为心醉神迷的状态。这些描写不符合对人的终极命运的否定性观念。

（7）按照一些经文，人死后留存的是他的意（citta）或识（viññāna）。这种学说几乎肯定是前于佛教的。佛陀似乎只是修饰它，而非摒弃它。识无疑在死后存在，但它不是永恒的实体。它实际是处在不断的变化中。但在涅槃中，它的变化停止，安住于它原本自然的无限和光明中。这样，识类似奥义书中的自我②。

（8）在《法句经》中，自我（attā）被描写为一种实体，非常亲近和可爱。它在本质上自我独立，具有善和恶的潜能。它不仅与意（citta）相同，也是在思想背后的人，在某种程度上与它同一，而又是与它不同的另一种事物③。

（9）在奥义书中的puruṣa（“人”）和尼迦耶中的 puggala（“人”）两者中间有 purisa-puggala 这个用词。按照 G. C. 般代，它表示“行动、相信和体验他的行动结果的个人”。佛陀本人论述各种类型的 puggala（“人”）。而 purisa-puggala 这个用词一般不表示相信自我，但著名的《担者经》（bhārahāra sutta）是例外，因为它明确区分 puggala（“人”）和 khandha（“蕴”），描写后者是前者的

---

① Rhys Davids，C. A. F.，Dhyāna in Early Buddhism，IHC，3，1927，第 689—715 页。

② Origins，第 494 页以下；参阅 Wijesekara，O. H. De A.，The Concept of viññāna in Theravāda Buddhism，JAOS，84，No. 3，第 254—259 页。

③ 同上书，第 488 页；参阅 Shukla，Karunesh，Ātman in Buddhist Philosophy，Poona Orientalist，27，No. 3 -4，第 114—132 页。

负担[①]。

（10）著名的佛教三皈依（triśaraṇa）原则是皈依佛、法和僧。如果佛在涅槃后完全寂灭，那么，皈依他似乎就没有意义。

在直接受到询问时，佛陀对灵魂是否存在的问题既不作肯定的，也不作否定的回答。按照基思[②]和普善[③]，那是不可知论的表现[④]。而按照卢森堡（Rosenberg），佛陀不回答这个问题，只是因为自我（ātman）这个词对他没有意义[⑤]。舍尔巴茨基认为这是佛陀时代的一种习惯，想要给予否定回答时，保持沉默。这种看法是毫无根据的[⑥]。按照 G. C. 般代，在这方面，中间立场似乎是唯一正确的立场。佛陀对自我或如来不作肯定或否定，是最准确地表明他的立场。“有自我或无自我，存在或不存在，都不具有终极的合理性。一个人必须避免这样的‘极端’或明确的界定，而应该在形而上学中像在伦理中一样遵循中道。”[⑦]“涅槃不可能依靠有限的意识描述，因为它是绝对无限的。一个人描述它的最好办法是保持‘沉默’，因为关于它的任何言说会使它变成相对和有限。佛陀在理论方面显然一直竭力坚持这种立场，以致他的‘沉默’成为所有时代中的谜。然而，在实际的教导中，他不仅表明唯独绝对是永恒的和至福的，也暗示一种直觉的路径。这种态度显然是‘神秘的’，而非‘理性的’。”[⑧]所有这一切，“累积起来，暗示一种绝对的立

---

① Origins，第 490 页。

② Keith，Buddhist Philosophy，第 39—46 页。

③ Poussin，in ERE，1，under Agnosticism。

④ Perera，T. H.，Was Lord Buddha an Agnostic? Buddhist，37，No. 5，第 137—139 页。

⑤ Origins 转引，第 505 页。

⑥ 同上书，第 506 页。

⑦ 同上书，第 507 页以下。

⑧ Origins，第 510 页；参阅 Bhattacharya，Bidhushekhar，The Doctrine of Ātman and Anātman，POC，5，1930，2，第 1002—1006 页。

场，支持中道的解释。这几乎不令人惊奇，因为在佛陀之前，绝对原则已经是奥义书中明白无误的用语”①。

蕴论和再生学说

生死轮回（saṃsāra）或再生学说在印度古代思想体系中占有突出的地位。大多数印度宗教以这种或那种形式坚持这个学说。依据人类学证据，可以相信在印度史前的某些种族中怀有人死后以这种或那种形式继续存在的萌芽观念②。按照普善，“相信再生纯粹是原始人的猜测”③。波特林格（Bohtlingk）、厄恩斯特·温迪斯（Ernst Windsch）、皮舍尔（Pischel）、格尔德纳（Geldner）、斯瓦米·达耶难陀（Swami Dayananda）和拉纳德（Ranade）等相信再生（punarjanma）与梵书同样古老。其中一些学者甚至在《梨俱吠陀》中发现它的模糊形式④。这种观点已经受到正确的质疑。按照奥登伯格、麦克唐纳、S. 列维、布洛姆菲尔德、霍普金斯和 G. C. 般代，再生的观念只是在奥义书时代才得到发展。在《梨俱吠陀》中绝对没有再生的踪迹⑤。按照吠陀诗人，死后的灵魂住在阎摩（Yama）的世界。《百道梵书》（1. 5. 3. 4）被猜测含有对转生的一种可疑的暗示，但正如 G. C. 般代所指出，梵书中对死后生活的通常态度并不设想这样一种学说。转生的学说“始终与其他许多观念密切相关”，诸如“相信一种天然纯洁和不朽的意识原则，确认业

---

① Origins，第 509 页。

② 参阅 RHAI，1，第 1 章。

③ Poussin，The Way to Nirvāṇa，第 18 页。

④ 霍普金斯说：“在《梨俱吠陀》中也有一种模糊形式的心理玄学。”（Hindu Ethics，第 44 页）波特林格也在《梨俱吠陀》（1. 164. 30—32）中发现关于再生的暗示。拉纳德支持他（A Constructive Survey of Upaniṣad and Philosophy）。

⑤ Keith，RPV，2，第 570 页以下。

报规律和对解脱的深刻追求”①。而梵书设想灵魂与身体紧密相连，从不认为它天然不朽。业报规律也远在那些祭司的视野之外。他们的不朽概念只是变化的感官享受世界无有穷尽。因此，几乎不可能想象梵书的祭司知道和提出业报学说②。

按照G. C. 般代，再生学说源自吠陀时代的牟尼和沙门③。奥义书思想家从他们那里接纳这个学说。在《伽陀奥义书》中有对灵魂转生信仰的明确说明。再生被认为取决于人的智力和道德的成果。在这部奥义书中有阎摩和那吉盖多的著名对话，阎摩说明生物再生如同成熟的谷物在衰亡后又出现④。在《大森林奥义书》中，灵魂被描写为死亡和再生之间的联系环节，因为它从一种存在进入另一种存在⑤。佛教接受这种再生观念，但与奥义书思想家不同，摒弃一种精神实体的转生。按照佛教，有人格或心理和物理复合体即“名色蕴”（nāmarūpa skandha）的再生。作为信奉因果律者，佛教徒刻意回避一种实体存在的问题。它变成从属于感受（vedanā，“受”）、欲望（taṇhā，“贪爱”）、强烈的执著（upādāna，“取”）、渴望生存（bhava，“有”）和再生（jāti，“生”）。按照他们，世界的存在物和无生命对象是聚合的（saṃskṛta）。由于它们是由某些成分构成的，而被认为不同于非聚合的（asaṃskṛta）的涅槃。聚合的成分分成两类：“名”（nāma）和“色”（rūpa）。名表示存在物的非物质的或精神的成分，而色只表示物质的成分。因此，所有无生命对象被包括在“色”这个名目中⑥。名被分析为四种精神状态，

① Origins，第283页。

② 同上书，第284页以下。

③ 相似的观点参阅 Upadhyaya，K. N.，Early Buddhism and Bhagavadgītā，第68—70页。

④ Katha，1. 1. 20、21。

⑤ Bṛ. Upa，4. 3. 5。

⑥ Dutt，N.，Early Monastic Buddhism，第197页。

即受（vedanā，感受）、想（saññā，感知）、行（saṃkhāra，业行造成的潜印象）和识（viññāna，源自感官的知识）。同时，色蕴（rūpakkhandha）表示四大元素：地（pṛthvī）、水（āpo）、火（tejo）和风（vāyu），包括这四大元素的一切构成物。四种“名”和第五种“色”合称为“五蕴”（pañcakkhandha）。每种存在物和对象是这五蕴的聚合物，没有第六种 puggala（“人”）或 attā（“自我”即灵魂）①。一个生命存在由这五蕴构成，没有起始，处在持续的流动状态，前一种五蕴产生后一种五蕴，这个过程在现在的存在中刹那生灭，不停进行，同样也在将来继续进行，直到灭除无明（avidyā），达到涅槃。佛教描写这个过程为再生，而不是灵魂转生，否认设想像毛毛虫从一片草叶爬向另一片草叶那样的灵魂存在②。

业报理论

业报说或道德决定论代表印度哲学思辨和社会生活中的基本命题之一。业（karman）的普通意义是行为或行动。在更广泛的层面上，它表示行为背后的动机③。吠陀仙人坚持相信宇宙和谐和秩序的规律（ṛta）。这种秩序被认为不仅是机械的一致性，而且出自伐楼那（Varuṇa）神象征的一种至高的道德力量。在梵书时代，祭祀宗教的发展阻碍业报概念的出现④。正如 G. C. 般代所指出，“一种远远超越死亡的刚性的道德律的观念”远在梵书祭司的视野之

---

① Dutt，N.，Early Monastic Buddhism，第 197 页。

② 同上书，第 227 页以下；参阅 Rashtrapala，Bhikshu，The Buddhist Doctrine of Rebirth，World Buddhism，14，No. 3，第 3—5 页。

③ 参阅 Poussin，Karma，in ERE，7，第 673—677 页；参阅 Mcdermott，James Paul，Development in the Early Buddhist Concept of Kamma/Karma，New Delhi，1984。

④ 对照 Varma，V. P.，Early Buddhism and its Origins，第 215 页。

外[1]。对于他们，“业”只是“祭祀行动”。另一个世界无疑被创造（kṛta），然而是由祭祀创造[2]。正是在早期奥义书时代，业的理论开始出现。加布（Garbe）正确指出，业的理论是奥义书新增的哲学世界观，虽然他将这种理论的形成归诸刹帝利。“耶若伏吉耶向阿尔多薄伽介绍业的观念时所处的环境清晰表明这种观念对祭司世界是新颖的。它在那个圈子里受欢迎是值得怀疑的。这并不难理解，因为业的规律肯定对祭司不利。如果行为的道德品质唯独和必然决定将来，人成为他的命运的船长，那么，祭司和祭祀也就不再必不可少。更严重的是，一个人通过祭祀希望获得神的恩惠。而如果人的‘行为’是全能的，那么，哪里还会有神的恩惠？如果神不具有独立的施恩力量，祭祀和祈祷岂不是毫无用处？”[3]

这样，G. C. 般代指出充分认识业的理论含义相当于完全修正吠陀关于死后世界的观点。旧有的观点注定在静悄悄的革命中废弃。一些祭司试图调和业说和新的知识理论，提出“智业结合说”（jñānakarmasamucayavāda）。一些祭司只是稍做修正而坚持旧有的信仰：业无疑决定将来，但祭祀难道不是最正当的行动吗？进而，业的理论倾向将诸神从属于这种刚性的规律。某些神甚至被视为对这种业的规律起执行作用。最后，它改变永生的观念：从永恒的死后生活即无限持续的现世生活（享有一切经验存在的特点），改变成永恒的存在或绝对的超越经验存在。认识这种类型的永生，一个人必须知道他的自我的真正性质，而从这个世界返回[4]。

然而，奥义书思想家以多种方式稀释业的规律的运作。首先，后期奥义书有显著的有神论倾向，推崇神恩的概念。《伽陀奥义书》

---

① Origins，第 284 页。

② 同上。

③ 同上书，286 页以下。

④ 同上书，第 287—290 页。

讲述自我不是依靠智力的或学术的深度获得，而是依靠神的恩惠。这明显与业的学说不一致，因为按照业的学说，唯有通过一个人自己的努力才能获得解脱。在往世书印度教、大乘佛教、基督教和伊斯兰教中，都接受神恩的观念。但是，耆那教和早期佛教竭力否定它。其次，奥义书有时提出这种观点：儿子接受父亲的业[①]。这种设想明显违背业的规律的运作。最后，在一些奥义书中，说是一个人的最后的思想决定他的将来的位置[②]。《薄伽梵歌》中也含有这种观点。后期的有神论虔信派文献也告诫在一个人的最后时刻，他的思想和灵魂应该与他喜爱的神（īṣṭadevatā）保持一致。所有这些观念都对严格坚持道德决定论起涣散作用。

在奥义书之后的时期，业的学说变得无限重要。佛陀的同时代人对苦的来源持有各种观点。而其中最重要的是佛陀本人以及大雄和其他一些派别的沙门哲学家持有的业的理论。尽管佛陀主张无我说，但关于一个人的业的效力从这生转移到另一生，他与奥义书思想家一致。尼迦耶经常描述佛陀宣示这个学说。据说佛陀在觉悟时，目睹三个景象。其中第二个景象是“他看见整个宇宙是一个业和再生的体系，由众生组成，高贵的或低贱的，快乐的或不快乐的，按照他们的行为，持续脱离一种存在形式，采取另一种形态”[③]。他教导刹那的生命活力和业的规律的意义，如此热情，以致被说成他几乎以此替代奥义书的梵。

按照早期佛教，业的本质是意欲[④]。业的最重要的类型是主动的精神作为，唯独与此相联系的语言和行动成为业。业源自意欲，

① Bṛ Upa，1. 5. 17；Kauṣītaki，2. 15。

② Chāndogya，3. 14. 1；Praśana，3. 10；Bṛ Upa，4. 5. 5。

③ Varma，V. P.，Early Buddhism and its Origins，第224页。

④ Rhys Davids，C. A. F，Man as Willer，Buddhist Studies，ed. by B. C. Law，Calcutta，1931，第587页。

也通过意欲毁灭①。这使佛教的业的观点基本上不同于耆那教。耆那教认为业是一种实质，而不是一种作用②。在佛教中，有两种类型的业："有漏"（sāsrava）和"无漏"（anāsrava）。"有漏业"是那些带来善恶后果的业。另一方面，沉思四圣谛，导向阿罗汉性，是"无漏业"。它不产生善恶后果。

佛陀将业分成三类：在这一生、在下一生和在未来生产生业果。正是通过消除和抵消业，一个人获得完全的解脱。自我努力是达到涅槃的唯一方法。佛陀认为自我努力是实行某些道德和精神的业。这样，最为强调的是个人自己的行为和努力，不依靠某种至高的力量或任何仪礼或仪式③。

中道：佛教伦理

对于通向涅槃之路，律藏使用两个术语：paṭipadā（或 pratipadā，道）和 magga（或 mārga，路）④。里斯·戴维斯夫人感到佛陀喜欢使用后一个术语⑤。简而言之，中道（majjhima paṭipadā或 majjhima maggo）是回避自我享乐和自我折磨两个极端。烦恼产生过程中的三个阶段是无明（avijjā）、贪爱（taṇhā）和业（karman）。佛教设定通向灭除烦恼之路的三个阶段。第一阶段是行善弃恶（sīla，戒），然后沉思（jhāna 或 dhyāna，禅）或入定（samādhi，定），最

---

① Origins，第 430 页。

② 在早期佛教文献中，也可以发现一种流行的业的理论，讲述在生命之外起作用的道德报应原则。

③ Dutt，N.，Early Monastic Buddhism，第 241 页以下。参阅 Bhikshu，Rashtrapala，The Buddhist Doctrine of Kamma，World Buddhism，7，No. 6，第 3—5 页；也参阅 Narada，Thera，Kamma or the Buddhist Theory of Causation，B. C. Law Volume，2，第 158—175 页。

④ Mishra，G. S. P.，The Age of Vinaya，第 76 页；也参阅他的 Development of Buddhist Ethics，New Delhi，1984。

⑤ Gotama the Man，第 41 页。

后认识或直觉真理（paññā 或 prajñā，慧）。有时（如在《大品》中），在这个设计中增加解脱（vimutti），变成四个阶段。或者，进一步增加解脱知见（vimuttiñāṇadassana），变成五个阶段。然而，这后两者对这个定理并非重要的贡献，因为它们与“慧”并无区别①。

正如 G. C. 般代所指出，不能认为佛陀只是以这种简明和精确的定理宣说这种道。正如耶稣，佛陀运用譬喻说法和劝导。他留下的法是一种启示，不是详细的手册。他知道走上精神之路不是机械的和形式的操作。然而，他的信徒自然而然运用理性解释这种法，“依据它创制论藏”。“佛陀指向真理之月，而他的信徒经常满足于盯住他的手指。”②

中道的否定方面或多或少是清晰的。佛陀反对仪式主义、各种外在的祭祀和崇拜自然神。同样，他反对耆那教和活命派提倡的极端的苦行。他本人显然教导修禅的方式。然而，精确地界定这种道，也很困难。

按照传统的观点，佛陀将这种道的三部分即戒③、定和慧分成八正道（aṭṭhāṅgika maggo）：正语、正业、正命、正勤、正念、正思、正见和正定。正语（sammā vācā）是不说虚假的话，不说恶毒的话，不说粗鲁或轻浮的话。正业（sammā kammānta）是不杀生④，不偷盗，不邪淫。正命（sammā ājīva）是不以非法手段谋生。正勤（sammā vāyāma）是努力摒弃邪恶的思想。正念（sammā

---

① Mishra，G. S. P.，The Age of Vinaya，第 76 页以下。

② Origins，第 514 页。

③ Soni，Sujata，Place of Śīla in Buddhism，Mahābodhi，73，No. 5，第 137 页以下。

④ 参阅 Khantipalo，Bhikkhu，Buddhism，Ahiṃsā and Tolerence，Aryan Path，34，No. 4，第 180—183 页。

sati）是正确观想身体、思想和感情中发生的一切。正思（sammā saṅkappa）是决心离欲，也不仇恨和伤害他人。正见（sammā diṭṭhi）是理解佛陀提出的关于事物的形而上学观点（如认识四圣谛和缘起说）。正定（sammā samādhi）是导向完全入定的修禅四阶段。第一禅获得喜悦。第二禅达到内心平静。第三禅抑止一切激情和虚妄的想法。第四禅获得完美清净的寂静①。

上述八正道涉及精神生活的所有方面即道德、心理和智力。在《道杂尼迦耶》（Magga Saṃyutta）中，它被描写为善友（kalyāṇamitta，精神向导），赐予佛教追求真理者需要的一切精神营养。乔答摩在放弃苦行后，回到他少年时的修禅经验。正是修禅引导他最终达到觉悟。因此，很自然，在佛陀的教导中，修禅发挥重要的作用。他不止一次地被称为“禅者”（jhāyin）②。在对这种道的多处描述中，禅占有主要地位。他的主要弟子因修禅能力而受到赞扬。禅本质上是一种精神修炼方法，用于各种目的——获得这种或那种天国世界，获得神通力，获得可爱的体验，与真正的自我或内在的真实结合③。就佛陀而言，它成为攀登更高知识（vijjā）高峰的台阶，最后达到觉悟。通常，心（citta）被污垢覆盖，精神涣散，动摇不定，而禅能起到净化作用。他使心变得清净，而容易安心，达到觉悟④。

有时，八正道被认为代表佛陀的原始教导。尼迦耶中有许多段落，尤其是首次说法中的段落，被用来支持这种观点。但是，里斯·戴维斯夫人感到这是后期的系统化⑤。在一些明显是早期的段落中，这种道没有说成八种。G. C. 般代也认为如果佛陀本人当时

---

① 参阅 Rhys Davids, C. A. F. , Dhyāna in Early Buddhism, IHQ, 3，第 689—715 页。

② Origins，第 529 页以下。

③ 同上书，第 531 页。

④ 同上书，第 532 页。

⑤ Mrs, Rhys Davids, Original Gospel，第 60 页。

教导八正道，依据后来这种观念享有的名声，应该保存有较多肯定的证据[①]。他认为“事实上，在缺乏较多可信证据的情况下，将这个定理归诸佛陀本人似乎是不聪明的。可能是佛陀只是讲述感官享乐（kāmasukha）和自我折磨（attakilamatho）两个极端之间的中道，而后来‘具体化’为八正道”[②]。

除了八正道，早期佛经中提到另一条道德之路，即四梵住（brahmavihāra）——慈、悲、喜和舍。慈（maitrī或mettā）包括不仇恨和仁慈。仇恨不可能依靠仇恨克服。仇恨只能依靠不仇恨克服。悲（karuṇā）表示普遍的同情，对一切众生一视同仁。印度思想通常认为佛陀是大慈大悲的化身。喜（muditā）也是一种美德。舍（upekṣā）强调对世界的疾病、痛苦、快乐和悲剧采取一种超然的态度。舍是明眼人的特征，不受永远变幻无常的世界魔力的迷惑。

涅槃的概念

涅槃（nibbāna 或 nirvāṇa）被认为是佛教追求的至善。佛陀关于它的性质的教导自古以来是一个有争议的问题。古代经文和现代学者提出各种解释[③]。在后来发展的哲学思想观照下，佛陀的原始说法显得不够精确。佛教学者按照他们自己的哲学见解解释它们，就像后期吠檀多学者按照他们自己的哲学观念解释吠檀多三大原典（prasthāna trayī）奥义书、《薄伽梵歌》和《梵经》[④]。

从词源上说，涅槃可以有三种词义。第一，它意味清凉，喻指

---

① Origins，第 517 页以下。

② 同上书，第 518 页。

③ 对现代学者各种观点的批判性分析，参阅 G. C. Pande，Origins，第 451—456 页。

④ 同上书，第 443 页以下。

冷却贪求和激情。第二，表示无风而静止（nirvāṇa avāte）。第三，可以表示被认为造成痛苦和烦恼的心理和物理复合体（nāmarūpa skandha，“名色蕴”）的寂灭[①]。

涅槃的概念有好几种可能的解释，每一种都能从早期佛经中获得某种支持。(1) 在第一个层面，涅槃意味痛苦和烦恼寂灭。然而，它并不是，也不可能意味否认一切感情，因为佛陀的心被认为充满慈悲和仁爱。(2) 在另一个层面，涅槃意味经验现象的寂灭。(3) 在部分佛经和后来经量部（Sautrāntika）加以发展的涅槃的第三种含义是绝对的寂灭和完全虚无。(4) 涅槃的第四种含义是一种绝对真实的存在。后来在马鸣的真如（tathatā）哲学中得到发展。在这里，涅槃等同于一种绝对的真实存在。三藏中有些经文段落可能涉及这种解释。

佛陀本人刻意回避对什么是涅槃这个问题作出正面回答。他认为这个问题超出讨论范围，不可思辨（atarkāvacara）、不可解释（avyākṛta）和不可言说（akathanīya）。佛陀为何对这个问题不作出任何回答，有各种解释。没有证据支持舍尔巴茨基的观点，即认为想要对一个问题作出否定的回答，便保持沉默，这是佛陀时代的一个习惯[②]。同样，基思和普善[③]暗示佛陀自己不知道这个问题的答案，这种说法至少是苛刻的。最好的解释[④]似乎是佛陀认识到对涅槃的形而上学讨论不仅与对它的实际认识无关，而且也成为一种障碍。他知道涅槃是不可设想的，不可表述的，如此深邃微妙，以致不能彼此互相交流。一个人能在自己的内在自我中认知它[⑤]。他

---

① Dasgupta, Indian Philosophy, 1, 第 108 页。

② Origins, 第 506 页。

③ 同上书，第 505 页。

④ 参阅 Schrader, F. C. , On the Problem of Nirvāṇa, Journal of Pali Sociaty, 1904—1905。

⑤ 参阅 Swami Tapsyananda, Buddha's Answers to the Great Questions of Life, Vedanta kesarī, 52, No. 1, 第 18—24 页。他提出佛陀的智慧只有一个参考词，就是涅槃。

告诫五比丘（pañcavaggīya）依靠自己正确的修习认知（sañaṃ abhiññā）这个真理[1]。

尽管涅槃不可设想，在早期经文中仍有一些段落试图描写它的反面和正面的特征。在《中尼迦耶》中，涅槃被描写为无生，无造作，无聚合，无衰微，无死亡，摆脱病患、忧愁和污染，依靠精勤修习而获得的至高圆满。“就涅槃而言，不存在有无起源的问题，因为它坚固、永恒和不变。”[2] 在《杂尼迦耶》中，涅槃也被描写为无聚合，无死亡，真实，超脱，无衰微，坚固，无标志，不可表述，镇定，平静，优异，不坠落，不能描述它的法、形状、地点、年岁和量度[3]。

按照《大品》，佛陀在觉悟时认知的真理或法包含缘起说和涅槃，分别是终极和非终极的经验。经文中对这个问题作出的回答是说达到涅槃后，所有的行（saṃkhāra）停止作用，所有的生存因素（upādhi）远远抛在后面，所有的愿望，甚至涅槃的愿望熄灭[4]。它是断除痛苦及其原因。这不是完全虚无的、灭绝的或一无所有的状态。按照《大品》，这是一种至福的状态，解脱的快乐（vimutti sukha），最高的快乐（parama sukha）[5]。这马上令人想起奥义书中的欢喜（ānanda），梵的一种特征。在《上座僧伽他》和《上座尼伽他》中，描写上座僧和上座尼体味涅槃的至福。在《长尼迦耶》的《大般涅槃经》中，描写佛陀的精神“从一种狂喜的状态进入另一种，上上下下，经过一个又一个狂喜的阶段，最后进入涅槃”。在《长尼迦耶》的另一处，描写涅槃是一切世俗现象的起点，所有世俗

---

① Mishra，G. S. P.，The Age of Vinaya，第75页。

② Dutt，Early Monastic Buddhism，第281页。

③ 同上书，第282页。

④ Conze，E，Buddhist Thought in India，第67页。

⑤ Mishra，The Age of Vinaya，第17页；Poussin，IHQ，4，第347页；ERE，9，第376页。

因素在这里解体。《经集》中说涅槃是不死不灭的寂静境界（amṛtaṃ śāntaṃ nirvāṇaṃ padamacyutam）。《杂尼迦耶》中一首偈颂提到涅槃难以目睹，不老，坚固，无戏论，不死，安泰（sudurdarśaṃ ajaraṃ druvaṃ niṣprapañcaṃ amṛtaṃ śivaṃ）。这里，涅槃这个词似乎可以替换成梵。这相当于永恒说，而这正是佛陀竭力想要避免的①。

论藏中也含有涅槃形而上学的一些方面。按照《论事》和《阿毗达磨俱舍论》，涅槃是超越世界的、永恒的和至福的。在《法集论》中，涅槃也不是完全寂灭和绝对虚无，它至少是部分确定的。其中，强调涅槃状态不可言状，它的否定性描述是由于它的超然②。在好几种巴利语经文中，涅槃等同于无限的意识（viññāna，“识”）。按照一个常用比喻，涅槃如同大海，无论怎样多的水（以无数阿罗汉的形式）流入，它都不显出增益或减损。按照龙军（Nāgasena），涅槃如同不可见的空气，常人只有身体感觉它的存在。事实上，阿罗汉在现世感知它，证明它的真实性。正如一个盲人一旦治愈眼疾，立即看见太阳，同样，一旦阿罗汉获得智眼，就能看见涅槃。涅槃不是一种可以获得的状态或对象。它不是依靠八正道或亲证（sādhanā）产生。它是永远存在的，像闪光一样照临修习的人。《弥兰陀问经》中，涅槃被认为是肯定的、永恒的和至福的。它虽然不能被描述，但能被体验③。佛音强烈反对认为涅槃只是空无或感情等等的寂灭。按照阿那律导师（Anuruddhācāriya），涅槃是永恒的、超然的、至高的、可知道的和独一无二的。这样，上座部始终认为涅槃是肯定的、可体验的、不可言状的和至高的，是最值得追求的④。经量部一般相信涅槃的否定性特征，虽然他们

① Varma，Early Buddhism and its Origins，第252—255页。

② 同上书，第258页以下。

③ Pande，Origins，第445页。

④ 同上。

也承认剩下一种微妙的精神意识。婆罗门教传统和许多欧洲学者描述他们是极端的虚无主义者，而大多数日本学者反对这种观点。舍尔巴茨基也认为空性（śūnyatā）只是意味个体事物和观念的相对性。按照龙树（Nāgārjuna），佛陀对涅槃问题保持沉默，因为“要求确定是不合适的。涅槃不可能是不存在，否则，它就不是无原因和无条件的。同样的理由，它也不可能是存在。它也不可能是这两者，因为这两者是有条件的（saṃskṛta，‘有为’），而涅槃是无条件的（asaṃskṛta，‘无为’）。将涅槃称为既非存在，也非不存在，等于是说不可言说。它正是一切现象的静止（prapañcopaśama，‘戏论寂灭’）和安泰吉祥（śiva）”①。

达到涅槃使一个人不同于普通的凡人。他获得全知、觉醒和解脱。他不受任何污染，享受圆满的平静。他不贪著世上的一切，犹如莲花不沾水。他摒弃罪恶，美德对他也无用，犹如登岸舍筏。他获得对法的真正洞察力，获得智力（ñāna）、智慧（paññā）、知识（vijjā）和光明（āloka）。佛陀的智慧是直觉的和简要的。他依靠自己亲证（sañaṃ abhiññā），因为终极真理超越思辨逻辑（atakko）②。

不可能设想在佛陀和阿罗汉之间最初有任何区别。达到阿罗汉果位与最终认知涅槃相同。然而后来，这两者之间出现区别的倾向。佛教文献中表现出如来性被认为高于阿罗汉性。小乘的阿罗汉自己也承认他们没有成佛，很可能是为了表明他们的宗教创立者享有至高地位。

达到阿罗汉果位或涅槃不意味绝对撤离行动的世界。早期佛教文献明确讲述佛陀在他活着时达到涅槃。因此，在达到涅槃后，保

① Pande，Origins，第 450 以下。

② 佛陀向活命派优波迦（Upaka）宣说这首伽他，其中含有对达到涅槃者的许多描述性称号（Mishra，The Age of Vinaya，第 74 页）。

持一个具有活力和从事行动的生命是可能的。正因为如此，设想出涅槃（nirvāṇa）和般涅槃（parinirvāṇa）的区别。涅槃意味灭除痛苦和烦恼。而般涅槃意味阿罗汉的肉体构成因素消解后的佛性状态。

早期佛经中，关于涅槃与生死轮回的形而上学关系的证据很少。然而，经常说到涅槃意谓阻断再生之轮。《经集》提到涅槃是停止生死之轮。涅槃是终极目的，最值得追求。它是精神朝圣的目的地，最终超越一切烦恼。它是安全的“彼岸”。在涅槃中，生死轮回停止，由此获得解脱。解脱是安住涅槃，即摆脱生死轮回，安住涅槃①。

这样，我们可以看到除了经量部，几乎所有佛教徒都不认为涅槃是完全虚无。还有，关于涅槃的无条件性质，各种佛教派别完全一致。涅槃超越一切原因和条件。他们也一致同意涅槃不可表述，只能依靠直觉领悟。最后，他们一致认为涅槃是至善，一切烦恼和痛苦的终结。

现代学者的观点也偏向反对认为佛陀是不可知论者和虚无主义者。普善主张涅槃可以被认为是永生、寂灭或断绝痛苦。他认为第一种不可能，第二种是无我说的逻辑结果，第三种是佛陀的实际态度。其他一些学者认为佛陀是极端的虚无主义者。然而，奥登伯格相信一些经文暗示佛陀的沉默是由于涅槃的不可言状的特征。里斯·戴维斯夫人、施罗德和拉达克利希南诉诸有力的演绎推理，反对认为佛陀是不可知论者和虚无主义者。伯鲁阿也否定涅槃的否定性概念②。按照 G. C. 般代，佛经“累积的证据暗示一种绝对主义立场，支持中道的解释。这几乎不令人惊奇，因为在佛陀之前，绝

① Origins，第 482 页。

② 关于这些观点的详细讨论，参阅 Pande，Origins，第 451—456 页。

对主义是奥义书中明白无误使用的术语”[①]。其他许多学者表示同意对涅槃的非寂灭主义的解释。按照那罗陀，“只是因为涅槃不能凭五种感官感知，就认为它一无所有，这是不合逻辑的”[②]。按照孔泽，涅槃显然不能依靠逻辑思想认知。按照威尔邦，不能坚持认为涅槃对于佛教徒只是至福或寂灭[③]。萨达提娑认为涅槃是至高的快乐[④]。巴克奇认为佛陀所谓的涅槃是无限、持久、永恒、确定和不变的意识[⑤]。

达多将佛陀关于涅槃的论述分成三类：第一类论述中，涅槃被描述为一种否定性的概念。“它是断除对世俗对象或存在的渴望或贪求；它是灭除贪（rāga）、瞋（dveṣa）和痴（moha）；它是通过沉思和其他修习涤除一切污染（kleśa，‘烦恼’和 āsrava，‘漏’）；它是结束反复再生；它是消除妄想分别（vikalpa）；它是摒弃世俗特征（upādhi，‘生存因素’）；它是摆脱快乐、不快乐或冷漠；它无基础，无原因。”[⑥] 第二类论述中，涅槃被描述为一种肯定性的伦理概念。“它是戒、定和慧即八正道的圆满；它是通过苦行（tapas）、梵行（brahmacarya）和理解四圣谛而证得；它是阿罗汉性；它是四念处（smṛtyupasthāna）圆满；它是永不坠落之地；它是不死、福地和清净无欲。”[⑦] 第三类论述中，涅槃被认为是一种

① 关于这些观点的详细讨论，参阅 Pande，Origins，第 509 页。

② Nārada Mahāthera，Nibbāna，Mahābodhi，Vol. 71，No. 5，第 74—83 页；也参阅 Pandita Sudharma，How Positive is Nirvāṇa，Ceylon Today，12，No. 4，第 30 页以下。

③ Wilbon，G. R.，On Understanding the Buddhist Nirvāṇa，History of Religion，5. No. 2，第 300—326 页。

④ Saddhatissa，Nibbāna，Mahābodhi，72，No. 3 - 4，第 34—39 页；也参阅 Bhikshu Rashtrapala，Nibbāna，Mahābodhi，72，No. 5，第 138—140 页。

⑤ Moni Bagchi，The Conception of Nirvāṇa，Mahābodhi，74，No. 7 - 8，第 161—164 页。

⑥ Dutt，Early Monastic Buddhism，第 293 页。

⑦ 同上书，第 293—294 页。

形而上学概念。“它永恒，坚固，超越议论和分别；它同质均一；它无起源和无死亡；它无过去、现在和未来；它无限，不可超越，不可测量，不可计量；它无条件和无造作（asaṃskṛta，‘无为’）；……它超越世俗（lokottara，‘出世间’），超越三界——欲界（kāma）、色界（rūpa）和无色界（arūpa），不堕入（apariyāpana）三界；它超越四重命题，即它不能被说成存在、不存在、既存在亦不存在和既非存在亦非不存在。”① 这多么接近奥义书中梵的概念。

一旦佛陀去世，他就像火焰被风吹灭，不能再为信徒们做什么。因此，他向他们强调要以法为庇护（śaraṇa，“皈依”）。这个传说看来是可信的，虽然巴沙姆指出，这个段落有被插入的嫌疑，目的是抵消崇拜佛陀的倾向。无论如何，这会使佛教徒的信仰告白“三皈依”（triśaraṇa，“我皈依佛，我皈依法，我皈依僧”）变得没有意义，而这个告白的古老几乎不容置疑，因为在佛经中经常提到，也出现在阿育王踄波鲁铭文中！

搁置不答

最后，我们将佛陀不回答的问题归在一起讨论。有十个搁置不答的问题（avyākatā pañhā），佛陀或保持沉默，或撇在一旁：（1）世界永恒；（2）世界不永恒；（3）世界有限；（4）世界无限；（5）灵魂与身体同一；（6）灵魂与身体不同；（7）解脱者死后存在；（8）解脱者死后不存在；（9）解脱者死后既存在亦不存在；（10）解脱者既非存在亦非不存在。其中，头两个问题是关于世界的时限。随后两个问题是关于世界的广度。第五和第六个问题是关于灵魂与身体的异同。最后四个问题是关于解脱的圣者死后存在和不存在。按照基思和巴姆等人，佛陀对这些问题保持沉默是因为他

---

① Dutt，Early Monastic Buddhism，第 294 页。

对真实没有明确的知识。基思说："认为佛陀是一位真正的不可知论者，对事物没有理性的或其他的确信，这是十分合理的。"[①] 巴姆也相信佛陀承认知识的限度[②]。同样，雅各比认为佛陀受到同时代人的不可知论影响。他发现佛陀有与珊阇夜（Sañjaya）类似的一种不可知论因素[③]。但是，这种观点从三藏中得不到支持，因为这些经文都明确将全知归诸佛陀。在《杂尼迦耶》中，佛陀本人说："众比丘！我教给你们的只是很少一点，我知道而没有教给你们的更多得多。"巴利语经文中多处描写佛陀为全知者（sabbavidū，"一切知"），具有至高智慧。确实，佛陀承认正规的概念知识的限度，但他不认为这样的知识构成人类理解的限度。他说非概念的知识超越思辨（atakkāvacara）。雅各比认为佛陀受同时代不可知论者影响，显然是错误的。佛陀既不有意采纳不可知论方法，也无争取群众的意图，像雅各比相信的那样。雅各比错误地将佛陀的沉默等同于珊阇夜的不可知论。珊阇夜的观点出于"无知"和"愚钝"，而佛陀的观点依据至高境界的直觉经验。

佛陀对那些形而上学问题搁置不答也可能出于实用的考虑。对于他，苦难是主要的问题，人类面对的任务是根除苦难。讨论神、世界、灵魂和生命等等问题在他看来是愚蠢的。在《中尼迦耶》中，他运用箭喻说明这一点。他指出一个中箭的人迫切需要的是拔除箭和解毒，而不是先等着研究箭和中箭的人的性质。最后，他明确指出"这是无用的，无助于离欲……无助于智慧、觉悟和涅槃。因此，我不回答"。在《无畏王子经》中，他也强调他不确定无用的真理，而只确定有用的真理。这清楚表明佛陀搁置不答是出于实用的考虑。正因为如此，拉达克利希南认为佛陀的教导出于实际需

---

① Keith，Buddhist Philosophy in India and Ceylon，第 63 页。

② Balm，A. J.，Philosophy of Buddha，第 27 页。

③ Yacobi，SEB，Vol. 45，第 29 页。

要的考虑。

按照第三种意见，摩尔提（Murti）提出佛陀对形而上学问题保持沉默是他认识到人的思想能力的限度。出于他的合理的不可知论，他尤其对前四个关于世界的时限和广度问题保持沉默。

乌波底亚耶也认为“佛陀对世界的时限问题搁置不答是出于实际的考虑，因为这并非智力所能理解”①。

按照另一种观点，佛陀对后六个问题搁置不答是因为它们无意义和不合适。这六个问题中，前两个是关于灵魂和身体的异同，四个是关于如来死后存在和不存在。佛陀运用火喻向婆蹉衢多（Vacchagotta）解释这个问题。他问婆蹉：“如果火在你的面前熄灭，你知道火在你的面前熄灭吗?”婆蹉作出肯定的回答。佛陀进而问他：“在你的面前熄灭的火，它去了哪个方向，东方、西方、南方或北方?”婆蹉回答说：“这个问题不合适。”于是，佛陀指出：“同样，婆蹉！……那个问题不合适。”这样，佛陀表明最后四个关于如来死后存在和不存在的问题不能证实。

第五和第六个问题关于灵魂和身体的异同不能依靠经验证实。在《杂尼迦耶》中，婆蹉衢多直接询问佛陀有没有自我，而佛陀保持沉默。在婆蹉离开后，阿难询问佛陀为何保持沉默。佛陀回答说，如果他确定前者，婆蹉就会认为他接受永恒说（sassatavāda）。而他如果确定后者，他就会将这混同于断灭说（ucchedavāda）。前一种违背佛教基本教义万物无我说（sabbe dhammā anattāti，“诸法无我”），后一种使本已困惑的婆蹉更困惑。在《杂尼迦耶》中，佛陀向阿那律说明关于如来死后存在和不存在的问题不合适，因为如来超越五蕴的标志。他问阿那律是否发觉（smānupassati）如来是五蕴、包含在五蕴中、具有五蕴或包含五蕴？阿那律作出否定的

---

① Upadhyaya，K. N.，Early Buddhism and Bhagavadgītā，第295页。

回答。于是，佛陀指出因为不能依据任何可知的因素发觉如来，所以回答如来是否存在的问题不合适。这样，佛陀表明这些关于如来的问题是不合适或无意义的①。

这样，除了实用的考虑，佛陀对十个形而上学问题保持沉默有其他两个主要理由。箭喻表明佛陀搁置不答这些问题是因为缺乏任何实际和实用的价值。但也有其他原因对这些问题保持沉默。对前四个关于世界的时限和广度的问题保持沉默是因为人们的智力不能理解它们的答案。而对后六个关于灵魂和身体的异同以及如来死后存在和不存在的问题搁置不答是因为它们无关紧要、无意义或不合适。

① 参阅 Shrivastava，A. K.，Nature and Significance of the Silence of Buddha，in History and Culture（B. P. Sinha Felicitation Volume）ed. by Bhawant Sahai，Delhi，1987，第 398 页以下。

第四章

僧　　团

一　佛教僧团的出现

开始

查尔斯·艾略特（Charles Eliot）指出："佛陀伟大的实际成就是建立了一个延续至今的僧团。他的宗教的持久主要由于这个机制。"然而，佛教在早期阶段，佛陀的信徒们过着游荡的生活，住在山洞或林中，乞食维生。他们个别地凭佛陀说一句"来吧，比丘！"（ehi bhikkhu）入教。在他赢得许多信徒后，依照他的时代的习惯，建立一个僧团（saṅgha，"僧伽"）。有些历史学者相信在第一次结集前，佛教僧侣与其他人的区别"只是有一个信仰共同体和精神联盟"，他们缺少"任何外在的联结纽带"。然而，仍有可能甚至在那时，存在一套所有佛教僧侣应该共同遵守的规则。一个月念诵两次戒本的习惯必定在佛陀在世时已经开始，也有关于服装和托钵等等特殊规定，以保持他的信徒与其他教派僧侣的区别。

佛教僧团的故事始于佛陀与五比丘（pañcavargīya）的谈话。在佛陀有六十个信徒时，他授予五比丘接收新入教者的权力，因为他本人难以出席每个人的入教仪式。但是，随着僧团成员的增加，寺院戒规愈益复杂。此后，寺院戒规经常修订和改变，一旦有必要，就制定新的戒规。

正如我们已经看到，佛陀最初使用非常简单的入教方式，只是邀请和欢迎拥护他的法的申请入教者。但是，入教仪式由比丘执行后，则使用“三皈依”（tisarana 或 triśaraṇa）的表白语。进而，愿意入教者必须剃去头发和胡须，穿上黄色的袈裟衣。然后，他双手合十，向僧侣们致敬，念诵“三皈依”三次。这被称为“出家”（pabajja 或 pravajyā）。新入教者有见习期。一开始他就被告知“四依止”（nissaya），让他认识到加入僧团，他将必须面对许多身体上的不舒适。要求父母同意他们的儿子出家这条规则或许是古老的，形成于罗睺罗出家时，净饭王提出的要求。佛陀禁止王室侍从、患有严重疾病者、通缉的盗贼和逃犯、记录在案的盗贼、受鞭刑者、烙有罪犯印记者、负债者和奴隶入教①。如果一个僧侣到达二十岁，发现他合适，就被授予“具足戒”（upasampadā）。

在寺院制度扎根后，每个内住弟子（antevāsika）即青年僧侣都要选两位僧侣作为他的亲教师（upādhyāya）和教师（ācarya）。亲教师不在时，由教师代理亲教师。这样，这个内住弟子的行为就会始终受到约束。亲教师或教师与内住弟子之间的理想关系应该如同父子。内住弟子必须尽心竭力侍奉亲教师和教师，而他们也必须保障内住弟子的生活必需品，倘若生病，也要照看他。

据说举行布萨（uposathā）的习惯是佛陀根据频毗沙罗王的建议，借鉴婆罗门教而形成的。最初，在布萨仪式上，反复念诵佛陀的主要教导。后来，它具有忏悔仪式的性质，在集合的僧众前反复念诵戒本，凡犯有其中戒规者进行忏悔，并按照犯戒的性质接受处罚②。

从四月（āṣāḍha）或五月（śrāvaṇa）月圆日开始的雨季安居（varṣāvāsa）是婆罗门教、耆那教和佛教苦行者共同遵守的一个习惯。在这三个月中，僧侣们定居一处，完全依靠那个地区的居士信

---

① Chakrabortty，Asceticism in Ancient India，第 208 页。

② 同上。

众布施生活。他们经常前来听取说法。因此，雨季安居成为僧团与居士信众紧密联系的纽带。

在雨季结束时，举行自恣仪式（pavāraṇā或 pravāraṇā）。像念诵戒本集会那样，这也是忏悔集会。但两者也有不同，因为在自恣仪式上，不像在戒本集会上那样向僧侣们念诵戒本，询问他们是否犯有任何戒规，而是僧侣自己以谦卑的姿态请求僧众指出自己可能不自觉违反什么戒规①。在自恣仪式后，举行迦稀衣仪式（kaṭhina），由居士信众供应棉布，制作袈裟衣，分给僧侣们。

依据律藏，十分清楚，最初佛教僧侣遵守关于衣服等等严格的规定。除了三件暗桔色的衣服（cīvara）即上衣、内衣和外衣，分别称为僧伽梨衣（saṅghāṭī）、安陀衣（antaravāsaka）和郁多罗僧伽衣（uttarāsaṅgha），还可以使用斗篷，毯子，雨季的缠腰带，浴衣，包扎伤口、疥疮和湿疹的布条，毛巾和布袋等。托钵也是僧侣们必需的。其他允许使用的物品有针、剃刀、指甲刀、清洁住房的拂尘以及其他一些日用品。

佛陀经常与弟子一起接受居士信众邀请吃饭。佛教关于接受食物的规定是很自由的。僧侣一般可以接受任何施舍的食物，但不能要求给予某种特殊的食物。也不禁止使用药物。

僧侣在抛弃世俗生活后，发现自己生活在一个具有共同信仰和受共同戒律约束的新社会中。年长的僧侣受到尊敬，座位和饮食优先。如果僧侣生病，则由僧团某位成员照顾。同室成员只是僧侣之间的关系，因此，佛陀要求僧侣互相服务。他也鼓励僧团和社会之间建立健康的关系。如果有僧侣侮辱在家信众，要受处罚。经常吵架的僧侣会受到处罚，失去受戒的权利。

---

① 关于佛教寺院主要仪式的详细讨论，参阅 Saha，K.，Buddhist Ceremonies，Religious Life in Ancient India，ed. by D. C. Sircar，第 39—45 页。

戒律的发展

僧侣数量的增加和雨季安居的习惯导致寺院（vihāra）的出现。它依靠居士信众的支持，以施舍建筑物、金钱和物品的方式。寺院的选址和房间的规模都有详细的规定。较大的寺院具有各种用途的房屋：接待室、储藏室和浴室等。寺院的所有权归属僧团。后来，寺院获得巨大的财产，动产和不动产，变得非常富裕。这样，形成完善的寺院制度，由此说明存在大量的寺院戒律。

寺院戒律文献

律藏包含四种经文：《戒本》（Prātimokṣa 或 Pātimokkha）、《经分别》（Sūtravibhaṅga 或 Suttavibhaṅga）、《犍度》（Skandhaka 或 Khandaka）和《附随》（Parivāra）。《戒本》构成律藏的核心。然而，按照一些学者，它不是严格意义上的经典，至多只能称为准经典①。《羯磨说》（Karmavācanā）也属于准经典范畴。在阐释寺院戒律的藏外经典中，包括一些注释和杂经。最完全的注释传统保存在上座部和根本说一切有部中，分别使用巴利语和藏语。现存汉译的律藏几乎都属于小乘。然后，还有一些律藏戒规的杂经现在大多见于汉译本②。

二　寺院戒律

《戒本》及其戒规

达多（S. Datt）指出："佛教僧团起源于公元前六世纪的出家

---

① Prebish, Charles S., Vinaya and Prātimokṣa: The Foundation of Buddhist Ethics, in Sduties in History of Buddhism, ed. by A. K. Narain，第 223 页以下。

② 关于寺院戒律文献，参阅 Hazime Nakamura, Indian Buddhism: A Survey with Bibliographical Notes, Delhi, 1987，第 50 页以下。

人共同体，以共同的教义为基础，最初没有自己的特殊戒律。不能说出具体的时间，但肯定在很早的历史时期，佛陀教派四方僧伽（cātuddisa bhikkhu saṅgha 或 cāturdiśa bhikṣu saṅgha）设计出一套外在的联结纽带，称为《戒本》。”① 《戒本》提供了寺院戒规以及犯戒处罚的一系列条款。最初有一百五十二条，后来扩大为二百二十七条。这些戒规供比丘们在布萨日念诵。“这样的念诵有双重目的：让比丘和比丘尼保持对这些戒规的清新记忆，同时反复念诵，让犯戒的比丘和比丘尼坦白忏悔。”② 对每一种犯戒，给予适当的处罚。比丘的《戒本》包含以下八种犯戒③。

（1）出家法（Pārājika dharma）——这是比丘最严重的犯戒。它们是淫欲、偷盗、毁人生命和妄称自己有神通力。犯下其中任何一条，永远被逐出僧团。

（2）僧残法（Saṅghāvaśeṣa dharma）——这是仅次于出家法的十三条严重犯戒。其中，五条涉及淫欲，两条涉及住房，两条涉及诽谤，两条涉及破坏团结，一条涉及不听劝谏，一条涉及败坏住家。前九条发生一次就算犯戒，后四条第三次发生算犯戒。一旦违反僧残法，他就要接受“别住”（parivāsa）处罚。别住期限按他隐瞒犯戒的日子计算。如果立即坦白忏悔，可免除别住。而别住期满后，还要度过“摩那埵”（mānatva）忏悔灭罪期。

（3）不定法（Aniyata dharma）——这是比丘受到值得信任的女居士指控的两条犯戒。如果比丘与一个妇女一起坐在一个适宜淫欲的隐秘处，可以被指控犯出家法、僧残法或波逸提法。如果比丘与一个妇女一起坐在一个不便于淫欲而便于说淫秽话的地方，也可

---

① Dutt，S.，Early Buddhist Monachism，第72—73页。

② Horner，I. B.，The Book of Discipline，1，第12页。

③ 详情参阅 Prebish，Charles S.，Vinaya and Prātimokṣa：The Foundation of Buddhist Ethics。

以被指控犯僧残法或波逸提法，而排除犯出家法[1]。

（4）尼萨耆波逸提法（Niḥsargikapāyanitika dharma）——这是三十条需要忏悔的犯戒，分为三类，每类十条。第一类十条关于衣服的戒规，涉及一件额外的外衣可以保留多久。第二类十条关于使用毯子和金钱的戒规。第三类十条关于托钵、药物和外衣的戒规。总之，其中十六条涉及外衣，五条涉及毯子，四条涉及金钱和不适合僧团的财物，两条涉及羊毛织品，两条涉及托钵，一条涉及药物。

（5）波逸提法（Pāyanitika dharma）——这是九十条需要赎罪的犯戒。其中，七十四条可以归为五类：第一类二十三条关于道德（妄语等）的戒规。第二类十四条关于与妇女相处的戒规。第三类十六条关于饮食的戒规。第四类十一条关于法和律及其应用的戒规。第五类十条关于使用必需品的戒规。其余十六条可以归为三类：六条关于寺院内的行为戒规，五条关于旅行的戒规，五条关于破坏的戒规[2]。

（6）波胝提舍尼法（Pratideśanīya dharma）——这是需要忏悔的犯戒。第一条是通过比丘尼之手获取食物。第二条是吃饭时对比丘尼指派食物不予责备。第三条是在守戒者家中不受邀请自取食物。第四条是住处危险而不事先告知前来供奉食物的施主（除非比丘在病中）[3]。

（7）众学法（Śaikṣa dharma）——巴宙（Pachou）这样描述众学法："这些戒规基本上是关于比丘的日常行为和仪表，诸如行走、观看、衣着、收缩和伸展等。这些不属于处罚的范围，因此没有处

---

① Prebish，Charles S.，Vinaya and Prātimokṣa：The Foundation of Buddhist Ethics。

② 同上。

③ 同上。

罚的规定。比丘违反这些戒规，不被视为罪过，而只是行为不当。”①

（8）灭净法（Adhikaraṇaśamatha dharma）——这是七条关于解决犯戒争议的规定。

这八类戒规构成比丘的《戒本经》（Pātimokkha sutta）。比丘尼的《戒本》包含同样的类别，只是没有不定法。但比丘尼的戒规数目更多，其中许多是专为女性制定的。

《经分别》

《经分别》（Suttavibhṅga）是按照《戒本》详细分析戒规。它像《戒本》一样分成八大类。《经分别》对每条戒规的解释由四部分组成：（1）讲述制定这条戒规的缘起故事；（2）戒规；（3）对戒规逐词注释；（4）说明例外情况或改变处罚的情况。也像《戒本》一样，《经分别》包含《比丘经分别》（Bhikkhu suttavibaṅga，也称为《大分别》，mahāvibaṅga）和《比丘尼分别》（Bhikkhuṇī vibhaṅga）。

《犍度》

《犍度》（Skandhaka 或 Khandaka）包含僧团组织的戒规。《犍度》依据《羯磨说》指示的活动和仪式，分成两部分：《大品》和《小品》，分别有十章和十二章。《小品》最后两章说明在王舍城和毗舍离城举行的第一次和第二次结集，相当于《小品》的附录。

《大品》（Mahāvagga）十章如下。

（1）出家（Pravrajyā）——讨论准许出家加入僧团（pravrajyā）、受具足戒（upasampadā）、准许成为沙弥（śramaṇera）、新比丘对亲

① Prebish，Charles S.，Vinaya and Prātimokṣa：The Foundation of Buddhist Ethics。

教师（upādhyāya）和教师（uācārya）的行为规范和不适合加入僧团的情况。

（2）布萨（Uposathā）——讨论每月举行的忏悔仪式，从开始至结束的形式及其规则。布萨仪式是依照频毗沙罗王的建议设立的。最初，双周的第八、第十四和第十五日举行，后来取消了第八日。佛陀要求在布萨仪式上念诵《戒本》。最后，许多规定讨论布萨仪式怎样通告和召集僧众，怎样开始念诵《戒本》，怎样继续进行忏悔仪式、程序和处罚规则，怎样对待在仪式进行时来到的比丘和避免仪式中断的方法[①]。

（3）雨季安居（Varṣāvāsa）——说明佛陀决定建立雨季安居制度的缘起。雨季安居的时间为三个月。讨论什么时候开始雨季安居，可以接受和应该禁止的安居处，房间和家具的分配。认真解释可以放弃雨季安居的情况，说明比丘放弃雨季安居的犯戒或不犯戒[②]。

（4）自恣（Pravāraṇā）——讨论雨季安居结束时举行的自恣仪式。这个仪式用以防止寺院共同体内部不和谐，每个比丘邀请其他比丘指出自己是否有犯规的行为。仪式准备工作、开始和进行程序的规定。各种自恣仪式的规定。遇到危险情况，怎样简化仪式。改进仪式的方法。比丘可以不参加不按照规则进行的仪式。最后，讨论推迟自恣仪式等例外情况[③]。

（5）皮革（Carma）——讨论皮革（尤其是鞋子）的使用规则。

（6）药物（Bhaiṣajya）——讨论适用于比丘的食物和药物。关于食物的规定是严格的，讲述可以接受的乞食，怎样对待邀请，怎

---

① Prebish, Charles S. , Vinaya and Prātimokṣa: The Foundation of Buddhist Ethics。
② 同上。
③ 同上。

样准备乞食，怎样使用储藏室（kalpikaśālā）。而在艰难时期，可以放宽这些规定①。

（7）衣服（Cīvara）——讨论比丘的衣着。关于可以穿或不可以穿的外衣、外衣的剪裁和缝制、外衣的损坏和外衣的数量的规定。有许多关于衣服分配的规定。也详细谈论去世比丘的日用品的分配问题。

（8）迦稀衣（Kaṭhina）——提供关于比丘外衣的制作和分配的规定。

（9）俱睒弥（Kosāmbaka）——讲述在憍赏弥城两群比丘为将一个比丘逐出僧团而起争执。

（10）羯磨（kamma）——讨论寺院僧团的活动，关于僧团中集会及其所起作用。

《小品》（Cullavagga）前十章讨论的问题如下。

（1）般荼卢迦（Pāṇḍulohitaka）——说明寺院戒律量度，提到五种情况。

（2）补特伽罗（Pudgala）——讨论犯戒处罚别住（parivāsa）和"摩那埵"（mānatva）忏悔灭罪期以及处罚的解除（āvarhaṇa）。

（3）别住（Parivāsika）——说明别住和摩那埵期间应该遵守的行为。

（4）禁入布萨（Uposathāsthāpana）——讨论禁止犯戒比丘参加布萨仪式。

（5）灭诤（Śamatha）——说明平息纷争的方法步骤。

（6）破僧（Saṅghabheda）——讨论僧团的分裂。关于提婆达多（Devadatta）的传说占据这章大部分篇幅。它讲述提婆达多加入僧团后，获得很大权力，得到阿阇世王子的支持。他要求佛陀将僧

① Prebish，Charles S.，Vinaya and Prātimokṣa：The Foundation of Buddhist Ethics。

团的领导权留给他，遭到佛陀拒绝。于是，他企图建立自己的僧团。他争取阿阇世支持，唆使阿阇世取代频毗沙罗做国王，并灭除佛陀。阿阇世同意，篡夺了父亲频毗沙罗的王位，并派人谋杀佛陀。但是，佛陀使这些谋杀者皈依自己。然后，提婆达多企图用巨石砸死佛陀，结果佛陀只是脚部受伤。他又使用一头疯象谋害佛陀，而疯象被佛陀驯服。于是，提婆达多故意提出更严格的戒律，怂恿五百个比丘离开佛陀，建立了一个新僧团。然而，舍利弗和目犍连引导这五百个比丘返回佛陀的僧团。提婆达多得知这一情况，吐血而死。讲完提婆达多传说后，对僧团分裂进行一般的讨论。

（7）卧坐具（Śayanāsana）——关于僧团的住处。首先讲述王舍城一位家主为僧团建造住处的缘起故事，舍卫城富商给孤独长者向僧团布施胜林的传说。各种滥用权力的情况促使佛陀决定确定一个比丘执掌住房和家具的分配，也指定一些比丘负责住房的管理和衣服的分配。为了避免捐助的住房毁损，也指定每个住房有一个比丘长期居住。

（8）仪法（Ācāra）——这章提供各种各样的戒规。关于乞食、在居士家中吃饭、新来的比丘和居住林中的比丘等等的行为。

（9）小犍度（Kṣudraka）——讲述一些不宜归入别处的小规则，诸如牙签和浴室用具等等。

（10）比丘尼事（Bhikṣuṇīvāstu）——专门讨论比丘尼的戒规。首先讲述准许妇女加入僧团的缘起故事。比丘尼加入僧团、忏悔和自恣仪式以及对待僧团男性比丘的行为规范。

《附随》

《附随》（Parivāra）是律藏的最后一部。它以问答形式概括律藏其他部分的内容，最可能是一位僧伽罗比丘编撰的后期著作。它包含十九个部分、索引、附录和目录。它也提供一些有趣的寺院历史小掌故。

《羯磨说》

所有关于僧团的事务由僧伽羯磨（saṅghakarma）决定。僧伽羯磨的产生有两种情况：（1）出于通常的要求；（2）出于争议。按照耆那难陀（Jinananda），“为实施僧团事务，采取称为‘羯磨说’（karmavācanā或 kammavācā）的宣告方式。作出决定有两种方式：（1）‘白二羯磨’（jñaptidvitīyakarma），即在第一次宣读后，成为决定；（2）‘白四羯磨’（jñapticaturthakarma），即在第三次宣读了后，成为决定”。耆那难陀举出十四种羯磨说①：（1）准许出家（pravrajyā）；（2）比丘受具足戒（upasampadā）；（3）举行布萨仪式（uposatha）；（4）举行自恣仪式（pravāraṇa）；（5）雨季安居期间的职责（varṣopagamana）；（6）使用皮革（carma）；（7）使用和准备药物（vaiṣajya）；（8）迦稀衣仪式（kaṭhina）；（9）惩戒；（10）比丘的日常生活；（11）卧坐具（śayanāsana）；（12）僧团的分裂（saṅghabheda）；（13）弟子和教师互相的职责；（14）比丘尼的戒规。

耆那难陀评论《羯磨说》说：“这种宣告方式在佛教共同体生活历史上具有重要意义。它让我们看到佛教寺院组织没有至高的领袖。整个组织浸透一种民主精神，遵循议会的方式。”②

一个有效的僧伽羯磨包含以下条件：（1）有足够数量有资格的比丘出席；（2）向缺席者传达；（3）提出宣告（jñapti）；（4）正式宣布决定。僧团的决定必须按照原始的宣告。如果宣告得不到确认，便失效；得到确认，则生效。

---

① Prebish，Charles S.，Vinaya and Prātimokṣa：The Foundation of Buddhist Ethics。

② 同上。

三　僧团组织的一些方面

霍纳（Horner）指出："律藏表明在乔答摩的僧团中有懒散、懈怠和贪心的比丘和比丘尼。他们喜爱奢侈，追求享乐，制造不和。然而，如果我们坚持认为僧团充斥丑闻、弊端和其他轻度的错误行为，那也是很大的误解。毫无疑问，这些问题都存在，但是，只因为这些已经记录在案，就夸张它们的频繁程度，而缩小乔答摩时代许多比丘的正直和虔诚，那也是不公正的。在尼迦耶和《上座尼伽他》中都有这些比丘的记载。还有，被人们严重忽视，律藏中也记载有品德高尚和性格温顺的比丘对他们同伴的不良行为感到烦恼、羞耻和不满。作为历史学者，我们必须感谢那些不可避免会存在的道德堕落者，只因为他们，才会留下《戒本》的遗产。如果僧团中全都是正直和谨慎的比丘和比丘尼，坚定地追求梵行生活的目标，在当时情况下也表达对行为不端者的不满，那么，律藏、戒律和戒本都不会存在，我们现在只能通过经藏中间接零星的记载了解僧团的早期历史。"①

比丘尼僧团

这里，我们应当补充说明一下佛教比丘尼僧团的情况。众所周知，佛陀根本不愿意准许妇女进入僧团成为比丘尼。只是由于抚养他的姨母摩诃波阇波提反复请求，并得到阿难的支持，他才极其勉强地表示同意，同时为妇女加入僧团特别提出八条戒规。这些戒规简要概括如下②。(1) 即使一百岁的比丘尼也要向即使刚入僧团的

---

① Horner, I. B., The Book of Discipline, 1, 第 18 页。

② 同上书，第 119 页以下；Chakrabortti, H., Asceticism in Ancient India, 第 221 页。

比丘俯首致敬。换言之，无论什么地位的比丘都应该受到无论什么地位的比丘尼俯首致敬。(2) 比丘尼必须在没有比丘的地方度过雨季安居。(3) 比丘尼必须每双周从比丘那里知道举行布萨的日期，并在这天接受比丘的教诫（ovāda）。(4) 比丘尼必须先在比丘僧团中，而后在比丘尼僧团中举行自恣仪式。(5) 比丘尼必须先在比丘僧团中，而后在比丘尼僧团中接受摩那埵处罚。(6) 比丘尼履行《戒本》的六种波逸提（pācittiya）戒规后，在比丘和比丘尼两个僧团中接受具足戒。(7) 比丘尼不能以任何借口仇恨或责骂比丘。(8) 比丘尼不能揭发比丘的过失，不能为比丘决定举行布萨或自恣仪式的日期。然而，不禁止比丘揭发比丘尼的过失。所有这些戒规都不能逾越①。

僧团领导权

佛陀在世时，被认为是僧团的领袖，接受这个事实是获准加入僧团的首要条件。这由“三皈依”（“我皈依佛，我皈依法，我皈依僧”）的表白得到证明②。然而，可以看到在那时，在这样的宗教团体内，领袖不仅作为它的至高领导，掌控和规范整个团体的生活，也指定自己的继承者。因此，依照那个时代的习惯，比丘们以及僧团外的信众会提出佛陀的继承者问题。佛陀和提婆达多分歧的主要原因是后者希望被指定为继承者，而前者予以拒绝。这次拒绝为将一种民主方式引入僧团铲平了道路。佛陀相信教师只是指示通向终极真理之路。他宣称自己从不自认为比丘僧团受他指导，是表达僧团的民主功能概念。他要求比丘以自己为庇护，以法为庇护，

---

① 参阅 RHAI，1，第 268 页。

② Mahāthera，Saddhatissa，The Three Refuges，Mahābodhi，23，No. 6 – 7，第 167—168 页。顺便提及，“三皈依”的表白也表明僧团被提高到与佛和法同等的地位。

而不要以任何外在的代理人为庇护。他忠告他们不要看重导师的身体，而要看重他的教导（yo dhammaṃ passati so maṃ passati，“看见法者看见我。”）佛陀去世，如同火焰被风吹灭。他不能再为比丘们做什么，因此，他鼓励他们以法为庇护。这个传说看来是可信的。很可能佛陀本人号召以法为庇护。因此，在他般涅槃后，摩揭陀国大臣雨行（Vassakāra）询问阿难以后谁领导僧团时，阿难当即回答说僧众将接受法的指导。

佛陀给予僧团一种民主的组织。僧团的争议以民主的方式解决[①]。生活在一个限定的团体内的比丘选举自己的僧团长老（saṅghathera）。大多数的争议由双方比丘当面一起解决。通过投票（śalākāgrahaṇa）可以了解大多数人的意见。指定监票人（śalākāgrāhapaka）执行投票程序。如果一般的程序不能解决争议，则委托仲裁委员会（ubbahika）解决。按照《大般涅槃经》，佛陀为跋祇族人制定保障繁荣昌盛的不退法，也为佛教僧团制定多种不退法[②]。

这里，可以补充考察一下佛陀在僧团中的权威问题。佛陀是否被认为是权威，现代学者的观点存在差异。按照宇井伯寿（H. Ui），佛陀没有特殊的控制力，他是僧团的一个成员。渡边（S. Watanbe）说佛教修行没有任何权威。达多（S. Datt）也认为佛教不存在中心权威或中心控制。另一方面，基思提出“佛陀的最终权威”。松本（B. Matzumoto）说，佛陀在世时，以及在他去世后的一百年中，存在任何佛陀的代理主教是不可信的。迦耶提勒格（K. N. Jayatilleke）说，所有的佛教理论必须唯独依据佛陀的权威才被接受。吉多格瓦（J. M. Kitagawa）指出，“佛陀在世时，他是最

① Chakrabortti，H.，Asceticism in Ancient India，第204页以下。

② 佛陀说：“阿难！只要跋祇族人经常举行公众集会，互相协调，互相理解，团结一致……按照跋祇族古代的立法行动……只要他们尊重、尊敬和供养跋祇族长者，认真听取他们的忠告……跋祇族人就有希望不衰亡，而繁荣昌盛。”

终的权威……决定有关学说和实践的所有事情。……佛陀在临终时，要求他的弟子们唯独依靠法。……但是，法不是自明的。他的弟子们接受的是佛陀教导和解释的法"①。

然而，关于这个问题的证据是十分矛盾的。不能否认这个事实：佛陀在世时，要求他的弟子们"以自己为灯"，"以法为庇护"。这显然可以解释为佛陀否认自己在世时的权威。但是，为什么阿难询问佛陀本人关于他的继承者的问题？为什么像雨行这样的人也提出这个问题？还有，即使佛陀的弟子们接受法为最终权威，不是仍然是佛陀的教导被视为权威的基础吗？事实上，在早期佛教中，法被认为是佛陀发现的（而非创造的）。佛陀达到觉悟时，他认识到真理。而无论有无佛陀，法将永远存在。因此，对于我们，Chai-Shin Yu 似乎是正确的，他指出"依据早期佛教徒接受他们的创立者的教导为权威，在这种历史意义上，佛陀的权威是肯定的，虽然最后这些教导会被超越"②。佛陀的权威仅次于法，虽然他的信徒依靠他的教导而能达到终极目的③。

僧团在佛教史上的地位

佛教僧团不仅在佛教史上，也在印度和其他亚洲国家一般历史上发挥了重大的作用。它成为一股伟大的传教力量。佛教僧侣们在整个印度，也在其他亚洲国家宣传佛陀的讯息。如果没有僧团的协助，佛教肯定不会成为一种世界宗教。僧团的地方分支成为重要的教育中心。实际上，在很多世纪中，印度的高等和初级教育某种程度上保持在佛教僧团手中。佛教僧团提供的教育不局限于佛教科目，也包括其他宗教和世俗知识科目。那烂陀的大寺（Mahāvihāra）是

---

① 参阅 Yu，Chai-Shin，Early Buddhism and Christianity，Delhi，1986，第 4 页。

② 同上书，第 1 章。

③ 同上书，第 197 页。

这种体制的典范。佛教寺院也成为艺术和文化活动中心。它们产生了伟大的雕塑和绘画，如阿旃陀的艺术和绘画。

佛教寺院间接地成为印度语言、文学、艺术和文化在印度境外传播的工具。阿旃陀绘画对中国敦煌石窟绘画或斯里兰卡希吉利耶绘画的影响便是这方面的例证。

第三篇　历史

第 一 章

佛教的四次结集

第一次结集

正如达多（N. Dutt）所指出①，佛陀去世后，四次结集（saṅgīti，“合诵”，或saṅgāyanā，“集会”）标志佛教发展的最初四个阶段。按照巴利语传统，第一次结集在佛陀去世后，在王舍城由阿阇世王赞助，在雨季安居期间举行，也就是佛陀涅槃后的三个月，因为佛陀涅槃在二月，雨季安居开始于四月，合诵在五月。保存在《小品》第十一犍度中的传说，依据经典外文献诸如《岛史》（Dīpavaṃsa）、《大史》（Mahāvaṃsa）的说明以及中国朝圣者游记中的记载，已被认为是可信的史实②。据记载，一个名为须跋陀（Subbadda）的比丘劝说为佛陀去世而哀伤的比丘们克制情绪，因为他们已经摆脱无情的导师。这种不恭敬的言论让摩诃迦叶（Mahākassapa）感到震惊，担忧佛法的未来。因此，他建议举行主要比丘参加的集会，汇编佛陀的所有教导，旨在保障未来佛法的安全和纯洁。一般认为选出的比丘数目为五百位。最初其中不包括阿难。但一部分比丘提议说，虽然阿难还不是阿罗汉，但他在佛陀身边闻听和熟悉法和律。于是，摩诃迦叶最后同意接纳他。另据记载，阿难在正式开始合诵前，也

① AIU，第337页。

② 参阅Upadhyaya，K. N.，Early Buddhism and Bhagavadgītā，第41页。

获得阿罗汉果位。在一些经文中，还记载阿难诵出经和律后，遇到一些非难。但是，在《岛史》、《大史》、佛音的《善见律毗婆沙》（Samantapāsādikā）以及《大事》（Mahāvastu）中，没有提及阿难这方面的缺陷。关于实际的运作，摩诃迦叶主持集会，优波离和阿难在合诵中起主导作用。教义方面几乎没有什么争议。一般认为这次结集确定了法（dhamma，由阿难诵出）和律（vinaya，由优波离诵出）。而认为论（abhidamma）也在第一次结集中形成的观点没有根据，如《妙吉祥光》（Sumaṅgalavilāsinī）这样记载，试图让我们相信。

在第一次结集中有一项重要的议题是决定给予佛陀以前的车夫车匿（Channa）最高的处罚（brahmadaṇḍa，“梵杖”）。因为他作为一个比丘，轻视僧团中每个成员，无论地位高低，傲慢至极。给予他这个处罚是禁止他参与一切活动[①]。对车匿宣布这个处罚后，他深刻悔过，后来他也成为一个阿罗汉。

第一次结集的历史真实性在现代学者中颇有争议。显而易见，在短短的两三个月内[②]编定两部庞大的经藏和律藏是不可想象的，因为第三次结集编定经藏和律藏（当然还包括论藏）用了九个月。奥登伯格和弗兰克（Franke）认为它纯属虚构[③]，主要理由是《大般涅槃经》中没有提及。里斯·戴维斯也重复这种看法，只是语气没有这样重[④]。但正如雅各比所指出，《大般涅槃经》并无必要描写这次结集。按照一些学者，《小品》第十一犍度原本是《大般涅槃经》的一部分，后来脱离后者，并入《小品》。事实上，一部名为《杂事》（Saṃyuktavastu）的著作中同时记载有佛陀涅槃和这次

① Jinananda, B., in 2500 Years of Buddhism，第 40 页。

② 在雨季安居的第一个月用于修缮王舍城住处毁损的部分。

③ Origins 转引，第 9 页。

④ SBE，11，第 13 页。

结集，强化了这种看法①。但是，承认这次结集的历史真实性并不意味承认它的详细内容。普善倾向于认为它只是一次扩大的戒本集会②。按照米纳耶夫（Minayeff），这次集会包含两部分内容的记载，其中关于经典的汇编属于出现部派之后的时期③。按照菲诺特（Finot）和达多（N. Dutt），这次集会为了解决若干重要的律藏戒规④。因此，我们可以同意 G. C. 般代的结论，虽然认为这次结集纯属虚构的看法似乎不能成立，但它的性质和工作详情不能确定⑤。

第二次结集

第二次结集在佛陀涅槃后一个世纪或 110 年（即公元前 383 或 373 年）。《小品》第十二犍度提供了这次结集最早的记载。那是由于称为东部比丘的毗舍离跋祇族比丘放宽戒律。他们实施“十事”（dasa vastthūni），认为是西部比丘的正统⑥。“十事”包括：（1）可以在角器中储藏盐，需要时取用；（2）午后还可以进食；（3）在一次乞食后，还可以在邻近村庄第二次乞食；（4）可以先采取行动，然后由僧团批准；（5）可以在同一区域的不同地方举行布萨仪式；（6）随意按照习惯行事；（7）饭后饮用凝乳；（8）使用没有贴边的毯子；（9）饮用棕榈汁；（10）接受金银。按照律藏所有文本和沃德⑦等现代学者，其中最主要关注的一事是捐助僧团的金钱。一位西部的比丘耶舍（Yaśa）长老访问毗舍离，反对违背戒律的

---

① Origins 转引，第 10 页；也参阅 Upadhyaya，K. N.，Early Buddhism and Bhagavadgītā，第 46 页以下。

② Pande，Origins，第 10 页。

③ 同上。

④ 同上。

⑤ 同上；也参阅 Upadhyaya，K. N.，Early Buddhism and Bhagavadgītā，第 46 页以下。

⑥ Origins，第 558 页以下。

⑦ Warder，A. K.，Indian Buddhism，第 209 页。

"十事"，指出它们是非法的，不道德的。于是，跋祇族比丘宣布给予他"谢罪"（paṭisāraṇīyakamma）的处罚。而耶舍在居士们面前为自己的立场辩护。这样，他又受到"举罪"（ukkhepīyakamma，实际上是逐出僧团）的处罚。于是，耶舍前往憍赏弥，访问所有的西部和南部地区的比丘，讨论此事，并拜访德高望重的阿考罗坎多山的尊者娑那三浮多（Sambhūta Sāṇavāsī）和须离的尊者离婆多（Revata）。他们一致认为"十事"不成立。于是，按照离婆多的提议，比丘们前往毗舍离当地解决这个争议。七百位比丘举行结集，由尊者萨婆迦眉（Sabbakāmin）主持。这次结集一致裁决跋祇族比丘的行为非法。

这是《小品》第十二犍度中提供的第二次结集的记载。按照《岛史》和《善见律毗婆沙》，这次结集是在迦罗阿育王（Kālāśoka）在位期间举行的。《岛史》提到毗舍离比丘举行了另一次结集。它被称为"大结集"（Mahāsaṅgīti）。按照《大史》，七百位长老结集，编定法。按照《善见律毗婆沙》，在最终裁决后，七百位比丘合诵法和律，提出他们的新版本，在当时环境下是很自然的。

这次结集在汉译和藏译文本中的记载稍有不同。但对于它的缘起以及讨论和决定的事情基本一致。奥登伯格对第一次结集真实性的怀疑以及雅各比和其他学者作出的回应，稍加修订，也适用于这里。按照大多数现代学者，有充分理由认定这第二次结集是真实的[①]。这次结集造成佛教僧团的分裂，大众部的退出得到后期的证据证实。

第三次结集

第三次结集在佛陀涅槃后 236 年，由阿育王（Aśoka）赞助，

---

① Winternitz，HIL，2，第 5 页。

在华氏城（Pāṭaliputra）举行。在三藏中没有提到这次结集。最早的记载见于《岛史》、《大史》和《善见律毗婆沙》。那是出于保证经典纯洁性的需要，因为它们面临各种部派出现的危险。还有，随着阿育王的皈依，寺院的物质条件大大提高，造成许多失去财源和荣誉的外道加入僧团。他们身披袈裟衣，但仍然坚持他们旧有的信仰和实践，而将他们的学说冒充佛法加以宣传。僧团的戒律变质，虔诚的比丘不能举行布萨和自恣仪式长达七年。甚至在王家寺院无忧园（aśokārāma）中，戒本仪式也中断。国王得知这种情况后，深感不安。他派遣一个官员进入无忧园解决僧团内部纷争和恢复仪式。然而，比丘们拒绝与那些外道一起举行布萨仪式。这种违抗命令的举动惹恼这个官员，他将一些虔诚的比丘处以斩首。只是他发现这些比丘中也有国王的兄弟，才停止杀戮，回去向阿育王报告发生的事件。阿育王满怀忧虑，赶往僧团，想要找出谁对这整个事件负有责任。但他发现比丘们意见不一。一些人认为责任在国王本人，另一些人指责国王和他派遣的官员，而还有一些人认为原因在别处。他们认定"只有目犍连子帝须（Moggaliputta Tissa）能解决我们的疑惑"。那时，目犍连子在阿吁恒河山。他在外道加入僧团后，就去了那里。国王成功地劝说他回到华氏城。国王问他自己是否对杀戮无忧园比丘负有罪责。目犍连子回答说无意图者无罪。国王对他的回答很满意。此后一个星期，目犍连子向阿育王解释佛陀教导的精髓。然后，国王前往他的无忧园，召集僧团所有比丘，举行一次集会（samnipāta）。按照《岛史》（7.50），有六万虔诚的佛弟子参加。国王与目犍连子一起询问他们佛陀教导的精髓，驱逐那些证明是外道的比丘，也询问虔诚的比丘："佛陀宣说什么？（kiṃvādī sugato）"他听到他们的回答是："佛陀宣说分别说（vibhajjavāda）。"目犍连子肯定他们的回答正确。国王满怀喜悦，相信僧团已经清除外道（saṅgha visodhito，"僧团清净"），返回首都，留下目犍连子维护僧团的团结统一。于是，比丘们能举行布萨仪式。目犍连子以摩诃迦叶和耶舍为榜样，开始准备一次结集（按照《大史》，在阿育王第十七年）。他挑选一千位有学问而精通三藏的比丘，在他们协助下，恢复真正的教导。这次结集用了九个月。目犍连子发表他的《论事论》（Katthāvatthu pakaraṇa），考察和批驳外道学说。

这次结集的重大成果之一是派遣使团前往印度各地和亚洲各国传播佛教。摩哂陀（Mahinda）和僧伽蜜多（Saṅghamittā）分别是阿育王的儿子和女儿，为此目的被派往斯里兰卡。

基思（Keith）否定第三次结集的事实①。他的主要论据是阿育王铭文、三藏和中国朝圣者游记中没有提及这次结集。他也认为阿育王不可能支持一个特殊的部派。按照达多（N. Dutt）② 和基思，这次结集只是上座部的部派结集，阿育王或他的大臣没有参与其中。然而，正如班达卡尔（D. R. Bhandarkar）所指出③，在阿育王破僧铭文中，明显提到外道比丘和比丘尼应该被逐出僧团。按照传统，这正是这次结集的首要目的。也可以指出，阿育王很可能没有任何必要在他的铭文中提到这次结集。正如 G. C. 般代所指出，阿育王或许没有像巴利语传统让我们相信的那样与这次结集关系紧密④。关于《论事》，现在普遍认为它没有完全完成。编撰虽然开始，但目犍连子没有完成⑤。

最近邦加德－莱文（Bongard-Levin）重新考察第三次结集的历史真实性问题。他指出与第三次结集相关的事件并非根本不可能。

---

① Buddhist Philosophy，第 28 页以下。

② AIU，第 383 页。

③ Aśoka，第 96—102 页。

④ Origins，第 15 页。

⑤ Upadhyaya，K. N.，Early Buddhism and Bhagavadgītā，第 52 页；Origins，第 15 页。

第一和第二次结集的历史表明甚至在阿育王之前的时期，不仅佛教与外道之间，佛教僧团内部也存在矛盾。在阿育王时代，僧团也明显不团结，即使在一个组织中也会出现小团体纠纷，对有关僧团机构事务不满，对学说本身不满。“佛教共同体的逐步民主化，放宽刻板的组织纪律，出现不同的派别，对原始教导和戒律提出不同的解释。这些派别的追随者又迁徙印度各地。所有这一切削弱僧团的团结，导致佛教寺院中出现不同派别的领导者。很可能与最正统的上座部学说立场观点不同的其他派别开始被允许进入无忧园，这就造成不能共同举行任何宗教仪式，包括布萨仪式，像斯里兰卡史料中提到的那样。”①

邦加德-莱文也指出，甚至在阿育王统治之前，帝国也不漠视共同体内发生的事。在《天譬喻经》（Dīvyāvadāna）的《阿育王譬喻经》（Aśokāvadāna）中，提到奔那伐弹那和华氏城发生公开反叛佛教的事件。骚乱的煽动者活命派和其他反对佛教的人遭到杀害，阿育王的兄弟毗多输柯（Vītāśoka）也意外地遭到斩首。这促使阿育王采取行动，结束这场流血事件。按照汉译文本，煽动者不是活命派，而是尼乾陀派。他们中的许多人被杀害，包括国王的兄弟。他被误认为是尼乾陀派追随者。此后，国王特别颁布一道法令，禁止杀害沙门。巴沙姆（A. L. Basham）② 倾向认为北传佛教传统的证据很不可信。而邦加德-莱文③感到阿育王与非佛教教派之间的冲突源自国王的宗教政策在他的统治后期发生改变。国王出面解决冲突和国王的兄弟这两种情况出现在南传和北传传统中。然而，南传和北传之间重要的区别在于南传中的正统佛教与反对者的冲突用于引出此后的事件（净化僧团和举行第三次结集），而北传传统中没

① Bongard-Levin，G. M.，Mauryan India，New Delhi，1985，第 351 页以下。

② Basham，History and Doctrines of the Ājīvikas，第 148 页。

③ Bongard-Levin，Mauryan India，第 354 页。

有提到这次结集。

邦加德－莱文也指出文字记叙和铭文资料之间许多相似点。(1) 铭文中记载必须将分裂者逐出共同体（让他们穿上白衣后），与缅甸和斯里兰卡的史料一致，也与佛音著作一致。(2)《大史》和佛音著作中关于净化僧团和恢复团结的证据（saṅgho samaggo hutvāna，“僧团达到团结”）与破僧铭文的记载（saṅghe samagge kaṭe，“僧团恢复团结”）完全一致。依据山奇（Sāñcī）文本，可以推测铭文刻于分裂之后，僧团已经恢复团结，外道和反对者也已经被逐出僧团。(3)《大史》和佛音著作将举行布萨仪式与僧团恢复团结连接在一起（saṅgho samaggo hutvāna tadākasi uposatham；samaggo saṅgho sannipatitvā uposatham akāsi）。在破僧铭文中也提到布萨仪式：“在布萨日，让居士们（upāsaka）也来了解这篇铭文。让每位大臣（mahāmātra）在布萨日来了解这个法令，理解它的含义。”(4)《岛史》和破僧铭文一致认为阿育王是僧团团结的维护者。

史料和铭文之间这些相似点对于确立这次结集前的事件真实性很重要。但是，据此怎样解释斯里兰卡传统关于华氏城第三次佛教结集的说法呢？邦加德－莱文感到解决这个问题，史料中记载的这两点似乎特别值得注意：僧团集会是阿育王召集的，而结集是由目犍连子帝须召集和主持的。例如，按照《大史》，在一些佛教徒被国王的官员杀害后的第七天，阿育王来到他的寺院召集全体比丘集会。在这次比丘僧团集会（bhikkhusaṅghassa sannipāta）上，他得以理解佛陀真正的教导。由此，外道的学说得到确认，外道教师被逐出僧团。在净化僧团（saṅgho visodhito）后，阿育王指定目犍连子为僧团保护者，然后返回华氏城。一些日子后，目犍连子挑选一千位有学问的比丘，举行结集，编定真正的法。因此，邦加德－莱文指出，甚至这些史料也清楚地区分两件事情：一是阿育王召开的佛教比丘集会，讨论佛陀教导的精髓和僧团的团结；二是目犍连子召集和主持结集，并在这次结集中发表他的《论事论》。阿育王召开的集会称为“僧团集会”（saṅghassa sannipāta），目犍连子主持的结集称为“结集”（saṅgīti）。这个事实本身明显说明两者的区别。在南传中，这个词（saṅgīti）也用于指称第一和第二次结集。史料的比较表明南传中关于这次比丘集会的证据与北传中关于阿育王召开的“五年大会”（pañcavarṣika）的资料相对应。这就可能将南传中的“僧团集会”（saṅghassa sannipāta）和北传的《阿育王譬喻经》、《阿育王譬喻鬘》（Aśokāvadānamālā）和多罗那他（Tāranātha）著作中的“五年大会”（pañcavarṣa 或 pañcavarṣika）相联系。按照《阿育王譬喻经》，国王召开“五年大会”（pañcavarṣikam vṛtam），向僧团慷慨布施大量金钱。多罗那他提到阿育王在位期间举行过三次这样的盛大集会（但在他的说明中没有提及任何结集）。在鸠摩罗什的汉译文本中，我们得知阿育王召开“五年大会”，并在大会上讨论法的问题。在其他资料中，这些事件与结集相联系。这就有可能勾勒出关于阿育王召开“五年大会”的比较古老的实际情况与后来被斯里兰卡分别说派改变成所谓阿育王参与结集的故事之间的关系。

这样，邦加德－莱文得出结论，斯里兰卡分别说派和北传佛教派别两者的资料互相不同，还有后期藏族历史学者多罗那他的资料，但它们都提到讨论组织事宜和维护僧团团结的佛教僧团集会（或阿育王召开的“五年大会”）。只是分别说派和追随他们的佛音也将结集包括其中，而在北传资料和阿育王铭文中都没有提及。分别说派试图主张他们更古老以及他们的学说更重要，将这次结集说成代表佛陀的真正的教导。因此，他们将这次结集写进自己的编年史中，声称目犍连子“编定一部完整的法”，并且发表他的《论事论》。很可能这派的后期编者也将《论事》的著作权归诸目犍连子。这部论著尽管含有古老的核心部分，但十分杂乱，其年代总的说来晚于孔雀王朝时代。

在斯里兰卡最早的编年史《岛史》中，这两个事件（僧团集会和所谓目犍连子主持的结集）是分开的。然而，在《大史》中，这两个事件被合并成一个结集的故事。正是在《大史》中，强调阿育王对这次结集的作用。关于国王召开僧团集会或“五年大会”，其历史真实性已由丰富的资料证实。而斯里兰卡编年史作者以它为出发点和模型，绘制出第三次佛教结集的画面，并且在这次结集中，目犍连子发表他的《论事论》，谴责与分别说派观点不同的外道。

因此，第三次佛教结集的记载唯独出自斯里兰卡传统，主要是由于分别说派追随者对孔雀王朝时期的一个真实事件作出带有偏差的反映。这个真实事件可能是阿育王看到佛教僧团中出现危难而召开的僧团集会（北传中的“五年大会”）。

第四次结集

第四次结集在公元100年，得到伟大的贵霜王朝帝王迦腻色迦一世赞助，一般认为他于公元78年登位。结集的地点，按照一种典据是贾兰达尔，按照另一种典据，即玄奘和真谛的记载，是克什米尔。南传佛教不承认这次结集，在斯里兰卡编年史中没有提及。最有可能是上座部没有在其中发挥重要作用。按照藏传史料，这次结集的成果之一是解决僧团内部的纷争。十八部派（下一章会讨论）都主张自己是真正的学说宝库。据玄奘记载，迦腻色迦对比丘们互相矛盾的说法感到困惑，与胁尊者（Pārśva）商量，举行一次五百比丘结集。依照胁尊者的建议，由世友（Vasumitra，音译“婆须蜜多罗”）任主持，马鸣（Aśvaghoṣa）任副主持。迦腻色迦建造了一座供给膳宿的寺院，召集他们编写三藏的注释（称为 Vibhāṣāśāstra，《毗婆沙论》），每一藏的注释含有十万颂。

这样，这次结集的活动限定于编写注释。这次结集显然以说一切有部为主，虽然说一切有部的主要分支，包括少数正统派别，也很可能在其中有所体现。但是，没有证据表明大乘佛教参与其中[①]。

按照玄奘，新编的毗婆沙论刻在铜牒上，密封在石函中，安放在为此建造的塔寺中。真谛对这次结集的记载稍有不同。按照他，这次结集由迦旃延尼子召集，他是说一切有部论藏的主要论著《法智论》（Jñānaprasthāna sūtra）的作者。马鸣将这些注释缮写成文。整个《毗婆沙论》的编写用了十二年时间。

关于这次结集的历史真实性，普善表示怀疑。按照他，这是一种“为宗教辩护的准发明”。按照达多（N. Datt），这是说一切有部的派别事件[②]。而尽管关于这次结集记载的详情可能有夸张，但没有理由完全不相信北传佛教中持续许多世纪的这个传统说法。事实上，世亲（Vasubandhu）的《阿毗达磨俱舍论》（Abhidharmakośa）依据这些毗婆沙论。称友（Yaśomitra，音译“耶奢蜜多罗”）为它所做的注释也引用旧有的毗婆沙论文献。据此，编写那些注释使用的语言显然是梵语。

---

① 参阅 Jinananda，B.，in 2500 Years of Buddhism，第 48 页，他将龙树的出生排在第三次结集之后。

② AIU，第 385 页。

第二章

早期佛教部派

早期佛教部派的兴起

佛陀乔答摩本人在世时，一些比丘不接受他的领导或不听从他的教导。他的内弟提婆达多妒忌他，试图败坏他的声誉，成为他的私敌。提婆达多从事反对佛陀的活动，争取到五百个比丘，与他们一起前往伽耶舍斯（Gayāsīsa，“象头山”）。进而，他计划谋杀佛陀（正如一些佛经中所记载），制造多起谋杀事件，但未能得逞。所有这些能被认为是分裂僧团（saṅghabheda）的罪行，虽然律藏中没有使用这些词句确定这些事件。在早期佛经中讨论僧团内部纷争这一事实也表明它的存在。前面已经提到须跋陀在得知佛陀去世而发表的不恭敬言论。那时，经常有些人试图规避导师制定的戒律。在第一次结集中，摩诃迦叶主持结集佛陀的教导时，有一些持不同意见的年长比丘如富楼那（Pūraṇa）和憍梵波提（Gavāpati）对合诵采取冷眼旁观的态度，宣称与他们从佛陀那里闻听的不完全一致。显然，有一些比丘在佛陀在世时，不与佛陀充分合作，而在佛陀去世后，不与佛陀的主要弟子如摩诃迦叶、优波离和阿难充分合作。佛陀拒绝指定任何人作为他的继承者，宣布他的法将成为僧团的指导者，助长了离心倾向，因为不同的考虑必定导致形成不同的群体。“在佛陀涅槃后，佛教的戒律和学说都明显处在发展中。僧团的财富、成员和组织的复杂性都获得增长。”[①] 而其中财富的增长显然成为争论的主要原因。正如我们看到的，它导致举行第二次结集和第一次分裂。这发生在佛陀涅槃后一百年，东部地区如毗舍离的许多跋祇族比丘主张“十事”，而坚持正统的比丘认为这违背戒律。于是，主张“十事”的比丘们脱离称为“上座部”（Sthaviravādin 或 Theravādin）的原始僧团，自称为“大众部”（Mahāsaṅghika）。按照斯里兰卡编年史，他们举行自己的结集，按照他们自己的观点进行变革。这次结集称为“大结集”（mahāsaṅgha 或 mahāsaṅgīti）。

而世友（Vasumitra）、清辨（Bhavya）和调伏天（Vinītadeva）的汉译和藏译文本对这次分裂有不同的说明。按照这些资料，分裂起因于华氏城一位名叫大天（Mahādeva）的婆罗门比丘提出“五事”：（1）阿罗汉仍受诱惑；（2）阿罗汉仍有无知；（3）阿罗汉仍有疑惑；（4）阿罗汉依靠教师获得阿罗汉性；（5）阿罗汉随着发出 aho 的惊叹声得道[②]。由此可以看出西部比丘认为阿罗汉是“完美的”，获得彻底解脱。因此，在学说方面，东部比丘也可能不同于西部比丘[③]。

这样，大众部举行他们自己的结集，编定他们自己的经典传本。由此，僧团的分裂成为既定的事实。随着时间推移，两个部派之间的分化扩大，最终为小乘和大乘的出现铲平了道路。上座部分裂成十一个部派，称为上座部（Theravāda 或圣上座部，Ārya Sthavirakāya）、化地部（Mahīśāsaka）、法藏部（Dharmagupta）、说一切有部（Sarvāstivāda）、正量部（Sammitīya）、饮光部（Kāśyapīya）、经量部（Saṅkantika 或 Sautrāntika 和 Saṅkrāntika）、犊子部（Vātsīputrīya）、法上部（Dharmottarīya）、贤胄部

① Origins，第 11 页。

② Bapat，in 2500 Years of Buddhism，第 98 页。

③ Dutt，AIU，第 379 页。

(Bhadrāyanīya)和密林山住部(Saṇṇāgarika)[1]。大众部分裂成七个部派，称为大众部(Mahāsaṅghika)、鸡胤部(Gokulika或Kukkulika)、说假部(Paññaptivāda或Prajñaptivāda)、多闻部(Bahuśrutīya)、制多山部(Cetiyavāda)、一说部(Ekavyavahārika)和说出世部(Lokottaravāda)。

除了这十八部派，还进一步分出一些部派：义成部(Siddhatthika或Siddhārthika)、王山部(Rājagirika)、西山部(Aparaśaila)、东山部(Pūrvaśaila)，以上统称案达部(Andhaka)。北道部(Uttarāpathaka)、方广部(Vetulyaka)、雪山部(Hemavatika或Haimavata)、金刚部(Vajiriya)、说因部(Hetuvāda)、分别说部(Vibhajyavāda)、无畏山部(Abhayagirivāsin)、大寺部(Mahāvihāravāsin)、法喜部(Dharmarucika)和海部(Sāgalīya)[2]。传统对这些派别的命名稍有差异，而达多认为总的说来比较一致，那些差异可以略而不计[3]。

最古老和最正统的部派是上座部，也称为法师部(Ācāriyavāda)。按照藏传史料，它声称出生于优禅尼的摩诃迦旃延(Mahākaccaāyana)是创立者。它以憍赏弥和优禅尼为中心，采用巴利语为圣典语言。学说依据早期佛教巴利语三藏，是真正的上座部学说[4]。它的最重要分支是说一切有部[5]，声称罗睺罗跋陀罗(Rāhulabhadra)是它的创

① Dutt, N, The Buddhist Sects: A Survey, B. C. Law Volume, 1, 第283页；也参阅Warder, A. K., Indian Buddhism, 第9章；Chakrabortty, Asceticism in Ancient India, 第12章；Bapat and Banerjee, in 2500 Years of Buddhism, 第6章。

② Dutt, N, The Buddhist Sects: A Survey, B. C. Law Volume, 1, 第283页。

③ 同上。

④ 参阅Banerjee, A. C., The Theravāda School of Buddhism, Journal of Ganga Natha Jha Kendriya Sanskrit Vidyapeetha, 1976, 第185—193页，对这个部派有详细的研究。

⑤ 参阅Banerjee, A. C., The Sarvāstivāda Sect, Calcutta Review, Vol, 175, No. 1, 第1—4页。

立者，采用梵语为圣典语言，流行于摩突罗、犍陀罗和克什米尔，受到迦腻色迦一世恩宠，后来扩展到中亚和中国。它认为事物由五法（dharma）构成，次分为七十五种因素，它们的性质是永恒的。佛陀所说无常是意味各种因素的构成，而非各种因素本身。这个部派后来被称为毗婆沙论师（Vibhāṣika），因为它对毗婆沙论（Vibhāṣā）的重视胜过经藏。其他好几个部派，包括化地部、正量部（或犊子部）和经量部，与上座部只有细小差别。

大众部源自第二次结集，声称摩诃迦叶是它的创立者，早期中心在毗舍离，后来更流行于案达罗（由此得名案达部），采用俗语为圣典语言。它不仅在一些戒律上，也在佛陀的性质上，与上座部存在差异。它神化佛陀，断言佛陀超世间（lokottara），因此，乔答摩·悉达多只是超世间佛的显身。阿罗汉果位并未达到彻底解脱的境界，因此，应该追求佛性，而不是阿罗汉性。从它分流的主要派别是山部（śaila）及其分支制多山部和方广部。他们甚至认为菩萨不是常人，而具有超世间性。识（vijñāna）原本纯洁，只是受到污染而变得不纯洁。这些观点证明大众部及其分支是大乘的先驱。

各种部派的古老性和编年

关于各种部派的古老性，在斯里兰卡编年史中，它们的出现以谱系形式表示，而没有说明它们的编年。然而，玄奘翻译的世友论述十八部派的《异部宗轮论》中运用的资料表明，约在佛陀去世后一百年，它们开始出现，而其中大多数部派出现在佛陀去世后第三百年末或第四百年初[①]。

佛音的《论事》注释将这部论著中讨论的观点归诸某些特殊的部派，有助于我们考察哪些部派存在于他的这部注释之前。注释中

① Bapat，in CHI，第459页。

提到的部派有犊子部（正量部）、说一切有部、大众部、饮光部、东山部、西山部、王山部、义成部、鸡胤部、贤胄部、化地部、北道部、说因部和方广部。但是，《论事》的编撰年代不能确定。其中讨论的部派如方广部和空性部（Suññatāvāda）表明有后期累积的增添。

正如达多（N. Dutt）所指出，唯有铭文是可以依据的可靠资料。在这方面，比勒（Bühler）指出，在巴尔胡特和山奇铭文中没有提到部派。在摩突罗狮子都城铭文（约公元前120年）中提到大众部和上座部是两个对立的部派。在迦腻色迦一世和胡维色迦王在位期间的铭文中，也不止一次提到这两个部派。关于其他部派，只是在阿摩罗婆提和那伽周贡陀铭文（公元三、四世纪）中提到化地部、多闻部、制多山部和山部。在鹿野苑铭文（公元300年）提到正量部从说一切有部脱离而出，而说一切有部原先从上座部脱离而出①。

各种部派的不同点

因为不可能分别讨论所有部派的教义，我们下面准备讨论它们互相之间的不同点。首先，在语言方面，佛陀允许他的信徒使用他们自己的语言宣教。因此，各种部派使用不同的语言作为他们的圣典语言。说一切有部及其一些分支使用梵语。大众部使用俗语。正量部常与犊子部联合，使用在犊子国能听懂的阿波布朗舍语（Apabhraṃśa）。上座部使用一种混合通用的方言。

戒律方面的不同也是明显的。在第一次结集的记载中，我们得知摩诃迦叶和南山的富楼那对于七种戒规观点存在分歧。这七种戒规实际被编入大众部和法藏部的戒律中。大众部和上座部关于“十事”的分

① EI，9，第135页，N. Dutt转引，第284页。

歧已经在前面提到。第三次结集的远因也是不同的部派拒绝一起进行戒本集会，因为一批比丘认为另一批比丘“不纯洁”（apariśuddha）。义净指出正量部的戒律对内衣、腰带、药物和卧床有特殊的戒规。因此，在戒律方面的差异是很突出的。

学说方面，按照G. C. 般代[①]，各种部派互相之间的差异主要表现在以下问题上。

（1）佛陀的超世间性（lokottaratā）以及是否佛陀的每句话都能让听者摆脱生死轮回。

（2）怎样解决经典中的矛盾？这导致后来成实部（Satyasiddhi）发展二谛理论。这个部派是从小乘向大乘的过渡。

（3）佛陀出生的方式。他与僧团的关系。

（4）阿罗汉的地位。随着佛的概念愈益崇高，阿罗汉的地位下降。这是早期部派互相争论最热烈的问题。

（5）补特伽罗（pudgala，“人”或“自我”）的存在问题。

（6）人死后和再生之前“中阴”（antarabhava）的存在问题。

（7）过去和未来对象的存在。

（8）识（vijñāna）的作用。

（9）无为（asaṃskṛta）的数目。

达多（N. Dutt）对其中一些不同点作出解释：上座部及其分支认为佛陀是凡人，通过精进努力，觉悟成佛。虽然他依靠瑜伽力可以掌控日常生活事件，但仍然具有凡人的脆弱性。认同这种观点的人不认为菩萨具有任何超常性质。按照他们，菩萨性只是表示佛陀乔答摩的前生生活。而针对这种观点，大众部及其分支认为佛陀超世间（lokottara），形成于无漏法（anāsrava dharma）。他的身体、寿数和力量等都无限。在世间显现的是他创造的身体。由此，这些

---

① Origins，第563页以下。

部派必然认为菩萨也具有半超世间性。按照他们，菩萨是自生的，而非生自父母。

在上座部及其分支的眼中，阿罗汉标志声闻乘（śrāvakayāna）的最后阶段，即阿罗汉获得彻底的解脱，因为他们已经达到涅槃，达到至善。阿罗汉不受诱惑，超越善恶。他不再获取功德，也不会从阿罗汉性退转。说一切有部讲述阿罗汉有两类：一类通晓自己的法（svadharmakuśala）或慧解脱（paññanavimutti），另一类通晓自己和他人的法（paradharmakuśala）或俱解脱（ubhatobhāga vimutti）。前一类阿罗汉只获得尽智（kṣayavijñāna），而没有获得无生智（anutpādaviñāna），仍然会退转。这样的阿罗汉获取功德。对于阿罗汉，在十二缘起中，只有名色、六处、触和受保持活动。他们也受过去的业影响①。

另一方面，大众部及其分支一般认为阿罗汉不会从阿罗汉性退转。然而，有一部分大众部，可能是大天的追随者，认为阿罗汉有以下弱点：（1）仍会受他人诱惑；（2）对某些事物无知；（3）仍有疑惑；（4）依靠他人帮助获得知识。而山部与说一切有部一致，认为阿罗汉受前生的业影响。

按照说一切有部和正量部，获得神圣性的四个阶段依次发生，但第二和第三阶段可以同时发生。而上座部和化地部同意大众部的观点，认为四个阶段可以同时发生。

说一切有部和山部相信感官自身感知，而上座部和一部分大众部认为感官通过识（vijñāna）感知。

上座部认为只有三种无为（asaṃskṛta），即择灭（pratisaṃkhyā-nirodha）、非择灭（apratisaṃkhyānirodha）和虚空（ākāśa）。山部将这三种扩大为九种，增加四种更高的禅（空无边处、识无边处、无

① Dutt，N，The Buddhist Sects：A Survey，B. C. Law Volume，1，第289页以下。

所有处和非想非非想处）以及缘起支性（pratītyasamutpādāṅgikatva）和圣道支性（āryamārgāṅgikatva）。化地部增加另外六种：不动性（acalatā）、善法真如性（kuśaladharmatathatā）、不善法真如性（akuśaladharmatathatā）、无记真如性（avyākṛtatathatā）、道支真如性（margāṅgatathatā）和缘起真如性（pratītyasamutpādatathatā）[①]。

按照说一切有部和其他部派，中阴（antarabhava，死后和再生前的暂时存在）联系此生和彼生。而上座部、化地部和山部否认中阴存在。

正量部或犊子部认为"除了构成人的五蕴（skandha），还存在一种补特伽罗（pudgala，'自我'）。补特伽罗不可确定，贯穿人的各种存在，直至达到涅槃。然而，它与五蕴既不相同，也不相异。它随着五蕴而变化，随着五蕴消失而消失在涅槃中。它不像五蕴那样刹那生灭，完全没有构成物的性质。而它也不像涅槃那样不变和永恒"。经量部的"学说与正量部相似。他们断言微妙的意识（citta，或种子，bīja，或熏习，vāsanā）继续存在。世友认为他们主张'唯蕴'（skandhamātra）从一种存在向另一种存在转移的学说，可以等同于说转部（saṃkantika 或 saṃkrātivādin）"[②]。

以上提到的所有这些部派及其分支属于小乘佛教。然而，其中有一些部派显然具有部分的大乘观点，可以被认为是大乘的前驱。例如，大众部和说出世部神化佛陀，引入菩萨概念，将阿罗汉的理想改变成佛性，等等。经量部的世界粗大现象对象不存在（abhāva）的学说也令人想起大乘的"法空"（dharmaśūnyatā）的学说[③]。

---

① Dutt，N，The Buddhist Sects：A Survey，B. C. Law Volume，1，第 290—291 页。

② 同上书，第 292 页。

③ CHI，1，第 478 页。

小乘哲学派别

说一切有部论藏的主要著作是迦旃延尼子（Kātyāyanīputra）的《发智论》（Jñānaprasthānasūtra）。后来，克什米尔和犍陀罗的说一切有部被称为毗婆沙论师，因为他们认为前面提到的毗婆沙论（vibhāṣā）即注释比原始的经藏更可信。他们认为依据现量（pratyakṣa）感知的现象对象存在，允许以实例作为假设的证据。毗婆沙论由马鸣缮写成文，在384—434年之间被译为汉语。有许多著名的毗婆沙论师，如法上（Dharmottara）、法救（Dharmatrāta）、世友（Vasumitra）和觉天（Buddhadeva）。然而，最重要的毗婆沙论师是世亲（Vasubandhu）。他编撰《阿毗达磨俱舍论》（Abhidharmakośa）及其注释，最初由六世纪的真谛（Paramārtha）译为汉语。然而，世亲的年代存在争议，现代学术界倾向认为存在两个世亲，年长者在四世纪，年轻者在五世纪①。另一位重要的毗婆沙论师是摩提普尔的德光（Guṇaprabha）。他放弃他的大乘倾向，成为一位坚定的毗婆沙论师。

小乘佛教的经量部出现在克什米尔和犍陀罗。它反对毗婆沙论师的现实主义，强调依据经藏而非它们的注释毗婆沙。它认为现象对象仅仅是假名（prajñapti），其存在只能通过推理（bāhyārthānumeya）。它承认“唯蕴”（skandhamātra）从一种存在转移到另一种存在，但断言它们在涅槃中停止存在。

经量部的创立者是鸠摩罗逻陀（Kumāralabdha），德叉始罗人。他活跃在圣天（Āryadeva）和世亲之间。这个部派另一位重要的导师是希利罗跋（Śrīlābha）。他是比世亲年长的同时代人。

---

① 参阅 Frauwallner, E., On the Date of the Buddhist Master of Law Vasubandhu, Rome, 1951; Goyal, S. R., HIG, 第214页以下。

第 三 章

佛教的扩展

阿育王之前时期

在佛陀时代，佛教逐步形成一个组织，缓慢而坚实地扩大它的影响。按照传统，频毗沙罗和阿阇世会见佛陀后，成为他的信徒。阿阇世向佛陀求教怎样与离车族斗争。资料中包含频毗沙罗帮助佛教僧侣的许多故事，他将竹林园（在王舍城附近）捐赠给佛陀及其弟子。在阿阇世的赞助下，举行第一次佛教结集。但是，在公元前五、六世纪，佛教与其他苦行宗教几乎没有什么区别。显然，它是在孔雀王朝时期成为一个著名的宗教，虽然甚至在这个时期的初期，它的活动主要局限于摩揭陀和憍萨罗。在西部也存在一些小僧团。而在佛陀涅槃一百年，在毗舍离举行第一次结集时，许多远处的僧侣都来参加，如波利、阿槃提、憍赏弥、僧伽舍和曲女城等地。摩突罗也成为孔雀王朝统治早期的佛教重要中心。

在佛陀涅槃二百年，由于佛教的逐步扩展，相隔远处的僧团之间缺乏正常的交流，僧团失去固有的团结。地方环境逐渐影响各种僧团的行为，形成各自的活动方式。这造成各种派别。在阿育王统治期间，僧团显示出严重的衰微迹象。阿育王铭文告诉我们，他必须采取特殊方法维护僧团的团结。

阿育王与佛教

阿育王被正确地视为佛教最重要的王室恩主。前面已经讨论在他在位时期举行的第三次佛教结集，并说到他派遣使团的活动。确实，正是通过他的努力，佛教在印度占有重要地位，并传播国外。他并非天生的佛教徒。在他的第十三摩崖铭文中，他说到在他统治的第八年，征伐羯陵伽（今奥里萨）。在这次征伐中，杀戮数千人，俘虏数千人，另有数千人在战祸中丧生。他为此深深后悔。可能正是在他的心理危机时刻，听到了佛教僧侣的教导，而皈依佛教①。

现代早期一些历史学者怀疑阿育王皈依佛教。而现在已经认为这是确实的，因为在他的跋波罗铭文中，他特别提到他信奉三宝——佛、法和僧。在这同一份铭文中，他建议所有人都应该学习法门（dhamma paliyāya），其中内容可以确定与一些佛经一致②。在小摩崖铭文中，他提到他访问僧团③。在阿赫劳罗小摩崖铭文中，他主张供奉佛舍利④。在尼伽利萨格尔小石柱铭文中，他提到修缮迦那迦牟尼佛塔，他本人也朝拜这里⑤。在第八摩崖铭文中，他提到朝圣三菩提（sambodhi）⑥。在摩斯吉铭文中，他称述自己是佛释迦种（buddha-śākya）⑦。在鲁明代小石柱铭文中，他描述自己朝拜佛陀诞生地⑧。

但是，所有这些并不意味阿育王在他的铭文中宣传宗派的佛

---

① 参阅 Thapar, Romila, Aśoka and the Decline of the Mauryas, 第 137 页以下。

② Goyal, S. R., Prācīna Bhāratīya Abhilekha Saṃgraha, 第 89 页。

③ 同上书，第 75 页。

④ 同上书，第 84 页；Narain, A. K., Bhāratī, 1961—1962, 第 105 页。

⑤ 同上书，第 12 页。

⑥ 同上书，第 54 页。

⑦ Barua, B. M., Inscriptions of Aśoka, 2, 第 202 页。

⑧ 同上书，第 118 页。

教，因为他从未提到四圣谛、八正道、缘起说或任何其他典型的佛教教理。因此，一般相信应该区分他的公共的和个人的宗教，他的铭文中的法包含所有宗教的共同点。但是，现在越来越多学者倾向认为铭文中的法也是佛教的一个方面。按照班达卡尔（D. R. Bhandarkar），他的法可以追溯到居士佛教[1]。按照奈吉（J. S. Negi），在铭文中没有提到著名的佛教教义也容易解释，只要我们记住阿育王的目的不是阐述信仰的哲学原理，而是谆谆教诲实用道德（śīla，“戒律”）。因此，阿育王的法是居士佛教[2]。按照G. C. 般代[3]，阿育王的法对于居士也代表沙门主义的精髓。它反对杀牲祭祀，反对婆罗门特权，这从刑杖平等（daṇḍasamatā）和正理平等（nyāyasamatā）的原则可以明显看出，强调法吉祥（dhammamaṅgala），谆谆教诲防止堕落（apāsinave）、多多行善（bahukayāne）、慈悲（dayā）、布施（dāna）、诚实（sace）、纯洁（socaye）和柔顺（mādave），摒弃粗暴（caṇḍiye）、残酷（niṭhuliye）、愤怒（kodhe）、骄慢（māne）和妒忌（isyā）。他也强调自制（samavāya）和内心清净（bhāvasuddhi）。所有这些都是居士佛教的本质特点。

阿育王是第一位认识到佛教对于巩固帝国的重要性的古代印度帝王。比较频毗沙罗、阿阇世和阿育王对待僧团的态度是有趣的。正如邦加德-莱文所指出，阿育王之前的摩揭陀国王保持与隐居生活的僧团和僧侣的紧密接触。与之相比，阿育王也寻求与佛教居士接触。即使是纯粹佛教性质的铭文，也是告知所有信众，这并非偶然。它们并非阐述佛教教理，其中诸如“升入天国”或“获得今世和彼世快乐”的观念对于居士是很容易理解的。佛教的伦理教诲

---

① Bhandarkar, D. R., Aśoka，第107—116页。

② Negi, J. S., Groundwork of Ancient Indian History，第237页。

③ Śramaṇa Tradition，第50页以下。

对于居士同样是熟悉的。阿育王铭文中的法与遵循佛教教诲的在家居士（upāsaka，正如巴利语经典中提供的）行为规则之间的相似性是明显的：两者依据伦理的而非哲学的观念，这是由日常生活的需要决定的。

阿育王在他的破僧铭文中也显示他对佛教信众的关心。他的鹿野苑文本包含这个法令：应该有一份抄本交给这个地区的居士，让他们在每个布萨日（uposathā）熟悉它。这样，在阿育王时代，僧团与社会的关系明显具有一种新的特点，使佛教从纯粹在寺院活动的宗教转变成具有更大活动范围和产生更大影响的宗教。

阿育王也担负起向民众宣传佛陀的教导的任务。他指定各种宗教各种等级和类型的法务大臣（dhamma mahāmatra），帮助人们奉行虔诚的生活。他也试图终止僧团的分裂和腐败，为佛舍利建塔，大力促进佛教艺术，慷慨捐赠僧团，直接或间接帮助目犍连子帝须组织第三次佛教结集。第三次结集派遣使团前往臾那（Yavana，爱奥尼亚希腊人）、犍陀罗、克什米尔和北部雪山地区；前往西部边地（aparāntaka）、南部的婆那婆私（Vanavāsī）和迈索尔，更远的南部国家斯里兰卡和金地（Suvarṇabhūmi，马来和苏门答腊）。阿育王派遣他的儿子摩哂陀和女儿僧伽蜜多出使斯里兰卡。这方面的文献记载得到阿育王第十三铭文证实，讲述他试图传播法，不仅在自己的疆域（vijita）或边地（anta），也在远方的安条克（Antiyoko）二世、叙利亚国王和其他四位国王的王国，更远的埃及的普托勒密（Turamaya）、马其顿的安提柯（Antakini）、伊庇鲁斯（北希腊）的亚历山大（Alikasudrā）和昔兰尼（北非）的摩伽斯（Magas）的王国。在这样的背景下，他也提到臾那、甘蒲遮、般底耶、朱罗、案达罗、布邻陀和斯里兰卡等。在第二铭文中，他提到在所有这些国家中，他为人们和牲畜开设医院，挖掘水井和沟渠，种植树木和药草，为一切众生谋求福利和快乐。

一些学者相信阿育王在西亚宣传佛教，也对犹太教产生影响，虽然不是很大的影响。基督教之前的犹太教艾赛尼寺院教派和长老（theraputae，常常相当于犹太教的长老）可能受到佛教某些影响。然而，也很有可能佛教在西亚受到怀疑，因为它是一个强大的邻国国王宣传的宗教。

阿育王的传教活动就所到国家而言，成就或许不算伟大，但在孔雀王朝帝国内，这些传教活动取得伟大的成就。他的传教象征实现《大品》中提到的梵天娑诃主的预言。

里斯·戴维斯认为阿育王皈依佛教和他的慷慨捐助僧团是佛教走向衰退的第一步，撤出印度的第一步①。至少由于接受阿育王的权力干预，佛教部分世俗化，成为一种弱点，或许导致失去某些民众的同情②。

阿育王之后时期佛教的扩展

阿育王时期佛教在印度各地的扩展造成佛教部派的兴起，一般统称十八部派。我们已经在前面讨论。大众部主要局限于东方，而以毗舍离作为开端，向外发展，尤其是向南方。这个部派的追随者可能在北方没有形成强有力的僧团，因为只有在两份铭文中提到他们③。然而，在达尼耶迦吒迦地区（安德拉邦）的文献提到所有大众部的分支，表明在娑多婆诃那王朝及其后继者的恩宠下，那里成为他们最重要的据点。这些派别继续繁荣，直至三、四世纪④。在北方，从巽伽王朝开始，王室对佛教的恩宠衰退了一些时间。关于

---

① Davids，Buddhism，第 222 页。

② Hazza，Kanailal，Royal Patronage Buddhism in Ancient India，New Delhi，1984。

③ Bagchi，in 2500 years of Buddhism，第 63 页。

④ 同上。

布希耶密多罗·巽伽是迫害佛教者①，佛教的记载一致，虽然好几位现代学者对此表示怀疑②。即使如此，也不能否认佛教在巽伽-甘华王朝时期取得重大发展。这个时期的铭文中记载有大量的私人捐助，巴尔胡特、卡莱和山奇的建筑物证明佛教在这个时期享有很大的繁荣。这时，佛教已经发展成通俗的和有神论的宗教，以象征物和佛舍利作为崇拜对象。

这时，西北部的希腊人也采纳佛教。国王米南德（Menander）是伟大的佛教拥护者。他的辛考特铭文证实他的佛教倾向，而《弥兰陀问经》（Milindapañho）以他向龙军（Nāgasena）提问的方式，详细生动地说明这一点。也记载说他获得阿罗汉性。巴利语经文中甚至说到希腊人参加传教活动。印度的希腊人也促成佛教艺术的印度-希腊风格，这在印度旁遮普和其他西北部地区最为显著。

继希腊人之后，塞种人和贵霜人成为伟大的佛教拥护者。塞种-贵霜铭文证实在他们的统治时期佛教广为流传。迦腻色迦一世在位时期是佛教史上的里程碑。传统不仅说他是佛教的伟大恩主，也认为他与佛教第四次结集和这个时期出现众多佛教大师有关。正是在这个时期，发展出大乘，佛教艺术希腊化达到鼎盛，佛教僧侣将他们的宗教传到中亚和中国。

从笈多王朝开始，往世书婆罗门教获得前所未有的普及。笈多王朝帝王本身信仰薄伽梵教，但他们也同情佛教。我们有笈多王朝时期许多重要的铭文记载佛教在憍赏弥、山奇、菩提伽耶和摩突罗地区得到许多私人捐助。考古发掘的许多印章、塑像、铭文和抄本证实小乘部派仍然很活跃，尤其是说一切有部、正量部和上座部③。

---

① CHI，1，第519页；PHAI，4th ed.，第359页。

② 参阅Ghosh，N. N.，Did Puṣyamitra Śuṅga Persecute the Buddhists?，B. C. Law Volume，1，第210—217页。

③ CA，第373页以下。

中国朝圣者法显、宋云和玄奘等在这个时期来到印度，也提供了各种佛教部派的清晰说明。此外，摩突罗、鹿野苑、那烂陀、阿旃陀、巴克和达尼耶迦吒迦的佛教艺术遗址也证实笈多王朝时期佛教的繁荣。

从七世纪中叶或甚至更早，佛教显示衰微的迹象。尽管如此，一些佛教学术的伟大中心如那烂陀和伐拉毗依旧闪发灿烂的光辉。曲女城的戒日王虽然本人信仰湿婆教，也对佛教和佛教徒十分宽容[①]。在西部，伐拉毗的梅多罗迦王朝从六世纪中叶开始恩宠佛教。在伐拉毗发现的许多佛教遗址证明佛教在那个地区存在直至十世纪。

在戒日王之后的一世纪，可以看到一种对于佛教发展不利的无政府状态，因为它太依赖国王们恩宠，而现在这些国王本身处在麻烦中。然而，在克什米尔、斯瓦特峡谷、伐拉毗和北方其他一些地区，佛教仍然坚持着，虽然远不繁荣。它在印度东部得到波罗王朝恩宠，经历了一次伟大的复兴，这个王朝的统治者通常都是虔诚的佛教徒[②]。

---

① 一般相信戒日王拥抱佛教作为他的个人宗教。我们不相信这一点。参阅我们的著作 Harsha and Buddhism，Meerut，1986。

② 参阅 Hazza，Kanailal，Royal Patronage Buddhism in Ancient India。

第 四 章

佛教成功的原因

一　早期成功的原因

早期成功的程度

显然，依据早期经文，佛陀本人在世时，佛教获得大量民众支持，在印度东部已经牢固确立。显然也十分肯定，在佛陀涅槃前，在憍萨罗、婆蹉、摩揭陀、安伽和北比哈尔已经存在许多佛教中心。然而，早期佛教成功并不像佛教雕塑那样令人瞩目。佛教经文本身提到佛陀必须面对其他宗教派别的敌视。《沙门果经》讲述佛陀在一千二百五十个比丘围绕下，在阿阇世面前，阐述自己的观点，与六位王室大臣辩论，他们每人支持一种外道师的学说。十分可能，在佛陀时代，他的宗教“与其他一些外道相比，影响较小。经文中与此相反的证据实际上是僧侣们的发明，依靠口传和改编经典传说”①。正如巴沙姆所指出，“在巴利语经典中，佛陀的主要宗教派别反对者是末伽梨·拘舍罗领导的活命派，其次是尼乾陀若提子即大雄领导的尼乾陀派或耆那教。在早期耆那教经文中，大雄的主要反对者也是拘舍罗和他的活命派，而佛教几乎没有提到。这应该暗示实际上当时最有影响的教派是活命派，其次是耆那教。佛教

---

① Basham，A. L.，in Studies in History of Buddhism，第 17 页。

并不突出到值得他们的反对者特别重视”[①]。邦加德－莱文也相信在公元前五世纪初，活命派的信徒多于佛教[②]。佛音提到舍卫城的一位高利贷者密伽罗长期赞助活命派，在他转而信仰佛教时，活命派围攻他的住宅[③]。《增一尼伽耶》将拘舍罗比喻为一个渔夫，在河面上撒开大网，捕获大量的鱼（即吸引大量信徒）[④]。然而，几乎不能否认在佛陀在世时，他的教派已经足够突出，在印度东部吸引大量民众注意。佛陀去世一百年后在毗舍离举行的结集也表明在这个时期中，佛教是活跃的，适度增长的。

刹帝利反叛说

早期佛教成功的程度无论怎样，里斯·戴维斯和其他一些学者[⑤]将这种成功归诸刹帝利反叛吠陀宗教和种姓制度中固有的婆罗门优越地位。但是，正如 G. C. 般代所指出，仅仅依据新宗教的创立者是刹帝利这个事实几乎不足以证明这一点。巴沙姆也认为，“佛教将刹帝利的种姓地位置于婆罗门之前，当时的国王相当恩宠佛教以及其他的外道运动。但是，他们肯定也恩宠其他的正统教派。如果佛教只是得到极少数统治阶级的恩宠，那么，这只是一种人为的增长，它的命运很可能像两千年后阿克巴的丁－伊－伊拉希（Dīn-i-ilāḥi）那样”[⑥]。在这方面，也可以注意“巴利语中 khattiya（‘刹帝利’）这个词的词源是 khettānam patīti，即刹帝利是农地的主人。这种解释是重要的。在公元前六世纪，不断扩大利用新土地

---

① Basham, A. L. , in Studies in History of Buddhism，第 17—18 页。

② Bongard-Levin, G. M. , Mauryan India, New Delhi, 1985，第 331 页。

③ 同上。

④ 同上书，332 页。

⑤ Roy, M. N. , From Savagery to Civilization，第 9 页；Rhys Davids, Buddhist India，第 1—6 页，256—257 页。其他材料参阅 CHI，1，第 144 页。

⑥ Basham, A. L. , in Studies in History of Buddhism，第 16 页。

及其经济潜力，与第二次城市化发展相关的因素导致争夺土地所有权，而刹帝利善于战斗，自然获得优先的机会，成为向东延伸的恒河流域新开发土地的主人。他们本已掌握刑杖（daṇḍa）权力，现在又掌控了经济，还有什么必要争取社会突出地位！佛教和耆那教只是现实主义地承认刹帝利在现存印度社会秩序中的优先地位。佛教是最早以社会契约理论解释王权的起源，最早否认诸如梵天或毗湿奴的任何神力干预，对婆罗门祭司的至高地位毫无兴趣。毕竟，甚至婆罗门获得土地，由此成为富豪，大多也是刹帝利的恩赐。赞扬刹帝利的优先地位，沙门只是说出事实真相，强调刹帝利相对重要的领导和保护整个社会的作用，虽然通过这样的赞扬，也保障刹帝利对他们自身的支持和恩宠”①。

早期成功的原因：法的性质

佛教迅速扩展有众多原因，可以分成两类：（1）导致佛陀时代以及佛陀涅槃后不久佛教成功的原因；（2）导致后来的时代佛教在印度和其他国家扩展的原因。佛教最初直接成功的原因：第一，可以提到它的法的简朴和温和性质。正如里斯·戴维斯所指出，“如果佛陀仅仅教导哲学，那么，他可能会像孔德（Comte）那样只有很少的信徒”。正是这样，他在教导中避开哲学问题，强调宗教的伦理方面。这个因素无疑使他的教导在普通人中间获得普及，因为同时代的其他思想家的哲学教导使他们的头脑更混乱，而不是更清晰。他的宗教体系也避免极端的苦行方式，而能吸引普通人，因为他们忌讳极端的自我折磨。对于居士信众，实践他的法不需要耗费资财，与吠陀仪式的高额费用形成鲜明对照。他反对以宗教的名义杀牲，受到广泛的支持。他谴责婆罗门的优越感也赢得非婆罗门群

① Narain, A. K., Preface to the Studies in History of Buddhism, 第28页。

众。此外，早期佛教不声称自己是正统。无论表达的什么都只是真理的“碎片”。佛陀召唤他的追随者接受他的教导，但他的呼吁不是绝对的。他也要求他们成为照亮自己的灯。总之，虽然在某些方面有创造性，但他的宗教并没有与过去断然决裂。他描述他的法是“这片土地的古代智慧”。按照迦奈和许多其他学者，他“生为印度人，活为印度人，死为印度人”①。

僧侣的热诚、使用方言俗语、国王的恩宠和佛陀的人格力量

第二，早期佛教的扩展相当程度归功于僧侣的热诚，佛陀赋予他们传教的任务。他本人是伟大的传教者，如同耶稣基督也将自己的弟子培养成第一流的传教者，如舍利弗、目犍连和其他人。佛教比丘尼在妇女中传教的功绩也是值得称道的。

第三，佛陀及其信徒用群众自己的语言宣教，这样就比婆罗门教有优势，因为婆罗门教使用少数受教育者掌握的梵语。佛教不限于任何特殊的语言和特殊的地区。《中尼迦耶》（3.235）讲述必须使用每个地区能理解的语言。因此，佛陀采取语言宽容政策②。“有两位具有语言修养和辩才的比丘，抱怨不同姓名、族名和种族（或种姓）的比丘用自己的方言复述而扭曲佛陀的讯息，而请求佛陀允许采用吠陀韵文。佛陀坚决否定他们的请求，呵责道：‘傻瓜啊，你们怎么能这样说？这样不会引导未皈依者皈依。’他告诫所有比丘：‘你们不能将佛陀的讯息改换成吠陀语。无论谁这样做，就犯下罪过。我授权给你们所有比丘，用各自的方言（sakkāya niruttiya）学习佛陀的讯息。’为了加深听众对他的教导的印象以及便于传播，他还采取重复关键词语、计数归纳的术语和其他有助记忆的方法。”③

① Kane，P. V.，History of Dharmaśāstra，第1004页。

② Bongard-Levin，G. M.，Mauryan India，New Delhi，1985，第336页。

③ Cultural History of India，ed. by A. L. Basham，第88页。

第四，国王、共和体首领、富豪和有影响人物的慷慨赞助是佛陀的有价值的资产。他本人就是共和体首领的儿子，与同时代的王族有紧密联系。而且，尽管他的僧团采取民主的组织形式，但他不反对政府的君主体系，甚至主张强有力的政治权力。这使他容易得到当时国王们的恩宠。

第五，佛陀个人的人格力量也大大有助于他的教导的吸引力。所有的记载一致同意他具有特别优异的个人品质。他富有人格魅力，学问渊博，话语柔和，慈悲，宽容，以及其他值得敬佩的精神和道德品质。他的这些个人品质在吸引大量民众皈依佛法方面起到了重要的作用。

商人阶层的支持以及两者的关系

但是，早期佛教成功的最重要原因或许基于这个事实，即佛教能顺应当时社会变化的经济格式。正如巴沙姆、纳雷恩（A. K. Narain）和戈克尔（B. J. Gokhale）所指出，公元前五、六世纪是经济大扩张和城市化革命时期。吠陀宗教具有乡村社会的经济背景，不能完全适应这种新的社会发展，而佛教能适应。吠陀宗教以它的农业经济和祭祀仪式，倾向于获得地方特性。不无意义的是，这个时期大量重要的长者（seṭṭhī）成为经济发展的先锋，佛教的主要支持者。按照巴沙姆，佛教的绝大多数恩主是“新兴的‘中产阶级’，商人和技艺精湛高超的工匠。就我们能收集到的捐助者铭文，主要是这些人在一些世纪后，资助建造宏大的塔庙和洞窟寺院。正是为了争取富商的支持，一派与另一派竞争，时不时发生剧烈争论，有时甚至导致互相打击。初看之下，这是令人惊讶的，这种彼世性宗教运动具有相当的悲观主义态度，强调超脱，摒弃大多数物质生活享受，会对商人阶级有感召力，而且在商业迅速发展的时期。但是，这也不是真的十分奇怪。我们能发现其他的例子，商人大规模依附悲观主义类型的新宗教运动。早期基督教、伊斯兰教和加尔文教就是这方面的例子。……除去其他许多不同，可以说佛教对古代印度商人的感召力类似十六世纪欧洲新教徒改革运动对商人的感召力。当然，庞大的巴利语经典首先诉诸比丘和居士，这些居士的生活态度和方式深受比丘理想的影响。但是，在巴利语经典中，如果我们搜寻，能发现许多首先诉诸家主及其家庭的经文。佛教有它的日常生活实践方面，尤其体现在《本生经》故事中，也见于《法句经》和《经集》的许多偈颂中，还有一些经文，尤其是《悉迦罗经》(Sigālovāda sutta)。这些经文远不要求居士斩断日常生活纽带，而鼓励他们遵循实际生活的道德：与人为善，一视同仁，忠于家庭和朋友，勤勉，自制，节俭。不止一个《本生经》故事教导的道德是一个人应该机智聪明，与陌生人交往要保持警觉。巴利语经典中也有少量经文，主要是《转轮圣王狮子吼经》(Cakkavattisīhanāda sutta)，首先诉诸统治阶级，提供怎样按照佛教的原则治理国家。但是，与诉诸富裕的中产阶级居士（kulaputra，'善男子'）的经文数量相比，这类经文十分稀少。事实上，早期佛教主要的诉说对象是当时新兴的中产阶级，其他外道的情况似乎也是这样"①。

早期佛教和第二次城市化革命

实际上，佛教与城市化相联系的意义不能低估。佛教产生于印度古代沙门传统，是其组成部分。沙门传统与城市发展联系紧密，甚至在雅利安人进入之前，正如我们所看到的，在吠陀人民的游牧文化中，牟尼和耶提受到轻视，而在印度河流域文明中，沙门传统的因素——瑜伽和沉思等受到尊重，便是有力的证明。纳雷恩对这一点作出最好的阐释，我们禁不住要详细引用他的论述："这个结

① Basham, A. L., in Studies in History of Buddhism，第16—17页。

论似乎是无可辩驳的，沙门传统与城市紧密联系。城市的产生基于新的技术进步，剩余的农产品，随之而来的商业和贸易发展。这种城市化导致供需矛盾问题的出现，致富手段的反作用，受苦于生活的紧张和人身的不安全，也关注因城市兴起而遭到毁灭性破坏的动物和植物，以及自我放纵、粗野的礼仪和游戏。所有这些因素确实足以促使一些人出离城市四处游荡，寻求结束苦难的方法，而其他人希望获得这些努力寻找消除痛苦方法的人帮助。因此，城市的家主和商人，国王和妓女，同样都尊敬和支持沙门。在某种意义上，沙门传统是城市文化的伴生物。（目前在西方对富裕社会和经济的反作用只是重新提醒我们记起这个特点。）在吠陀人民的游牧文化背景中，没有它的地盘。沙门不属于那里。但是，后来，在公元前六、七世纪，由于在印度中部和东部规模宏大的第二次城市化，再次提供了条件，沙门体系的新代表运动得到发展和兴盛，虽然这次是在恒河流域，而非印度河流域。……吠陀人民现在不再是城市的野蛮毁灭者，他们原先在印度西北部。他们的部落社会和政体已经形成领土生活风格、组织和雄心。这样，雅利安人和非雅利安人都面对新城市生活及其物质富裕带来的危害和紧张，虽然也有利益。不足为奇，这些因素有利于他们接受佛陀和其他沙门思想体系领导者。

“佛教的城市基础最明显不过是这个事实：佛陀的雨季安居大多在城市中度过，在当时各个国家的主要城市。巴利语尼迦耶中记载佛陀说法大多数在王舍城、舍卫城和憍赏弥这样的大城市。他的学说首先诉诸城市背景的人们，这是明白无误的。在《上座僧伽他》（Theragāthā）和《上座尼伽他》（Therīgāthā）中，多至71%的比丘和比丘尼来自城市地区，将近86%来自四个大城市即舍卫城、王舍城、迦毗罗卫城和毗舍离城。其他六个城市中，六位属于沙揭陀城，五位属于憍赏弥城、波罗奈城和优禅尼城，四位属于占婆城，三位属于华氏城，两位属于婆留迦车城，一位属于苏波罗哥城。还有这个传说，即阿难考虑佛陀应该在哪里进入般涅槃，列出一些大城市作为可能的地点，也表明与城市的联系。在巴利语经文中有许多材料表明佛陀和他的弟子们关注城市社会及其问题。大量的比丘和比丘尼属于社会上层阶级。他们中许多出身王族和长者阶层。在《上座僧伽他》和《上座尼伽他》中，约51%出身刹帝利和吠舍种姓，40%出身婆罗门，其中约20%是富人，婆罗门富豪。一方面，佛陀关心新贵族，资产阶级商人、兴旺的富豪和婆罗门或非婆罗门家主。另一方面，在佛陀的教导中，也没有漏掉新兴城市化的异化产物，像菴罗卫（Āmrapāli）这样的妓女和强盗鸯掘罗（Aṅgulimāla）。此外，有趣的是，关于第二次城市化时期的城市规划和建筑的最早记述见于佛教和耆那教，而不是婆罗门教的文献。”①

早期佛教和乡村社会

沙门运动，尤其是佛教与城市化的联系这一事实并不意味佛教与村庄和农民没有关系。“毕竟，佛陀和其他沙门传统的牟尼获得智慧不是在城市及其宫殿中，而是在郊野和森林中。……确实，沙门在雨季安居时向城市居民宣道说法，接受他们的捐助，反过来，回馈他们摆脱物质生活紧张的精神必需品。但是，终究一年的三分之二，他们是城市环境之外的游方僧（cārika），在这些旅行中，经常出没村庄。可以肯定，在佛陀的杰出弟子中，舍利弗和目犍连来自乡村地区。认为佛陀不诉诸村民或与他们无关，这是错误的。人类问题和苦难并不限于城市范围。佛教实际上在乡村和城市之间架起了桥梁。城市依靠农民及其农产品，不能想象城市没有乡村基础。佛陀与农民关系亲密，受到农民欢迎。”②

---

① Narain, A. K., Preface to the Studies in History of Buddhism，第26—27页。

② Narain, A. K., Preface to the Studies in History of Buddhism，第27页。

早期佛教对社会各阶层的吸引力

早期佛教能对社会大多数阶层产生吸引力。它响应“印度人口中广大而重要部分的需求。我们可以从巴利语经文本身推断早期佛教最重要的恩主。经典中提到的对这个新教派及其导师的居士支持者中，有许多国王和头领，少数较贫穷的共同体阶层，如农民和小手工业者”①。在来自社会中较贫穷部分的人员中，包括理发匠的儿子优波离（Upāli）、给予佛陀最后一餐的铁匠纯陀（Cunda）、农村仆从富楼那（Puṇṇa）、女奴成满（Puṇṇā）、守夜者的养子须波迦（Sopaka）和同一位守夜者的儿子须卑耶（Suppeya）。对于社会中较贫穷部分人员，加入僧团意味生活条件的改善。按照律藏(1.77)，“他们吃好食物，睡避风的床”。在《沙门果经》中，阿阇世询问佛陀，厨师、理发匠、仆从和其他低种姓人员成为比丘后，是否生活得到改善？佛陀回答说，这些人的生活如同国王。但是，佛教也响应社会另一极即婆罗门的需求。按照《大品》，曾经有一千个婆罗门苦行者一起加入僧团。在佛陀觉悟成佛后，皈依佛陀的第一个群体是“婆罗门迦叶领导的束发者。只要浏览巴利语经典文献，就会看到有那么多的婆罗门皈依佛陀，放弃他们的婆罗门种姓。经文显示在主要的比丘和比丘尼中，出身婆罗门种姓的占据40%以上”②。

戈克尔对散见于《上座僧伽他》、《上座尼伽他》和《法句经》的注释《真谛灯》（Paramatthadīpanī）中属于公元前500年至公元前250年时期的332位佛教精英做了有趣的研究，表明（1）这个精英群的构成主要体现城市特征，71%以上来自城市地区，约20%来自乡村地区。（2）婆罗门形成最大的一群，其次是吠舍，刹帝利

---

① Basham，A. L.，in Studies in History of Buddhism，第16页。

② Narain，A. K.，Preface to the Studies in History of Buddhism，第27—28页。

第三，首陀罗第四。在328位种姓不明者中，只有21位是首陀罗。（3）在吠舍和刹帝利中，主要是富人，而在婆罗门中，普通婆罗门多于富裕婆罗门。（4）在皈依的理由中，受佛陀及其主要弟子人格力量影响是最重要的因素。其他原因是受居士影响、家庭困难、个人悲剧和知识认同①。

二　佛教此后扩展的原因

佛教直接成功的大多数原因不适用于它此后的扩展。在佛陀去世后，他的人格魅力不再成为吸引民众的原因，使用方言俗语的策略后来也被宠爱梵语的佛教僧侣们抛弃，佛法也不再保持佛陀时代那样的简朴。佛教产生的社会经济状况也已经发生变化。然而，佛教在一些时间内继续保持发展，其中有三个因素。

王室的恩宠

这有利于佛教的兴盛。阿育王、迦腻色迦、娑多婆诃那王朝的许多统治者和笈多帝国的那罗辛诃笈多·跋罗底提耶等是佛教的大恩主。甚至那些持有其他信仰的国王，如大多数笈多帝王和戒日王，通常也同情佛教②。

佛教寺院

在佛教宣传中，这是一个重大因素。或许在印度其他宗教中，没有一个具有这样的有组织团体，他们的成员的首要工作是宣传他

① Gokhale，B. G.，The Early Buddhist Elite，JIH，43，Pt. 2，第391—402页。

② 我们不认同戒日王本人是佛教徒的看法。参阅我们的论文：Did Harsha ever Embrace Buddhism as His Personal Religion?，K. P. Jayaswal Commemoration Volume，1981，第376—393页；Harsha and Buddhism，Meerut，1986。

们的信仰。佛教在中国汉族、藏族地区和斯里兰卡等地的传播主要是佛教传教比丘们的成就。

佛教的社会适应力

佛教不号召废除传统和习惯。它只是对传统和习惯提供自己的解释。它适应新的社会条件的能力使它有可能让其他国家民众接受它。与之相比，印度教与种姓制度关系紧密，使它不可能在其他国家普及，因为在印度之外不存在种姓制度。

第五章

大乘佛教

小乘和大乘的词义

佛教大体可以分为三乘——小乘、大乘和怛多罗乘。小乘（Hīnayāna）通常指称佛陀涅槃后的早期佛教。前面讨论的所有部派佛教都属于小乘佛教。大乘（Mahāyāna）产生于小乘，虽然它追溯它的最终权威是佛陀本人。其他用于指称大乘的用词是佛乘（Buddhayāna）、如来乘（Tathāgatayāna）或菩萨乘（Bodhisattvayāna），指称小乘的用词是声闻乘（Śrāvakayāna）和缘觉乘（或辟支佛乘，Pratyekabuddhayāna）。然而，大乘和小乘的用词最普及。通常在乘（yāna，“车辆”）一词前面加上前缀“小”（hīna）和“大”（mahā）的理由是大乘带领成熟者达到悉达多·乔答摩达到的最高目的佛性。而小乘只是带领人达到阿罗汉果位，在许多方面低于佛陀。此外，正如无著（Asaṅga）在《经庄严论》（Sūtrālaṅkāra）中所指出，大乘教徒从不在其他人达到解脱之前追求自己的解脱①。他们发誓一定要让其他所有众生达到目的之后获得菩提（bodhi）。而声闻乘和缘觉乘首先追求他们自己的解脱，无著指称他们自私，因此，对他们遵行的

① CHI，1，第503页。

道路冠之以“小”，而对他自己的信仰冠之以“大”[1]。

为了赋予他们的宗教权威性，大乘教徒倡导佛陀教导中的两重真理说：适用普通人的俗谛和适用成熟者的真谛。小乘关注俗谛，而大乘关注真谛。

大乘著作也给予两乘哲学解释。他们指出有两种遮蔽真理的障碍：烦恼障（kleśāvaraṇa）和所知障（jñeyāvaraṇa）。烦恼障可以通过遵行道德戒律和实行各种沉思消除。大乘教徒相信小乘教徒只是被教导消除烦恼障的方法，这样，他们只是摆脱污染，认知“人空”（pudgalaśūnyatā）而成为阿罗汉。而大乘教徒被教导消除烦恼障和所知障两者的方法。因此，他们也摆脱无知，认知“人空”和“法空”（dharmaśūnyatā）而成佛。正是这种更高的成就使他们值得称为“大乘教徒”[2]。

小乘和大乘的主要区别：空性或真如说

简言之，大乘的标志是空性（śūnyata）说和三身（trikāya）说，无数佛以及他们的神性，菩萨理想和完美品德（pāramitā，“波罗蜜”），崇拜佛、菩萨、其他神和女神，依靠信仰（śraddhā，“深信”，或 bhakti，“虔信”）求得解脱，使用陀罗尼（dhāraṇī）和咒语（mantra）求得解脱，经文采用梵语和混合梵语。此外，大乘的居士和比丘之间差别很小（因为两者都能发菩提心，追求最高目的）。因此，居士在大乘中发挥重要作用[3]。

然而，应该记住大乘佛教既不与小乘佛教对立，也不完全

---

① 按照 A. A. G. Bennett，原先“大乘”一词被马鸣用于指称第一原则真实真如（bhūtatathatā）或真如（tathatā），The Rise of Mahāyāna Buddhism，Mahābodhi，Vol. 71，No. 6，第 123—132 页。

② CHI，1，第 504 页。

③ Joshi，L. M.，Studies，第 4 页以下。

摒弃它。宁可说它接受小乘的教导，充实和增加新的观念和原则。它利用被小乘视为权威的同样的佛说（vacana），确立自己的观点。它与小乘一同接受四圣谛，万物无常（anitya），刹那生灭（kṣaṇika），无我（anātmaka），永恒流迁（santāna），灭除贪（rāga）、瞋（dveṣa）和痴（moha），世界无始无终，缘起（pratītyasamutpāda）规律至高无上。在第一部阐释大乘的重要著作《中论颂》（Mādhyamikakārika）中，龙树（Nāgājuna）将缘起规律等同于法或至高真理和佛（yaḥ pratītyasamutpādam paśyati so dharmam paśyati yo dharmam paśyati so buddham paśyati，“见缘起者见法，见法者见佛”）。

但是，在一些重要的观点上，两者有区别。主要区别在于对空或无我的解释。他们之间其他的区别大多源自对这个学说的不同解释。小乘将空或无我理解为不存在任何作为自我（ātman）或个体的实体，即“人空”（pudgalaśūnyatā）。而大乘理解为既不存在个体（“人空”），也不存在客观世界（dharmaśūnyatā，“法空”）。达多（N. Dutt）用一个比喻加以解释：可以说小乘教徒不区分泥罐和泥马。而大乘教徒断言不仅泥罐和泥马不存在区别，而且，实体或法（在这个情况中是土）也不存在①。这样，按照大乘，真理是两种类型的空性——“人空”和“法空”。这种空性无特征，否定存在和不存在，或者是真如（tathatā，同一性或如此性），或者是法界（dharmadhātu，现象的整体即涅槃或佛）。这样，空性是佛，永恒，无生无灭，真理，不可言状。大乘教徒认为不理解空性、真如或法界，就不可能获得真实知识或真理。而它能通过消除烦恼障和所知障两种障碍获得。小乘教徒的目的是个人觉悟（获得阿罗汉性），只是通过消除污染，认知灵魂不存在（pudgalanairātmya，“人无

① CA，第 377 页。

我”）。而大乘教徒追求佛性，主张通过消除烦恼障和所知障，认知人无我和法无我（dharmanairātmya）。

鉴于认为比丘仅仅自己获得涅槃是自私行为，菩萨为了受苦众生延宕涅槃是远为崇高的理想，大乘教徒明显崇尚利他主义道德。按照这种道德，个人被设想是为整个世界的利益工作。这种从阿罗汉性向佛性的宗教理想的转移，明显偏爱为社会服务的人，而非只是在隐居中沉思的人。

一 大乘兴起的诸因素

大乘的发展具有复杂的因素。哈尔·达耶尔（Har Dayal）提示，它不仅是原始佛教中一些潜在倾向的自然发展，也受到其他印度宗教如薄伽梵教和湿婆教以及波斯宗教和文化、希腊艺术和基督教的影响，也出于在新的半野蛮部落中宣教的需要。

早期佛教中一些潜在倾向的发展

几乎大乘的所有特征都能在早期佛教中找到根源。虽然在巴利语三藏中，佛陀主要体现为一个历史人物，像其他许多宣教者一样生活和宣教，但经文中也有一些地方将他等同于法。色身（rūpakāya）和法身（dharmakāya）是巴利语经文中的用词。佛陀对一个生病的比丘婆迦利说：“婆迦利！你观看这个污秽的身体，能获得什么？婆迦利！无论谁看到法，他就看到我；无论谁看到我，他就看到法。”佛陀在涅槃时说：“在我去世后，我教导和宣示的法和律将成为你们的导师。”甚至三皈依告白中也包含佛和法同一的种子。按照正统上座部佛教，佛陀乔答摩在涅槃中完全停止存在。构成他的身体和思想的缘起链条完全停止。形成他的个人的存在因素聚合体完全解体，唯独剩下涅槃，在涅槃中没有个人或个体。但是，一种不存在的事物怎么能成为任何人的皈依对象？唯有法和僧团能提供保护，帮助个人避免产生邪念而造成在今生和来世受苦。因此，巴沙姆指出[①]，按照严格的解释，“我皈依佛”是没有意义的，只能给上座部理论家添麻烦。它隐含着佛在某种意义上仍然存在，与法和僧团一起，向皈依他的人提供保护，避免一切邪恶行为。这样，三皈依含有大乘三身说的胚芽。它隐含着佛陀的肉身可以在涅槃中解体，而法身或呈现为法的佛依然存在。《弥兰陀问经》讲述佛陀已经去世，但仍然存在于他的法中，正如设想杜尔希达斯（Tulsidas）活存在他的《罗摩功行湖》（Rāmacaritamānasa）[②] 中。这样的论述不能排除“我皈依佛”的上座部观点中固有的逻辑矛盾，但它间接地为信众接受大乘的佛的三身说做好思想准备。

关于大乘的两重真理说，人们可能会认为不是佛陀的原始教导。佛陀在《大般涅槃经》中公开宣称：“我已经宣示法，阿难！不分内外。如来之法，没有‘师拳’。”但是，甚至在这方面，也有相反的提示。法被说成“深邃，难以发现，难以理解，寂静，微妙，超越思辨”等等。据此，佛陀在觉悟后，怀疑能不能宣示它。最后，他决定前往仙人堕处（鹿野苑）向他的五位成熟的同伴宣示。但他不以同样方式向所有人宣示。他以不同的方式向不同的人宣示。舍利弗向病中的给孤独长者宣示无我说后，给孤独长者说：“我长期侍奉导师和沉思的比丘，但此前从未听到这样的一种法。”对此，舍利弗回答说：“长者啊，白衣家主不能理解这样的一种法，只有隐士能理解。”在《杂尼迦耶》中，佛陀说到他宣示的真理远远少于没有宣示的。这样的一些表述能为大乘的两重真理说提供支持。

---

① Basham, A. L. , in Studies in History of Buddhism, ed. by A. K. Narain, 第 20 页。

② 《罗摩功行湖》是印地语诗人杜尔希达斯的叙事诗。——译注

早期佛教从不否认天神的存在，无论大神或小神，虽然坚持认为他们是有限的存在（《长尼迦耶》的《起始因本经》），并让梵天和因陀罗成为佛陀的信众。大乘的虔信（bhakti）学说的胚芽也可追溯到小乘的深信（saddhā或 śraddhā）品德。虽然巴利语经典强调追求真理者不能依靠信任接受佛陀的教导，而应该依靠自己思索（atta dīpa viharatha，“你们要以自己为岛屿而安住”），但也很鼓励深信的品德，指出深信佛说保证再生天国。深信也被说成是信徒的五种品德的第一种，其他四种是戒（sīla）、舍（cāga）、闻（suta）和慧（paññā）。尼迦耶中多处提到这五种品德。

当然，早期佛教重视的深信也不是无根由的信仰（amūlikā saddhā），而是合理的信仰（ākāravatī saddhā），与自由探索和批判考察相一致。但是，像舍利弗和阿难这样的弟子对于导师的热爱确实是非常深厚的。正如前面提到的，三皈依的观念也可以被认为是大乘虔诚信仰的前驱。佛陀被设想已经说过“甚至只要信仰和热爱我，他们就必定升入天国”。“尽管佛陀最初勉强宣示法，而出自大慈悲心，决定为世界打开通向‘永生’的大门，这个事实完全可以说是为慈悲菩萨的形象的发展及其对他们的虔信奠定基础。”①

外来影响？

然而，尽管巴利语经文中存在大乘的这些胚芽，但难以相信，如果没有任何外在的影响，它们自身会发展到这样的程度，乃至与原始的法的基本原理根本对立。“大乘造成的区别太激进，以致不能认为仅仅是本土的发展。例如，在巴利语三藏中，围绕佛陀的诸神只是起辅助作用。如果他们完全被排除，佛陀的教导也不会受影响。但是，大乘中的菩萨在教义中具有如此的重要性，以致缺少了

---

① Upadhyaya, K. N., The Impact of the Bhakti Movement on the Development of Mahāyāna Buddhism, in Studies in History of Buddhism, ed. by A. K. Narain, 第352页。

他们，整个大乘大厦会倒塌。”① 同样，对于三身说和虔信说也是如此。

佛教性质转化的某些驱动力可能来自外来资源，虽然这一点难以确证。众所周知，在大乘逐渐兴起（公元前三世纪至公元一世纪）的时期，佛教与好几个国外民族接触。犍陀罗直至公元前三世纪及此后一些世纪始终受伊朗人影响。它持续经历希腊人、帕提亚人、塞种人和贵霜人入侵和定居。这些外来者倾向于接受佛教而非印度教，因为佛教充满传教热诚，而且没有种族或种姓偏见。此外，佛教不仅是在这些外来者进入印度时遇见他们，而且已经向他们派遣过传教士，因此，在某种程度上，他们是带着佛教来到印度。在与外国民族的接触中，佛教是贷方，而非借方，虽然在这种交流过程中也会受到影响。可能佛教认为应该改造自己更好地适应现实需要。西北印度的外来统治者可能对有神论宗教比对小乘非人格化的自律体系更友善。希腊－印度统治者米南德可能是说一切有部信徒，但希腊使节希利奥道拉斯在公元前一世纪访问贝斯那伽尔，显然偏爱对婆薮提婆（Vāsudeva，即毗湿奴化身黑天）的虔诚崇拜。塞种人和贵霜人明显是行动型的，他们偏爱能满足“大众需要”的宗教，而非一种只能被学者理解的体系。

佛教与琐罗亚斯德教和基督教的接触毋庸置疑，虽然几乎不能想象后两者对前者的影响。确实，希腊人、塞种人和巴列维人与伊朗人以及稍后的琐罗亚斯德人接触紧密，佛教徒和基督教徒在那里互相会合，因为显而易见摩尼教含有借自所有这三者的因素，但没有任何材料暗示佛教受到琐罗亚斯德教或基督教的一定影响。大乘万神殿在基督教不再是一个小教派之前已经充分发展，在这两种宗教之间发现的一些相似可以解释为不约而同。如果有任何借贷，或

① Upadhyaya, K. N., The Impact of the Bhakti Movement on the Development of Mahāyāna Buddhism, in Studies in History of Buddhism, ed. by A. K. Narain，第352页。

许可以认为基督教是借方，正如基督教的巴拉姆和约瑟法特（Balaam and Josaphat）传说是依据佛陀“出家”的故事。

薄伽梵教的影响

这样，佛教的非印度影响如果存在的话，看来大多也是边缘的贡献，并不对大乘佛教的发展形成真正的影响。造成大乘出现的主要驱动力无疑是婆罗门教。两重真理说、佛陀三重身体说和对菩萨的虔信，如果从婆罗门教经典中寻找它们的源头，就很容易得到解释。例如，不言自明，佛教徒发展出佛陀三重身体说最可能是依据毗湿奴教的三重神性格式即至高的梵（parabrahman）、自在天（īśvara）及其化身（avatāra）。同样，在婆罗门教中，两重真理说与奥义书一样古老。这里还可以注意到，不像早期佛教传统，神和其他有神论附属物没有发展空间，印度教传统从早期吠陀时代采取有神论立场，因此，在它的自然发展中很容易形成连贯的有神论体系。在这方面，佛教几乎不可能影响婆罗门教。

大乘的虔信说也明显是婆罗门教对佛教影响的结果。显而易见，大乘的虔信饱含利他主义伦理，表现在菩萨决心无私地为人类服务，而无限期延宕他们自己的涅槃。而这种与无私奉献结合的虔信也是薄伽梵教的一个特点。正如我们在别处已说明，虔信的根源可以追溯到《梨俱吠陀》[①]。后来，它表现为两种形式：湿婆教的和毗湿奴教的。然而，如在《白骡奥义书》中展示的湿婆教虔信的早期表现几乎与无私行动（niṣkāmakarma）没有联系。虔信与无私奉献的结合最先出现在毗湿奴教而非湿婆教传统中，依靠毗湿奴教（Sātvata dharma）信徒发扬光大。这个教派又称薄伽梵教（Bhāgavata）、那罗延教（Nārāyaṇīya）、一神教（Ekāntika）或五夜

① RHAI，2，第90页以下。

教（Pāñcarātra）。这派的早期经典包括《薄伽梵歌》和《摩诃婆罗多》中的那罗延教部分。其他著作如《香底利耶经》（Śāṇḍilyasūtra）、《薄伽梵往世书》（Bhāgavata purāṇa）、《那罗陀五夜经》（Nārada pāñcarātra）和《那罗陀经》（Nāradasūtra）均为晚出，因为它们明确提到上面两部早期经典。在这两部早期经典中，《薄伽梵歌》更古老。我们已在别处说明它成书于公元前500年和400年之间①。无论如何，它肯定早于《包达延那法经》（Baudhāyana dharmasūtra）②，后者也明显提到它。这样，在印度教中，与"无私行动"结合的虔信说的出现早于基督好几个世纪。另一方面，在大乘佛教中，对此最早的充分阐发见于《妙法莲华经》（Saddharmapuṇḍarīka），这是公认最有代表性的大乘著作。大乘文献中，没有其他一部著作，即使出现较早的著作，像这部著作这样突出而有力地展现大乘佛教的特色。《妙法莲华经》于286年由法护（Dharmarakṣa）译为汉语。按照大多数学者如达多（N. Dutt）、温特尼茨、代沃（N. Deva）、乌波底亚耶（B. Upadhyaya）和维迪耶（P. L. Vaidya），这部著作成书于一世纪③，似乎在这个时期，与无私行动结合的虔信因素在佛教传统中展现成熟丰满的形式。

《薄伽梵歌》对《妙法莲华经》的影响太显著而不容忽视。如乌波底亚耶所指出，（1）与早期佛教全然不同，而与《薄伽梵歌》十分相似，佛陀出现在《妙法莲华经》中的形式和氛围令人惊奇地超自然。如同黑天的宇宙形象，佛陀被描写成全身放射光芒，照亮从地狱到一万八千佛土的浩瀚空间。（2）无数天神和天使包含在其

---

① RHAI，2，第90页以下。

② 也参阅 Upadhyaya，K. N.，The Impact of the Bhakti Movement on the Development of Mahāyāna Buddhism，in Studies in History of Buddhism，ed. by A. K. Narain，第355页。

③ 同上书，第354页。

中，天国不断为他降下花雨。（3）还有，像在《薄伽梵歌》中那样，宣说甚至一个罪人只要寻求这位慈悲者庇护，也能得到拯救。他保护他的信众，对各种虔诚和崇拜的行动感到万分高兴（《妙法莲华经》2.77—98）。（4）佛陀在《妙法莲华经》中指出三乘本质上一致，它们是这位慈悲者为具有不同能力的人们设计的方便智慧（upāyakauśalya，“方便善巧”）。这令人想起《薄伽梵歌》中，智慧、虔信和行动三条道路本质上一致，虽然为不同脾性和状况的人们提供不同的方便。（5）正如黑天在《薄伽梵歌》中说：“我是世界的维持者、父亲、母亲和祖父。……我是归宿、支持者、主人、见证者、居处、庇护和朋友。”（9.17－18）佛陀也在《妙法莲华经》中宣称：“我是自生者，世界的父亲，一切众生的导师和医生。”（15.21）还有，正如黑天在《薄伽梵歌》中说：“我平等看待一切众生，既不憎恶，也不宠爱。”（9.29）佛陀也在《妙法莲华经》中说：“我不需要任何抚慰。我既不宠爱，也不憎恶任何人。”（5.22）

难以否认这些诗回响着同样的感情和观念，表明《妙法莲华经》的创作受到《薄伽梵歌》的影响。

二 大乘的古老和原始发源地

大乘的古老

难以为大乘的出现确定任何特定的年代。它的起始，至少它的一些学说的踪迹可以追溯到相当早的时期，虽然它的最终成型是逐步的，不早于公元前一世纪末。按照达多（N. Dutt）[①]，鉴定大乘经文的关键点是确认它是否同时教导“人空”和“法

① AIU，第387页。

空”，包含无数佛和菩萨崇拜，倡导崇拜天神和女神，推荐运用咒语求得解脱。“最早含有上述学说的经文是《般若波罗蜜经》(Prajñāpāramitā)。最早由世护（Lokarakṣa）于148年译为汉语，这样我们可以设定原文出自一世纪。”[①] 虽然按照多罗那他，《八千颂般若波罗蜜经》（Aṣṭasāhasrikā prajñāpāramitā）写成于大莲花难陀(Mahāpadma nanda，公元前四世纪）时期之后[②]。无论如何，这部经与《极乐庄严经》（Sukhāvatīvyūha，《阿弥陀经》和《无量寿经》）和《妙法莲华经》一般被确定为公元前一世纪或其后不久。依据多罗那他和真谛对一世纪末迦腻色迦一世在位期间举行的第四次结集的说明，似乎大乘在那时已经是一股活跃的力量。最早的大乘阐释者龙树一般被确定生活于一、二世纪。因此，可以设想大乘出现在公元前一世纪或公元一世纪。

然而，依据佛陀在觉悟后的陈述，他不准备向大众宣示微妙的教导。大乘教徒声称佛陀在灵鹫峰（Gṛdhrakūṭa）的第二次转动法轮，向智慧较浅的声闻们宣示不太微妙的通俗伦理后，向少数菩萨宣示他的更深邃的般若波罗蜜法门。在《妙法莲华经》中，佛陀的话稍许修改如下：佛智太深邃，声闻和缘觉难以认知和理解[③]。正因为如此，龙树认为小乘代表佛陀的显说（vyākta），大乘代表佛陀的密说（guhya）。

事实似乎是小乘和大乘的观点源自导师同样的教导，按照不同的解释而成为不同的宗教。正如达多（N. Dutt）所指出[④]，在巴利语尼迦耶中，有少数段落也可以按照大乘的“法空”（对象不存

---

① AIU，第387页。

② 同上。

③ CHI转引，1，第506页。

④ Dutt，N.，Mahāyāna Buddhism，1973，第2章，on the Mahāyānic traces in the Nikāyas；也参阅 Keith，Buddhist Philosophy；Venkataraman，The Central Philosophy of Buddhism，1954；ERE，8，第33页。

在）和“真如”（世界对象的同一性或如此性）的意义加以解释。在一个段落中，真理被说成超越四重前提即“如来死后存在，不存在，存在和不存在，非存在也非不存在”。大乘教徒提出唯一可以想象的真理超越这四重前提，是不可思议和不可言说的统一体，四重肯定和否定对它不适用①。此外，在巴利语经文中也有对这种真理的性质的正面论断，例如，“无生，无起，无作，无为”。在另一个段落中说到一个阿罗汉死后，他的识（vijñāna）无居处或无支持。大乘教徒断定这样的段落支持他们的解释，即真实或涅槃的真理是不可确定、独特、不二的整体或客观存在的根基。它是完美的寂静，不受生灭干扰（anutpāttikadharma，“无生法”）②。

大乘的发源地

按照《八千颂般若波罗蜜经》③，大乘佛教起源于南部，向东部地区即奥里萨、孟加拉和比哈尔传播，然后，传到北方。大众部及其分支属于小乘，但是，他们在许多方面是大乘的前驱，主要活动中心在案达罗围绕阿摩罗婆提和那伽周尼贡陀塔的地区。还有，大乘的起源与龙树有联系，他可能是案达罗（或维达巴?）地区的一位婆罗门，他的活动中心是希利波尔婆多和达尼耶迦吒迦④。“为了确证大乘经的发源地，斯里兰卡传统将《宝积经》（Ratnakūṭa）归诸案达罗。”（《宝积经》是现存最早的大乘经集。）⑤ 按照沃德，“这些经限定在南方的说法自然便于北方的佛教徒解释他们为什么没有

---

① CHI，1，第507页。

② 同上。

③ 同上书，第517页。

④ 关于龙树，参阅 Joshi，L. M.，Life and Times of the Mādhyamika Philosopher Nāgājuna，Mahābodhi，Vol. 73，No. 1，第13—20页；No. 2，第42—49页。Joshi 认为龙树活了两百年，从公元前80年至公元120年！

⑤ Warder，A. K.，Indian Buddhism，第354页。

直接从他们的导师那里听到这些经，而不承认它们是新近的杜撰”①。人们可以同意达多的结论，大乘起源于南部案达罗，在迦腻色迦一世期间传到西北部，最初在龙树②和弥勒纳特（Maitreyanātha），然后在圣天（Āryadeva）、无著（Asaṅga）和世亲（Vasubandhu）照管下获得繁荣③。

三　大乘的主要特点

神化佛陀

小乘和大乘之间第一个主要不同点是佛陀的概念。按照上座部，佛陀乔答摩与所有其他人一样，是生活在大地上的实际的人，具有一个凡人的所有弱点。他无疑是一位通晓世界者（lokavidu，“世间解”），完全觉悟者（sammāsaṃbuddha，“正等觉”）和不可超越者（anuttaro，“无上士”），但仍然是一个凡人，没有任何超然的或神的因素。确实，上座部有时说佛陀等同于法或“非人”，但这样的说法只是隐喻，没有任何形而上学含义。但是，在佛陀去世后一百年，上座部开始更多地看待他为神，而不是人。大众部提出这个问题：佛陀悉达多与他的那些变成阿罗汉的弟子如舍利弗、目犍连和摩诃迦叶，是否成就相同。上座部自已承认佛陀的成就远远高于阿罗汉，虽然他们也断定就摆脱世界束缚而言，佛陀和阿罗汉并无区别。在他们的经文中，归诸佛陀的那些特殊力量是阿罗汉不能获得的，如十力、四无畏和十八不共法。在《大般涅槃经》中，指

---

① Warder，A. K.，Indian Buddhism，第 352 页。

② 萨多婆诃那王同时代的龙树是一位怛特罗教徒和炼丹术士，不同于中论哲学家龙树。

③ AIU，第 388 页。诗人和戏剧家马鸣不是大乘阐释者，大乘著作《大乘起信论》（Śraddhotpādasūtra）的作者马鸣不是那个诗人马鸣，年代远晚于前者。

示信众朝拜佛陀诞生、觉悟成佛、初转法轮和进入涅槃的四个圣地。即使认为这样的指示是后来添入的，但无论如何也早于大乘的出现。因此，很明显，上座部不仅承认佛陀优于阿罗汉，也开始神化佛陀。

神化佛陀给予民众机会，满足他们的宗教激情需求。因为在早期佛教中，佛陀被认为是具有“污秽身”（pūtikāya）的凡人，而更注重法①。同时，佛陀本人不鼓励偶像崇拜，在基督教之前的时期，信众只能满足于制作和崇拜象征物。而在基督诞生后的一些世纪中，佛陀和菩萨的偶像开始流行，佛教信众使无数寺庙和含有偶像的寺院遍布印度。

三身说

在巴利语经文一些段落中暗示佛陀的超凡性②，也给予大乘教徒发展他们的三身说的机会。对佛陀身体的思辨起始于说一切有部，而大众部真正认真对待这个问题。大众部宣称佛陀乔答摩实际上不出生于这个世界，他只是随顺世间（lokānuvartana）而显示这种存在。大众－出世部的一部古老经典《大事》（Mahāvastu）声称“超凡是构成圣者的粒子。不容怀疑，如来的身体……也是超凡的。……佛陀为了随顺世间，依据世俗和超凡两者”。大众－出世部的这种幻影说观点与方广部相通，后者的学说见于从阿育王时期

---

① Gupta, S. K., Cause of the Absence of the Buddha Image in Early Indian Art, K. P. Jayawal Commemoration Volume, 1981, 第134—139页。

② 例如，佛陀对阿难说他教导的法和律将成为你们的导师，或者说正如一个婆罗门说他生自梵天的嘴，一个佛教徒也可以说他生自薄伽梵（即世尊佛陀）。或者，在《增一尼迦耶》中，佛陀说他既不是天神或健达缚，也不是人。然而，即使在色身（rūpakāya）和法身（dharmakāya）也进入巴利语后期著作，但上座部没有将它们解释为非现实主义的意义（Dutt, N., Mahāyāna Buddhism, 第146页）。他们继续认为佛陀的色身是一个人的身体，法身是他的教导的汇总。

结集开始编撰的《论事》。在《论事》的注释中，他们被称为大空论师（Mahāśūnyatāvādin），一种大乘教徒通用的称谓。

大乘佛教将佛身说或法身说发展成三身说，即佛的色身（rūpakāya）或化身（nirmāṇakāya，即人身）不同于报身（sambhogakāya，具有“大人相”的充满神奇光辉的身体，大致相当于婆罗门教中神的概念）和法身（dharmakāya，宇宙身，大致相当于梵的概念）。在开始，佛身说是含混模糊的，其数目和名称不确定，并无多少吸引力。在《妙法莲华经》和《金光明经》（Suvarṇaprabhāsa）中，弥勒（Maitreya）和妙幢（Ruciraketu）分别作为提问者，询问释迦牟尼乔答摩怎么能在短短一生完成如此伟大和众多的功德。他对此的回答是，如来们没有起源，他们只有法身，释迦牟尼佛在无数世纪前已经达到觉悟，从那时以来持续不断说法。向众生显现的只是他的化身。有无数这样的化身出现在无数世界上，乔答摩是娑诃世界（sahalokadhātu）的化身佛①。换言之，释迦牟尼所做的一切皆是佛身或法身创造的身体所为。佛陀乔答摩只是法身随顺世间的一个幻影。按照汉文资料，龙树在他的《般若波罗蜜经》注释中，也说只有两种身，即色身（人身）和法身（形而上身或宇宙身）。按照达多（N. Dutt），直至龙树时代，报身的概念没有与色身或化身作出区分。然而，按照《现观庄严经颂》（Abhisamayālaṅkāra kārikā），有四种身，其中自性身（svābhāvikakāya）是真实的，而法身、报身和化身是不真实的。报身是一种微妙的身体，佛陀用以向菩萨宣示高级智慧。《经庄严论》（Sūtrānlaṅkāra）将自性身称为自性法身（svābhāvika-dharmakāya），将两者合一。

大乘教徒对法身概念怀有特殊兴趣。《颂》（Kārikā）和《释》（Siddhi）称之为自性身（svābhāvika 或 svabhāvakāya）。按照他们，它是不可计量或限定的。它遍及一切空间。它是报身和化身的基

① CA，第379页。

础。它没有任何形相（mahāpuruṣalakṣaṇa，“大人相”），不可表述。它是永恒、真实和不可言状的绝对。它能靠人自己亲证。“应该从法性（dharmatā）的意义上看待一位佛，因为这位导师只有法身。而法性是不可知的（如来也是如此）。”所有佛的身体同一。《释》（Siddhi）的中国注释者讲述法身是真实心（citta）的形而上原则，等同于真如（tathatā）、法界（dharmadhātu）和如来藏（tathāgatagarbha）。菩萨的目标是认知法身。

这样，大乘教徒断言佛陀只是显示佛陀悉达多·乔答摩这样一个存在。各种佛，包括佛陀乔答摩，与涅槃或空性同一，没有形式或身体。如果有佛的任何身体，那就是法身或自性身，永恒的实体，宇宙身或一切实体构成的身体。诸佛在凡人世界显现的只是幻影，其中，化身是真正为凡人的利益而创造的，报身是法身像天神那样神奇微妙的方面，诸佛用于向菩萨宣示高级智慧。纷繁的世界是叠加在这种法身上的想象物。大乘教徒的目的是认知现象世界的叠加或不存在。

菩萨说和虔信

大乘的菩萨概念是它的佛学思辨的必然结果。小乘佛教相信佛陀乔答摩只是在他的前生生为菩萨，从他最初出生为婆罗门妙慧（Sumedha），燃灯佛（Dīpaṅkāra Buddha）预言他最终将觉悟成佛开始，直至他在最后一生升入兜率天（Tuṣita），然后降生凡人世界。作为菩萨，他过着普通人的生活，努力求取功德，尽量避免作恶。在一些前生中，他奉献一切，包括他的身体，为了获得六种（或十种）至高美德（pāramitā，“波罗蜜”）。按照大众－出世部，在他的最后一生作为悉达多·乔答摩，他不被设想从子宫中，或像普通人那样出生。他只是示现一个凡人，包括示现无知、度过家庭生活和努力追求解脱等等①。

大乘发展小乘的菩萨概念。他们指出在凡人中有这样的人，他们发起菩提心（bodhicitta），实现波罗蜜，成为佛。发起菩提心要求成熟者必须奉献好几生为他人服务，除非其他人都获得解脱，他不谋求自己的解脱，因为在其他人没有获得解脱前，谋求自己解脱，将表明他没有让自我奉献的美德达到极致。按照大乘，菩萨恒河沙数，不可计量。其实从理论上说，每个大乘教徒就是一位菩萨。一些菩萨已经被赋予具体的形式和品德。在早期大乘经文中，更强调品德而非形式，而后期经文则相反。在《妙法莲华经》、《庄严宝王经》（Karaṇḍavyūha）和其他经中描写好几位菩萨的品德和威力，他们自愿决心保持这样，而不成为佛。否则，他们将达到形而上境界，超越善恶，不再坚持实践慈（maitrī）和悲（karuṇā），为世界上受苦众生服务。他们中包括文殊师利（Mañjuśrī）、观自在（Avalokiteśvara）、金刚力士（Vajrapāṇi）、药王（Bhaiṣyarāja）、得大势（Mahāsthāmaprāpta）、普贤（Samantabhadra）和弥勒（Maitreya）等，像天神那样受到崇拜和敬仰。随着时间推移，他们被赋予便于崇拜的特定形式和标志，设计精致的仪式，依据婆罗门教众天神的路数编织围绕他们的神话。这样，菩萨说引进和强化佛教中的虔信和崇拜因素。

伴随这种菩萨概念，大乘作者细致描写菩萨的生涯，他们不仅强调实现波罗蜜，也强调多种多样的修禅，旨在培养认知法空或真如的思想能力。由此可以看出大乘怎样发展和扩大小乘的菩萨概念。

为了确定菩萨概念的起始时期，我们必须确定本生经（Jātaka）

---

① Bennett, A. A. G., The Rise of Mahāyāna Buddhism, Mahābodhi, Vol. 71, No. 6, 第123—132页；Majumdar, A. K., Concise History of Ancient India, 3, 1983, 第405页以下。

和譬喻经（Avadāna）的成书时期，它们包含小乘对佛陀作为菩萨的各种存在情况的描述。在巴利语经文中，既没有菩萨概念，也没有提到波罗蜜学说。《增一尼迦耶》《大般涅槃经》和其他经完全不知道它们。按照达多（N. Dutt），“似乎只是在阿育王时期之后，菩萨概念被嫁接到佛陀的原始教导中，这导致本生经和譬喻经的编撰。本生故事包含在有别于上座部的一些派别的律藏中，显然穿插在佛陀乔答摩觉悟前后的生平中。在巴利语三藏中，这些故事已经汇编成独立的经，而梵语作者即说一切有部编撰譬喻经，不仅包含佛陀乔答摩的前生故事，也包含他的著名弟子和信众的前生故事。本生经和譬喻经成为巴尔胡特和山奇雕塑的主题，其年代约公元前一、二世纪。这样，菩萨概念的起源，连同本生经和譬喻经的编撰，其年代可以安放在公元前二、三世纪。必定是在这个年代之后，大乘教徒发展他们的菩萨概念，将它转化成一种称为菩萨乘（bodhisattvayāna）的信条”①。

十地：精神提升的方案

尽管怀有彻底的利他主义理想，但大乘佛教没有抛弃小乘佛教设计的精神提升的方案。在大乘经文如《入楞伽经》（Laṅkāvatara）、《十地经》（Daśabhūmi sūtra）和《经庄严论》（Sūtrālaṅkāra）中，详细讲述菩萨接受培养的过程。那是说不可能在一生中达到所有品德圆满（pāramitā，“波罗蜜”），而是一位菩萨需要好几生履行六种波罗蜜，即布施（dāna）、持戒（śīla）、忍辱（kṣānti）、精进（vīrya）、禅定（dhyāna）和智慧（prajñā），获得好几种其他品德和力量，进行各种修禅，发展他的智力。他依次从一地（bhūmi，一个精神进步阶段）进入另一地，最后达到第十地，获得菩

---

① CHI，1，第512页。

提（bodhi，圆满的知识）①，成为正等觉（samyaksambuddha）。

小乘和大乘的精神进步早期阶段几乎是相同的。一位成熟者最困难的任务是实现从普通凡人（小乘称为凡夫，pṛthagjana，大乘称为初行，prakṛticaryā）的前精神阶段进入圣者（ārya，能获得最高真理的人）阶段要求的条件。小乘主张凡夫在成为预流（sotapanna 或 śrotāpanna，进入涅槃溪流者）之前，必须理解四圣谛，坚信佛的教导，排除对自我存在的信仰②。而大乘坚持认为一个人在脱离初行阶段，成为圣者或菩萨之前，必须发起菩提心，这样才能称为开始进入十地（bodhiprasthāna，"行菩提行"）。在小乘中，预流通过道德和修禅实践（śīla，"持戒"），灭除贪、瞋和痴，进入第二阶段一来（sakṛdgāmin）。通过心（citta）或入定（samādhi）的完善，灭尽贪、瞋和痴，进入第三阶段不还（anāgāmin）。然后，达到智慧圆满（prajñā），即认知真理，排除一切烦恼障，认知"人空"，成为阿罗汉。在大乘经文中，如无著的《菩萨地》（Bodhisattvabhūmi）、《大事》和《般若波罗蜜经》，为菩萨描述了同样的过程。在脱离初行阶段后，菩萨逐步经历三个阶段，净化自己的言行（adhiśīla，"增上戒"，相当于小乘的"持戒"），完全控制思想（adhicitta，"增上心"，相当于小乘的"心"），获得对存在或世界构成的分析知识（adhiprajñā，"增上慧"，相当于小乘的"智慧"）。完成这三个阶段后，菩萨像声闻那样，灭除烦恼障③。在大乘经文中，这四个阶段分成六地，分别称为欢喜地（pramuditā）、离垢地（vimalā）、有光地（prabhākarī）、焰慧地（arciṣmatī）、难胜地（sudurjayā）和现前地（abhimukhī，菩萨就在菩提面前）。菩萨的生涯至此实际上与小乘声闻的生涯没

① CHI，1，第480页。

② Dutt，Mahāyāna Buddhism，第92页以下。

③ CHI，1，第515页。

有不同。那是在随后四个更高阶段菩萨获得佛的特殊威力，认知一切现象对象的同一性（tathatā，“真如”），准备成为世界的导师。

这四个更高阶段是最后四地，通过排除所知障，认知真如或法空。这样，更高的大乘实践开始于“增上慧住”（adhiprajñāvīhāra）之后，即第七地，称为远行地（duraṅgamā）。由此菩萨继续实行四梵住（brahmavihāra），即慈（maitrī，友善）、悲（karuṇā，悲悯）、喜（muditā，为他人的成就高兴）和舍（upekṣā，平静），努力认知无实体性（nairātmya，“无我性”）和一切对象存在的不二性（advaya），看到佛的宇宙身即法身。他随顺世界的方式，但保持超然。他现在超越声闻和缘觉的阶段①。

第八地称为不动地（acalā），菩萨获得一切对象同一（“真如”）的知识，抛弃所有思想结构，彻底相信一切世界对象无生（anutpattikadharmakṣānti，“无生法忍”）。然后，他获得佛的特殊威力。现在，他知道自己在何时何地成佛。现在，他仅仅展示遵行行为规则，几乎达到全知，具有对一切进行详细分析的知识。

第九地称为善慧地（sādhumati），菩萨发展佛的十力（daśabala）、完美的智慧和细致观察不同众生的性向的能力。他准备采用各种方法（upāyakauśalya，“善巧方便”）帮助不同的众生提升精神。现在，他完善自己，准备完成引导一切众生达到涅槃的任务。

第十地即最后一地称为法云地（dharmamegha）或灌顶地（abhiṣeka），他已经成为全知者，完成一切修禅，知识圆满（prajñāpāramitā，“般若波罗蜜”）。现在，他的法身形成，具有光辉的身体，放射的光芒照亮整个宇宙，令一切众生快乐。在这个阶段，他接受一切佛灌顶，成为佛，成为如来，而结束菩萨生涯②。

---

① 详细情况参阅 Dutt，Mahāyāna Buddhism，第 86 页以下。

② Dutt，同上；参阅 Kak，R. N.，Religious Growth in the Mahāyāna，Mahābodhi，Vol. 72，Nos. 3—4，第 59—64 页。

大乘万神殿和崇拜方式

在小乘佛教中，没有系统的万神殿。在早期佛教经文中提到三十三天神和其他一些神，说他们住在忉利天（Trāyatriṃśa）[①]。但是，佛陀不鼓励崇拜他们。正因为如此，在早期佛教中，既非佛陀，也非任何其他天神，以偶像形式受到崇拜，而只是向塔和其他佛陀的象征物表达敬意。但是，在大乘佛教中，设想出大量的神。他们的数目在怛特罗佛教中变得庞大。在大乘中，个体灵魂被称为菩提心（bodhicitta），而宇宙灵魂被称为空（śūnya）。这两者在禅定中结合时，诸神发挥作用。

伴随大乘的佛陀超世间（lokottara）性质的概念和菩萨说的发展，出现界定和分类完备的万神殿以及天国和地狱的概念[②]。《秘密集会》（Guhyasamāja）可能是首先描述五位禅定佛（dhyānī buddha，代表五蕴），即毗卢遮那佛（Vairocana）、阿閦佛（Akṣobhaya）、宝生佛（Ratnasambhava）、阿弥陀佛（Amitābha）和不空成就佛（Amoghasiddhi），以及他们的咒语（mantra）、曼荼罗（maṇḍala，诸神地盘）和性力（Śakti，对应的女性）。五位禅定佛通过禅定产生于本初佛（Ādibuddha）。这五位禅定佛的产物或后裔构成男女神的家族（kula）。五个家族是瞋（dveṣa）、痴（moha）、贪（rāga）、如意珠（cintāmaṇi）和时节（samaya）。这些家族的每一位神被赋予不同的形式、色彩和同伴等。在《极乐庄严经》中，阿弥陀佛首次出现为极乐世界（Sukhāvatī）的主神，也带出慈悲的人格化观自在（Avalokiteśvara）菩萨。法显提到文殊师利、观自

① 参阅 Haldar, J. R., Characteristics of Buddhist Gods in Pali Literature, JAIH, 5, 第33—35页。

② 参阅 Haldar, J. R., Links between Early and Later Buddhist Mythology, Religious Life in Ancient India, ed. by D. C. Sicar, 第142—157页。

在和未来佛弥勒，而玄奘提到观自在、鬼子母（Hārīti）、地藏（Kṣitigarbha）、弥勒、文殊师利、莲花手（Padmapāṇi）、毗沙门（Vaiśravaṇa）、释迦佛、释迦菩萨和阎摩（Yama）以及好几位神化的圣者。文殊师利是一位普及的菩萨。他被认为永远年青（kumārabhūta，“童真”），是智慧的人格化，通常与吉祥女神（Lakṣmī）或辩才女神（Sarasvatī）相联系。在女神中，多罗（Tārā）最普及。她被认为是般若（prajñā，智慧）的人格化，因此，她也被称为般若波罗蜜女神（Prajñāpāramitā）。

按照中国朝圣者的记载，小乘比丘和比丘尼通常供奉佛塔，而大乘教徒供拜佛陀、菩萨和其他男女天神的偶像。最早的佛像可能于公元初出现在犍陀罗或摩突罗，是大乘意识形态的产物。大乘教徒建造寺庙，安置这些偶像，也带着它们游行。义净记叙为这些偶像沐浴和日常崇拜仪式。

大乘寺院生活

不像小乘，大乘不坚持只有人能成为比丘或比丘尼，甚至允许动物开始菩萨的生涯。可能正是这样，导致大乘经典中没有律藏①。在后期经文如《集菩萨学论》（Sikṣāsamuccaya）、《入菩提行论》（Bodhicaryāvatāra）和《菩萨戒本经》（Bodhisattvaprātimokṣa sūtra）中，只有一些一般性的戒规。由此可以看出，大乘僧侣在寺院生活中遵循小乘通常的戒规，按照需要修订其中一些戒规。正因为如此，玄奘记载在许多寺院中，两派比丘生活在一起。然而，义净提到小乘和大乘比丘在肉食方面的不同，虽然他也注意到各地大乘比丘一般遵循小乘戒律。大乘生活方式增加的特点体现在有精神导师（kalyāṇamitra，“善友”），奉行四念处（smṛtyupasthāna），学习优

---

① 参阅 Chakrabortty, Asceticism in Ancient India，第 299—333 页，对大乘僧侣戒律有详细研究。

良行为（bhadracaryā，“普贤行”），敬拜（vandanā）佛像和塔庙，表达虔诚信仰（śraddhā），请求诸佛引导一切众生，等等。同时，遵循小乘戒律也毫不困难。然而，应该记住大乘教徒在理论上相信所有这些戒规仅仅是导师运用的善巧方便（upāyakauśalya），为了吸引未入道者进入他的思想方式。一旦这些戒规达到提升未入道者的思想（citta，“心”）的目的，它们的用途就完成。然后，入道者被告知他们遵行的这些戒规是不真实的，应该将它们视为“空”（śūnya），如泡沫，如幻梦。

四 大乘哲学和文献

中观派

随着时间推移，大乘哲学家分成两派：中观派（mādhyamika）和瑜伽行派（yogācara）。龙树可能是中观空论的最早阐释者，虽然高楠（Takakusu）相信《大乘起信论》（Śraddhotpādasūtra）的作者马鸣早于龙树宣说阿赖耶识（ālayavijñāna，“藏识”）和世界万物同一性（tathatā，“真如”）的哲学。龙树约一、二世纪[①]出生在案达罗或维达巴的一个婆罗门家庭[②]，精通婆罗门教经典。他成为比丘，长期担任那烂陀寺院住持。这座寺院在他的领导下赢得巨大声誉。他对《般若波罗蜜经》（Pañcaviṃsatisāhasrikā，《二万五千颂般若波罗蜜经》）

---

① Dutt，CHI，1，第480页。关于龙树的年代，参阅Rao，B. R. S. Hanumanta，The Contemporaneity of Kaniṣka and Nāgārjuna，JAHRS，28，Pts. 3—4，第23—29页。他提出迦腻色迦一世于130/134年登位，龙树活跃在他的宫廷中。也参阅Lal，G. Jawahar，Was Kaniṣka a Patron of the Buddhist Philosopher Nāgārjuna？同上书，30，Pts. 1—4，第21—31页。他将迦腻色迦一世安放在78年，龙树是他的同时代人。关于龙树是Gautamīputra Śātakarṇi同时代人的研究，参阅Nema，S. R.，Nāgārjuna and his Contemporary Sātavāhana King，Nagpur University Journal，14，No. 1，第23—31页。

② Joshi，Studies，第3页。

的注释，称为《大智度论》(Mahāprajñāpāramitāśāstra)，是一部关于小乘和大乘知识的巨著，现在仅存鸠摩罗什（Kumārajīva）的汉译。它的要义见于他的《根本中论颂》（Mūlamadhyakakārikā）。这些经文的主要目的是确立对于真实或空性（Śūnyatā），不可能以肯定的方式描述，至多只能通过否定一切可想象事物的方式描述。所有所谓的对象或性质——涅槃、佛或菩萨，在最高意义上（paramārtha，“第一义”）都不存在（śūnyāḥ sarvadharmā niḥsvabhāvayogena，“依据无自性，一切法空”）。龙树认为现象世界是对真实或空性的虚妄叠加。而如果它们全是妄想，为何佛陀教导精神实践和分析现象对象，龙树对此的回答是，佛陀的教导是依据两种真理：世俗习惯的真理和最高真理（paramārtha，“真谛”）即绝对。世俗的真理区分接受和被接受，主观和客观。它只是真理的覆盖物，而非真理本身。实际上，佛陀从未对任何人宣示任何学说。因此，渴望认知空性真理者应该做的事是让自己完全摆脱世俗事物，无论是粗俗的尘世享乐，还是成为阿罗汉、菩萨或佛的最高成就。

龙树的继承者是圣天（Āryadeva，二世纪）。他是一位僧伽罗国王的养子，撰写有好几部论著。其中的一部是《四百论》(Catuḥśataka)，现存有梵本。他的弟子是摩咥里制吒（Mātṛceṭa，别名 Durdharṣa Kāla 或 Pitṛceṭa)，一位婆罗门教大学者。他在辩论中败在圣天手下，从此成为宣说大乘的大师，撰写有好几部著作。他的同时代人罗睺罗跋陀罗（Rāhulabhadra）是圣天的一位首陀罗弟子。他是一位阿弥陀佛信徒。在圣天和僧护（Saṅgharakṣita，五世纪初）之间，似乎没有作出突出贡献的中观系统导师。在五世纪，鸠摩罗什在中国宣传中观体系。佛护（Buddhapālita）出生在羯陵迦的牙城，撰写龙树的《根本中论颂》的注释，而他的同时代人清辨（Bhāvaviveka）也撰写了一部注释，名为《般若灯》(Prajñāpradīpa)。佛护采取应破（prāsaṅgika）方法确立空性说，而清辨采取自立（svātantrika）方法。在中观体系的其他著名导师中，月称（Candrakīrti）被认为是佛护的化身。他是瑜伽行派月官（Candragomin）的对手。他的后继者是法护（Dharmapāla，635年）、胜天（Jayadeva）和寂天（Śāntideva）。寂天是娑罗湿特罗国的一位王子，撰写有《集菩萨学论》和《入菩提行论》等许多著作。

瑜伽行派

瑜伽行派是大乘哲学的第二个派别。它出现在龙树之后。按照高楠，这种哲学的最早论著是马鸣的《大乘起信论》，约成书于一世纪。但是，对于这部著作的古老性，并未获得公认。

这个哲学派别的最早阐释者可能是阿逾陀的弥勒纳特（Maitreyanātha，约270—350年）。多罗那他和布士顿（Buston）认为他与未来佛弥勒（Maitreya）是同一人。他的弟子是无著（Asaṅga，约310—390年），系统化和发展他的思想。然后，无著的弟弟世亲（Vasubandhu）更科学地论述这种哲学。无著和世亲是布卢舍城王室祭司的儿子。无著原先属于化地部，后来成为弥勒纳特的弟子，为他的导师的著作撰写注释，并说服他的弟弟世亲，那个时代的一位学问大师，放弃说一切有部信仰，投身瑜伽行派的事业。世亲成为唯识论（vijñānavāda）的伟大阐释者①。他的弟子有德慧（Guṇamati）、安慧（Sthiramati）、陈那（Dinnāga）、僧伽陀娑（Saṅghadāsa）和护法（Dharmapāla）等。德慧的弟子是优禅尼城著名的学者真谛（Paramārtha）。这个时期赫赫有名的月官是安慧的弟子。所有这些大学者撰写有关于哲学、形而上学、逻辑和语法等的

---

① 关于同名的两位学者的看法，参阅 Frauwallner, E. , On the Date the Buddhist Master Law Vasubandhu, 1951；Goyal, S. R. , A History of the Imperial Guptas，第214—216。

大量著作。

中观派和瑜伽行派之间的不同非常微妙，因为瑜伽行派的涅槃或真如和现象世界不存在的观念与中观派几乎相同。瑜伽行派支持中观派关于外在世界不存在的观点。然而，他们认为它仅仅是唯心（cittamātra）或唯识（vijñānamātra）的想象或延伸。他们相信多样化的世界是人的精神创造，因为人的思想中累积着自不可追忆的时间以来的种种观念、愿望和妄想。他们不考虑世界荒谬，或者像石女的儿子那样不存在，而认为它是叠加在绳上的蛇。他们给予蛇某种真实性，只是不要确立蛇和绳的同一性。

瑜伽行派发展佛的三身说，即化身、报身和法身。第一种化身是显现的。第二种报身虽然是显现的，但它缘于菩萨积累的功德。第三种法身是真实的，而没有任何特征。

大乘文献

大乘教徒不质疑小乘三藏的权威性。但是，他们创制他们自己的文献，卷帙浩繁，宣传他们自己的理想和教导。大多数早期大乘佛经归诸佛陀本人。他被说成只是在灵鹫峰宣说他的大乘法。每部经都以"如是我闻"（evam mayā śrutam）开头，声称听众不仅是菩萨，也包括著名的声闻和居士。早期大乘经通常重申小乘三藏的一切法，但只是证明它们有某种程度的用处。一旦菩萨超越小乘精神阶段，他们将认为这些只是泡沫和幻影，应该完全抛弃。

最古老、最著名和最有代表性的大乘基本经典是《般若波罗蜜经》（Prajñāpāramitāsūtra）。它有多种传本，大型的（最长的有十万颂）、中型的和小型的（最短的只有一颂）。但是，它们全都强调同一个主题，即法空。

同样重要的是保存在尼泊尔的九部著名经典。它们是《神通游戏》（Lalitavistara）、《三昧王经》（Samādhirājasūtra）、《入楞伽经》（Laṅkārāvatara）、《八千颂般若波罗蜜经》（Aṣṭasāhasarikā prajñāpāramitā）、《华严经》（Gaṇḍavyūha）、《妙法莲华经》（Saddharmapuṇḍarīka）、《十地经》（Daśabhūmika）、《金光明经》（Suvarṇaprabhāsa）和《如来秘密经》（Tathāgataguhyaka）。同样著名的还有《极乐庄严经》（Sukhāvatīvyūha）或《无量寿经》（Aparimitāyus sūtra）、《庄严宝王经》（Karaṇḍavyūha）和《文殊师利根本仪轨经》（Mañjuśrīmūlakalpa）。《无量寿经》或《极乐庄严经》描述阿弥陀佛（Amitābha）和他的极乐世界。《妙法莲华经》也是一部古老的经，指出声闻虽然获得一些精神提升，但仍需继续修行，认知最高真理。在早期大乘文献中，譬喻经以及马鸣和摩咥里制吒的著作占有重要地位。

大量的大乘经文在西晋（265—316 年）译为汉语，包括《十地经》和《三昧王经》。《十地经》讲述菩萨精神提升的十个阶位。《三昧王经》讲述导向认知空性的至高之禅。大乘经文的汉译持续一千多年。藏译的开始晚于汉译，但也取得与汉译同样的成就。

大乘教徒非常重视巫术咒语和符咒。它们被汇集在称为“陀罗尼”（dhāraṇī）的著作中。这些咒语和符咒不为小乘教徒所知。其中有少数可能采用佛教之前吠陀的或非吠陀的咒语和符咒。在大乘佛教中，陀罗尼占据重要的地位，随着时间推移，盖过伦理和哲学学说。

随着大乘的发展，佛教倾向回到印度文化主流。使用梵语作为文字和学术工具，采用往世书的叙事风格和方法，天国和地狱的概念，佛教万神殿的出现，天神的等级秩序，强调虔信，所有这些特征使它相当接近婆罗门教。它表示和证明佛教不是一个不同的宗教，而只是印度教的一个方面，一个层面。

第六章

怛特罗佛教

从佛陀涅槃至穆斯林在约 1197 年摧毁那烂陀寺，大约十七个世纪中，印度佛教经历了三个主要时期——小乘、大乘和金刚乘（Vajrayāna，密宗或怛特罗佛教），每一乘具有自己的特征和理想。但是，这些时期不是互相排斥的。产生在前的乘继续独立发展，也部分融入后来产生的乘。

怛特罗文献

金刚乘时期的佛教怛特罗形成大量文献，现存最大部分保存在译自梵语的藏译文本中，包括基本著作和注释，收在《甘珠尔》（Kanjur）和《丹珠尔》（Tanjur）中，并补充有大量藏族本土文献。著名的佛教怛特罗经有《秘密集会怛特罗》（Guhyasamāja tantra）、《喜金刚怛特罗》（Hevajra tantra）、《吉祥轮总持经》（Śrīcakrasambhāra tantra）、《一切如来真实摄持经》（Sarvatathāgatatattvasaṅgraha）、《时轮怛特罗》（Kālacakra tantra）、《多罗怛特罗》（Tārātantra）和《文殊师利根本仪轨经》（Mañjuśrīmūlakalpa）。《文殊师利根本仪轨经》属于真言宗（Mantrayāna）。《成就法鬘》（Sādhanamālā）是关于金刚乘仪式和崇拜的 312 部短经集，它的 84 位作者大多是佛教成就师（siddha）。娑罗诃波陀（Sarahapāda）的《诗歌集》（Dohākośa）、因陀罗菩提（Indrabhūti）的《智慧成就法》（Jñānasidhi）、阿南伽婆遮罗

(Anaṅgavajra) 的《般若方便决定成就法》(Prajñopāyaniścayasiddhi)、那洛巴 (Nāropa) 的《瑟高提舍注》(Sekoddeśaṭīkā)、不二金刚的 (Advayavajra) 的《不二金刚摄持》(Advayavajrasaṅgraha)、拉克希蜜 (Lakṣmī) 的《不二成就法》(Advajasiddhi)、堂毗·赫鲁迦 (Dombi Heruka) 的《俱生成就法》(Sahajasiddhi) 以及许多佛教传统的密宗导师的诗歌 (dohā) 都已经在现代出版。

对怛特罗的研究异常困难。大多数经文的年代不明。也就是说，既不主动保留精确的纪年，也无意虚构纪年。像大多数印度古代宗教经文的作者那样，佛教怛特罗的作者不留自己的名字，而归诸某位佛。这些经文的语言和文体也造成一定的阅读难度。经文的形式相同，其区别不在于伦理或哲学，而在于仪式和瑜伽，如果没有传统的注释，就难以理解。而且，它们所规定的技巧，只有通过灌顶仪式 (abhiṣeka)，由导师传给弟子必需的精神力量后，才能实践①。

佛教怛特罗有各种分类。按照一种分类，有四种：(1) 所作怛特罗 (Kriyātantra)，论述建造寺院和树立神像等等的仪式；(2) 所行怛特罗 (Caryātantra)，论述实际的崇拜；(3) 瑜伽怛特罗 (Yogatantra)，论述种种瑜伽实践；(4) 无上瑜伽怛特罗 (Anuttarayogatantra)，论述更高级的神秘主义。

按照另一种分类，有五种：(1) 所作怛特罗 (Kriyātantra)；(2) 瑜伽怛特罗 (Yogatantra)；(3) 大瑜伽怛特罗 (Mahāyogatantra)；(4) 随顺瑜伽怛特罗 (Anuyogatantra)；(5) 极致瑜伽怛特罗 (Atiyogatantra)。

按照中村元 (Hajime Nakamura)②，还有另一种可能的形式上的分类，虽然并不是确切的系统化。(1) 根本怛特罗 (Mūlatantra)。

---

① Sangharakshita, Bhikshu, in A Cultural History of India, ed. by A. L. Basham, 第92页。

② Hajime Nakamura, Indian Buddhism, Delhi, 1987, 第332页。

(2) 小怛特罗(Laghutantra 或 Alpatantra)。根本怛特罗是阐释(nirdeśa),小怛特罗是主题分类(uddeśa)。(3) 明示怛特罗(Ākhyātatantra)是另一种怛特罗的阐释。(4) 后怛特罗(Uttaratantra)是注释。(5) 后后怛特罗(Uttarottaratantra)安放在后怛特罗之后,也是注释。

一 怛特罗教的含义和性质

怛特罗教的含义

怛特罗同样影响佛教徒和印度教徒两者。在本质上,佛教、湿婆教、性力教和薄伽梵教的怛特罗显示惊人的理论和实践的相似性,所不同的只是术语、背景和传统。正是在怛特罗时期,婆罗门教和佛教传统完全融合,产生现在所谓的印度教。现代开发怛特罗,尤其是军荼利瑜伽(Kuṇḍalinīyoga)的印度教怛特罗的研究的第一位欧洲学者约翰·伍德罗夫(Sir John Woodroffe)爵士以笔名阿瑟·阿沃龙(Arthur Avalon)出版了一系列关于怛特罗的著作①。

怛特罗教在现代激起矛盾的态度和评价。一些学者谴责它是巫术、迷信和淫秽,而另一些学者认为它是科学的和精神深刻的。怛特罗(tantra)这个词意谓一个文本以及一种实现(sādhanā)和成就(siddhi)的体系。在摩涅-威廉斯(Monier-Williams)的词典中解释怛特罗是一类教导巫术和神秘法术的著作。在吠陀经典中,

① 关于怛特罗佛教的详细研究,参阅 B. Bhattacharya, An Introduction to Buddhist Esoterism, 1980; S. B. Dasgupta, An Introduction to Tāntric Buddhism, 1974; Obscure Religious Cults, 2 nd ed., Calcutta, 1962; P. C. Bagchi, Studies in the Tantra, Part 1, Calcutta, 1939; G. Tucci, Tibetan Painted Scrolls, 2 Vols., Roma, 1949; Minor Buddhist Texts, 2 Parts, Roma, 1956, 1958; David Snellgrove, Buddhist Himālaya, Oxford, 1957; Poussin, Tāntrism, ERE。其他资料,参阅 Hajime Nakamura, Indian Buddhism, Delhi, 1987。

怛特罗（tantra）用作织机的意义。在天启经（Śrautasūtra）中，这个词用作包含许多部分的工作过程。在弥曼差（Mīmāṃsā）传统中，也用作行动过程，制作方法。在钵颠阇利（Patañjali）的《大疏》（Mahābhāṣya）中，这个词表示一种知识的分支，而政治学和医学作者使用 tantraniryukti 一词，意谓经典、前提、原理和说明等①。它也用作书名，如《五卷书》（Pañcatantra）。《长寿字库》（Amarakośa）将各种科学著作称为 tantrāṇi②。商羯罗（Śaṅkara）将这个词用作哲学体系③。在宗教意义上，这个词首先意谓"知识依靠它扩展的经典"（tanyate vistāryate jñānam anena iti tantram）④。

在《憍尸迦注》（Kāśikāvṛtti）中，tantra 这个词源自字根 tan，意谓散布，虽然有些后期作者认为源自 tatṛ 或 tantṛ，意谓起源或知识。在下一个阶段，它被界定为一类文本，宣传深刻的事物，关于"真实"（tattva，宇宙原理学）和"真言"（mantra，神秘发音学）⑤。

怛特罗教的基本教义

怛特罗阐述的宗教是"一种特殊的混合体，包括神秘的音节（mantra，'真言'）、巫术符咒（yantra，'护符'）、仪式圆圈（maṇḍala，'曼陀罗'）、手印（mudrā，'印契'）、性游戏（maithuna，'交欢'）、身心训练（yoga，'瑜伽'）、恐惧的万神殿、复杂的崇拜和仪式、法术、降神术、象征术、占星术、炼丹术、女性协作和原子哲学。肯定物质

---

① Bhattacharya, N. N., History of Tāntric Religion, New Delhi, 1982, 第 1 页以下；参阅 Sharma, D. B. Sen, Studies of Tantra Yoga, Karnal, 1985, 第 1 章。

② Joshi, L. M., Studies, 第 235 页。

③ Bagchi, P. C., Evolution of the Tantras, CHI, 4, 第 211 页。

④ 参阅 Goyal, RHAI, 1, 第 336 页。

⑤ Joshi, L. M., Studies, 第 235 页；参阅 Sharma, D. B. Sen, Studies of Tantra Yoga, Karnal, 1985, 第 1 页。

世界、一切神和至高真理居于人体中、依据本质的不二性显现的二元性原理、协作的女性伴侣（śaktisāhacarya，‘性力俱行’）是解脱过程的必备条件以及对于纯洁的人一切东西都纯洁的极端伦理，尤其是生命的至福在于男性（upāya，‘方便’）和女性（prajñā，‘般若’）交合（yab-yum）产生的“大乐”（mahāsukha）这个概念，显然是佛教和印度教的怛特罗教或密教的一些基本原理”[①]。在怛特罗教中，低俗的实践，如公开推荐实行五 ma（五种以字母 ma 开头的名称）即酒（madya）、肉（māṃsa）、鱼（matsya）、手势（mudrā）和交欢（maithuna），甚至过着高级宗教生活的男性也明显沉溺其中。在《秘密集会怛特罗》中，不仅推荐妄言和偷盗，甚至推荐谋杀。

可以从《大涅槃怛特罗》（Mahānirvāṇatantra）得知怛特罗一般原理的清晰观念，这是一部最流行和最著名的怛特罗经。按照它，梵（brahman）只是性力（śakti），一切众生永恒的原动力。“可以感知一切生命来自妇女的子宫。这样，我们应该依据‘母亲’，而非依据‘父亲’设想最终的创造原则。诸如原初物质（prakṛti）和幻力（māyā）这样的哲学概念，诸如波哩婆提（Pārvatī）、难近母（Durgā）、吉祥女神（Lakṣamī）和罗陀（Rādhā）[②] 这样的女神形象，构成女性创造原则，它们只是世界之母（Jaganmātā）的不同名称。所有的神，包括梵天（Brahmā）、毗湿奴（Viṣṇu）和湿婆（Śiva）都内含和产生于神母。因此，这个教派将每个妇女看作是宇宙之母的化身。”[③] 在佛教怛特罗教中，方便（upāya）和般若

① Joshi，L. M.，Studies，第 235 页；参阅 Sharma，D. B. Sen，Studies of Tantra Yoga，Karnal，1985，第 236 页。

② 这里的波哩婆提和难近母是湿婆的配偶，吉祥女神是毗湿奴的配偶，罗陀是毗湿奴的化身黑天的配偶。——译注

③ AIK，第 31 页。

（prajñā）相当于印度教的湿婆（Śiva）和性力（Śakti）原则[①]。湿婆受崇拜时，他的配偶也受崇拜，两者不可分离。同样的理由，性力受崇拜时，湿婆也受崇拜[②]。

这样，性力说形成怛特罗所有分支的哲学基石。性力即原初的女性潜力的活动成为宇宙各种形式和现象的基础。正是通过这些形式，一个人能向上提升，达到与宇宙原则的完美结合[③]。

二　怛特罗教的起源

怛特罗教源自国外？

按照好几位学者，怛特罗教源自国外。夏斯特里（H. P. Sastri）相信“怛特罗来自印度境外，可能来自于锡西厄人（Scythian）的摩奇（Māgī）祭司”。巴特恰利耶（Battacharya）认为“将性力崇拜引入宗教是如此的非印度性，以致我们不得不认为它是外来的或外国的影响”[④]。巴克齐（P. C. Bagchi）也指出怛特罗中一些可能的国外因素，尤其是西藏的因素。他感到印度的神秘主义者与西藏有正规的交流。正因为如此，我们发现在怛特罗中有喇嘛教学说的痕迹[⑤]。在近些年，阿历克斯·惠曼（Alex Wayman）企图证明在佛教怛特罗中存在某些希腊－罗马的概念[⑥]。但是，大多数学者一般在佛教之前的印度宗教中追溯怛特罗教导起源。按照约翰·伍德罗夫，怛特罗是吠陀“业篇”（Karmakāṇḍa，“祭祀篇”）的发展，

---

① RHAI，1，第344页以下。

② CHI，4，第250页。

③ Yadava，B. N. S.，Society and Culture in Northern India in the Twelfth Century，Allahabad，1973，第361页以下。

④ Studies 转引。

⑤ Bagchi，P. C.，Studies in the Tantras，1975，第55页。

⑥ Wayman，Alex，The Buddhist Tantras，第19—23页。

以怛特罗经论（Tantraśāstra）的名义，是迦利（kāli）时代的经典①。按照查尔斯·艾略特（Charles Eliot），怛特罗是一种宗教巫术，而非原理②。摩涅-威廉斯认为怛特罗教源自数论的原人（puruṣa）和原初物质（prakṛti）理论的普及③。戈比纳特·格维罗阇（Gopīnātha Kavirāja）相信怛特罗教的真言经论（Mantraśāstra）根植于吠陀宗教④。按照 G. C. 般代，人类最早的宗教或多或少具有怛特罗性质。他指出大量的怛特罗因素可以追溯到佛教之前的印度宗教⑤。乔希（L. M. Joshi）紧密追随他⑥。现代学者已经正确指出怛特罗教最重要的方面是“性力俱行”（śaktisāhacarya）的信条⑦，它始终一方面与母亲女神崇拜，另一方面与阳物崇拜和湿婆崇拜紧密联系。但是，正如我们所见到的，这些呈现在印度河流域宗教中，包含母亲女神崇拜、男根（liṅga，“林伽”）和女阴（yonī）崇拜、性二元论（男性和女性创造原则的二元概念）和瑜伽实践。所有这些因素构成一种不加分别的宗教和仪式的复合体，后来被称为怛特罗传统。在吠陀宗教中，也存在许多怛特罗教因素，其中许多被成功地吸收，另一些被牵强地合理化。许多仪式具有性特征，用于保障土地肥沃，在吠陀中获得确认。后来依据它们作出奇妙的解释。在吠陀文献的不同部分，也明显提到实施杀死敌人（māraṇa）

---

① Woodroffe, Principles of Tantra, 第 28 页。

② Hinduism and Buddhism, 2, 第 190 页。

③ Williams, M., Hinduism, 第 88 页。

④ Bhāratīya Saṃskṛti aura Sādhanā, 1, 第 17 章; 参阅 Alex Wayman, The Significance of Mantras from the Veda down to Buddhist Tāntric Practices, Adyar Library Bulletin, 34, 1975, 第 65—89 页。

⑤ Bauddha Dharma, 第 459—461 页。

⑥ Joshi, L. M., Studies, 第 237 页以下。

⑦ Shastri, H. P., Mordern Buddhism, Intro., 第 10 页以下; Kavirāja, G. N., Bhāratīya Saṃskṛti aura Sādhanā, 1。

和征服敌人（vaśīkaraṇa）等仪式。许多阿达婆吠陀的魔法仪式几乎与怛特罗的实践相同。吠陀经典中规定的苏摩祭祀（Somayajña）和供物祭祀（Haviryajña）包含祭酒和饮酒。《百道梵书》讲述酒始终是纯洁的，因此，净化祭祀者。家庭仪式本身也被佛教密宗加以适当修改而采用①。吠陀经典中规定的净化身体仪式，即念诵一些咒语作为种子（bīja），同时沉思身体某个部位的神祇，接触那些部位，相当于怛特罗中的“安置”（nyāsa）。在吠陀经典中也发现使用明显没有意义的神秘发音如 khaṭ、phaṭ和 hum 等②。

吠陀文献表明阳物崇拜和母亲女神崇拜在吠陀社会本身已经日益获得接受。大量的怛特罗因素，诸如咒语、祭祀、祭司的法术和巫术符咒、使用酒和崇拜半神和魔，吠陀民族都知道。大约有十二首《梨俱吠陀》颂诗本身涉及巫术。巫术是《阿达婆吠陀》的主要的和基本的主题。在《泰帝利耶奥义书》（1.7）中，整个宇宙等同于人体。在《大森林奥义书》（1.1.1）中，“祭马”与宇宙相比较。在《歌者奥义书》（8.1.3）中，也有对人体同样的象征说明。而《白骡奥义书》（2.12）以悉陀的身体为前提③。奥义书中描述的“五知”（pañcavidyā）也明显具有怛特罗意义④。依据这些事实，显然大量的怛特罗教成分，理论的和实践的，具有早期的本土起源，虽然它们后来的形式肯定是后期的发展。虽然后期怛特罗作者想要将他们的学说依托吠陀，但吠陀传统的正统学者总是强调他们的反吠陀特征。许多现代的受教育者，国外的和印度的，也都感到困扰，认为应该脱离印度教认同的一般价值体系评价怛特罗。

还有，在流行的思想中，经常将性力教和怛特罗等同，以致怛

① Hajime Nakamura，Indian Buddhism，Delhi，1987，第 314—315 页。

② Bhattacharya，N. N. ，History of Tāntric Religion，第 172 页。

③ Pande，Bauddha Dharma，第 461 页。

④ 同上书，第 460 页。

特罗（tantra）这个词几乎专用于性力教的宗教文献，而阿笈摩（āgama）用于湿婆教文献，本集（saṃhitā）、篇（kāṇḍa）或夜（rātra）用于毗湿奴教文献。温特尼茨说："一旦我们说怛特罗，首先想到的就是性力教经典。"习惯上也将婆罗门教文献按照编年史，分成吠陀、律法、往世书和怛特罗，分属世界的四个时代。针对这种观点，约翰·伍德鲁夫、戈比纳特和 G. C. 般代等许多学者正确地指出：

（1）怛特罗认为它们自己是吠陀、所闻（śruti）或阿笈摩，即"天启"，相对于律法或尼笈摩（nigama），即"传说"。它们通常被说成是"所闻特殊分支"（śrutiśākhāviśeṣa），即吠陀的一种特殊分支。按照巴克齐，一部现存于抄本的最古老的怛特罗《呼吸真谛本集》（Niśvāsatattva saṃhitā）认为怛特罗是吠檀多和数论神秘学的顶峰[①]。一部同样古老的怛特罗经《宾伽罗摩多》（Piṅgalāmata）说："这部怛特罗首先由湿婆宣说，然后传承下来。它是具有阐陀（chanda，即吠陀）特点的阿笈摩。"《现象精华》（Prapañcasāra）和其他怛特罗引用吠陀的大诗（mahākāvya）和颂诗（mantra）。《迷卢怛特罗》（Merutantra）说，正如颂诗是吠陀的一部分，怛特罗也是吠陀的一部分。《无上怛特罗》（Niruttara tantra）称怛特罗依次为第五吠陀，家族道（kaulācara）依次为第五人生阶段。《鱼妙语大怛特罗》（Matsyasūkta mahātantra）说信徒必须是灵魂纯洁和通晓吠陀者。不通晓吠陀祭仪（vaidikakriyā）者不合格。《健达缚怛特罗》（Gandharvatantra）说怛特罗修行者（sādhaka）必须信仰吠陀，虔信梵，生活在梵中，以梵为庇护。《家族海怛特罗》（Kulārṇava tantra）描述怛特罗以吠陀为灵魂（vedātmaka），没有比吠陀更高的知识，没有学说能与家族道（kaula）相比[②]。

---

① Bagchi, P. C., Studies in the Tantras，第 212 页。

② 以上 Bagchi, P. C. 转引，Studies in the Tantras。

按照《楼陀罗亚摩罗》（Rudrayāmala），至高的女神属于阿达婆吠陀群体。《家族海怛特罗》也强调怛特罗起源于吠陀。跋斯迦拉利耶（Bhaskarārya）认为怛特罗是奥义书的补充。那多难陀纳特（Natanandanātha）在《迦摩迦拉注》（Kāmakalāvilāsa）中，试图追溯怛特罗的真言起源于吠陀。罗克希蜜达罗（Lakṣmīdhara）摘录TS，解释它们参考“吉祥学”（Śrīvidyā）。在怛特罗实践中使用吠陀颂诗属于同样的性质。我们也遇见怛特罗使用吠陀的伽耶特利诗律颂诗吁请不同的神①。

（2）婆罗门教文献分成吠陀、律法、往世书和怛特罗不意味这些类型互相之间没有任何共同性。一些怛特罗模仿往世书。而往世书文献的某些部分读来几乎像怛特罗手册。这意味怛特罗的形式如果不是早于往世书，也存在于往世书时期。因此，认为怛特罗时代在往世书时代之后不完全正确。

（3）怛特罗中的态度基本上与吠陀相同。吠陀本集的宗教是仪式主义的。随着时间推移，它发展成高度的神秘主义仪式，一种巫术的操作，不依靠诸神，依靠自己的效力，能产生善和恶的结果。正确念诵颂诗是它最重要的方面。怛特罗修行也追求依靠吠陀类型的秘密仪式获得超自然的力量，以及依靠秘密瑜伽实践达到湿婆和性力的合一。这类秘密仪式起始很早，见于梵书和奥义书。古鲁迦跋吒（Kullūkabhaṭṭa）在对《摩奴法论》（2.1）的注释中，将传统知识分成吠陀的和怛特罗的。这种分类并非毫无根据。但是，随着时间推移，这种双重框架的著作停止成为双重的，而融合成一个有机的整体②。

（4）“左道”（vāmācāra）实践并不穷尽怛特罗教的内容。例如，《家族海怛特罗》描述的道（ācaryā）多达七种，从吠陀道

---

① Bhattacharya，N. N.，History of Tāntric Religion，第164页以下。

② Pratyagatmananda，Swami，Tantra as a Way of Realization，CHI，4，第227页。

（vedācāra）开始，以家族道（kaula）收尾。其他一些怛特罗增加另外两种，即无畏（aghora）和瑜伽（yoga）。实际上，“怛特罗”这个词的涵盖面很广，不仅用于性力教，也用于湿婆教、毗湿奴教、太阳神教（Saura）、群主教（Gaṇapatya）和佛教形式（以及它们的许多分支）。正因为如此，不能简单地将怛特罗视为是来源于中国西藏或其他某些国家的礼物①。

佛陀本人是否教导怛特罗教？第三次转法轮的传说

这里可以注意到，怛特罗本身，无论印度教的或佛教的，通常都不注重历史性②，而声称是天启。印度教怛特罗常常被等同于吠陀。至于佛教怛特罗，它们被追溯到佛陀本人。按照《瑟高提舍注》（Sekoddeśaṭīkā），即《时轮怛特罗》（Kālacakratantra）的瑟高提舍部分的注释，真言乘首先由燃灯佛教导，然后被释迦牟尼佛采纳。在商跋罗国王妙月（Sucandra）的请求下，佛陀乔答摩在达尼耶迦吒迦举行一次集会，第三次转法轮，宣说秘密道或真言乘，如同以前分别在仙人堕处和灵鹫峰宣说小乘和般若波罗蜜法门（大乘）。然而，西藏的典籍对这个事件提供不同的说法，一种认为发生在佛陀觉悟的第一年，另一种认为在佛陀觉悟的第十六年，第三种认为在佛陀涅槃前不久。

但正如乔希所指出，第三次转法轮的传说正像第二次，明显是后来的虚构。没有可靠的证据表明佛陀去过案达罗地区。《文殊师利根本仪轨经》可能是最早的方广经（Vaipulyasūtra），含有许多真言乘成分，并不知道第三次转法轮，虽然它知道吉祥山和吉祥达尼耶迦吒迦是实践真言成就法（mantrasiddhi）的中心。《秘密集会怛特罗》或许是最早的著名怛特罗，提供怛特罗的所有基本元素，也

① 我们也已在 RHAI，1，第 337 页以下讨论怛特罗教的国外来源问题。

② Bhattacharya，H. D.，in AIK，第 31 页。

没有提到它。而且，它似乎与怛特罗的佛教传说矛盾，讲述燃灯佛没有教导秘密集会的教义，而生动地描绘菩萨们听到激进的怛特罗教导后惊骇的模样[①]。

然而，尽管有这些事实，怛特罗佛教徒仍将许多成就法和真言归诸佛陀乔答摩，说他是第一个怛特罗教徒，发现伟大的真理，即佛性居于女阴中，宣说秘密法，同时与金刚瑜伽女（vajrayoginī）一起享受极乐[②]。一些现代学者如巴特恰利耶（B. Bhatacharya）也相信“佛陀将怛特罗、真言、手印和陀罗尼传授给居士信众”[③]。但是，怛特罗成就法不能被认为是佛陀的创造和启示。正如温特尼茨所指出[④]，没有证据说明怛特罗、曼荼罗和陀罗尼存在于佛陀时代。佛陀不鼓励迷信和盲目信仰，而鼓励批判的探索精神。《坚固经》（Kevaṭṭasutta）表明佛陀不喜欢巫术和神通表演，认为这些都是妖术。在《梵网经》（Brahmajālasutta）中，列出一长串伪科学名单，佛陀明显谴责它们是低级的把戏。

但是，即使认为佛陀一般说来不倾向巫术和咒语，也不意味他不相信它们的效力，或者早期佛陀完全摆脱后来获得怛特罗教形式的这些因素。如果这些因素存在于吠陀，甚至吠陀之前时期的印度社会，以及出现在早期佛教时代的梵书，甚至耆那教的社会中[⑤]，那么，怎么能认为佛陀和他的信徒远离它们，尤其是看到后来怛特罗教将佛教改造得难以辨认？确实，在《梵网经》和《坚固经》和其他一些经中，佛陀谴责一些巫术是畜生术（tiracchāṇa vijjā）和邪命术（micchā ājīva），但是，对它们的谴责表明它们的存在。

---

① 参阅 Joshi，L. M.，Studies，第 240 页。

② 同上书，第 241 页。

③ Buddhist Esoterism，第 19 页。

④ Winternitz，HIL，2。

⑤ B. Bhattacharya in CHI，4，第 260 页；Buddha Prakash，Aspects of Indian History and Civilization，第 307 页以下。

而且，佛教徒声称追求阿罗汉性的人获得一些神通（ṛddhi）。佛陀本人也确认神通，实施阿娑颇那瑜伽（āsphānakayoga）。他也依靠展现神通影响居士信众。据说他在一个屋子中将一条龙变成一条虫，而让一些束发者皈依佛教。他展现奇迹，向一些在河中沐浴而发冷的苦行者送去一个火罐。他在河面上行走。他通过向难陀展现天国天女，让难陀皈依佛教。在《波梨经》（Pāṭikasutta）中，他吹嘘他的神通力。他的弟子目犍连也以具有神通力而著称①。在《长尼迦耶》中，有一整部经（Āṭānāṭīya，《阿吒曩胝经》）描述用于避邪的护咒（parittā或 rakkhā）。这些护咒大多数被收入密教的《大孔雀女经》（Mahāmāyūrī）中。一种佛教密宗的初期形式也见于《长尼迦耶》的《大会经》（Mahāsamaya suttanta）②。按照律藏，佛陀的弟子跋罗堕遮（Bhāradvāja）腾入空中，取下一个商主高挂的托钵。在《小品》（5.6）中，佛陀制定的一个咒语用于防止蛇咬。念诵“三皈依”也能避邪趋吉③。在稍后的时期，巫术咒语或陀罗尼成为大众部经文的一部分。在根本说一切有部的戒律中，也有大孔雀女陀罗尼（Mahāmāyūrīdhāraṇī）。这样，很明显，在早期佛教徒的思想中，没有完全排除对咒语和咒术仪式效力的信仰。佛陀不允许使用咒语和咒术仪式，不允许比丘食用鱼、肉和酒以及与女性交往等等。然而，显然有许多比丘暗中违背他的教导。这导致出现佛教比丘的秘密（guhya）聚会，秘密从事佛陀禁止的活动。随着时间推移，这些秘密聚会发展成名为“秘密集会”（guhyasamāja）的大型组织，编制自己的经文，名为《秘密集会怛

---

① 参阅 Sengupta, S., Magic and Miracle in Buddhism, Religious Life in Ancient India, ed. by D. C. Sircar，第 22—38 页。

② 参阅 Hajime Nakamura, Indian Buddhism, Delhi, 1987，第 314 页。

③ Sengupta, S., Magic and Miracle in Buddhism, Religious Life in Ancient India, ed. by D. C. Sircar，第 25 页。

特罗》（Guhyasamājatantra）。

怛特罗佛教出现的年代

现代学者通常认为怛特罗佛教出现于七世纪。然而，巴特恰利耶、图齐、戈比纳特·格维罗阁和 G. C. 般代倾向于将佛教密宗的出现年代推前到弥勒和无著的时期①。罗睺罗·商格利底亚耶那也注意到真言乘的古老②。这些学者在论证中，提到多罗那他（Tāranātha）相信怛特罗和秘密性质的怛特罗观念与大乘导师龙树一样古老，师徒秘密相传将近三百年。此外，西藏地区和中国传说中提到无著和弥勒纳特以及他俩与佛教密宗关系紧密③。而且，有许多属于七世纪之前的怛特罗和半怛特罗性质的经文。现存最早的怛特罗佛经是《秘密集会怛特罗》（三世纪?）④ 和《文殊师利根本仪轨经》。前者论述瑜伽（yoga，普通的沉思）和无上瑜伽（anuttarayoga，怛特罗形式的沉思），后者论述手印（mudrā，手指和身体姿势）、曼荼罗（maṇḍala，神秘图案）、真言（mantra，神秘咒语）、所作（kriyā，仪式）、所行（caryā，祭司的崇拜职责）、持戒（śīla，遵守道德戒规）、誓愿（vrata）、净行（śaucācāra，行为纯洁）、禁戒（niyama，遵守宗教戒规）、祭供（homa，供奉祭品）、默祷（japa，默念祷词）和禅定（dhyāna，沉思）。《文殊师利根本仪轨经》还指导怛特罗万神殿中各种男女神祇的绘画⑤。这样，它不仅反映发达的通俗大乘佛教，也表明怛特罗仪式和崇拜的发

① 参阅 JASB，26，第 128 页以下；Kavirāja G. N.，Bhāratīya Saṃskṛti aura Sādhanā，1，第 570 页以下；Pande，Bauddha Dharma，第 464—465 页。

② Purātattva Nibandhāvalī，第 111 页以下。

③ Joshi，L. M.，Studies，第 248 页；Pande，Bauddha Dharma，第 465 页。

④ 参阅 Wayman，Alex，The Buddhst Tantras，第 13 页以下。他将此经定为四世纪。

⑤ Dutt，N.，in AIK，第 265—266 页。

展。虽然这部著作在笈多之后的时期经过修订，它的原始形式可能早至二世纪。其他的早期怛特罗经中，《庄严宝王经》（Karaṇḍavyūha sūtra）可能存在于四世纪前，《青项陀罗尼经》（Nīlakaṇṭhadhāranī）发现于中亚，《大钵罗底延吉罗陀罗尼经》（Mahāpratyaṅgirādhāranī）吁请多罗，可能属于六世纪。

从以上讨论，很明显，怛特罗佛教出现在七世纪前几百年。实际上，怛特罗佛教起始显然与大乘的起始相联系。事实上，藏族人从不对大乘和金刚乘作出区分①，而龙树本人将大乘说成密教（guhya）。

怛特罗佛教的早期中心

按照巴特恰利耶、S. K. 代和温特尼茨等，怛特罗佛教的发源地在印度东部，尤其是孟加拉（梵伽和萨摩多吒地区）、阿萨姆和奥里萨②。那烂陀、维迦罗摩希罗和奥丹多普利是它在波罗王朝时期的中心。但是，罗睺罗·商格利底亚耶那相信真言乘和金刚乘起源于案达罗吉祥山和达尼耶迦吒迦周围③。在怛特罗中，有一种传说认为迦摩基亚、希利诃吒、乌仗那和布尔那吉利是密教性力派中心，首先开启性力崇拜④。巴特恰利耶将所有这些中心安放在印度东部位于梵伽－萨摩多吒地区的乌仗那⑤。然而，按照乔希，怛特罗佛教起源于两个地点——印度南端和西北部⑥。下列事实表明密

① 参阅 Dasgupta, N. N., in Struggle for Empire, 第406页。

② Winternitz, HIL, 2, 第400页; B. Bhattacharya, B. C. Law Volume, 1, 第354—361页; S. K. De, Indian Studies—Past and Present, 1, No. 4, 第604页; N. K. Sahu（Buddhism in Orissa, 第68页以下）相信奥里萨是大乘和金刚乘的摇篮。

③ Purātattva Nibandhāvalī, 第106页以下。

④ Sircar, D. C., Śākta Pīṭhas, JASB（L）, 14, 第8页以下。

⑤ B. C. Law Volume, 1, 第359—360页。

⑥ Joshi, L. M., Studies, 第255—260页; Original Homes of Tāntrika Buddhsm, PIHC, 1965; JOI, 14, No. 3, March 1967, 第223—232页。

教早期与案达罗有关。(1) 按照《八千颂般若波罗蜜经》，最古老的般若波罗蜜经《般若波罗蜜法门》(Prajñāpāramitānaya) 起源于南方 (dakṣiṇāpaṭha)。(2)《瑟高提舍注》记载大乘在吉祥达尼耶迦吒迦颁布。(3) 各种佛教传说将抢救密教的龙树与吉祥山相联系。(4) 按照玄奘，大众部活跃在案达罗，有整套陀罗尼藏。(5)《文殊师利根本仪轨经》发现于南印度，也可能成书于那里。(6) 玄奘记载清辨前往达尼耶迦吒迦，在那里长期念诵金刚手陀罗尼 (Vajrapāṇidhāraṇī)。(7) 波那 (Bāṇa) 的《戒日王传》(Harṣacarita) 和《迦丹波利》(Kādambalī)、薄婆菩提 (Bhavabhūti) 的《茉莉和青春》(Mālatīmādhava) 和迦尔诃那 (Kalhaṇa) 的《王河》(Rājataraṅgiṇī) 记载吉祥山是怛特罗和真言乘的中心。

另一个怛特罗早期中心是乌仗那 (Uḍḍiyān 或 Udyāna)，是提到的四个怛特罗中心之一。许多学者认为乌仗那就是奥里萨或位于梵伽－萨摩多吒地区[①]。但是，沃德尔、莱维、图齐、巴克齐和乔希指出它就是玄奘所说的乌仗那，即现代巴基斯坦的斯瓦特峡谷[②]。玄奘说乌仗那人高度评价巫术和咒语。巴利语经典提到犍陀罗咒术 (Gāndhārīvijjā) 是法术和驱邪术。玄奘提到关于乌仗那四个圣地的传说，佛陀前生在那里肢解身体[③] (参考湿婆的妻子萨蒂肢解身体的传说)。考古发掘也发现有西北部的怛特罗文物。还有，无著 (与密教关系紧密)、莲花生 (Padmasambhava，藏传佛教传教者)、因陀罗菩提 (Indrabhūti，一位怛特罗作者) 和昌古那 (Chaṅguṇa,

---

① B. Bhattacharya，B. C. Law Volume，1，第 359 页。

② Waddell，Lamaism，第 15 页；Tucci，East and West，9，第 279 页以下；Levi，in JA，1915，第 105 页；Bagchi，IHQ，6，第 576 页以下；Joshi，L. M.，Studies，第 258 页以下。

③ 玄奘《大唐西域记》卷第三中记载乌仗那四个圣地的佛本生故事分别是忍辱仙遭暴君“割截肢体”、仙人“析骨书写经典”、尸毗迦王“割肉”救鸽和帝释天变身大蟒蛇供民众“疗饥疗疾。”——译注

克什米尔罗利达帝底耶王的密教徒宰相）全都属于吐火罗国（Tukhāra）。

怛特罗教最初属于婆罗门教还是佛教?

这里可以先简要讨论怛特罗教引入佛教是否是婆罗门教影响的结果？按照奥斯丁·沃德尔（Austin Waddall），佛教怛特罗只是湿婆偶像崇拜、性力崇拜和魔鬼学。而巴特恰利耶（B. Bhattacharya）在他的《佛教密宗导论》（Introduction to Buddhist Esoterism）中，认为佛教首先将怛特罗引入他们的宗教，婆罗门教后来向佛教借用怛特罗。阿那伽利迦·戈温陀（Anāgārika Govinda）也认为怛特罗佛教对印度教的影响如此深刻，以致迄今在大多数西方学者的印象中，怛特罗是印度教的创造，后来被或多或少衰落的佛教派别采用。他断言："说佛教怛特罗是湿婆教的支流，只能说明那些人没有掌握怛特罗文献的第一手资料。比较印度教怛特罗和佛教怛特罗（大多数保存在西藏地区，长期没有受到印度学家注意）不仅表明两者方法和目的的惊人的差异，尽管存在外在的相似性，也证明怛特罗佛教精神和历史的优先和创造性。"① 但是，我们不同意上述两方面的观点。我们感到怛特罗佛教优先于怛特罗婆罗门教这个问题根本不应该提出，因为它们从共同的种子发芽，可以追溯到佛教之前时期的宗教观念。

怛特罗佛教的主要特点

怛特罗佛教第一个主要特点是使用咒语（mantra，"真言"）。实际上，咒语对于怛特罗佛教如此基本，以致它的原初阶段常常被称为"真言乘"（Matrayāna）。"真言"（mantra）这个词意谓献给

① Anāgārika Govinda，in 2500 Years of Buddhism，第 360 页以下。

一位神的颂诗或祷词。它也被理解为意谓咒语、符咒或念咒。一个真言是一种象征。这样，Pram 象征般若波罗蜜（Prajñāpāramitā）。一个真言常常象征一位神，甚至象征真实。这样，Om（“唵”）通过它的声音表示大神。《文殊师利根本仪轨经》充满真言以及它们的功德。《秘密集会怛特罗》和《喜金刚怛特罗》都有一整章论述“真言行”（mantracaryā）。大众部已经发展出陀罗尼藏（Dhāraṇī piṭaka）。在吉尔吉特发现大量抄本，包含陀罗尼[1]和真言，依据考古证据属于五、六世纪。这些经文的内容明显早于它们的书写年代。《庄严宝王经》将一种陀罗尼归诸佛陀。《入楞伽经》（Laṅkāvatāra）有许多巫术用语。《菩萨地》（Bodhisattvabhūmi）详细讲述音节的意义和神秘性质[2]。

除了真言，庞大和多样的万神殿是怛特罗佛教另一个显著的特点。虽然大乘教徒一向崇拜佛、菩萨、一些半神和许多神化的圣人，而发展成分类完备的万神殿应该归诸佛教的怛特罗时期。在怛特罗佛经中，经常详细讨论关于禅定佛即阿閦佛（Akṣobhaya）、毗卢遮那佛（Vairocana）、阿弥陀佛（Amitābha）、宝生佛（Ratnasambhava）和不空成就佛（Amoghasiddhi）的复杂的祭拜仪式、图像学和神学。他们都有相应的一个性力或女性，有一个人间佛、一个菩萨、一个家族、一个种子音节、一种元素、一种颜色、一种蕴、一种车乘、一个特定的方位和人体中的位置[3]。

性力崇拜是怛特罗教存在的理由。按照一些学者[4]，怛特罗婆罗门教和怛特罗佛教的区别在于后者不是性力教。神力的概念和湿

---

① 参阅 Sircar，D. C.，Buddhist Dhāraṇīs from China in Inscriptions and Manuscripts，JAIH，3，第 36—39 页。

② 参阅 Dutt，N.，Tāntric Buddhism，Bulletin of Tibetology，1，No. 2，第 5—17 页；Joshi，L. M.，Studies，第 244 页；参阅 AIK，第 260 页。

③ AIK，第 261 页以下。

④ Anāgārika Govinda，in 2500 Years of Buddhism，第 363 页。

婆的女性创造力在佛教中不起任何作用。对于佛教而言，性力是幻觉（māyā），创造幻象的力量，唯有般若（prajñā，智慧）能使我们摆脱它。但是，我们不能同意这种看法。佛教怛特罗信徒与印度教怛特罗信徒一样强调“性力俱行”（Śaktisāhacarya），甚至相信释迦牟尼亲自发现佛性居于女阴中，宣示秘密学说，同时与金刚瑜伽女一起享受极乐。按照乔希的说法：“佛教怛特罗文化的一个重要方面是强调女性伴侣，我们可以称之为性力崇拜，或女性潜能崇拜，或有女性伴侣协作的精神修行。著名的学者一致认为性力成就法（Śaktisādhanā）是怛特罗的本质，无论是印度教的还是佛教的。”①

在怛特罗教中，成就法（sādhanā）意谓吁请一位神或女神，通常采用反复念诵合适的真言，沉思神或女神的形象或象征。大量的成就法现存于混合梵语中，包括对各种神的赞颂和祷词，以及他们的各种形式、图像细节、特征、真言和崇拜方式等等②。

怛特罗教的一个重要概念是曼荼罗（maṇḍala）。其字面义是圆圈。但在怛特罗中，它意味印度神秘主义的一种最微妙的技术概念。曼荼罗在这里表示“存在的理想化表现”，一种“神秘的圆圈”，一种“巫术图案”，或一种“神圣的领域”。图齐说：“一个曼荼罗勾画出一个神圣的面积，防止象征魔界的破坏力量入侵。”③

几乎每部怛特罗经都描述导师（guru）的重要性。没有导师的指导和仁慈，不可能走上成就之路。导师如同真理的化身，必须受到尊敬和侍奉，必须被尊为神。

在怛特罗佛教中，最高真实常常被描述为“般若”（prajñā，“智慧”）和“方便”（upāya，“方法”）的统一体。它是不二，同一，终极的认知境界。“般若等同空性（śūnyatā），方便等同慈悲

---

① Joshi, L. M., Studies，第 279 页以下。

② 同上书，第 286 页；Dasgupta, N. N., in Struggle for Empire，第 407 页。

③ Joshi 转引，Studies，第 291 页。

（karuṇā）。这两个词是大乘经中的常用词。菩萨是智慧和方法的化身，通过波罗蜜（pāramitā）的方法或超然的真知，认知现象事物的空性，知道生死轮回（saṃsāra）是无常的和悲惨的。出于慈悲，热心拯救苦难众生。"①

在怛特罗佛教中，涅槃被视为大乐（mahāsukha）。这是说，终极真实具有极乐性质，是一切形式的快乐中的最高快乐。大乐是终极真理的本性。它是空性和慈悲或般若和方便的统一状态。大乐是般若方便（prajñopāya），智慧和方法的不二融合②。大乐是一切如来的智慧，具有自证（svasaṃvedya）的性质。它也使用否定形式表述。这样，萨罗诃（Saraha）说大乐"无自性"（niḥsvabhāva），"不可言说"（akatha），以及"非我非非我"。

佛教怛特罗经使用的语言是混合梵语，但它的含义是"特殊的"、"秘密的"和"神秘的"。它被称为"密说"（sandhābhāṣā），意谓一种教内的语言设计，在内部成员中间使用一些称为"巧摩"（Choma）的隐含意义的符号。它涉及经文中与字面义相反的真实意义。

三　怛特罗教派别

真言乘

怛特罗佛教采取几种形式，形成几种派别。正如前面说到，它的最早阶段称为真言乘（Mantrayāna）。严格地说，真言乘本身关心真言（mantra，一些组合的词和某种方式的发音）、护符（yantra，巫术圈）以及陀罗尼（背诵的祷词）、真言鬘（mālā mantra，成串的咒语）和真言心（hṛdaya mantra，简短的咒语）等等。它相信念诵咒

① Joshi，Studies，第282页。

② Dasgupta，N. N.，in Struggle for Empire，第410页。

语会产生神秘的力量，崇拜者依靠这些神秘的力量能满足他的任何愿望，诸如财富、胜利、成就乃至解脱。护符或巫术圈与咒语相联系，因为除非合适的咒语字母安放在其中合适的位置，护符就不会赐予任何力量。《文殊师利根本仪轨经》、《秘密集会怛特罗》和《妙法莲华经》充满咒语和陀罗尼。因为这些经产生于二、三世纪，或大约这个时间，真言乘被认为与龙树的年代相当。

金刚乘

在《秘密集会怛特罗》中，现象世界被说成产生于原始如来或真实。早期佛教的五蕴与贪、瞋和痴一样是污秽的，现在被人格化为许多佛，产生于原始如来，称为“菩提心金刚如来”（Bodhicittavajratathāgata）①。因此，所有佛的源头是金刚，等同于空性或真实。但是，在金刚乘（Vajrayāna）中，空性是肯定形式的事物（因陀罗菩提称之为大乐，而阿南伽婆遮罗称之为般若方便）②。由于金刚没有特征，不能引导我们走向真理，因此，它一次次转变成身、言和心金刚（kāya-vak-cittavajra），教导金刚乘之路。这样，金刚乘信徒接受瑜伽行派关于佛的三身说，也像中观派那样将空性或金刚等同于生死轮回（现象世界）。金刚乘修行者被教导粪尿等与任何食物没有区别，任何妇女，无论母亲、姐妹、他人的妻子或低级种姓少女，都与其他可享受的妇女没有区别。

虽然在许多方面是丑陋的，金刚乘对佛教作出许多贡献。一些印度教徒对它的学说、神祇、咒语和成就法等印象深刻。它将瑜伽成分引进普通的崇拜，提供正规的咒语体系，产生有精美的艺术。

---

① Majumdar，A. K.，Concise History of Ancient India，3，1983，第414页。

② Dutt，in AIK，第265页；参阅 Dasgupta，S. B.，An Introduction to Tāntric Buddhism，第95—112页。

成就师崇拜

成就（siddhi，心理的和超自然的力量）观念是印度所有宗教体系共同的。婆罗门教经文提到八种成就。佛教经文提到十种神通力（iddhi、ṛddhi 或 abhijñā），诸如投射自己思想幻化的形象，变得不可见，穿越坚固的东西如墙壁，进入坚固的地面如入水，行走在水面上，飞入空中，接触太阳和月亮，升入最高天国，等等①。

活跃于八世纪至十二世纪的佛教怛特罗信徒发展八十四成就师（Siddha）②理论。这些成就师通过瑜伽修炼获得超自然力量。光自在（Jyotirīśvara，十四世纪）的《色宝藏》（Varṇaratnākara）提到他们，而藏语资料系统地提供他们每一位的传略。他们的名字是：（1）Luhī 或 Lūhipā，（2）Līlāpā，（3）Virūpā，（4）Ḍombīpā，（5）Śabara（Śararī）pā，（6）Sarahapā（Rāhulabhadra），（7）Kaṅkālipā，（8）Mīnapā，（9）Gorakṣapā，（10）Cauraṅgīpā，（11）Vīṇāpā，（12）Śāntīpā，（13）Tantipā，（14）Carmāri（Carmarī）pā，（15）Khaḍgapā，（16）Nāgārjuna，（17）Kāṇhopā，（18）Karṇarīpā（Āryadeva），（19）Ṭhagaṇapā，（20）Nāropā（Nāḍapāda），（21）Śālipā（Śṛgālapāda），（22）Tilopā（Tailikapāda），（23）Chatrapā，（24）Bhadrapā，（25）Dvikhaṇḍīpā，（26）Ajogīpākāḍapāda，（27）Kāḍapāda（Kālapā），（28）Dhovīpā，（29）Kaṅkaṇapā，（30）Kambalapā，（31）Geṅgipā（Teṅkipā），（32）Chadepā，（33）Tandhipā，（34）Kukkurīpā，（35）Cujbi（Kusūlī）pā，

---

① Bagchi，CHI，4，第 273 页；参阅 Upadhyaya，N. N.，Gorakshanātha，第 2 章。

② “成就师”的原词是 Siddha，音译“悉陀”，词义为获得成就的人，这里尤其指获得神通，因此也可以译为神通师。——译注

（36）Dharmapā，（37）Mahīpā，（38）Acintipā，（39）Babhahi 或 Bhalahapā，（40）Nalinapā，（41）Bhūsūkūpā，（42）Indrabhūti，（43）Meghapāda（Mekopā），（44）Kuṭhārīpā 或 Kuṭhālīpā，（45）Karmārapā，（46）Jālandharapā，（47）Rāhulapā，（48）Garbharīpā，（49）Dhakaripā，（50）Medinīpa，（51）Paṅkajapā，（52）Ghāṇṭapā，（53）Yogīpā，（54）Celukāpā，（55）Vāguri（Guṇḍarī）pā，（56）Luñcakapā，（57）Nirguṇapā，（58）Jayānanda，（59）Carpaṭipā，（60）Campakapā，（61）Viśaṇa（Bhīkhana）pā，（62）Bhali（Teli，Taili）pā，（63）Kumārīpāpā，（64）Carslaṭi 或 Cavarī 或 Jāvāripā，（65）Maṇibhadrā（瑜伽女），（66）Mekhalāpā（瑜伽女），（67）Maṅkhalāpā（瑜伽女），（68）Kalakalapā，（69）Kanthaḍipā，（70）Dauḍī 或 Dhahulipā，（71）Udhalipā，（72）Kapālapā，（73）Kīlapā，（74）Puṣkara 或 Sāgarapā，（75）Sarvabhakṣapā，（76）Nāgabodhipā，（77）Dārikapā，（78）Puttalī 或 Putulipā，（79）Pānaha 或 Upānahapā，（80）Kokālīpā，（81）Anaṅgapā，（82）Lakṣmīṅkarā（瑜伽女），（83）Samudrapā，（84）Bhali 或 Vyālipā。

按照一些学者，这个八十四位成就师的名单没有历史价值。他们认为由于八十四这个数目的神秘含义，这些名字无论是虚构的或历史的，凑成一个名单。但是，其中提到的许多成就师确实也是真实的人物，当时的佛教界知道他们的学问和精神成就。他们编制的许多经文或歌曲现存部分原作，但大多数保存在藏译（《丹珠尔》第四十七卷和第四十八卷）中。

关于各种成就师的年代，其中第一位 Luhīpā 就是其他传说中的鱼王纳特（Matsyendranātha）①，活跃在十世纪初。成就师 Nāgā

① 参阅 Bagchi，in History of Bengal，1，ed. by Majumdar，第 423 页。

rjuna（龙树）生活在十世纪。Carpaṭipā也大约属于同一时间。Tilopā是孟加拉国王摩希波罗一世（约988—1038年）的同时代人，Nāropā是他的弟子。Jālandharapā和Kāṇhopā也生活在十一世纪中叶。这样，大多数著名的成就师属于十世纪和十一世纪，虽然其中有些可能活跃在十二世纪①。而绝大多数显然属于十一世纪。

成就师教导的一般倾向是怛特罗。除了合格的导师，任何人都不能教给弟子他们的成就法（sādhanā）秘密。导师必须发现弟子有特殊的精神天赋，推荐给他最合适的成就法。家族（kula）象征弟子的特殊精神倾向。有五种这样的家族，技术上称为ḍombī、naṭī、rajakī、cāṇḍālī和brāhmaṇī。这些家族的性质取决于五蕴或五大元素（mahābhūta）。五个家族是般若（prajñā）的五个方面。性力（śakti）按照五蕴中为主的一种蕴（skandha）呈现五种不同的形式。弟子在修习成就期间，最好的方法是依随他的特殊家族或性力。

神通成就法含有成就师发展的新的瑜伽修炼形式。按照它，人体中有三十二种脉管（nāḍī，“经络”）。心理力量位于肚脐（nābhi）下方，通过这些位置，向上流到头颅中称为“大乐位”（mahāsukhasthāna）的顶部位置。各种脉管的名称为lalanā、rasanā、avadhūti、pravaṇā、kṛṣṇarūpiṇī、sāmānya、pāvakī、samanā和kāminī等等②。也有一些身体中的其他位置称为莲花或轮。它们被比作乌仗那、贾兰达罗、布尔那吉利和迦摩鲁波这样的圣地。

成就法的最高目的是达到“俱生”（sahaja），一种极乐，无始无终，摆脱二重性。在这种境界，修行者发现自己是唯一的真实，与宇宙同一，与佛同一，即一种永远自由的存在。其他一切都缩减

① 参阅Bagchi，in History of Bengal，1，ed. by Majumdar，419页。

② CHI，4，第277页。

为不存在①。

达到最高目的也意味某种身体的完美。因此，十分强调身体成就法（kāya sādhanā），成就圣体。成就师的后期信徒将这推到极点，认为唯有他们拥有成就完美、不变和不灭的身体的方法，帮助他们长寿。有多种方法，其中最重要的一种方法是菩提心（bodhicitta，“精液”）向上运动。

菩提心的修炼与某些炼丹术有关。成就师 Nāgārjuna（龙树）以将炼丹术引进成就法著称。成就师在精神修炼中引进其他许多发明，但由于他们所使用的语言的象征性特点，现在难以追随他们。

纳特教

纳特教从金刚乘和八十四成就师吸取灵感。纳特教将佛教怛特罗的教导印度教化。实际上，怛特罗教是湿婆教和佛教的综合，而最充分反映在纳特教中②。纳特（Nātha）③ 最初有九位。他们有时被包括在佛教八十四成就师名单中，虽然以为纳特教与怛特罗佛教基本相同是一种错误。纳特教在诃陀瑜伽（haṭhayoga）和瑜伽（yoga）中引进许多新理论，不同于怛特罗提出的那些理论。

在十七世纪中叶，纳特教通过八十四成就师的教导和神秘歌曲获得流行。它传到尼泊尔和西藏地区，但特罗著作被译成藏语。它的一些著作也传到中国汉地，现在发现有它们的汉译本。

俱生乘

金刚乘也产生好几个后期派别，如俱生乘和时轮乘。俱生乘

---

① CHI，4，第 278 页。

② 参阅 Buddha Prakash，Aspects of Indian History and Civilization，第 293—301 页；Dwivedi，H. P.，Nātha Sampradāya，第 1 页以下。

③ “纳特”的原词是 nātha，词义为保护者。——译注

（Sahajayāna）据信起始于大成就师萨罗诃（Saraha）。他将俱生乘视为易行道。按照他，在吃、喝和逗乐玩耍时就能达到圆满。这意味摒弃求取涅槃的宗教形式[①]。乌仗那国王因陀罗菩提的妹妹拉克希明迦罗黛维（Lakṣmīṅkarādevī，729 年）是一位大俱生乘信徒。她在她的《不二成就法》（Advayasiddhi）中宣称苦行、斋戒、沐浴净化或遵守社会规则对于获得解脱均非必要。那些神像是木材、石头或泥土制造的，向它们俯首行礼毫无用处。崇拜者应该唯独崇拜自己的身体，那里居住着所有的神。俱生乘运动也对毗湿奴教产生很大影响[②]。

时轮乘

时轮乘（Kālacakrayāna）似乎是金刚乘的后期发展。按照《时轮怛特罗》（Kālacakratantra）以及彭德利迦（Puṇḍarīka）撰写的注释《无垢光》（Vimalaprabhā），“时”（kāla，时间）是慈悲的现象表现，“轮”（cakra）是客观世界。时轮是一位勇猛的神，空性[③]和慈悲的化身，性力或般若女神拥抱他。这样，时轮乘代表般若和方便结合的不二哲学概念[④]。时轮被认为是原初佛（Ādibuddha），或者甚至是那些禅定佛的祖先。“整个世界在人的自己身体中呈现”的学说与俱生乘和纳特教的学说相似。这种体系在印度东部和喜马拉雅山地区流行。

---

① The Struggle for Empire，第 413 页；Upadhyaya，N. N.，Tāntrika Bauddha Sādhanā aura sāhitya，第 163 页以下。

② 关于 Sahajiyās of Bengal，参阅 Bagchi，in History of Bengal，1，ed. by Majumdar，第 424 页。

③ 参阅 Banerjee，R.，Śūnyatā as Viewed by the Kālacakra School of Buddhism，POC，2，Gauhati Session，1966，第 147—149 页；Upadhyaya，N. N.，Tāntrika Bauddha Sādhanā aura sāhitya，第 155 页以下。

④ Yadava，B. N. S.，Society and Culture in Northern India，第 344 页以下。

这里还可以提到达磨（dharma，“法”）崇拜，其信徒主要来自社会底层，如陀摩（Ḍoma）和旃陀罗（Cāṇḍāla）等。它的主要成分取自佛教金刚乘和真言乘[①]。

四 怛特罗佛教评价

怛特罗佛教评论

怛特罗佛教受到许多现代学者的严厉批评。按照达多（N. Dutt），在怛特罗教中，“宗教已经迷失在神秘主义的狂热中，淹没在大量的手印（mudrā，手指符号和仪礼）、曼荼罗（maṇḍala，神秘图案）、所作（kriyā，仪式和仪礼）和所行（caryā，修禅和净化身心的仪式）中。最崇高的思想教导被扭曲成系统的巫术咒语、驱邪术、精灵信仰和神魔崇拜”。而且，“以宗教和哲学的名义，贫困和环境已经使人的思想堕落到能想象出的最低级的粗俗”[②]。其他许多学者包括科恩（Kern）、密特罗（R. L. Mitra）、温特尼茨、查尔斯·艾略特和普善谴责怛特罗的“性力俱行”（śaktisahacarya）实践，青年瑜伽行者和瑜伽女的秘密入教仪式，食用包括肉和酒的各种食物，这些在密教经文中经常提到。巴特恰利耶（B. Bhattacharya）贬斥怛特罗是“最败坏的道德和罪恶”的样本，怛特罗教是一种“疾病”。

然而，也有许多怛特罗教的评论者认为怛特罗成就法“给予成熟者一些神通力，也引导许多人认识高级精神境界”。怛特罗教也“展现那些在导师指导下掌握秘密的人认识到某些非常深刻和微妙的东西”。他们也指出怛特罗本身已经明白表示他们的语言不按字面义解释，他们的实践的黑暗面并不意味适用于普通人。还有许多

---

① Yadava，B. N. S.，Society and Culture in Northern India，第337页。

② Dutt，in AIK，第258页以下。

学者极其赞扬怛特罗教。按照图齐（Tucci），除了一些例外，“怛特罗包含印度神秘主义的最高表现，其外在形式在我们看来非常奇怪，主要因为我们不理解他们使用的象征性语言”。斯内尔格罗夫（Snellgrave）和喇嘛阿那伽利迦·戈温陀（Anāgārika Govinda）面对现代学者发起的进攻，也竭力捍卫怛特罗教①。而在我们看来，尽管我们不知道怛特罗教的秘密，但不能否认，从所知道的情况而言，就足以产生一种抵触感。佛性居于女阴中的学说，以肉欲制伏肉欲，涅槃在与少女的拥抱中，母亲或姐妹与任何其他可享受的少女没有区别，实行五 ma② 是基本的宗教实践，所有这些几乎都无法袒护，尽管怛特罗哲学也明显接触到崇高性。

怛特罗宗教体现的社会变化因素

怛特罗显出尤其在贱民、自愿放逐者和自由自在的流浪者中流行。怛特罗思想家无视种姓制度。在《家族海怛特罗》（Kulārṇavatantra）中，种姓被认为是套索（pāśa），修行者必须斩断它。在许多情况下，由低级种姓者履行怛特罗祭司功能③。在成就师的著作中，“无我”（nairātmya）被想象为伎乐少女（ḍombī）④。在 Kāṇhopā 的一首歌曲中，歌唱自己娶伎乐少女为妻。娶她后，他将摆脱再生，获得无上（anuttara）世界的嫁妆。“在瑜伽女们的陪伴下，他与她在交欢中度过光阴。这位瑜伽行者享受这位伎乐少女的陪伴，日日夜夜与

---

① Govinda, Lāmā Anāgārika, Principles of Buddhist Tāntrism, Bulletin of Tibetology, 2, No. 1, 第 9—16 页。

② “五 ma”指五种以字母 ma 开头的名称：酒（madya）、肉（māṃsa）、鱼（matsya）、手势（mudrā）和交欢（maithuna）。——译注

③ 参阅 Yadava, B. N. S., Society and Culture in Northern India, 第 380 页；参阅 Renou, L., Religions of Ancient India, 第 87 页；Buddha Prakash, Aspects of Indian History and Civilization, 第 265—273 页。

④ ḍombī 是 ḍomba 的阴性词，ḍomba 是从事歌唱和演奏的低级种姓。——译注

她在一起，沉醉在‘俱生’（sahaja）欢乐中，一刻也不离开她。”同样，Bhūsūkūpā想象大乐（avabhūti）是一位旃陀罗（cāṇḍāla）妇女，声称自己已经娶她为妻。Ḍombīpā 想象一位摩登伽（mātaṅga）少女在恒河和阎牟那河中间划船。她代表“无我”，引导人们通过中间的路途达到终极快乐。Śabarapā 将无我和空性视为居于“大乐位”（mahāsukhasthāna）中的舍巴罗少女（Śararī）[①]。按照因陀罗菩提，低级种姓和贱民家庭的妇女尤其适合密教成就法。《秘密集会怛特罗》为此特别推荐洗衣妇的女儿[②]。事实上，八十四成就师中许多人属于低级种姓（其中约一半是伎乐种姓、遮摩罗、旃陀罗、洗衣匠、榨油匠、裁缝、渔夫、伐木工和鞋匠等）也表明怛特罗教主要受到低级种姓成员青睐。一些妇女也成为成就师。乌仗那国王因陀罗菩提的妹妹拉克希明迦罗黛维生活在商跋罗那伽罗，摩尼跋陀拉（瑜伽女）是摩揭陀国的一个女仆，迦罗迦罗帕属于代维高吒（北孟加拉），梅卡拉帕（瑜伽女）是阿伽遮那伽尔一位家主的女儿。显然，成就师无视习俗和社会禁忌，教导一切种姓同一，男和女、婆罗门种姓和伎乐种姓、国王和奴仆之间没有区别。他们中有些人，包括萨罗诃或罗睺罗跋陀罗，属于婆罗门种姓，自愿成为放逐者。萨罗诃据说娶了一位低级种姓箭匠的女儿。在他的第一首歌曲中，他攻击自己以前的高级种姓。他也不关心智力和宗教的外在形式。使用方言阿波布朗舍语（Apabhraṃśa），而不使用梵语，也是同一种精神的另一个方面。

萨罗诃曾在那烂陀师从师子贤（Haribhadra）。师子贤是著名学者和传教师寂护（Śāntarakṣita）的弟子。他是国王法护（Dharmapāla，770—815 年）的同时代人。因此，萨罗诃活跃在法护在位时期。他在那烂陀完成学业后，从事怛特罗实践，坚决反对区分高级种姓和低级种

① 舍巴罗以及上面提到的旃陀罗和摩登伽都是低级种姓名称。——译注

② Buddha Prakash，Aspects of Indian History and Civilization，第 265—273 页。

姓。他相信受压迫的低级种姓像享有特权的高级种姓一样圣洁。他宣扬低级种姓的精神潜力以及他们与其他人平等①。他认为婆罗门诵读吠陀无用，不知道事物本质。他宣扬不必限制饮食。他要求人们去旃陀罗家中吃饭。这样，他发起低级种姓反对社会不公正的运动。这场运动立即产生强烈效应。其他瑜伽行者包括俱生乘成就师和纳特教信徒也否定和全力反对种姓制度。在穆斯林入侵印度时，这场运动达到全盛期。在穆斯林征服印度后，这场运动席卷全国。它动摇人们的思想和生活方式，震撼人们的心灵。人人都陷入这种思想和精神的骚动中。群众心理经历了一场深刻的危机，价值、观念和生活准则体系被投入熔炉中。

"这样，很显然，成就师的思想依据低级种姓和不可接触的贱民。他们的所有意象和概念集中在低级种姓，他们的说教洋溢着他们的气息。"② 按照路易斯·雷诺（Louis Renou）的说法，他们的学说是"秘密的和民主的，因为他们不承认种姓或宗派的区别。他们是一种自由的共济会"③。

---

① Buddha Prakash，Aspects of Indian History and Civilization，第265页以下。

② 同上。

③ Renou，Religions of Ancient India，第87页。

第四篇　佛教和印度文化

第一章

佛教在印度历史和文化中的地位

佛教是一种新的宗教和文化吗?

在近些年，有些佛教学者试图提出这个论点：佛教文化“有别于和不同于印度文化”[①]。佛教学者乔希（L. M. Joshi）断言：“释迦牟尼佛的教导启示一种沙门传统独创的完备的世界观，伦理和苦行观念，宗教实践和制度，艺术和文学，教育和学术，构成所谓的佛教文化。”[②] 按照他，这种佛教文化可以被认为构成印度文化的“主线”[③]。这显然是暗示在印度文化的复杂结构中，印度教文化是相对次要的组成部分。但是，企图证明在古代印度，佛教文化不同于印度文化，而且比印度教文化更重要，几乎是毫无根据。这显然是现代佛教学者过于迫切想要确立他们自己独立的文化身份。这种企图首先表现在否定[④]公认的观点，即佛陀本人只是一位“在他的时代实行的印度宗教”的改革家[⑤]。对于这一点，乔希坚持认为：“在佛陀时代的背景中，使用‘印度人’（Hindu）和‘印度教’（Hinduism）这样的词语，从历史和学理两方面都是错误的。在公

---

① Joshi, Studies, 第 329 页。

② 同上书，第 328 页。

③ 同上书，第 329 页。

④ 同上书，第 327 页。

⑤ Kane, History of Dharmaśāstra, 第 1004 页。

元前六、七世纪，既没有印度人，也没有印度教。”[①] 但是，这种观点容易忽视依据同样的理由，在佛陀时代，佛教没有作为一种分离的宗教存在。佛陀没有抛弃婆罗门教，他提到一些婆罗门圣人，采纳他的时代印度人中流行的好几种信仰。他没有感到或主张他正在构建一种新宗教。他的教导的基本部分，诸如业报学说、再生和宇宙理论与奥义书是共同的，构成教义的组成部分[②]。按照达多，设想佛陀乔答摩有意识让自己成为新宗教的创立者是历史性的错误。相反，他始终相信他只是提供古老而纯粹的宗教形式[③]。确实，他不接受吠陀权威，但是，正如我们所看到，奥义书本身对于接受早期吠陀经典权威是犹疑的，而在印度人或婆罗门教范围中，此后有许多宗教哲学派别根本不接受吠陀权威。同样，反对祭祀崇拜和婆罗门出身优越也见于印度人社会本身中。佛陀本人将他的教导称为古代觉悟者（pubbakehi sammāsambuddhehi，“过去的正等觉”）遵行的古老道路（purāṇam maggam）。正如古马尔斯瓦米所指出，一个人研究佛教和婆罗门教越深入，就越难以在这两者之间做出区分[④]。迦奈断言，佛陀本人只是“他的时代实行的印度宗教”的改革家[⑤]。按照里斯·戴维斯，“乔答摩出生、成长、生活和死去，始终是个印度人”，“佛教在正统信仰的范围内发展和繁荣”[⑥]。巴萨克甚至认为“可以宣称佛教是印度教的另一个层面，而不是印度哲学的一个异端体系”[⑦]。乌波底亚耶认为佛教“偏离传统的正统，

---

① Joshi，Studies，第 327 页。

② Kane，History of Dharmaśāstra，第 1004 页。

③ Dutt，R. C.，Buddhism and Buddhist Civilization in India，1983，第 3、5 页。

④ Coomaraswamy，Hinduism and Buddhism，第 452 页。

⑤ Kane，History of Dharmaśāstra，第 1004 页。

⑥ Buddhism，第 83、85 页。

⑦ Basak，R. G.，The Contribution to Indian Thought，Bulletin of Ramakrishna Mission Institute of Culture，14，No. 9，1963，第 333—334 页。

虽然不是偏离整个传统”①。里斯·戴维斯夫人认为三藏毫不表明与婆罗门决裂，佛陀宣说的教导与婆罗门教的中心教义一致②。密多罗也认为佛陀是通常所称的婆罗门教的高贵文化的孩子③。同样，拉达克利希南认为“佛陀不感到他正在宣布一种新宗教。他出生、成长和死去，始终是一个印度人。他是重新强调印度雅利安文明的古代理想”。还有，“佛教不作为一种新的和独立的宗教出现。它是印度人更古老信仰的一个分支，或许是歧异或异端。但佛陀是加以完善，而非摧毁”④。对此，现代学者几乎一致认为，主张佛教在佛陀时代作为一种分离的宗教存在，显然是不准确的，正如断言末伽梨·拘舍罗创立一种新宗教。如果佛教终究成为一种分离的宗教，那也是在它后来的历史发展。

但是，佛教可能从不成为一个完全分离的宗教，至少在古代印度，虽然它在其他国家获得自己的独特性，因为在那里它能在印度教范围之外发展。尽管现代一些佛教徒企图强调佛教和婆罗门教各种派别之间的不同，但我们的古人相信它们属于共同的文化传统。正因为如此，在同一个家庭中，不同的人能崇拜不同的神。众所周知，大多数佛教哲学家来自婆罗门家庭。而且，古代印度的国王显然认为佛教是印度文化世界的一个部分。阿育王虽然本人是佛教徒，也给予婆罗门和沙门支持和帮助。同样，笈多帝国王朝的统治者通常信奉薄伽梵教，也恩宠佛教。那罗辛诃笈多二世作为官方，是薄伽梵教徒，而按照玄奘，他本人追随佛陀的道路。同样，曲女城的戒日王和迦摩罗波的跋斯迦罗婆尔曼崇拜湿婆，但也十分尊敬佛陀。在戒日王家族中，他的祖先崇拜太阳神，他的兄长崇拜佛陀，而他

---

① Upadhyaya, K. N., Early Buddhism and Bhagavadgītā, 第 105 页。

② IHQ, 10, 第 276—284 页。

③ Mitra, R. C., Viśvabhāratī Annals, 6, 第 150—155 页。

④ Radhakrishnan, Foreword of 2500 Years of Buddhism, ed. by Bapat。

本人虔诚崇拜湿婆。梅多罗迦统治者通常都是湿婆教徒，也慷慨捐助佛教徒。奥里萨的包摩迦罗王族和克什米尔的迦尔戈吒王族追随婆罗门教，也恩宠佛教。在古代印度，普通人同时崇拜婆罗门教和佛教的神（除了那些只持有一种信仰的人）。这样，尽管现代一些佛教徒持有相反观点，而似乎我们的古人看待佛教是印度人世界的一部分。同样可以依据这个事实，即佛教的历史发展始终与印度教平行：在虔信的往世书宗教影响下，虔信的大乘佛教得以发展；在怛特罗教影响下，佛教怛特罗派别得以发展。佛教被往世书印度教完全同化，这是历史事实，像乔希这样的学者也不得不承认。这样的情况只有两者属于共同的文化复合体，有共同的基础，才能发生。正因为如此，对于古代印度人，转而崇拜佛陀，与从崇拜毗湿奴转而崇拜湿婆没有什么不同。毫无疑问，婆罗门教和佛教哲学家之间存在尖锐的争论，但是，这种争论也发生在各种佛教哲学派别之间以及正统的派别之间。因此，人们几乎不能认同这种观点，即佛教在古代印度不是更大的印度传统的一部分，而有一种分离的佛教文化。佛教肯定是非吠陀的沙门传统的一个分支，但那是我们的宗教传统的两条主线之一，它们的不同层面共同形成印度文明的复杂结构。

佛教和印度教互相影响

无论如何，人们很容易认为佛教对印度文化方方面面的形成和演化作出许多贡献。但是，如今在佛教学者中间，有一种夸大这种贡献的倾向，我们希望在这里加以澄清。例如，前面已经说到，乔希断言佛教构成“印度文化的主线”。他也认为“印度人崇拜佛陀，这是因为他们的宗教主要依据佛陀的教导”①，其结果是“吠陀婆罗门教吸收佛教，改变成往世书印度教”②。但是，相对于婆罗门教

---

① Joshi，Studies，第 330 页。

② 同上书，第 329 页。

（它的可知历史始于大约佛陀诞生前两千年，至今仍是我们的文化最普及的主线，佛教本身也融入其中），而认为佛教（它的历史始于公元前六世纪，至十二世纪在本国完全消亡）构成文化主线，至少也是不合逻辑和历史的。几乎不能怀疑，佛陀之后的印度教主流的本质特点，如虔信（bhakti）原则、化身下凡说（avatāravāda）、祭拜（pūjā）仪式和偶像崇拜等，不可能演化自佛陀的主要教导，如苦说（dukkhavāda）、四圣谛和八正道等。印度思想家依据各种吠陀、奥义书、律法、史诗和往世书归纳他们的宗教的主要特点。后期的梵书（提到多种化身下凡）、波你尼的《八章书》（提到虔信）、钵颠阇利的《大疏》和《薄伽梵歌》（提供这些学说的古典解释，也确认祭拜仪式）证明往世书宗教的古老。梅伽斯梯尼的印度（Indica）以及高松迪、贝斯那伽尔和南那卡特铭文也证明往世书印度教的一些派别出现在公元前几个世纪。因此，大乘佛教中的虔信主义出现（不可能早于公元一世纪许多）必定是往世书印度教影响的结果，而不是相反。

然而，这不意味佛教对这个国家的宗教的演化没有发挥任何作用。我们想要强调的只是佛教和婆罗门教互相影响，而佛教对婆罗门教的借鉴远多于后者向前者的借鉴。首先，可以注意到，在佛教普及的全盛期，它作为一种宗教，并不享有绝对优势。而且，正如穆克吉（S. Mookerjee）所指出，佛教僧团的知识力量“唯独依靠博学的婆罗门不断入教得以维持。从一开始，它的婆罗门信徒构成僧团的支柱。舍利弗、目犍连和摩诃迦叶都是婆罗门。在佛教僧团的后期发展中，它的哲学、逻辑、伦理、诗歌和戏剧巨匠几乎都出自祭司阶层”。佛教只要拥有具备卓绝的精神力量和精妙的知识的人才，就能保持它的重要地位，赢得知识阶层和贵族的钦佩和尊敬。“佛教的元老，诸如马鸣、龙树、圣天、无著、世亲、陈那、法称和法上等，出身婆罗门家庭，具有吠陀学识，长期接受正规的传统熏陶。他们都是知识巨人，写出具有微妙的辩证法和富有逻辑说服力的著作，支持佛教教义。”[1] 其次，奥义书教导中的多种教义也被佛教采纳。例如，在批评吠陀的动物祭、祭司技艺和崇拜自然神方面，佛陀与早期奥义书思想家一致。像奥义书思想家一样，佛陀强调内在觉悟优于外在仪式[2]，强调业报作用、善恶报应和再生。在这里，佛陀更受到早期沙门意识形态影响，而后者已经影响奥义书本身。转而佛教可能已经影响《薄伽梵歌》哲学。例如，它的涅槃（nirvāṇa）概念，本身是奥义书的绝对概念的修订版，而可能影响《薄伽梵歌》的梵涅槃（brahmanirvāṇa）概念[3]。也似乎有可能《薄伽梵歌》中的“智慧坚定”（sthitaprajña）概念受佛教影响[4]。而《薄伽梵歌》显然已经影响《法句经》的好几首诗[5]。一些学者相信佛教的态度“在《罗摩衍那》中得到深切同情的反响”[6]。而浮士博尔和马克斯·缪勒在《法句经》与《摩奴法论》和《摩诃婆罗多》之间发现一些平行的段落[7]。然而，令人困扰的文献编年问题造成难以确定谁是借方。同样，难以确定薄伽梵教中对不杀生（ahiṃsā）原则的强调，多大程度像在《摩诃婆罗多》和《薄伽梵歌》中见到的那样，这是奥义书的直接影响的结果，而得到佛教（和耆那教）的加强。伴随不杀生，素食主义也在所有印度宗教中获得增长，虽然这里必须记住，不杀生在佛教中意味不杀害，而非不食肉，因为佛陀本人终生是个食肉者。

---

① Mookerjee, S. , CHI, 1, 第578页。

② 同上书, 第598页。

③ 《薄伽梵歌》2. 72; 5. 24—26。

④ Joshi, Studies, 第333页。

⑤ 参阅《薄伽梵歌》6. 5、6. 6和《法句经》160、165。

⑥ Gokhale, V. V. , Kṛshṇa and Buddhist Literature, Cultural Forum, 1968, Vol. 36, 第73页。

⑦ Joshi, Studies, 第334页以下。

在往世书宗教出现的历史时期，偶像和象征物崇拜被引进印度。佛教在公元初的几个世纪也成为积极的力量。受薄伽梵宗教的启发，大乘神学提出永恒的佛陀说，这与奥义书的绝对的梵没有区别。菩萨以安慰受苦众生和提高他们的道德和精神修养作为自己的毕生使命。这样的菩萨崇拜对世俗思想产生有力的影响①。它代表对早期佛教倡导者的悲观主义和出世思想的积极反拨②。大乘的出现导致"创作诗歌、戏剧、哲学和崇高的无私伦理准则。代之以寻求私自和个人的解脱，人们认为为同胞服务是通向崇高生命的更可靠和更好的道路。在笈多王朝时期达到鼎盛的犍陀罗派雕塑和建筑中，在阿旃陀洞窟绘画中，我们发现一种积极的虔信和仁爱的复苏"③。

佛教也借鉴婆罗门教的万神殿。不仅诸如药叉、健达缚、紧那罗和蛇这些半神两者共同，古老的吠陀神因陀罗和梵天也受到佛教徒崇拜。在佛教中，观自在（Avalokiteśvara）被称为大自在（Mahaeśvara，湿婆的称号），文殊师利（Mañjuśrī）也常常被称为童真（Kumārabhūta，如同室建陀童子，Kumāra Kārttikeya）。佛教和婆罗门教两者的怛特罗万神殿几乎相同。多罗（Tārā）、迦利（Kālī）、贾蒙吒（Cāmuṇḍā）、娑罗私婆蒂（Sarasvatī）、婆拉希（Vārāhī）、赫利蒂（Hārīti）、大时（Mahākāla）和群主（Gaṇeśa）等受到两者崇拜④。

朝拜圣地（tīrtha）的实践与吠陀时代同样古老，虽然那时指的是举行动物祭的地方。在往世书宗教中转变为朝拜圣地（tīrthayātrā）可能是受佛教影响⑤。

---

① Mookerjee，S.，CHI，1，第590页。

② 同上。

③ 同上书，第590页以下。

④ Joshi，Studies，第337页。

⑤ 同上。

乔荼波陀、商羯罗和希利赫尔舍确立的不二论吠檀多明白无误表明与中观哲学互相有接触点和相似性，是否受中观影响，这是颇有争议的。一些古代学者相信商羯罗（Śaṅkara）大量借鉴佛教，而责备他是“伪装的佛教徒”（pracchanna bauddha）。但是，希利赫尔舍（Śrī Harṣa）对此竭力予以澄清。好几位现代学者也同意希利赫尔舍的看法。例如，穆尔蒂（T. R. V. Murti）完全排除吠檀多哲学家借用佛教学说的可能性，因为“互相有完全不同的传统背景和真实概念”。他认为只有借用技巧的可能性①。按照穆克吉，“清楚不过，马鸣、无著和世亲对唯心主义思想的重新定位危险地接近奥义书的绝对主义。……设想商羯罗的不二论哲学来自世亲和马鸣，这是错误的。佛教哲学家受奥义书启发，对佛陀的学说作出不二论解释。商羯罗的不二论直接受奥义书启发，只是采取否定的逻辑表述方式，以便证实他的论点。这种否定的表述方式，肯定受到中观论辩术的影响，他利用它们强化他的逻辑立场。而此前乔荼波陀（Gauḍapāda）已经在他的《蛙氏释补》（Māṇḍūkyakārikā）中这样做。商羯罗只是追随这位导师。传统认为乔荼波陀是商羯罗自己的导师戈温陀波陀的导师”②。G. C. 般代也认同这种观点③。然而，仍然可以认为，“商羯罗从佛教吸取许多有价值的东西。真实分成三个层次：绝对的（pāramārthika）、经验的（vyāvahārika）和表象的（prātibhāsika），显然受中观所采用的相同方法的影响。我们没有从原始奥义书中发现有这样的提示”④。

---

① Central Philosophy of Buddhism，第116—117页。

② CHI，1，第593页以下。

③ Origins，第555页以下。

④ CHI，1，第594页；参阅 Swami Ganeshwarananda，Buddhism and Vedanta，Vedanta and the West，180，July 1966，第7—16页。

第二章

佛教的社会哲学

佛陀的教导的目的是达到觉悟，因此佛教并不十分关心社会和政治层面上的人类群体生活。它并不告知信众，例如，应该有几个妻子或应该支持什么样的政府形式。但是，僧团本身的存在暗示外在条件并非与他们据以达到觉悟的精神发展完全无关，因此，一些社会和政治观念也散见于三藏，或者可以从这位导师的教导本身中撷取一些基本设想。

佛教关于社会阶级起源的理论

佛教关于社会阶级起源问题的最早观念见于《长尼迦耶》的《起世因本经》（Aggañña sutta）①。在这部经中，两个已经成为佛教比丘的年轻婆罗门告诉佛陀，他们受到他们的婆罗门同伴指责，说他们抛弃“最优秀的种姓”，“出生于梵天之口的梵天之子”，而投身出生于梵天之足的“低劣种姓”。于是，为了说明婆罗门声称出生于梵天之口的虚妄，佛陀从头追溯现在劫（kalpa）创造的整个历史。他解释在无限漫长的时期之后，世界解体，众生再生在光音天（Ābhassara deva）的世界。然后，世界再次开始演化。众生脱

① 关于《起世因本经》更详细的讨论，参阅 Ghoshal，U. N.，A History of Indian Political Ideas，第 62 页以下。

离光明世界，以同样的方式再生。他们“由心意化成，光明自照，行走空中，持续发光”。大地从水中出现时，像稻米泡沫那样香甜。众生贪婪地品尝，失去自身的光明，身体变得粗糙，具有不同形貌。然后，出现植物，最初低级，逐步高级，最后出现无糠自熟的稻米。众生食用它们，身体变得更加粗糙。男女性别出现，男女之间产生激情。众生充满性欲，建立家庭，开始贮藏稻米，形成私有财产制度。这导致自熟稻米消失，众生集合在一起，划分他们的稻田，各立疆界。渐渐地出现偷盗、呵责、说谎和暴力。于是，众生决定选择一个人，他当怒即怒，当责即责，当逐即逐，并同意将他们自己的一部分稻米给予他作为回报。他们选举出最英俊和最能干的人。他获得三种称谓：大选主（Mahāsammata，“大众选出的人”）、刹帝利（Khattiya，“田主”）和王（Rājā，“依法令他人满意的人”）。这成为社会阶级区分的标志①。“选出‘大选主’是刹帝利种姓的起源。还有，一些人忧虑众生的罪恶，隐居林中沉思，而另一些人在村边和城郊‘著书’，他们获得的称谓是婆罗门（Brāhmaṇa，‘摒弃罪恶的人’）、禅者（Jhāyaka，‘沉思的人’）和诵者（Ajjhāyaka，‘诵习吠陀的人’）。这是婆罗门种姓的起源。另一些人采取结婚的生活方式，擅长经商，获得吠舍（Vessa）的称谓，这是吠舍种姓的起源。还有一些人依靠狩猎和低贱技艺生活，被称为首陀罗（Sudda）。而以上四种姓的一些人抛弃自己的职责（dhamma，‘法’），离家过出家人生活，他们被称为沙门。解释了每种种姓的起源，导师总结说：‘他们的起源不是出自其他类别者，而是与他们同类者，不是不相同者，而是相同者。’最后，导师说这四种姓中无论谁，成为比丘，涤尽道德污垢，获得完美知识，便依据法，被称为人中佼佼者。因为法在今生和来世被认为是人中至

---

① Ghoshal, U. N., A History of Indian Political Ideas，第63页。古代日本人不接受社会契约论，认为他们的国家必须持续天皇传承的王朝。

高者。”①

这种对社会次序演化的说明在后来用梵语和混合梵语撰写的经典中得到简要的复述②，如据称属于大众部分支出世部律藏的《大事》（Mahāvastu）。根本说一切有部的律藏中有对这个社会区分起源的故事的比较完整的复述。它也保存在藏语文本中（《甘珠尔》的 Dulva 部分）。在克什米尔的吉尔吉特发现有它的梵语原文的相对应的部分。在这些著作中也提到社会区分的起源。“一些离开村庄生活的人称为婆罗门，一些不沉思而专心学习的人称为诵者（pāṭhaka），一些离开森林而居住村庄的人称为村民，而忙于手艺和家务的人称为吠舍。在这三种种姓起源之后，出现第四种，即沙门，包含刹帝利、婆罗门和吠舍，他们离家成为出家人，完全出离世界。”③

在这种佛教的说明中，“依据不同的原始资料，在创造标准的四种姓名单的意义上，社会次序的起源被认为产生于劳动分工过程，起作用的因素是有关群体的准则。由此形成的种姓优先的次序与佛教的社会格式一致，其中，刹帝利优先于婆罗门。而具有高级学问的比丘处于社会的最高位置”④。它也表明佛教解释种姓区分不像婆罗门教经典依据神创的教条，而只是依据有关种姓在他们各自的准则影响下自愿的职业选择⑤。

佛教对待社会义务的态度

吠陀社会只确定人生三要（trivarga），即人生三大目的：追求符

① Ghoshal, U. N., A History of Indian Political Ideas，第 63 页。

② 同上书，第 258 页以下。

③ 同上书，第 259 页。

④ 同上书，第 64 页。

⑤ 同上书，第 65 页。

合正法（dharma）的爱欲（kāma）和利益（artha）。增加人生最高目的解脱（mokṣa）而成为人生四大目的（caturvarga 或 puruṣārtha）显然是奥义书思想家以达到梵为人生至善的发展。然而，人有给予从社会和神所得以回报的义务实际上一直是吠陀社会伦理拱门的拱顶石①。与此相对，佛教割断人对神的依赖，也打击社会义务说。它以业力取代神，人获得的什么不来自神，而是他自己过去的行为。而且，一个人不能回避他的行为的善恶后果，他必须摒弃个人主义和暴力等等，佛教认为这些是主要的罪恶，而应该追求道德。因此，在它的寺院戒律中，人们能发现他们的苦行主义理想的具体形态和形式。这些规则用于规定饮食、衣着、住处、乞食和宗教实践乃至最微小的细节。甚至对于男女居士也制定这样的规则，只是不那样严格。例如，耆那教僧侣的大誓言（mahāvrata）有别于居士的小誓言（aṇuvrata）。同样，《长尼迦耶》的《悉迦罗经》（Sigālovāda）是讲述佛教居士的戒律（gihivinaya）。例如，生活手段（ājīva）有两种，正确的（samyak）和错误的（mithyā）。“佛陀拒绝认同人的生活能分割为两种：一种是由一整套准则统辖的职业行为，另一种是私人生活行为，或者，前一种成为中立的领域，不需要考虑伦理道德。他的这种看法如此坚定，以致禁止本质上不道德的职业，如屠夫、贩毒者和制造武器者。他将正当的生活手段（samyakājīva，“正命”）确定为八正道中的第五正道。”②

佛教作为社会变化的一种工具：佛陀是社会革命家？

一般相信佛陀是一位伟大的社会改革家，信仰一切众生平等的

---

① Kane，P. V.，HS，2，Pt. 2，第 942—946 页。

② Sangharakshita Bhikshu，in A Cultural History of India，ed. by A. L. Basham，Oxford，1984，第 97 页。

民主派，他努力解放妇女和低级种姓造成一种社会革命①。为了评价这种看法，确认佛陀是否是一位社会革命家，我们应该（1）不仅要冷静地分析他对他的时代的社会问题所持的立场，而且也应该（2）将他的观念与同时代的其他思想家和宗教领袖进行比较，（3）也应该与此前的思想家的观念进行比较。缺少后两者的考察，就不可能确定他在社会生活中的革命性。

佛陀和种姓制度：流行的观点及其评价

通常支持佛陀是一位社会革命家的证据是他抨击那个时代存在的种姓制度。按照安贝卡（Ambedkar），“无种姓，无不平等，无优先权，一切平等，这是佛陀的主张”②。里斯·戴维斯强调佛教“完全彻底无视一切由出身、职业或社会地位产生的优劣，摒弃一切产生于宗教礼或社会不洁的独断规则的束缚和限制”③。按照新近的一些历史学者，唯独佛教在古代印度产生自觉的平等主义社会哲学④，佛陀对人类平等作出的奉献无异于一场革命⑤。然而，我们感到这种设想只是沾正确性的一点边。认为佛陀相信人的社会平等，如同认为他相信男女性别平等一样不真实。一般认为他准备接

---

① Nehru, J. L., Discovery of India, 1946, 第 141 页; Roy, M. N., From Savagery to Civilization, 第 9 页; Ambedkar, The Buddha and His Dhamma, 第 301—306 页; Pratap Chandra, Buddhism as Instrument Social Change, Studies in Religion and Change, ed. by Madhu Sen, 1983, 第 81—92 页; Narasu, P. Lakshmi, The Essence of Buddhism, 1976, 第 4 和第 5 章; Prasad, N. K., The Democratic Attitude of the Buddha, JOI, 12, 1963, 第 299—310 页。

② Ambedkar, The Buddha and His Dhamma, 1957, 第 301 页。

③ Dialogues, 3, 第 78 页。

④ Pratap Chandra, Buddhism as Instrument Social Change, Studies in Religion and Change, ed. by Madhu Sen, 第 93 页。

⑤ 同上书，第 94 页；也参阅 Narasu, P. Lakshmi, The Essence of Buddhism, 第 4 章。

受人与人之间的不同，但不是依据遗传，而是依据智慧、行为和品德。换言之，他反对吠陀宗教提出的依据出身的种姓等级制。在这方面，我们愿意请我们的读者注意以下这些事实。

（1）佛陀不反对种姓制度的观念。他只是对它作出一种新的扭转。前面已经提到，在《起世因本经》中，他摒弃种姓制度的神创性，代之以演化过程。他在这部经中认为所有种姓产生于人类的懒惰和贪婪。首先出现的是刹帝利，这样的称谓是因为他们的职业是守护田地（khetta）。第一个被选为王的刹帝利是因为他“最英俊、可爱、迷人和能干”。其次出现的是婆罗门（摒弃罪恶的人），追求出离世界。他们是沉思的禅者和教授吠陀的诵者。然后是热衷经商的吠舍和从事狩猎的首陀罗①。这里，很明显，一、佛陀没有质疑构建四种姓社会背后的智慧。二、按照他自己的方案，他安排刹帝利优先于婆罗门。三、他对最后两种种姓没有增加什么。这样，他的全部操作缩减成一点，只是刹帝利优先于婆罗门。

（2）从好几个其他事实可以看出佛陀偏向刹帝利是明显的。首先，在这部经和提到种姓排列的其他佛经中，刹帝利经常是排在第一种姓②。在《长尼迦耶》（3.1.15）中，甚至一个婆罗门提到刹帝利优先于婆罗门，虽然与这个婆罗门后面说的话不协调：“四种姓中所有三种姓刹帝利、吠舍和首陀罗的存在只是为了侍奉婆罗门。”在这方面，佛陀有很好的耆那教同伴，他们也主张刹帝利的更高地位。正如我们所看到，白衣派认为大雄的胞胎从婆罗门妇女提婆南达的子宫转移到刹帝利妇女特利夏拉的子宫，因为“婆罗门或其他低级种姓家庭的妇女不可能产生一位祖师”。同样的态度见于早期佛教中，因为在《佛因缘故

① Ghoshal, U. N., A History of Indian Political Ideas, 第63页。

② Fick, R., The Social Organization in North-East India in Buddha's Time, 第84页。

要像出身高级家族的比丘一样念诵经文。佛陀发现这个情况后，召见这个富有上进心的比丘，严厉责备他，告诉他出身高级家族的比丘如同狮子，而他如同一头豺。《狮子皮本生》（Siṃhacamma jātaka）中，同一位拘迦利迦被比作一头驴，披上狮子皮，想要取得狮子的地位。还有许多其他故事强调出身高级家族的重要性。这种对家族的强调抵消了佛陀对种姓制度带有偏向性的斥责可能产生的影响①。

（7）佛陀被认为从好几个角度抨击种姓制度。首先，他以一个人的品德、性向和职业取代出身，确定种姓②。在《种德经》（Soṇadaṇḍa sutta）中，种德宣称成为婆罗门有五个条件：种姓（jāti，父母双方血统纯洁）、容貌（varṇa，相貌端庄）、咒语（mantra，通晓吠陀）、持戒（śīla）和学问（pāṇḍtya）。而佛陀要求他说出五种中必不可少的条件时，这个婆罗门确定最后两种是成为婆罗门的必备条件③。在《阿摄和经》（Assalāyana sutta）中，婆罗门阿摄和宣称婆罗门种姓优越，佛陀告诉他所有种姓的人都是同样的人类，都是受孕生下的。在《婆塞特经》中，两个婆罗门询问佛陀，婆罗门是否由于出身或行为而成为婆罗门？佛陀解释生物（以身体特征区分）和人类（以职业区分）的区别。一个人可以成为商人、士兵或从事任何其他职业。但婆罗门是品德高尚的人，超脱尘世，聪明睿智。一个人不是依靠出身成为婆罗门④。后来，马鸣指出婆罗门性不在于出身或种姓（因为我们知道好几位著名的圣人是混血种，而法论认为若是那样，没有婆罗门会失去他们的种

---

① 参阅 Niyogi，Jātakakālīna Bhāratīya Saṃskṛti。

② 参阅 Saha，K.，The Brāhmaṇa in Pāli Literature，Social Life in Ancient India，ed. by D. C. Sircar，第 49—51 页。

③ Warder，A. K.，Indian Buddhism，第 178 页。

④ Pande，Śramaṇa Tradition，第 55 页以下。

姓），也不在于身体（因为那样的话，焚烧死尸，便犯下杀害婆罗门罪），也不在于学问（因为有学问的首陀罗也可以成为婆罗门），也不在于行为（因为行为良好的低级种姓也可以成为婆罗门）。马鸣得出结论：婆罗门性在于心地纯洁，所有的人属于一种种姓，依据职业或职能而分成四类。可以引用许多其他佛经和早期佛经，说明婆罗门性依据品德而非出身。但是，对于一个真正的婆罗门的这种界定与实际的社会结构没有关系。这正像界定一个毗湿奴信徒是理解他人悲痛的人。这是一种优良的情操，任何人不会为此争论。但是，这是界定一个好人，而不是界定一个毗湿奴信徒。从逻辑上说，这种界定等于没有界定。因为问题依然留着，在理解他人悲痛的人中间，究竟哪些可以被认为是毗湿奴信徒？同样，佛陀罗列的婆罗门的品德是每个好人的品德。佛陀必定也能从其他社会群体成员中发现这些品德。因此，他对于婆罗门的界定根本不成为界定。他不是将婆罗门作为一个社会群体，像刹帝利在他的心目中那样。佛陀并不强调刹帝利和其他种姓的必备品德，而反复试图以他自己界定的理想的婆罗门性与实际的婆罗门情况作比较，从而谴责他的同时代的婆罗门，只能证明他对婆罗门的偏见和对刹帝利的偏向。

（8）在另一种意义上，佛教对种姓制度的反对，无论有什么局限，也不是“革命性”的。它并不是创新的或激进的，而是所有同时代的宗教派别共同的。《后学经》（Uttarājjhyaṇa）提供耆那教对这个问题的态度：一个转变成耆那教徒的婆罗门教导一个婆罗门关于什么是真正的祭祀和什么人是真正的婆罗门。“将牲畜捆绑在祭柱上，所有的吠陀和祭祀，都造成罪恶，不能拯救犯罪者，因为他的罪孽深重。……一个人依靠平静成为沙门，依靠纯洁成为婆罗门，依靠知识成为牟尼，依靠苦行成为苦行者。依靠一个人的行为成为婆罗门、刹帝利、吠舍或首陀罗。……摆脱一切业，我们称他为婆罗门。”[1]

（9）在婆罗门社会中的思想开明和开放人士，同样强调行为而非出身。《歌者奥义书》（4.4）说优良行为使人成为最优秀的婆罗门[2]。在《薄伽梵歌》（4.13）中，黑天宣称他按照性质和行为的区别创造四种姓（cāturvarṇyam mayā sṛṣṭam guṇakarma vibhāgaśaḥ）。特朗（Telang）引用这首诗，评论说："在《薄伽梵歌》中，从未提及种姓是否是遗传的。"[3] 按照拉达克利希南，《薄伽梵歌》"强调性质和行为，而非出身。我们所属的种姓或次序不依靠性别、出身或教养。由品性和职业决定的类别不是由出身和遗传决定的种姓"[4]。同样，达多指出，"人类中有自然的区分，按照他们的内在品质和行为，各种相应的能力和责任"[5]。

《薄伽梵歌》不相信传统的种姓制度固定不变，黑天宣称："阿周那啊，即使出身卑贱的人，妇女、吠舍和首陀罗，只要向我寻求庇护，也能达到至高归宿。"（9.32）由此可见，《薄伽梵歌》不相信与宗教实践相联系的种姓固定不变。这样，佛教显然不是给予首陀罗包括解脱在内的宗教权利的唯一宗教。

在《摩诃婆罗多》的《蟒蛇篇》（Ājagaraparvan）中，更清楚地说明《薄伽梵歌》中提出的理论。这里，一条蟒蛇询问坚战："国王啊，什么人是婆罗门？"国王坚战回答："恪守真理，慷慨布施，宽宏大度，具有美德，和蔼可亲，修习苦行，慈悲为怀，这样的人是婆罗门。"对此，蟒蛇指出在首陀罗中也能发现这样的品质。然而，坚战坚持他的界定，指出具有这些品质的人都应该称为婆罗

① Jacobi，Jaina Sūtras，2，第130页以下。

② 参阅 Haldar，J. N.，Caste in Early Buddhist Literature，Social Life in Ancient India，ed. by D. C. Sircar，第45—48页。

③ SBE，8，第21页。

④ The Bhagvadgītā，第160—161页。

⑤ The Chief Currents of Contemporary Philosophy，第566页。

门。在继续受到询问时，他解释出身不是种姓的标准，人们的社会和性行为都是同样的。“蟒蛇啊，如果发现某人有圣洁的行为，我就称他为婆罗门。”①

婆罗门社会中的开明人士不相信任何职业的优劣，《薄伽梵歌》和《摩诃婆罗多》中其他好几个段落说明这一点。《薄伽梵歌》宣称：“热爱各自的工作，人们获得成功。”（18.45）“一切行动都带有缺陷，犹如火焰总是带有烟雾。”（18.48）《摩诃婆罗多》的《森林篇》（Vanaparvan）中，一个卖肉者与一个婆罗门对话。前者被认为比实施苦行的婆罗门更好，因为一个尽责的卖肉者对他人有好处。同样，在《摩诃婆罗多》的《和平篇》（Śāntiparvan）中，一个小贩与迦遮利对话。如果诚实经营，小贩的职业被认为是优等的。通过这些例证，我们不试图证明婆罗门社会不相信种姓制度的严格性，因为其主流肯定是相信最严格的种姓制度。我们想要强调的只是这个事实：许多婆罗门文本和思想家在社会观上像佛教徒一样开明，也可能更开明。

（10）确实，佛教确认首陀罗的权利，甚至给予首陀罗加入僧团的机会。但是，这具有革命性吗？其他同时代的苦行派别给予首陀罗同样的权利和机会。甚至《薄伽梵歌》中，如前面所提到，赋予每个人获得解脱的权利。而且，应该注意到，佛教寺院为首陀罗和其他人敞开大门②，对于社会并无太大的意义。显然，“佛教比丘在社会中获得受尊敬的地位，不涉及他们的种姓，佛教的主张得到满足”③。但是，任何一个从低级种姓变成比丘而受到尊敬的人，并不是作为低级种姓的成员，而是作为比丘受到尊敬。因此，就种

---

① Pande，Śramaṇa Tradition，第 59 页。

② 然而，正如奥登伯格（Oldenberg）所指出，没有发现佛教寺院接受旃陀罗的情况。

③ Pande，Śramaṇa Tradition，第 58 页。

姓制度而言，根本不受佛教寺院接受首陀罗而动摇。

（11）还必须记住，佛教寺院本身深受种姓制度影响，因为比丘们通常没有忘却他们原先的种姓。像优波离这样属于低级种姓的比丘仍然获得受尊敬的地位是少数。众所周知，提婆达多拒绝向优波离行礼致敬。耶舍，阿育王的一位大臣，虽然本人是佛教徒，却想要国王按照比丘原先的种姓辨别比丘。佛教居士的态度也不是反种姓的。因此，佛陀关于种姓制度的教导的影响是微弱的，除了对于那些变成比丘的人。但是，正如前面提到，一个人变成苦行者，他的原先的种姓变得不重要。而这意味一个低级种姓的人加入佛教或其他僧团，留下不受影响的种姓制度。

早期佛教与婆罗门：戈克尔的分析

近些年中，戈克尔（B. G. Gokhale）在研究早期佛教与婆罗门的关系方面作出一些有价值的贡献①。我们可以在这里简要叙述他的分析和发现，因为它们触及佛陀及其信徒的社会态度的关键点。按照戈克尔，首先，公元前五世纪，婆罗门开始渗透进在吠陀时代被认为不适合婆罗门的地区。这尤其出现在摩揭陀、憍萨罗、阿槃提和南方一些地区。在那里存在婆罗门村庄（brāhmaṇagāma）和赠地（brahmadeya），表明婆罗门占有广阔领地，获得大量地产，并具有类似封建主的权力。其次，婆罗门或者作为祭司，或者作为臣相，已经在早期佛教的故乡占据政治、社会和文化生活中的决策地位。最后，婆罗门群体有各种社会和职业类别。戈克尔将佛陀时代的婆罗门分成四类。其中第一类称为“古代仙人”（pubbakā isayo）。他们是婆悉吒（Vasiṭṭha）、婆摩提婆

① Gokhale，B. G.，The Early Buddhist Elite，Journal of India History，43，Pt. 2，1965，第 391 页以下；Early Buddhism and Brahmaṇas，in Studies in History of Buddhism，ed. by A. K. Narain，第 67—80 页。

（Vāmadeva）、迦叶（Kassapa）、婆古（Bhagu）和耶摩多吉（Yamataggi）等，他们是一些吠陀颂诗的作者，被称为“颂诗作者”（mantānam kattāro）。此后时代的婆罗门长期只是死记硬背他们的作品。佛陀称赞他们的质朴和精神追求的热诚，哀叹他们的后代已经堕落，远离他们树立的标准。佛陀没有批评这些仙人，对他们极少敌意或反感。

第二和第三类包括专职的祭司（purohita）和婆罗门富豪（mahāsāla）。这两者之间的区别在于所有的祭司也能称为富豪，而所有的富豪不一定都是祭司。对于这样的婆罗门，通常描写为“诵读圣言，熟谙咒语，通晓三吠陀及其索引、仪式、语音、词源和传说，通晓习惯用语和语法，通晓顺世论诡辩法以及大人相”。在《经集》的《婆罗门法经》（Brāhmaṇadhammika sutta）中，佛陀贬斥他的同时代的婆罗门贪图物质财富，已经远远背离他们祖先的高标准。佛陀批驳婆罗门主张他们的种姓纯洁和高贵或他们的祭祀仪式的功效，主要是针对这些婆罗门。《阿摩昼经》（Amabaṭṭha sutta）是这种论争的代表作。这些婆罗门生活在婆罗门村。这些村庄主要由婆罗门居住，或者以指定所有权的方式供居住，供养有学问的婆罗门。其中提到许多这样的婆罗门定居点，诸如憍萨罗的 Icchānangala、Ekasālā、Opasāda 和 Veṇagapura，摩揭陀的 Ambasanda、Upatissa、Ekanāḷā、Pañcasāla 和 Khāṇumata，释迦国的 Khomadussa①。除了这些紧邻重要城镇如摩揭陀首都王舍城的密集的婆罗门村庄定居点，其他城镇如阿波那也有婆罗门富豪的居住地。或许，在他们之中最富有的是那些享有赠地的婆罗门。按照词典的解释，“赠地”（brahmadeya）是“一种最好的礼物，王室的礼物（国王捐赠的土地），享有充分权力的完美礼物”。这显然表明授予这些土地的所有

① Gokhale，in Studies in History of Buddhism，第70页。

权，它们成为受赠人绝对占有的财产。同时也完全可以设想王室将一些管理权转移给受赠人。佛音清楚地指出这些受赠人享有准王权，几乎成为统治者（chattam ussāpetva），他们的土地免交赋税①。

许多婆罗门被提到也是王室官员。他们大多是憍萨罗、北般遮罗、阿槃提和释迦国的国王们的祭司，如伽伽（Gagga）、比丘阐多（Jenta）的父亲火授（Aggidatta）、盖婆多（Kevaṭṭa）、底利婆遮（Tiriṭavaccha）和阿私陀（Asita）。其他的婆罗门如雨行（Vassakāra）等是宰相（mahāmatta）、司库、会计师或水利官。《大典尊经》（Mahāgovinda sutta）讲述神秘的国王域主（Disampati）和他的婆罗门典尊（Govinda）的故事。典尊去世后，他的儿子光护（Jotipāla）继承他的职位。其中特别提到大典尊经常向国王提供关于财富的忠告，后来特别称为“现世财”（diṭṭhadhammika attha）。他底下有七位婆罗门富豪和七百位净化者（snātaka，显然是取个整数）。也似乎可以确定那时的祭司除了为国王举行祭祀仪式外，也参与其他事务。婆萨迦罗和苏尼达（前者被特别提到是阿阇世王的祭司）参与为华氏城建造城堡，以抵御跋耆人进攻②。

这一类婆罗门声称属于纯洁的族姓，并以此为荣。提到的最通常的族姓是婆罗堕遮（Bhāradvāja），也提到属于迦叶、阿摄和、阿迦舍、憍陈那、憍尸迦、迦旃延那、乔答摩、波罗奢耶和干诃延那族姓，以及各类祭司，如祭官（addhariya）和北祭司（udicca）婆罗门。这些有影响的婆罗门或者以他们侍奉的国王为榜样，或者自己成为佛陀及其运动的支持者。戈克尔说他在尼迦耶中查出四十九位婆罗门皈依者宣称自己是居士（upāsaka）。其中，五位是享有赠地的富豪。他们是商伽（Caṅki）、究罗檀头（Kūṭadanta）、沸伽罗

---

① Gokhale，in Studies in History of Buddhism，第 71 页。

② 同上。

娑帝（Pokkharasādi）、种德（Soṇadaṇḍa）和鲁醯遮（Lohicca）。迦希婆罗堕遮（Kāsībharadvāja）是一位非常富有的农夫。其他的似乎是财富普通的婆罗门，少数一些只是简单地提到“一位婆罗门”（aññataro brāhmaṇo）。其他的情况是提到“许多婆罗门家主”（sambahulā brāhmaṇagahapatikā），他们已经成为居士①。

最后一类婆罗门是始终具有双称号“沙门婆罗门”（samaṇa-brāhmaṇa）。他们通常有别于早期佛经中的其他婆罗门。他们生活在净修林（assama），就像婆罗门罗摩迦（Rammaka），他的净修林在舍卫城附近。他们与奥义书哲学家的情况相似，避入森林，沉思和讨论哲学问题。佛陀许多著名的弟子如舍利弗、目犍连、摩诃迦叶和迦叶三兄弟（优楼频螺、那提和伽耶）都来自这些沙门和出家人群体。尼迦耶中提供的成为居士的十位出家人名单中，大多是在大城市中心皈依的，如舍卫城、王舍城和毗舍离城。也有加入佛教僧团的九位出家人的名单，其中有些如善陀迦（Sandaka），也要求他们的追随者一起加入僧团。阿支罗迦叶（Acela kassapa）在成为出家人三十年后加入僧团。同样的材料提供二十七位婆罗门的名单（在追随佛陀的著名比丘之外），其中七位声称他们属于婆罗堕遮族姓。

《上座僧伽他》和《上座尼伽他》和注释中的传记提供了332人的名单，他们的社会构成给予我们戈克尔所谓的早期佛教精英的一些观念。332人中，261人是比丘，71人是比丘尼。332人中，4个人（3个比丘，1个比丘尼）出身不明。其余的人，134人或40.8%（117个比丘和17个比丘尼）过去是婆罗门；98人或29%以上（74个比丘和24个比丘尼）属于家主或吠舍；75人或22%以上（53个比丘和22个比丘尼）可以说属于刹帝利；10人（7个

---

① Gokhale, in Studies in History of Buddhism，第72页。

比丘和3个比丘尼）可以称为是社会的低贱阶层。在这134个婆罗门中，27人出身富豪家庭，而107人是平民（commoner）婆罗门出身。

在《增一尼迦耶》的《最胜者品》（Etadagga vagga）中，佛陀指出早期佛教运动中各方面的领导者和他所认为最优秀的人。这个名单包含41个比丘和13个比丘尼。41个比丘中，18人属于婆罗门（43.9%），9人属于刹帝利（大多是释迦族），11人属于家主或吠舍，1人可以被称为首陀罗（“说律第一”优波离是前理发匠），2人出身不明。《上座僧伽他》和《上座尼伽他》提供给我们值得收入上座部经典的诗歌作者名单中，40.8%是婆罗门。而《最胜者品》中提供的寺院领导者中婆罗门的比例更大，为43.9%。在引证领导者及其智力、学问和严格的教养和实践中，有13个比丘尼，其中只有2个属于婆罗门，而有4个属于刹帝利和7个属于家主。《长尼迦耶》的《大本经》（Mahāpadāna sutta）提供乔答摩之前的六位过去佛名单，最后三位（50%）迦鸠孙陀（Kakusandha）、拘那伽摩那（Koṇāgamana）和迦叶（Kassapa）出身婆罗门[①]。浏览《本生经》中菩萨所属的种姓，表明这位未来佛在这些故事中有31次出生为婆罗门。从这些事实和名单，戈克尔得出结论：“在婆罗门和早期佛教徒之间的协调远大于两者之间的对立、敌意或反感。”[②]“早期佛教和婆罗门之间的关系以前者认同后者的威望为特征。”[③]

戈克尔的分析给人印象深刻，但他得出的结论未必正确。在这方面，我们愿意指出，首先，在佛陀时代的这四类婆罗门中，第一类（即古代仙人）与佛教徒对婆罗门的态度无关。最后一类（即

① Gokhale，in Studies in History of Buddhism，第74页。

② 同上书，第76页。

③ 同上书，第75页。

婆罗门出家人）在意识形态上更接近沙门。在正统社会中，有影响的婆罗门部分是那些祭司、富豪、婆罗门宰相和官吏。按照戈克尔本人，早期佛教批判婆罗门种姓，其批判对象正是这部分婆罗门。其次，可以注意到，戈克尔的分析只是证明婆罗门对佛教运动持有开放和宽容的态度，而这并不证明佛教徒对婆罗门没有反感①。

佛陀对待妇女的态度

现在，让我们讨论佛陀对待妇女的态度问题。许多历史学者试图将佛陀说成是印度妇女命运的拯救者。按照霍纳，“在佛陀之前的时代，印度妇女的地位整体低下，缺乏尊严。而在佛陀时代有了变化，妇女享有更多的平等和尊严”。霍纳将这种她设想的变化归功于佛陀，因为他“将法（dhamma）给予男女两者”。她认为“沉潜于佛陀教导的男人不可能对在日常生活中始终证明妇女的自我奉献、勇气和虔诚的力量毫无反应”。“在佛教中，较之以前，妇女是一个掌握自己生命直至身体解体的人。不再是依靠男人活着，只是作为一件用品受尊重。旧时的完全依靠男人，只有服从，没有自己的意志，正在逐步消失。”② 按照另一位佛教历史学者，“佛教以及耆那教与婆罗门教全然不同，在宗教文化中给予妇女平等的机会”③。按照安贝卡，佛陀是两性平等学说的倡导者④。按照那罗

① 《本生鬘》（Jātakamālā）中的一个故事证明在此后的时代，佛教徒怎样试图羞辱婆罗门。在这个故事中，一个婆罗门老师希望考验他的弟子们的品德，要求他们通过偷盗解除他的贫困。他声称偷盗是婆罗门在生活困难时允许的生活方式，贫困是世上最大的苦难。因此，对于婆罗门，享用他人的财富并不犯罪。他的弟子们同意履行他的告诫。而唯独其中的菩萨恭敬而坚定地表示反对。故事最后讲述那位老师热烈赞扬菩萨的态度。很明显，在这个故事中，对婆罗门享有特权的申说全然是一幅讽刺画，令婆罗门名誉扫地。

② Horner, I. B., Women under Primitive Buddhism, 1975，第 1 页以下。

③ Joshi, L. M., Studies in Buddhist Culture，第 368 页。

④ 同上。

苏，“佛陀赋予男女平等地位”[1]。但是，霍纳等学者的整个思路假设的前提是印度妇女在佛陀之前的时代地位整体低下，缺乏尊严，而在佛教的影响下得到相当程度的改善，由此他们的结论失效。这种假设的第一部分不仅不能得到证明，而且肯定违背众所周知的历史事实。正如阿尔特卡尔[2]所指出，在公元前五世纪之前，印度妇女的地位相比此后的一些世纪要更好。他已经说明直至公元前五世纪，不存在造成妇女苦难命运的寡妇殉葬（satī）和童婚习俗。妇女受到合适的教育，也像男人一样享有宗教权利。她能在婚姻大事上表达意见，在家庭中受到尊敬，在家庭和社会中能自由活动，在公众事务中能发挥智慧，如果出自性格或必要，也能有自己的事业。在公元前五世纪之后的时期，妇女的地位下降，因为奴隶制度发展，使她们成为社会中的非生产力成员；非雅利安人妇女进入雅利安人家庭，祭祀崇拜衰落，使她们不必受教育（upanayana），导致她们受教育程度降低。这样，编年史说明印度妇女的地位随着佛教出现，与佛教出现之前的时代相比，变得更坏，而不是更好（虽然这里提到的这两种现象之间没有因果关系）。

但是，佛陀比同时代其他的领导者和思想家更同情妇女吗？最可能不是这样。众所周知，佛陀根本不愿意妇女在他的僧团中成为比丘尼，只是他的养母和姨母摩诃波阇波提一再请求，并得到阿难支持的情况下，才极其勉强同意，同时为她们加入僧团制订八条特别的规定，至少也是对她们的严重侮辱。简要地说，这些规定如下[3]。（1）即使一百岁的比丘尼也要向即使刚入僧团的比丘俯首致敬。换言之，无论什么地位的比丘都应该受到无论什么地位的比丘

---

① Narasu，P. Lakshmi，The Essence of Buddhism，第 122 页。

② Altekar，A. S.，Position of Women in Ancient India，第 343 页，第 440 页以下。

③ Horner，I. B.，Women under Primitive Buddhism，第 119 页以下；Chakraborty，H.，Asceticism in Ancient India，第 221 页。

尼俯首致敬。（2）比丘尼必须在没有比丘的地方度过雨季安居。（3）比丘尼必须双周从比丘那里获知举行布萨的日期，并在这天接受比丘的教诫（ovāda）。（4）比丘尼必须先在比丘僧团中，而后在比丘尼僧团中举行自恣仪式。（5）比丘尼必须先在比丘僧团中接受摩那埵（manatta）处罚。（6）比丘尼履行《戒本》的六种波逸提戒规后，在比丘和比丘尼两个僧团中接受具足戒。（7）比丘尼不能以任何借口仇恨或责骂比丘。（8）比丘尼不能揭发比丘的过失，不能自己决定布萨或自恣仪式的日期。然而，比丘可以揭发比丘尼的过失。所有这些戒规都不能逾越。

这些规定中，有的显然出于保障比丘尼的安全（如第二条规定）。但是，其他的规定不是这样。从这些规定看，佛陀显然怀有男性天然优于女性的观念。他看来相信比丘尼不能不依靠比丘，她们完成大多数仪式都得依靠比丘，获得比丘准许。第一和最后两条规定，尤其是第一条，显然是要比丘尼记得由于她们是女性，天然低于比丘。人们能理解无论谁都不应该谩骂他人，但在这方面故意歧视妇女就不可理解。为什么一个年长的比丘尼不配责骂一个犯错的年轻比丘？摩诃波阇波提·乔答弥请求佛陀对年长资深的比丘和比丘尼按照他们的相应地位，而不要按照他们的性别实施规定，而佛陀得知后，说："阿难！这是不可能和不允许的。……众比丘！你们不要向妇女俯首致敬，或者对她们履行低者向高者的职责。"显然，佛陀最害怕的是比丘尼可能会要求平等，即使不要求高于比丘，而他本人明显认为女性低下。

从好几个其他事例，佛陀对妇女的态度显得更加清楚。首先，可以注意到一个比丘尼接收一个没有获得父母或丈夫同意的女子，则是波逸提犯规。但是，对于男性，只追究父母同意与否，不追究妻子同意与否。还经常提到女子试图取得丈夫同意，成功或不成功[①]。其次，佛陀对于妇女的看法反映在《小品》中，他说：“阿难！如果不允许妇女出离家庭生活，成为遵行如来提出的学说和戒律的出家人，那么，纯洁的宗教能持久存在，善法将牢固保持一千年。但是，阿难！因为现在允许接纳妇女，纯洁的宗教将不能持久……将只能存在五百年。”[②] 他还曾经这样说：“对她来到，不喜悦；对她离去，不忧愁。我称这样摆脱激情的人是婆罗门。”[③]

几乎不能否认佛陀经常同情、礼遇和帮助同时代的妇女[④]。但奇怪的是，在整个律藏中，比丘可以直接向佛陀提出他们的问题和困难，而比丘尼常常需要通过比丘向佛陀表达她们的抱怨，只有摩诃波阇波提由于是佛陀的亲属以及久处僧团，才有可能接近佛陀。佛陀的态度也渗透进僧团[⑤]。在佛陀去世后发生的一件事最能说明这个问题：在佛陀涅槃后第一个雨季，在王舍城结集中，阿难受到指责，因为他首先让妇女哀悼者的泪水玷污佛陀的身体[⑥]。这可以被认为表示佛陀时代佛教对待妇女的态度。

按照霍纳，大量受教育的妇女与早期佛教有联系证明佛陀为解放弱势女性作出的贡献。但是，有理由指出，佛陀时代的妇女并不是佛教的产物。她们在婆罗门社会中出生和长大。她们接受她们时代的大思想家的教导是另一回事。佛陀时代的佛教女性包括比丘尼和女居士，她们的学问和知识水准不能认为是佛陀或早期佛教的成就。佛教对改善妇女命运作出的贡献应该依据它在佛陀之后的时代对妇女产生的影响判断。但是，这方面的证据极其稀少。确实，在

---

① Horner, I. B. , Women under Primitive Buddhism，第 149 页以下。

② Cullavagga, 10; Chakraborty, H. , Asceticism in Ancient India，第 219 页。

③ 同上。

④ Horner, I. B. , Women under Primitive Buddhism，第 301 页以下。

⑤ 同上书，第 308 页以下。

⑥ 同上书，第 300 页。

阿育王的破僧铭文、斯里兰卡编年史（提到僧伽蜜多的传教活动）和一些阿育王之后的铭文中提到比丘尼存在。但是，这也是事实：“与比丘的寺院相比，尼姑庵极少。……在大量的那伽朱尼贡陀铭文中，没有提到有尼姑庵。因此，我们可以推断比丘尼的数量和地位在贵霜王朝时期急遽降低。”①

这里可以提到佛陀对待妇女的态度无论如何也不比其他宗教派别更好。例如，白衣派耆那教确认妇女追求解脱的权利，建立她们自己的尼姑庵。甚至在巴尔希婆时代，或者更早，耆那教有数以千计的尼姑僧团。因此，佛陀在公元前六世纪所做的事并非具有革命性，巴尔希婆在公元前八世纪已经这样做了，与佛陀的好几位同时代人也在公元前五、六世纪这样做了。而且，有意义的是，他的同时代人如大雄毫不反对允许妇女进入他们的僧团。至于婆罗门教，应该记得它不是一个传教的宗教，也就不需要建立传教的比丘和比丘尼僧团。因此，人们不可能，也不应该希望存在婆罗门教的尼姑庵。如果有人认为婆罗门社会给予妇女平等的宗教机会，他也能指出妇女在早期吠陀社会能参与举行祭祀，在奥义书时代学习梵的知识（brahmavidyā）。这是实际情形。吠陀宗教祭祀仪式依靠家主的妻子实际和平等参与。正因为如此，女孩和男孩同样接受正规的教育（upanayana）。由此，她们也同样学习吠陀学问。在奥义书时代，婆罗门社会女性对学习梵的知识有浓厚兴趣。例如，耶吉伏吉耶的妻子梅怛丽依对寻求达到永生的道路比对时髦的衣着装饰更有兴趣。在遮那迦举行的哲学竞赛中，女哲学家伽尔吉提出极其深奥的问题。吠檀多女学者阿特雷依跟随蚁垤和投山仙人学习。在吠陀社会中，像苏罗芭和伽尔吉·婆遮揭那维这样的妇女甚至过出家人的生活。佛陀出家寻求真理，有两位婆罗门女修行者邀请他住在她

① Chakraborty, H., Asceticism in Ancient India，第 222 页。

们的净修林[1]。波你尼和包达衍那提到婆罗门女修行者，憍底利耶在女修行者的意义上使用parivrājaka（“出家人”）一词。

在早期佛教中，妇女通常被认为极不可靠和忠贞，不比家庭财产更好[2]。早期佛经中有多次将妇女与无生命的对象以及牛和马归为一类[3]。在《大品》中，佛陀劝告阿难不要观看妇女。如果必须观看，则不要与她们说话。如果必须与她们说话，则要保持警觉[4]。在《弥兰陀问经》中提到佛陀说：“只要有机会，有隐秘处，有求爱者，所有妇女都会犯错误。唉，甚至与一个瘸子。”[5] 在《小品》中，佛陀认为“妇女的品性深不可测。……她们像有许多诡计的盗贼，从她们那里难以发现真话。对于她们，谎话像真话，真话像谎话。不必在意她们喜欢不喜欢”[6]。

一些历史学者试图将佛陀对待妇女的态度分为宗教的和社会的两方面，认为按照宗教的立场，要求比丘严格的道德戒律，故而佛陀表现出反对妇女，但是，在社会方面，佛陀并不教导区分男女[7]。但是，如同前面见到的情况，这是不真实的。佛陀并不特别尊敬作为社会成员的妇女。这里可以注意到，佛陀毫不关心女居士问题。可以举出这方面的例证：他怀有妇女屈从的理想。他曾经向给孤独长者任性的儿媳妙生（Sujātā）描述七类妇女。其中，四类是有德的，行为分别像母亲、姐妹、同伴和女奴，她们会升入天国；另外

---

① Dutt, N., Early Monastic Buddhism，第87页。

② 马鸣在他的《美难陀传》（Saundarananda）中提倡苦行崇拜，认为妇女是道德路上的障碍。他笔下的佛陀宣称妇女像毒藤，像出鞘的剑，像可怕的蛇穴。按照他，发怒的蛇能调伏，而妇女的心不能调伏。也可以注意到，在早期大乘中，女菩萨极其稀少（Joshi, L. M., Studies in Buddhist Culture，第78页）。

③ Indra, The Status of Women in Ancient India，第222页以下。

④ 同上书，第223页以下。

⑤ 同上。

⑥ 同上书，第252页。

⑦ Madhu Sen, in Studies in Religion and Change，第101—110页。

三类是无德的，行为分别像杀人者、强盗和情妇。有意义的是，他教导的结果是妙生决定成为像女奴那样的妇女[①]。

佛陀对待奴隶制和其他社会问题的态度

是否早期佛教成为社会变化的一种因素也可以看它对待奴隶制的态度。在佛陀时代，奴隶制是一种得到确立的制度。佛教文献本身经常提到奴隶和女奴的悲惨处境[②]。佛陀本人也接受奴隶侍奉。释迦族人施计将女奴婆娑跋克蒂亚嫁给波斯匿王，这个著名的事例证明释迦族社会存在奴隶制。而且，佛陀肯定也看到他的富人和王室居士如给孤独长者、频毗沙罗王和波斯匿王等拥有许多奴隶。问题是：他作为一个“社会革命家”为废除这种罪恶的制度做了什么？答案是完全没有。奴隶的悲惨处境也肯定触动他。他曾经提出奴隶和他们的主人的行为规则。但是，他设想的规则只是建议：（1）奴隶应该满足于他们得到的什么；（2）他们应该努力工作，赢得主人的表扬和称赞；（3）主人对待奴隶应该仁慈。简而言之，他的规则只是鼓励主人应该怜悯他们的奴隶[③]。阿育王在他的铭文中，也表现出同样的态度。显然，早期佛教并不赞赏奴隶对主人表示不满，更何况反叛。整个三藏没有提及怎样改善他们的处境。只是提到佛陀安慰他们，指出他们的处境是他们过去的业报，而担保如果他们忍受他们的命运，就能转生为天神[④]。

佛陀显然没有看到奴隶制乃至任何罪恶的社会制度中的“痛苦”。有意义的是，导致他出家的三种景象（即病、老和死）没有一

---

① 《增一尼迦耶》4，Madhu Sen，in Studies in Religion and Change，第 92 页以下。

② 参阅 Sinha，B. P.，Early Indian Buddhism as a Factor of Social Change，Studies in Religion and Change，第 83 页以下。

③ 同上书，第 85 页。

④ 同上书，第 86 页。

种体现“社会的”性质，而只是代表“个人的”痛苦。实际上，他的痛苦概念甚至不是个人的，而是出于“精神的”痛苦。病、老和死是这种痛苦的象征物。同样，他所说的“为了大众的利益和幸福”（balujana hitāya bahujana sukhāya）也不是“社会的”性质。他所谓的利益是精神的或伦理的，而不是社会的。佛教出现在一种特殊的社会环境中，人的存在被认为充满苦恼。“苦说”（dukkhavāda）在那个时代是一种普遍接受的学说，如同今日的社会主义。佛陀是一位伟大的思想家，但是，他也是他的时代的孩子。因此，他更关心改善他的信众的伦理，而不是那个时代的社会问题（诸如妇女的地位、奴隶制和低级种姓的处境）。如果他对当时社会秩序产生什么影响，那也是偶然的，而非有意的。因此，根本就不应该提出他是“社会革命家”这个问题。

对待经济活动的态度

在早期佛教中，比丘和比丘尼回避从事经济活动。事实上，他们被禁止从事任何经济活动。比丘和比丘尼被禁止个人占有财产。甚至衣服、食物和药品在数量上也不能超过实际的需求。也禁止从事与比丘生活不协调的任何工作。然而，不限制在世俗中生活的居士从事经济活动。佛教并不蔑视富人。相反，财富受到珍重，浪费受到指责。积聚财富被认为是值得称赞的活动。但是，财富不应该保持不动，也不应该消耗在享乐上。财富应该用于帮助他人。财富只有用于宗教目的才有意义，也就是在用于自己的需求后，用于自己的邻居和比丘的需求。

佛教认同一切职业，除了贩卖武器、活物、肉、酒和毒品。引起杀害的职业被禁止。这样，佛教对职业作出限制，但只是针对与宗教原则不相容的职业。在一定程度上，佛教阻碍资本的形成，因为按照它的教义，财富应该转而用于宗教目的。而且，推崇比丘的生活，坚持认为尘世生活无常，这样，在虔诚者的眼中，经济商品显得毫无价值。

在大乘中，比丘也不从事任何经济活动。然而，一些大乘教徒相信世俗经济生活也应该具有宗教意义。他们鼓励以任何方式施舍，帮助他人。贫困应该消除。正如早期佛教，不是所有职业都被认为是正当的。贩卖奴隶和酒被禁止。

早期佛教很少关心生产问题。然而，大乘希望国王促进生产，关注国家的经济需求，尤其是在灾难中。他们特别重视税收问题。贡税是一种服务，而国王作为私人向民众索取。国王可以随意支配税收。这样，税收被民众认为是国王犯下盗窃罪，而不利于国民。因此，佛教徒主张税收应该尽可能降低。他们限定税收为产物的六分之一。低税收有利于刺激生产，这是国王的职责之一。国王应该对他的财库（kośa）进行分配，救济穷人。这样，佛教试图引入一种再分配的财政概念。

第 三 章

佛教的政治思想

政治学在佛教知识系统中的地位

佛教对印度政治思想的贡献很有意义。在早期佛教中，政治学被认为是刹帝利学（khattavijjā）。在一些经文中，也称为刑杖学（daṇḍanīti）、君王论（rājaśāstra）和政事论（nītiśāstra）。在《长尼迦耶》中，它属于法律技巧一类（tiracchāṇavidyā，“畜生明”），被称为错误的职业（micchājīva，“邪命”）。在一个本生故事中，刹帝利学教导一个人为了达到目的，甚至可以杀死自己的父母，而被一个虔诚的苦行者指责为充满罪恶。在另一个本生故事中，一个国王解释刹帝利的神秘言论（khattiyamāyā，“刹帝利幻术”），意思是一个人可以采取任何手段，温和的或严厉的，让自己摆脱困境，然后再正当行事。在第三个本生故事中，一位有德的王子忽视刹帝利法（khattadhamma）违背道德，为了兑现与星象术（nakkhata-dhamma）一致的诺言，变成一个吃人者（这样，妖魔可以吃他）。显然，在这些故事中，刹帝利学被认为是不正当的科学，依据失控的自私行为，与伦理直接对立①。

这种观点重复出现在后期佛经中。一部失传的《智方广经》（Jñānavaipulya sūtra）中说刑杖学属于无用的学科之一，妨碍解脱，

---

① Ghoshal，U. N.，A History of Indian Political Ideas，第 65—66 页。

想要遵行“菩萨乘”（bodhisattvayāna）的人应该摒弃。按照《妙法莲华经》，菩萨在他们的活动中，在这方面应该保持谨慎，不要侍奉或接近国王、王子和国王的侍从（rājapuruṣa）[①]。在马鸣的《佛所行赞》中，一位精通政事论的王室祭司的儿子企图引诱乔答摩·悉达多与妇女厮混，而枉费心思。由此可见，引诱王子耽迷欲乐不违背政事论原则。同样在这部作品中，乔答摩·悉达多讲述王权是充满愚痴的处所。它迷醉权力，压迫他人而违背正法。他指出强调寂静（śama）的解脱法和强调惩罚（daṇḍa）的国王法天壤之别。他强调这两者互不相容：“国王热爱寂静，则王国不安全。国王热衷王权，则失去寂静。寂静和王国安全犹如冷和热，水和火，互不相容。”[②] 在《本生鬘》的各种故事中，圣勇说明政治和伦理的对立。他似乎相信“治国术以财富和爱欲而非道德为目的，尤其是统治者为了他自己的利益无情和无耻地掠夺民众”[③]。高沙尔（Ghoshal）认为政治和伦理冲突的根源在于“两种思想准则的根本分歧。因为《利论》（Arthaśāstra）导师们热衷于他们公开的目的，即保障国家的安全和繁荣，这样做即使不能证明合理，也能以利益弥补道德的缺失。而佛教坚持严格和正直的伦理法则，主张道德律无条件地高于政府事务”[④]。

国家和王权起源的社会契约论

早期佛教对国家起源的解释与西方的社会契约论一致。他们不主张国王的神授权力，坚持认为第一位国王是人民选举的。正如在前面讨论佛教的社会哲学时提到，《长尼迦耶》的《世起因本经》

① Ghoshal, U. N., A History of Indian Political Ideas，第261页以下。
② 同上书，第261页。
③ 同上书，第341页。
④ 同上书，第66页。

讲述在最初的自然国家中，众生的生活像天神一样完美。由于财产的出现，造成偷盗、责骂、说谎和暴力这些罪恶，困扰人类社会，于是出现王权制度。据说受这些罪恶困扰的众生集合在一起，选举他们中最能干和最英俊的人作为国王。这位国王当怒则怒，当责则责，当罚则罚，当逐则逐。作为回报，众生同意将自己的一部分稻米给予他。他被称为“大选主”（mahāsammata，“大众选出的人”）、刹帝利（khattiya，“田主”）和王（rāja，“依法让他人满意的人”）①。这个故事稍加改变，出现在说一切有部的律藏《大事》、世亲的《阿毗达磨俱舍论》（Abhidharmakośa）② 和佛音的《清净道论》（Visuddhamagga）③ 中。

这样，佛教像一些西方政治家那样提出社会契约论。通过它，民众指定他们中的一个人为社会领袖，以保障社会安宁和繁荣。然后，这种职责由父亲传给儿子。这是王朝的起源。民众交付贡税，表示对国王的尊敬，同时国王有义务保护民众，乃至如果有人遭到劫掠，而盗贼不能交还财物，则由国王补偿。在《摩诃婆罗多》中，有一个传说与佛教的社会契约论相似，不同之处是民众同意向天神请求确定一位国王，因此成了神授的权力④。按照佛教理论，国王的作用限于维持公共秩序，民众则对他表示支持。然而，这种理论的重要之处还在于证明国王职能的合理，因为有利于财产制度和公众安全。而且，它提出王权的起源是双边约定的结果，赋予统治者惩罚恶人的职责，而反过来，民众要按照惯例向他缴税。

在《本生经》中，人们发现一种更简单的王权起源理论。在一些本生故事中，民众选举一个完美的人作为国王，受到动物模仿，

---

① Ghoshal, U. N., A History of Indian Political Ideas，第 63 页。

② 同上书，第 258 页以下。

③ 同上书，第 337 页以下。

④ Nakamura, Hajime, Indian Buddhism, Delhi, 1987，第 81 页。

四足兽、鱼和鸟分别选举狮子、鲸鱼和金天鹅为国王。然而，“这些故事都没有提及统治者和共同体之间的政治契约，缺少佛教经典的王权起源理论，虽然提到原始的无政府状态的自然国家，由此导致大众选举国王的制度”①。

国王的神性

巴利语经典中散见有一些提示，表明国王崇高的社会和政治地位。然而，这些提示与王权起源理论无关。在《经集》中，我们读到国王是人中第一，人中之首。在《杂尼迦耶》中，国王是国家（raṭṭha）的标志或象征（paññāṇam）。按照《小义释》（Cullaniddesa），天神有三种层次：人类习惯公认的天神（sammutideva）、纯洁的天神（visuddhideva）和出生的天神（upapattideva）。其中，第二种是圣人（阿罗汉和佛陀），第三种是出生的或再生的天神，第一种，也是最低层次包含国王、王后和王子。按照《增一尼迦耶》，雅利安人信徒用正当获得的财富供奉五种人，即亲属、客人、祖先、国王和天神。《杂尼迦耶》说四种人物或对象，即国王、蛇、火和比丘，即使年轻，也不能轻视或藐视。这样，佛教徒认为国王占有最高的社会和政治地位。“进而，他们将国王及其家庭成员按照佛教的标准安置在低层次的神性上。事实上，这种归类表明是粗糙地调和王权的政治契约起源观念和流行的国王神性观念。显然，作为上述这种观念的结果，作者推演出民众对他们的统治者的义务，表现为作为日常生活的一部分，家主象征性地供奉国王。这种概念显然是佛教采纳众所周知的法论规则，即上层社会的家主举行五种日常祭祀。”② 在大乘的《金光明经》（Suvarṇaprabhāsa sūtra）中有一处，众天神询问梵天，为什么国王“出生于人（manaṣyasambhūta），而

① Ghoshal，U. N.，A History of Indian Political Ideas，第66页以下。

② 同上书，第67页。

被称为神和天子（devaputra）？国王出生在人间世界，怎么会具有神性，统治民众?”梵天回答说，国王最初是由天神进入他的母亲的子宫而被确立。虽然他在人间世界出生和死亡，但他出生自天神，故而称为天子。三十三诸天神将他们的一部分给予国王，因此他配称天子。这种理论显然是佛教采纳婆罗门教关于国王的神性源自护世天王（Lokapāla）本质的学说。赋予国王天子的称号，提到他由三十三诸天神分身创造，显然表明佛教徒试图根据自己的目的改造婆罗门教理论。

国家的目的

早期佛教表现出对国家和王权的悲观和否定的态度。事实上，在早期佛教时代，国王们只是热衷互相征伐，造成民众处境悲惨。“他们狩猎和淫乐，热衷进行扩张战争。”① 对于佛教徒，这意味缺乏仁慈，他们让国王承担民众犯罪的责任。如果有人偷盗，这不是这个人的过错，而是国王的过错，因为他让民众处于悲惨境地，迫使他们偷盗。在佛教中，确认统治者对社会罪恶负有责任。早期佛教对于自己时代的国家批判是激烈的，甚至认为那是魔鬼的创造（出于或多或少同样的理由，类似早期的基督教）②。佛陀的目标是在僧团内实现完美社会的理想，远离国家权力。这种社会的本质特点是没有暴力惩罚。一个人必须自己对被判定的罪愆进行惩罚。僧团在许多情况下置身国家权力之外。这样，佛教首先教导他的信徒与国家和国王保持距离。但是，后来，提倡依据基于慈悲的普遍正法（dharma）统治人民的理想。佛教的最高原则是和平交流，废除战争。早期佛教坚持热爱和平的态度。摒弃战争，争取和平。佛教的政治目标是保护贫困者，维持国家的安宁。但是，做到这样，也

---

① Pande，G. C.，Origins，第 313 页。

② Nakamura，Hajime，Indian Buddhism，第 80 页。

必须惩治罪恶。使用暴力怎样能证明合理？它纠正犯罪的人，让他走上正道。因此，使用惩罚也应该是仁慈的。惩罚应该是宽容的。但是，国王有责任保护人民，如果遭到进攻，他必须击退入侵者。战争常常是罪恶，然而，防御战是允许的，虽然始终应该保持热爱和平的态度①。

国王对民众的责任

国王应该最勤奋地治理国家。他的私人生活也应该是一面道德的镜子，尤其被忠告要远离淫乐。他应该由依据品德挑选和推荐的官吏辅佐。如果国王按照神圣的法律治理国家，他就能获得神的祝福，国家就会繁荣。这样，就会给他和他的民众带来幸福，他死后也会升入天国。《本生经》中也提及国王的权力和义务，虽然这些与前面讨论的经典的社会契约论无关。“没有丈夫的妇女、水源干枯的河流和没有国王的国土是裸体。” “人们需要国王和武士保护。”“没有国王，国家不能得到保护和维持。”“正如树是鸟类的庇护，国王是他的百姓的庇护。”“正如儿媳是岳父的庇护，国王是他的百姓的庇护。” “正如年老的父亲应该得到年富力强的儿子照顾，百姓应该得到国王保护。”②

圣勇的《本生鬘》提出法论的原则：国王父亲般对待百姓，百姓就会愿意服从他的政治权力。换言之，保护是国王对被统治者的道德义务，以回报他们的服从。在圣天（Āryadeva）的《四百论》（Catuḥśataka）中，讲述骄傲是只感觉到我和我的，善人不应该怀有骄傲。注释者说这主要是告诫国王，因为他们经常受这种感觉控制。在下面这首诗（4.77）中，作者对想象中的一位国王，直接大胆提问：“你怎么能感到骄傲？你只是大众的奴仆（gaṇadāsa），他

① Nakamura，Hajime，Indian Buddhism，第 80 页。

② Ghoshal，U. N.，A History of Indian Political Ideas，第 68 页以下。

们以六分之一的收获供养（bhṛta）你。”注释者称赞这个提问，说这是回答一种假设的论点，即认为一切事业依靠国王，因此依据他具有这种权力，而有理由骄傲[①]。这样，注释者很有说服力，证明佛教的王权起源论合理，并发展人民主权说，即国王是他们付费的奴仆（dāsa）。

正法——王权的本质

“早期佛经作者对我们的古代政治思想库藏最重要的贡献是将正法原则‘完整地’应用于国王的内外管理上。”在《增一尼迦耶》中，提出谁是遵行正法的王中的王（dhammassa dhammaraññо rājā），回答是正法（dhamma）。好几个本生故事描写按照正法统治的国王，他们摒弃四种错误行为（agatigamana）即贪欲、瞋怒、愚痴和恐惧，实践十种王法（rājādhamma）即布施、守戒、舍弃、正直、柔和、苦行、不怒、不杀生、忍辱和不妨害，依靠四摄事（saṃgahavatthu）即慷慨布施、和蔼可亲、与人方便和同甘共苦而赢得民心，遵守斋戒和十善戒即不杀生、不偷盗、不邪淫、不妄语、不两舌、不恶口、不绮语 、无贪欲、不瞋怒和无邪见[②]。“在一些故事中，说明国王遵行正法，不违背正法，如何对他自己有利。这样，我们得知国王以柔和制伏愤怒，以善制伏恶，优于以善报善，以恶报恶。国王允许自己被邻国国王俘虏和虐待，完全靠自身固有的美德重新获得自由和王国。”[③] 在好几个本生故事中，我们得知正法是王权的本质，也是国王的最好的政策。这些故事的作者依据上述箴言阐明统治的原则和策略，说明国王应该避恶趋善。一些例证说明国王的种种善行与佛教居士遵守的戒规一致。而且，

① Ghoshal，U. N.，A History of Indian Political Ideas，第68页以下。

② 同上书，第69页以下。

③ 同上。

国王应该促进他的百姓普遍幸福，甚至不会说话的生物也蒙受他的恩泽。按照《增一尼迦耶》，国王不遵行正法，他的官员（rājayutta）也会不遵行正法。“若是这样，婆罗门、普通的自由人（gahapati，‘家主’）和城乡居民也会不遵行正法。若是这样，太阳、月亮和星宿会偏离轨道，日、夜、月、季和年会脱节，风会乱吹，天神会恼怒而不降下足够的雨水。若是这样，谷物不会按时成熟，由此人们短命、丑陋、羸弱和多病。反之，国王遵行正法，一切结果都会与此相反。”① 这样，国王对待正法的态度形成规则的因果链，不仅是他的百姓的道德境界，还有天体的运转、时间的连接、攸关农业生产的气候变化以及百姓的身体状况。这样，政治上的正法几乎被提升到宇宙创造原则的高度②。在《金光明经》中，国王被说成是天神用于实现正法的工具。这是对熟悉的古老正法原理的补充，正法是王权的本质，实际上是国王最首要的义务。作者依照古老的方式说明国王对待正法的态度深刻影响他自己的命运，告诉我们如果国王违背正法，他就将他的百姓推入混乱和冲突，扰乱百姓身体依存的空气、气候和农业生产过程，扰乱天体的运转，产生凶兆，百姓遭遇人为的和天意的灾难，最终，但不是最轻的恶果，引起天神废黜国王。反之，国王遵行正法，结果完全相反。正法的规则要求国王承担义务，在百姓中抑恶扬善，对他们一视同仁，最后的也是首要的义务是惩治作恶者③。

遵行正法的转轮法王概念

早期佛教思想家提供给我们一幅遵行正法的世界统治者（“遵行正法的转轮法王”）的理想画像。这样一位国王拥有“七宝”，

① Ghoshal，U. N.，A History of Indian Political Ideas，第 69 页以下。

② 同上书，第 72 页以下。

③ 同上。

构成他的王权标志。“七宝”包括轮宝、象宝、马宝、女宝、珠宝、司库宝和将帅宝。也提到他和他的长子具有五种优异品质：通晓财富、品德、量度、时间和会众。依据描写转轮王（cakkavattī）的常用词，我们得知他被称为统治大地四方之主，正法的化身，依法统治，世界的胜利者，国内的法律和秩序，拥有七宝。在《长尼迦耶》的《三十二相经》（Lakkhana sutta）中，提出大人物（mahāpuruṣa）的三十二相。经中开头说到具有三十二相的大人物只有两种生涯：如果他抛弃世俗生活，他就会成为阿罗汉，成为正等觉。如果他选择世俗生活，他就会成为家主，成为“国王，遵行正法的转轮法王，征服四方……不依靠刑杖，不依靠刀剑，而是依靠正法征服这个以大海为边界的大地”（rājā…… cakkavattī dhammiko dhammarāja cāturanto vijitāvī……so imam pathavīm sāgarapariyantam adaṇḍena asatthena dammena abhivijīya ajjhāvasati）[①]。这样，一位转轮王是佛陀的世俗翻版，两者的相像不仅在于身体外貌（所谓的“三十二大人相”），出生、去世、火化和纪念的非凡性，也在于都起到造福世界的作用。正如《增一尼迦耶》中所指出，正等觉如来（佛陀）和转轮王是两位生来造福众生的人物，超绝卓越的人物[②]。按照佛教，自古以来已经有许多这样的转轮法王统治大地。按照《长尼迦耶》的《转轮王狮子吼经》（Cakkavattīsīhanāda sutta），随着时间推移，出现不恪守神圣行为规则的国王，随之出现各种非道德的行为，人的寿命越来越缩短。最坏的情况尚未来到。经中生动地描写人们处在这种社会状态中面临的各种堕落和苦难。一旦达到最坏的情况，事情会出现转折，逐渐变好，直至出现另一位转轮王。往古出现的第一位转轮王是坚辋（Daḷhanemi）。他统治了几千年，天轮出现在他的宫殿上。而在天轮开始下沉时，他便隐居森林，将王位交给长

---

① Bhandarkar，Aśoka，第 203 页。

② Ghoshal，U. N.，A History of Indian Political Ideas，第 79 页。

子。但在这位王仙离去七天后，天轮完全消失。于是，儿子迅速去见隐居的父王，报告这件事①。这位王仙告诉他，天轮不是父亲的遗产（pettikam dāyajjam），但是，如果他恪守神圣的转轮王职责（ariyam cakkvattī vaṭṭam），天轮会自动向他显现。这位王仙解释说："你应该保持警觉，保护自己的后宫（antejana）、军队、刹帝利、臣僚、婆罗门、家主、城乡居民（negamajanapadesu）、沙门婆罗门和鸟兽。在你统治的天下，没有非法行为。如有穷人，必施予财物。你应该向沙门婆罗门请教（paripuccheyāsi）正确的行为方式，避恶趋善。"坚辋的儿子听从父王的忠告，标志转轮王的天轮显现。他跟随天轮前进，依次征服东南西北四方，各地被征服的敌王对他说："大王，请教导我们！"转轮王教导他们说："你们不要杀生，不要不与而取，不要邪淫，不要说谎，不要喝酒。"而在坚辋世系中，后来的一位国王按照他自己的意愿统治人民，而不像以前的国王那样遵守转轮王的统治方式，由此失去繁荣。即使臣僚提醒他应尽的职责，他也只是保持警觉，保护他的民众，而不救济穷人，由此导致民众贫困，道德逐渐堕落，人寿缩短。最终，罪恶达到极点，导致民众自己开始行善，由此人寿增加②。我们也得知大善见王（Mahāsudassana）的四种神通（iddhi），其中之一是他亲近婆罗门和家主像父亲亲近儿子，反过来，婆罗门和家主亲近他像儿子亲近父亲。

这样，佛教认为转轮王成为大地至高统治者，不是依靠体力，而是依靠道德和精神力量，正如《三十二相经》中所说，他征服四方，不依靠刑杖，不依靠刀剑，而是依靠正法。显然，他成为转轮王，不是依靠战胜（vijaya），而是依靠法胜（dhammavijaya）。按照班达卡尔，几乎没有什么怀疑，阿育王从某些这样的佛经中获取

---

① Bhandarkar，Aśoka，第 204 页。

② Ghoshal，U. N.，A History of Indian Political Ideas，同上。

“法胜”的启示。“唯独这能解释他的仁慈不仅仅限于人类，正如我们看到的，也延伸到兽类，乃至鸟类，实际上整个生物世界。这进一步解释为什么这些活动不仅仅限于他自己的民众，也延伸到那些归顺他的王国，实际上是整个人类。还有，不仅仅限于他们的物质享受，也延伸到他们的精神提升。那些最后被他征服的王国，不是依靠战争和暴力，而是依靠正法或灵魂的力量。换言之，阿育王追求成为遵行正法的转轮法王。从岩石铭文 13 看出，阿育王相信依靠‘法胜’，他已经获得这种崇高的地位。这或许不是他高估自己，因为我们看到这个事实：《天譬喻经》（Divyāvadāna）中实际称他为‘遵行正法的四方转轮法王’（caturbhāgacakravartī dhārmika dharmarājo）。”① 然而，其他一些学者看法不同，如塔帕尔认为佛教的遵行正法的转轮法王的概念出自阿育王树立的榜样②。

佛教对待共和制的态度

在公元前五、六世纪，著名的憍萨罗国和摩揭陀国扩张，共和制（gaṇa）国家衰退。佛教僧团保持与两方面的密切关系。尽管如此，佛陀（出生在共和制国家）和他的早期信徒无疑强烈同情共和制。佛教僧团组织本身依据共和制原则。《大般涅槃经》中的一个插话说明佛教对共和制的态度：

佛陀曾经住在王舍城灵鹫峰。那时，阿阇世王想要攻伐跋耆人。他派遣婆罗门大臣雨行（Vassakāra）向佛陀说明自己的意图，吩咐他认真听取佛陀对这场战役能否成功的预言。雨行禀告佛陀后，佛陀询问侍立身后的阿难：“阿难！你听说跋耆人是否经常举行集会？是否同心协力，团结一致，执行联盟的任务？是否坚持古代的体制？是否尊敬耆老，听取他们的忠告？是否禁止强行劫掠部

---

① Bhandarkar，Aśoka，第 206—207 页。

② Thapar，Romila，Aśoka and the Decline of the Mauryas，第 146 页。

落妇女和少女？是否按照古代仪式供奉他们境内的塔庙（cetiya）？是否保护和供养他们之中和进入他们境内的阿罗汉？”听到阿难对所有这些问题作出肯定的回答，佛陀指出只要跋耆人处于这种状态，他们就能继续繁荣，不会衰落。于是，雨行得出结论：阿阇世王不可能打败跋耆人，除非使用阴谋诡计，破坏他们的联盟。他借口有事匆忙告辞，回去禀报阿阇世王。

正如高沙尔所指出，佛陀在这里向我们提供了一份完整的共和制国家居民资质条件清单。其中包括居民的公德精神（表现为经常出席公众集会，同心同德），聪明的保守主义（表现为忠于古代传统），端正的道德和修养（表现为尊敬耆老和不劫掠其他部落的妇女），信仰虔诚（表现为供奉塔庙和保护阿罗汉）。而强调团结和谐，显然他看到共和制的致命弱点，即容易引发内部分裂①。

① Ghoshal，U. N.，A History of Indian Political Ideas，同上。

第四章

佛教的历史学和历史哲学

一 佛教历史学产生的因素

早期佛教的非历史精神

早期佛教的基本精神是非社会和非历史的态度。在《长尼迦耶》中，有一处佛陀表示反对沉迷于“低级的言谈”（tiracchāṇa kathā，“无用的言谈”），其中包括国王、刹帝利、战争、英雄、城市、乡村、美女和强盗等等的故事。而通常认为这些是构建历史的资料。佛陀认为优秀的比丘不应该将时间浪费在学习或听取民歌和英雄诗上。佛音在《妙义》（Aṭṭhasālinī）中，引用《婆罗多族大战》（Bhāratayuddha，即《摩诃婆罗多》）和《悉多遭劫记》（Sītāharaṇa，即《罗摩衍那》）作为这类作品的主要例子①。早期佛教对历史的反感源自它的生命哲学，即认为存在没有实质，像泡沫和海市蜃楼那样无常。人的身体被视为微不足道，因为一旦死去，躺在那里，就像一段废弃的朽木。传统描写菩萨在出家前看到的四种景象，即老人表示生成的宇宙不停变化的原则，病人表示生命机体必定衰竭的事实，死人表示一切生命的结局，出家人表示摆脱生死轮回的道路。佛陀的信徒形成社会之外的僧团，这个事实本

① Gokhale，B. G.，The Theravāda Buddhist View of History，JRAS。

身就证明早期佛教的非社会的根本精神。它将尘世视为“洞穴和角落”，弃世是“走向洞外的空间”。因此，理想的阿罗汉竭力摆脱家庭羁绊。他背离尘世，如同天鹅飞离池塘，知道涅槃之路不同于世俗之路。正如戈克尔所说，这样的观念几乎不可能鼓励历史意识的发展①。

促进佛教历史意识发展的因素

但是，尽管将尘世视同无足轻重的泡沫，早期佛教对历史意识的重视和对尘世事件的编年态度仍然得到发展。戈克尔对这种自相矛盾的现象给出好几种理由。第一，在佛陀时代，历史被认为是文化教育中的一个重要科目。它在正统社会内被视为第五吠陀。《长尼迦耶》中也在受教育的婆罗门的成绩名单中提到它，称为“历史是第五”（itihāsapañcama）。佛陀本人作为菩萨也受过历史教育。第二，佛陀的许多婆罗门弟子如世罗、舍利弗和目犍连等在他们皈依前也必定受过历史教育，而对比丘同伴们的历史意识有所贡献。第三，从早期开始，佛教徒感到需要有圣徒传记，这离历史意识只有一步之差。第四，早期佛教接触国王和刹帝利，因为他们的恩宠是宗教取得任何成功和僧团得以维持的主要因素。显然，像阿育王这样的国王，他们不能置若罔闻。所有这些因素必然要求编撰一种新的文献，一方面满足圣徒传记的需求，另一方面适应王权和僧团日益增加接触而提出的问题。“国家与正法的紧密一致必然意味僧团作为知识的库藏应该通晓与这种信念相关的国王和国家的变迁兴衰。”② 第五，崇拜塔庙（stūpa）和供奉佛陀及其弟子的舍利必然需要撰写这些舍利的历史。第六，感到需要编写经典和佛教传播的历史。

---

① Gokhale，B. G.，The Theravāda Buddhist View of History，JRAS。

② 同上。

最后，佛教世界观的一些方面也促进佛教的历史传统得到发展。佛教将现实分为两个层面——超验的和现象的。“在超验的层面，可以与历史无关，而在现象的层面，它不仅是必要的，也是重要的。其次，上座部佛教并不认同现象世界的幻觉（māyā）或虚妄性。它可以只是持续不断的元素流……但它不是不真实的。若是这样，也就不难编排这个世界上的事件。”①

二　佛教历史学的发展

巴利语经典作为历史记录

从理论上说，三藏是佛陀生平中重要事件的记录，包括他的说法（《经藏》）以及与僧团建立以及制定组织和戒律相关的事件（《律藏》）。《经藏》没有显示存在编年的框架，经文的编排依据长度、主题和便于记忆的方式。然而，每部经几乎都说明其产生的地点，有时还有时间，一般还提供引起相关说法的背景事件的详细说明。佛陀的实际学说的宣示通常也针对一些事件的背景。这样，《经藏》包括古代历史和对一些往古事件说明的掠影。按照一种说明，人民选举的第一位国王称为“大选主”（Mahāsammata）。佛陀（或者经文编集者）十分熟悉某种往世书传本。但是，佛教徒对古代帝王的事迹没有太大兴趣，虽然他们也记录了其中一些帝王的事迹。转轮王的传说，不管他们的起源情况如何，已经不再是历史。这些帝王已经被理想化。佛教比丘重视这些传说，用以劝说当代国王效仿这些榜样。第一位国王是大选主，人民最初选他是为了维护正义。有时，他也被称为摩奴（Manu）。其他的转轮王是坚辋、雷奴（Reṇu）和曼达多（Māndhātā），在婆罗门教和耆那教的传说中

---

① Gokhale，B. G.，The Theravāda Buddhist View of History，JRAS。

也都提到。也还涉及更近时期的历史事件传说，诸如毗提诃国的遮那迦这样的国王，或许还有迦尸国的古代国王，及奥义书哲学家郁陀罗迦（Uddālaka），可能是国王遮那迦的同时代人，在德叉尸罗（Takkhasilā）讲学（如同在《歌者奥义书》中）。然而，这种“历史”已经蜕变成传说，与那些传说的帝王故事一样，用于宣教的目的[①]。巴利语经典也记录一些当代事件。有关佛陀的活动的那些事件成为特别的一类。它们不是普通事件的记录，而是“具有宇宙意义的重要事件，这种意义最初（也许对于佛陀身边的弟子）并不很明显，但无论如何，‘完美的’佛陀（或者比佛陀还要佛陀）的人格成为一种宇宙的象征时，记录的准确性受损，也就特别明显。或许上座部比其他部派更多保存佛陀作为普通人的古代记录，生活在他的同胞中，同样会疲劳和生病，但是，他们的记录中也伴随有超自然的表现”[②]。然后，也有对其他许多政治和社会事件的描述：憍萨罗国和摩揭陀国的战争，征服跋耆人，包括阿阇世王的大臣雨行施展阴谋，建立华氏城等。在这些事件的说明中，摩揭陀国占据中心地位。僧团始终与这位国王关系紧密，他们之间交往的记录具有重要的实用价值。

《律藏》基本上是依据编年次序记录佛陀觉悟得道之后的事件，尤其是逐步制定保证僧团生活团结和谐的规则。在主体叙述的前面是《戒本》（Pātimokkha），包含僧团成员的戒规，按照经文和注释编排。经文讲述戒规，注释讲述相关戒规形成之初的背景。戒规按照违反戒规时所要求的惩罚行动的类型编排。按照沃德，每类中的次序可能是编年的[③]。《犍度》（Khandhaka，包括《大品》和《小

① Warder, A. K., in Historians of India, Pakistan and Ceylon, ed. by C. H. Philips, London, 1961, 第 50 页。

② 同上。

③ 同上书，第 47 页。

品》）大多是关于僧团组织的规则，显然是在出现特殊难题时确立的。某种程度上，它们是依据相关主题重新组合的。附录是增添的部分，讲述僧团的女性分支的建立以及前两次结集。描写僧团的建立，并明显按照编年次序记录僧团此后的事件，由此，《律藏》实际上开始成为佛教史①。这些记录是提供背景和写实的，意味着对事件的亲眼目睹的说明。一些亲眼目睹的记录至少成为这种特殊类型文献的样板，虽然后来为了保证新学说的流行，出现同样风格的伪作。有时，复述者的偏向变得明显，未必真实地描写皈依的对立者颂扬佛陀。有时，编造奇迹，证明佛陀及其学说的伟大。

注释作为历史记录

在公元前四世纪中叶，佛教僧团分裂。这样，分裂的部派开始各自保存没有包括在三藏中的历史记录。在上座部（最终以斯里兰卡为中心）中，关于第二次结集的叙述被纳入上座部《犍度》的《小品》而成为经典后，不能再更改或增添。现在，它在被称为《义释》（Aṭṭhakathā）的三藏注释中发展它的传说。这对于这个部派是必要的，需要有关于僧团分裂和第二次结集之后它自己的历史的权威传本。所有这些都纳入《义释》中，并保持流动性，不断予以增添。在古代《义释》的开头，似乎有长篇的历史介绍——“世系”（vaṃsa），即部派的历史，包括长老的世系，直至说明部派在斯里兰卡的建立以及大约至公元前200年之前的事件。“世系”这个词也以同样的意义用于吠陀传统。如《百道梵书》中提供他们的导师世系。三藏中含有一部《佛世系》（Buddhavaṃsa，《佛种姓经》）是佛陀乔答摩之前时间间隔遥远的神话佛陀的世系。“现存《律藏》注释的传本提供了连续的历史记述，包括斯里兰卡的上座

① Warder, A. K., An Introduction to Indian Historiography, Bombay, 1972, 第27页。

部的建立直至公元前200年，加上直至公元一世纪的导师世系。另一种《论事》（Kathāvatthu）的注释扩大记述从上座部分裂出去的其他佛教部派。《岛史》（Dīpavaṃsa，即斯里兰卡史，但也记叙古代印度史）是另一部同样古老的注释传统的可利用传本，或者，毋宁说是一部历史汇编，或许取材于所有传统的各种资料。它叙述到四世纪中叶，可能在四世纪末写定。与往世书历史的终结一致是值得注意的。在这之后，佛教徒继续一次又一次编写斯里兰卡史，直至现代也没有中断。"①

印度的佛教历史学

与丰富的斯里兰卡历史学相比，我们只有印度佛教徒的一些零散的著作。在印度，历史记录通常称为"世系"。但是，佛教的世系常常不限于谱系。在宗教部派中，他们记录传统（āgama，"圣典"）从它的古代起源起的传承情况，及其伴随的环境，其中有中断的危险，而最终成功地克服。"然而，也有与历史作品相关的其他类型文体，如称为'譬喻'（apadāna）的远古传说，称为'故事'（ākhyāna）的近古史诗传说，称为'历史往世书'（itihāsapurāṇa）的婆罗门教传说，称为'世起因本'（aggañña）的社会起源传说。"上面所说的各种世系和譬喻等存在于上座部经典中，至少在公元前350年之后这个部派发展的注释中。"它们也存在于其他佛教部派的传统中。在印度本身，所有这些文献已经与积聚佛教学术的大寺院一起消失。上座部文献在公元前三世纪后转移到斯里兰卡，大部分保存在那里。其他部派的文献后来有选择地传到中亚，中国汉族、藏族地区以及蒙古和其他地区，大多保存在译文中。"

在印度发现的历史著作中，有一部真言乘（怛特罗）的《文

① Warder，A. K.，An Introduction to Indian Historiography，第28页。

殊师利根本仪轨经》（Mañjaśrīmūlakalpa），原作保存在喀拉拉。这部经中的历史部分含有直至八世纪的印度史，虽然采取一种速写的和隐秘的方式。它对于研究难陀、孔雀、笈多、弥多罗迦、莫卡利、普夏菩提和戈波罗王朝有用。它能从藏族历史学家多罗那他（十七世纪）的著作，一定程度上也能从布顿（十四世纪）的著作中得到大量补充。多罗那他明显依据许多印度原作编撰，但是，许多地方非常混乱。贵霜人被处理为月亮人，因为他们属于月亮族王朝①。他们被称为月亮，因为他们源自月氏部落，"月"在汉语中意谓月亮。东印度（摩揭陀等国）的国王的历史甚至更加混乱。然而，从波罗王朝开始，以及此后的国王的记述呈现比较令人满意的方式。对突厥人入侵有稍许详细的讨论，佛教逐渐在印度被清除，避难者逃往各个邻国。在这方面，我们也有法主（Dharmasvāmin）的藏语传记②。"关于佛教部派的历史，我们有世友（Vasumitra）、清辨（Bhāvaviveka）、真谛（Paramārtha）和调伏天（Vinītadeva）的著作。最后，我们有譬喻经（avadāna）文学，被认为是三藏的一部分。尤其是关于孔雀王朝大帝阿育王的《阿育王譬喻》（Aśokāvadāna）有好几种传本。原始的譬喻经是佛陀和过去佛以及佛教信徒的故事，通常是关于他们前生的故事：佛陀的前生故事被称为'本生'（jātaka）。原则上，譬喻故事似乎意味记述产生决定性成就的伟大行动，而世系意味传统或王朝的传承。自然，我们认为讲述前生的譬喻故事是神话的或虚构的，但是，也有认为它们实际上留存在记忆中，对于那些接受这种过去证据的人，它们也构成历史的一种分支。"③

---

① Warder, A. K., An Introduction to Indian Historiography, 第 28 页以下。

② 同上书，第 29 页。

③ 同上。

斯里兰卡的巴利语编年史

这里稍许说说斯里兰卡的巴利语编年史应该不算离题，因为它们依据的传统源自印度，至少是关于它们所描述的传到斯里兰卡之前的佛教史。《岛史》（Dīpavaṃsa）编写于五世纪，是最早试图依据《辛诃罗义释大史》（siṃhara-aṭṭhakathāmahāvaṃsa）编写的岛史。《岛史》这个标题意谓这个岛的历史。它作为一部著作“几乎不能称为是有艺术价值的作品”，而是“将一些残片串连在一起”，“语言和诗律粗糙而不准确”①。

在六世纪，大寺的比丘摩诃那摩（Mahānāma）依据《辛诃罗义释大史》编写《大史》（Mahāvaṃsa），共有三十七章，结束于大军王（Mahāsena）统治时期。与后来的续本《小史》（Cūlavaṃsa）一起，形成斯里兰卡的编年史。它是关于这个岛的最有价值的资料。但是，就它的总体历史价值而言，不是我们今日所说的历史。神话、传说、诗歌和宗教交织，形成历史学家和他的历史之间的面纱②。它的作者本质上是一位诗人，使用他的时代的文学习惯用语。在选材和主题的安排方面，他展示与他的目的保持一致的平衡感。在这一过程中，他多少已经减损它的历史价值③。毫无疑问，由于《大史》确立的传统，尤其是它的最后五章，编年史的编写持续下去。我们可以设想有好几位作者一次又一次编写，取材于王室和寺院记录、舍利和塔庙史、民间传说和个人经历。不幸，它们都已失传。在十二世纪，波罗揭罗摩跋呼一世（1153—1186）逝世不久，一位名为法称（Dhammakītti）的比丘利用现存的这种编年史和记

① Perera, L. S., The Pali Chronicles of Ceylon, in Historians of India, Pakistan and Ceylon, 第31页。

② 同上书，第29页。

③ 同上书，第31页。

录续写直至这个统治时期结束的编年史①。

三　历史哲学

时空概念

佛教的历史观在发展过程中，受到宗教的哲学基本观念影响。虽然佛陀不鼓励对世界是否永恒的性质进行思辨，在早期佛经中仍然可以发现关于世界形成的某些观念和时间概念，这是历史思想的两个基本条件。佛陀解释地震的原因，说大地居于水上，水居于风上，风居于空上。一旦下面的风吹，水就运动，大地便摇晃。世界十分广大，始终演化或解体。佛陀的宇宙观也是说弥卢山在世界的中央，世界由同一轴心的一系列洲构成，其中瞻部洲（Jambudīpa）即印度次大陆最重要。也有天国和地狱，众生按照自己在大地上所从事的行动，前往那里享乐或受苦②。

在印度，婆罗门发展出一种宇宙框架，将时间分为劫（kalpa）和时代（yuga）。这包含一种历史循环的概念。他们对此还增加文化退步论，认为当前的时代即迦利时代（kali yuga）是最坏的时代。这种历史循环概念产生于他们的世界和人生哲学，也就是将终极真实置于轮回转生之外，即在历史进程之外③。因此，历史本身没有什么意义，除了作为达到某种目的的手段。佛教借鉴婆罗门教的基本哲学模式及其宇宙论特点。这样，历史循环概念及其时代反复观念也成为佛教传统的一部分。

---

① Perera, L. S., The Pali Chronicles of Ceylon, in Historians of India, Pakistan and Ceylon, 第31页。

② Gokhale, B. G., The Theravāda Buddhist View of History, JRAS。

③ 参阅 Buddha Prakash, Studies in Indian History and Civilization, 第1页以下。

这里，基本的观念是与现代的道德进步观念相反的道德退步观念。在社会的最早阶段，社会成员纯粹由思想构成，道德完美，没有国家或王权，没有性别或婚姻，没有财产，没有劳作，没有种姓，没有战争，没有衰老，没有疾病，而有美好的和平。但是，人的身体逐渐变粗糙，性别出现，私有财产出现，为了维持和平，有人被选为国王[①]。这样，文明制度（包括种姓和吠陀宗教，尤其是为回避它的罪恶而出离世界的实践）得到解释。另外，社会的演化与人寿逐渐缩短相联系。“最初的人寿是八万岁。而贫困开始蔓延后，出现偷盗和谋杀，人寿缩短至四万岁。然后，说谎、邪淫和其他败德行为导致人寿进一步缩短，直到现在的一百岁。这个进程仍将继续（甚至‘善’这个字眼也不再存在），直至最终将出现逆转，人们重新发现互相合作的好处，而避免互相毁灭。”[②] 然而，虽然稍作修改，采纳婆罗门教的劫和时代概念，佛教没有继承对历史的无视。佛陀赋予他的事业一种使命感和历史目的。按照佛教的观点，一劫中最有意义的事件是一位佛出世。这赋予历史以意义。因为唯独佛出世，涅槃——人类生活的至善才有可能。它又依据这个事实而增加意义，即能作为人出生非常难得。如果有人将只有一个空穴的车轭抛进大海，一只瞎眼的海龟一百年浮上水面一次，那么，对于这只瞎眼的海龟，将它的脖子伸进这个车轭空穴确实非常难得。人生的机会也是这样难得[③]。因此，一个人必须最大限度地利用这个生而为人的机会，了解佛陀宣说的法。这样，佛教成为一种宣教传道的宗教，时间和地理也就成为重要的事[④]。但是，这没

---

① 参阅 de Bary Wm. Theodore, et. al., Sources of Indian Tradition, Delhi, 1963, 第 130 页以下。

② Warder, A. K., in Historians of India, Pakistan and Ceylon, 第 49 页。

③ Gokhale, B. G., The Theravāda Buddhist View of History, JRAS。

④ Warder, A. K., in Historians of India, Pakistan and Ceylon。

有让佛教抛弃历史循环的概念，毋宁说他们在旧框架中装入新观念。这样，过去世的二十四佛被发现，足够奇怪，未来佛弥勒（Maitreya）给予循环概念一种启示录式的转折①。

历史规律：法性和因果

但是，佛出世和生而为人不是历史的偶然，它们是由不可动摇的规律——法性（dhammatā）决定的事件。法性的概念某种程度上可以类比吠陀的规律（ṛta）的概念。它是自然的规律，宇宙的规律。它的运作使世界有序，而非混乱。这种秩序有五重，即业（kamma）、季节、生命起源、思想和法（dhamma）②。所有的历史事件由这种不可动摇的规律引起。通过理解法性或规律，也就容易理解这个广大的宇宙和平等而无尽的时间链。

另一个决定早期佛教历史观的有意义的理论是因果论（pratītyasamutpāda，“缘起论”）。它用这个公式作出解释：“此有故彼有，此灭故彼灭。”这种理论的基本前提是自然界受因果铁链束缚。这种因果演变不是机械的过程，而是“一种状态改变自己成另一种状态，或通过不停地活动改变自己”③。没有什么东西绝对永恒存在，也没有什么东西绝对毁灭④。佛音将这个论点解释为试图排除一切绝对论、虚无论、偶然论、因果无规则论和不决定论⑤。他进而发展这种理论，提出机遇（samaya）和结合（samavāya）的概念。按照他，机遇是“先前因素的和合”，指出这种概念明显摒弃单个原因或单边因果论（ekakāraṇavāda）。注释中进一步解释这种概念摒弃的两种

---

① Warder, A. K., in Historians of India, Pakistan and Ceylon。

② Thys Davids, T. W., Dialogues of the Buddha, 1959，第8—9页。

③ Radhakrishnan, S., Indian Philosophy, 1，第373、374页。

④ Thys Davids, T. W., Dialogues of the Buddha, 2，第43页。

⑤ 同上书，第46页。

理论，即将世界起源归诸自在天创造（issarakāraṇavāda）和原初物质创造（pakatikāraṇavāda）[①]。“它进一步指出，为了产生结果，原因互相之间必须具有一种特殊的关系。这样，事件是独特的，因为原因之间的关系导致它们本身是独特的。历史可以是反复的，因为形成历史的那些事件的一般结构可能与此前和此后的结构具有相似性，但是，这些事件本身是独特的。……事件本身不可能是原因，而是它们互相发生关系而变成这样。种子本身不可能发芽，因为发芽是一个过程，只有好几个因素如种子、土壤、水、空气和耕作组合在一起，才可能出现。其中单个因素，只有与其他因素形成及时的和特殊的关系，才能成为原因。这最接近早期佛教徒讲述的多边的和同时的因果论，明显暗含对历史因果论的理解。正如用于解释其他历史事件，对于解释佛的生成同样有效。因此，因果关系是好几种潜在的因果因素的结合，只有在它们形成一种特殊的和及时的关系时，才能被激活，成为原因。这样，历史是展现许多不同的因素聚合成一种独特的关系，产生一系列事件，而成为它们的编年史。地理、经济、政体、社会制度、意识形态影响以及人的思想依据性格和意志的运作，所有这些因素都在人类历史中起作用。”[②]

业的学说和寻求历史进程的格式

与理解佛教的历史观有关的另一种理论是业的学说。事件的原因、秩序和结果取决于业（kamma）。世界依据业演化，众生依靠业的效力轮回转生，如同轮轴与车轮一起游历[③]。按照沃德，业的理

---

① Gokhale，B. G.，The Theravāda Buddhist View of History，JRAS。

② 同上。

③ 同上；Barua，The Role of Buddhism in Indian Life and Thought，IC，13，No. 2，第106页以下；也参阅 Buddha Prakash，Studies in Indian History and Civilizatinn，第12页以下。

论产生早期佛教历史作品中的“类型”，结果是甚至像阿育王这样的伟大人物也失去他们的个性。他指出“在佛教历史学中，可以区分原初的历史学和次生的历史学。第一类意味或多或少是当代的和直接的事件记录。第二类意味后来重述这样的事件，经常在一定程度上由历史转变成传说。这样，在三藏中，我们见到关于佛陀的活动随环境而定的实质的叙述，显然或多或少是事件的直接记录，而不是按照任何预设的理论构建的某种事件。后来，我们有一系列佛陀的传记，如《大事》（Mahāvastu）、《佛因缘故事》（Nidānakathā）、《释迦牟尼佛传》（Śākyamunibuddhacarita）、《神通游戏》（Lalitavistara）和马鸣的《佛所行赞》（Buddhacarita），其中的叙事越来越传说化，那些事件不是像我们期望的那种随环境而定的历史叙事，而是适从某种格式。没有什么是偶发的，一切都含有意义。事实上，所有的行动被设想为按照佛教的道德因果关系，取决于过去的行动。正如一种行动与过去的事件有关，同样，它也蕴含它的将来的结果。这种格式化自然导致次生的历史学家依据这种方式选择、改变和想象那些事件，以便改善所呈现的历史的道德画面。可以说，除了这种叙事的道德真实问题，我们还面对以文学（史诗等）艺术为主的审美真实问题：例如，马鸣是印度的一位伟大的诗人，而不是一位历史学家”①。

在另一处，沃德对此予以充分阐述：“比丘们在当代的事件中（如同在过去的事件中）寻求一种固定的格式：由于业的作用，世界在因果律确定的范围中演化。他们记录选择的事件，但也解释它们，作为说明他们的学说的例证。随着事件的记忆变得模糊，这逐渐导致作伪。任何事件逐渐失去它们的特殊性，而变成一般的和象征性的。像阿育王这样的个人转变成一种类型，如同佛陀已经产生的转

① Warder，Indian Historiography，第29页以下。

变那样。优填王（Udena）变成大众化的英勇国王，与专制暴君波骄多（Pajjota）形成对照。简而言之，倾向于将现在的和近代的事件等同于遥远的和传说的过去的事件，实际上也等同于遥远的未来的事件，期待弥勒降临，那时，现在的社会堕落将逆转，世界将变得充满和平，人丁兴旺（具有像阿育王建造的塔庙那样多的城市）。

“注释中的态度与经典中的态度相似，是逐渐依据它发展，继续从历史向传说、从特殊向一般的转变。优填王和波骄多在经典中是历史人物，但在注释中变成传说人物。例如，《法句经》注释中有关于优填王的长篇描述，我们看到他在这里已经具有在《伟大的故事》（Bṛhatkathā，其中虚构的转轮王那罗婆诃那达多的父亲）和在跋娑（Bhāsa）戏剧中的特征。事实上，婆摩诃（Bhāmaha）已经批评波骄多使用人工象捕获优填王的这部分故事不可信。阿育王在经典中没有被提到，而首先出现在注释中。他处在僧团大分裂时期，在古代世系中自然占有重要地位，很快变成一个传说化和一般化的人物。在注释中，我们发现对阿育王的历史记录带有增饰的奇异事迹。在《大史》（甚至在更早的其他部派的《阿育王譬喻》）中已经完成这种转变。

“在经典传统和注释的扩展之间没有明确的界限。注释围绕经典发展，从很古老的时期开始，至少在第三次结集之后，已经十分明显。他们大量扩充经典的传说，或许试图将它们系统化，有时将它们带进非佛教的传统路线（例如，已经提到将大选主等同于摩奴）。在《本生经》注释中，我们另外发现将曼达多的祖先追溯到大选主。”①

这样，按照沃德，追求在业的理论背景中事件的古代格式，导

---

① Warder, A. K., The Pali Canon and its Commentaries as an Historical Record, Philips, C. H. ed. Historians of India, Pakistan and Ceylon, London, 1961, 第 51 页以下。

致佛教历史作品的有关事件作伪。针对这种观点，戈克尔指出“追求历史类型学是一种普遍的现象。人们不需要这样解释早期佛教唯独依据业的理论。……阿育王可能是他的过去的行动的产物，但是，这不意味他仅仅是毫无个人意志的木偶。业的理论使人成为他自己的历史的主宰者，而且它引进人的因素，否则，事件会成为互相机械地依随的编年史。确实，这种理论会像早期佛教那样用于（或滥用于）说明一种特殊的道德。但是，这样一种做法的固有危险并不唯独属于佛教历史学。业在人类事务中是决定性的，但它不是盲目的力量。因为业是心念（cetanā iti bhikkhave kamma iti vadāmi，‘众比丘啊，我说心念是业’）。心念（cetanā）是意愿或意志，一种人的自由意志。因此，人在历史中是具有自由意志的个人，能按照他自己愿意的方式实现他的命运”①。

历史知识的来源

关于获取历史知识的手段，很明显，过去的事情不可能直接感知。但是，按照佛教的观点，对于那些在精神道路上取得成就的人，不能完全排除他们能直接感知过去的事件。佛陀和他的一些弟子据信能回忆他们无数的前生及其所有细节。先知和预言能力的观念普遍运用在精心结撰的传说和神话中，赋予事件和人物重要性，这种情况部分依据信仰时代循环和历史过程反复的观念。“这似乎也涉及业的理论。然而，过去和未来的知识源自信仰佛陀和阿罗汉的六种神通。吉兆的出现也意味对事件的预示，依靠循环或业的力量。其间的联系从不清晰。然而，在事件的叙述中，察觉不到宿命论概念。”② 还有，这样的知识虽然具有精神方面的重要性，而依据历史建构的观点，没有什么意义。

---

① Gokhale，B. G.，The Theravāda Buddhist View of History，JRAS。

② Perera，L. S.，in Historians of India，Pakistan and Ceylon，第 33 页。

记忆也是掌握历史知识的重要手段。保存导师传承谱系（ācāriyaparaparā）和包含僧团戒律和佛陀说法的经文在用文字写定之前主要依靠记忆，如同吠陀传统（圣典和法论）。推理也被认为是知识的重要来源。后来，据说龙军向弥兰陀王解释说，关于佛陀及其教导和弟子以及他们的活动，也像古代的国王和民众的活动那样，后人只有通过可靠的推理才能得知。书写的著作（potthakanibandha）也有助于历史记忆。正因为如此，为了纪念这种信仰的历史，编写历史或伪史著作①。我们通过保存在著作中的事迹或通过纪念碑得知古代的国王的情况②。

历史的目的和对象

按照佛教，“历史的目的是巩固信仰者，劝说怀疑者，让虔诚者心中涌起喜悦感。在这种背景下，历史自然具有‘妙语’（subhāṣita）的特征。运用合适的短语描述一个人：遵行正法（dhamma），诚实（sacca）可爱（piya）。在这一点上，按照佛教的观点，历史的记叙不仅包含事实，而且对事实应该加以选择，以利于教诲道德和加强信众信仰。这就不可避免，为了追求通过历史作品提升精神，佛教的历史学成为早期佛教比丘和比丘尼僧团所需要的圣徒传”③。比丘们不可能不从历史中吸取道德教诲，接受熏陶。随着时间推移，历史传统得以牢固确立，有别于纯粹的圣徒传，佛陀的概念经历了深刻的变化。他不再是单纯的道德价值的导师，而是一位“大人”（mahāpurisa，超人），比天神更伟大④。按照这种想法，佛陀和法完全能具有奇迹性质。这必然对于佛教历史学产生

① Perera，L. S.，in Historians of India，Pakistan and Ceylon，第 33 页。

② Gokhale，B. G.，The Theravāda Buddhist View of History，JRAS。

③ 同上。

④ 同上。

相当程度的影响。结果是人和非人的界限变得模糊和薄弱。对于佛教比丘，人、神和魔完全可能在历史的层面内相遇，人和动物也完全可能互相交往。虽然他们根据自己的经验，确认这样的事情是稀有的，甚至是不可能的，但是，在这之外，在过去，这种可能性从不受到质疑①。

按照佛教，历史的主要目的是展示世俗财富、豪华和权力无常，必须避免导向死亡和地狱的罪恶和享乐，努力从事导向天国或涅槃的善行。道德目的也隐含在判断中，作者时常评论统治期结束的国王。支持宗教和僧团、行善积德的国王自然受到赞赏，那些漠视信仰或迫害宗教的国王略去不提或予以严厉谴责。正如在《文殊师利根本仪轨经》和斯里兰卡编年史中，一些国王被送入地狱，一些国王被送入天国，一些国王“落入死神的魔爪”。这样，随着僧团日益依靠王室赞助和保护，出现赞扬国王和贵族的倾向②。按照戈克尔的说法，“怀着一种目的编写的历史必定辅助那种目的”。

在佛教历史著作中，几乎不从历史中吸取政治教训。虽然国王的政治作用被确认为“给予人民快乐，维持法律和秩序，提供保护，也只是在这些条件完全崩溃，生活变得不可能时，才会特别提到这些理想，而甚至在这时，也没有教诲的目的”。同样，几乎不能说佛教作者有爱国主义的动机。反对外国入侵者，完全不在于他们有外国血统，而在于他们不恩宠僧团或毁坏劫掠寺院和塔庙。然而，他们忠实地记录僧团中出现的弊端，以及国王一次次采取必要的整顿行动加以净化。

“那是很自然的，他们信仰业，所有行为都不可能不得到合适的报应，应该在佛教徒的记录中产生超然的观点。但是，并不经常发现这样的超然，在斯里兰卡和缅甸撰写的文本中很稀见。在那

---

① Perera, L. S., in Historians of India, Pakistan and Ceylon, 第34页。

② Thapar, R., From Lineage to State, New Delhi, 1984, 第147页。

里，僧团紧密依靠一个单一的国家，容易成为‘国家寺院’，从而在这个国家的政治中起到一种领导作用。在印度，通常分成好几个国家，僧团保持超脱态度，如同它起源时那样。它谨慎地确定与国王的关系，这样，所有的国王都会容忍它。它不仅接受任何国家束缚居住在那里的所有共同体的法律，也允许国王干预它的内部事务。按照这种方式，一个以民主方式组织的共同体对自治作出让步，以保证国王的容忍。”①

① Warder，A. K.，The Pali Canon and its Commentaries as an Historical Record，in Historians of India，Pakistan and Ceylon，第52页。

第五章

佛教的教育体系

一　早期佛教教育

佛教的教育和学术①围绕寺院，正如吠陀的教育围绕祭祀崇拜。实际上，佛教教育史是佛教寺院史的一部分②。所有的佛教教育，神圣的和世俗的，都掌握在比丘的手中。“从一开始，比丘教师的生活就受到高度尊敬，由此吸引许多有创造性的人才。……比丘的教育活动依据佛陀指示比丘们进入世间，出于同情世间，关心众生的幸福和快乐，教导众生正法。”③ 佛教教育的规则是僧团规则的一部分。这些规则模仿其他许多寺院僧团的规则，也模仿婆罗门教的教育规则。例如，加入僧团的仪式紧密依随婆罗门教的入学仪式。而且，与婆罗门教一样，在佛教中，也是以找到一位教师为入

---

① 关于佛教的教育体系，参阅 Mookerji, R. K. , Ancient Indian Education, Delhi, 1974，第 13—24 章；Altekar, A. S. , Education in Ancient India, Varanasi, 1975，第 10 章；Dutt, S. , in 2500 Years of Buddhism, Bapat, P. V. , ed. , Delhi, 1959，第 8 章；Joshi, L. M. , Studies in the Buddhist Culture of India, Delhi, 1967，第 6 章。

② Dutt, S. , in 2500 Years of Buddhism，第 177 页。

③ Aronson, Harvey B. , Motivations to Social Action in Theravāda Buddhim: Uses and Misuses of Traditional Doctrines, in Studies in History of Buddhism, ed. by A. K. Narain，第 1 页。

教的前提条件。“众比丘啊，不要让没有亲教师的人受具足戒。”

出家和受具足戒

在佛教入教仪式中，第一步称为出家（pabajjā）。这意味一个人获准进入僧团，“出离”他先前的生活状态。像婆罗门教的入学仪式（upanayana），这被比作精神的重生[①]。从理论上说，准许入教对所有种姓开放。像优波离（理发匠）这样的低级种姓利用这种机会加入僧团。然而，在实践中，大多是精神已经提高到能够接受比丘生活的人寻求入教。没有获得父母同意的青年，或者有严重身体或道德缺陷的人不被准许入教。在加入僧团前，也坚持要求卸下一个人的法律义务。

一个俗人在长老前出家时，后者给他穿上黄色袈裟衣，招呼他连说三次三皈依告白。由此，开始他的见习期，直至接受具足戒（upasampadā），表明他达到完全的比丘地位。婆罗门教和佛教教育之间一个重要的差别在于前者完成教育后，沐浴后返回家中，而后者变成比丘。

入教比丘与教师和亲教师的关系

入教比丘由两位学问、性格和地位符合资格的年长比丘负责。他们被称为教师（ācārya）和亲教师（upādhyāya）。亲教师地位更高，受委托负责教导年轻比丘经典和学说，而教师负责指导他的行为。这样的见习期（nissaya，“依止”）至少要十年。佛陀这样指出学生与教师和亲教师的关系：“众比丘啊，教师应该视弟子（antevāsika）为儿子，弟子应该视教师为父亲。”

佛教的教育体系像婆罗门教那样，规定学生有责任侍奉他的教

---

① Altekar，A. S.，Education in Ancient India，第229页。

师。没有教师的准许，他不能进入村庄，或前往坟场，或出外旅行。教师也应该给予他负责的学生一切可能的知识和精神的帮助和指导，“通过传授、提问、鼓励和教诲”①。如果学生生病，只要他还活着，教师就要看护他。然而，学生与教师的关系不超越对僧团的关系，学生和教师共同忠实于僧团。如果教师对僧团犯有严重过失，学生也会受到僧团适当的处罚②。也有教师开除学生的规则。教师的资格也有详细规定。他必须“在道德修养、思想专注、智慧、解脱、知识和洞察力各方面表现良好”。他必须“不信邪，谦虚谨慎，惧怕作恶……必须能培养学生遵守戒律，教给他各种道德规范，指导他学习正法和戒律，依据正法讨论可能会遇到的其他邪说”③。佛教教育体系的单位是在亲教师监护下的一群年轻比丘。这些单位组合成称为寺院的更大的单位。

寺院的教育环境

特别的规则要求不同的学生群体保持和谐的关系。对学生的处罚通常由相关学生的亲教师执行。这些自然出于寺院生活和戒律的要求。两条基本原则标志寺院生活——禁欲和清贫。每个比丘不能占有多于以下八种物品的财物：三件衣服、腰带、托钵、剃刀、针和水瓶。比丘这种自愿的清贫通过日常乞食得到加强。乞食限于表示同意的家主。也禁止向这样的家主索取没有给予的食物。然而，不可否认，对比丘个人严格要求遵守清贫誓愿，并不意味对僧团也是这样。佛陀本人允许僧团接受居士捐助，增加财富。在他的直接

① Mookerji，R. K.，Ancient Indian Education，第404页。

② 同上书，第405页；Altekar，A. S.，Education in Ancient India，第229—230页。

③ Mookerji，R. K.，Ancient Indian Education，第406页。

鼓励下，财富源源不断流入僧团①。

寺院（vihāra）最初由单个比丘的茅屋组成。这样的寺院互相紧密毗邻。后来，“寺院”这个词表示一座大建筑，有供许多比丘居住的房间。早期寺院的最好的例子是商人给孤独长者建造的寺院。早期佛教在印度有四个主要的中心或城市，僧团占有许多寺院，用作佛教学术和教育场所。这样，我们读到有王舍城的杖林（Yaṣṭivana）、竹林（Veḷuvana）和寒林（Sītavana），舍卫城的胜林（Jetavana）和东园（Pubbārāma），毗舍离城的大林（Mahāvana）、尖顶阁（Kūṭāgāra）和芒果园，迦毗罗卫城的尼律陀园（Nigrodhārāma），还有憍赏弥的高希多园（Ghoṣitārama）和波婆城铁匠纯陀的芒果园②。

寺院“为它们的居住者提供有关实用技艺培训的充分机会。除了监督寺院的建筑工作，比丘也被允许使用织布机以及属于织布机的梭子和线等所有部件”。比丘们若是没有掌握一些手工技艺，也会感到不自在。他们也被希望借助一切必要的编织用具缝制自己的衣服，保持它们完好的状态③。

然而，比丘们集中在寺院是为了宗教教育。因此，每个比丘被希望接受一个学生，授予他具足戒。对于学生的指导一般包括“带领诵读、进行考查、给予鼓励和解释正法”。我们读到一些比丘擅长诵法，一些擅长说经，一些精通戒律，一些擅长说法。初级班似乎由“诵经的”学生组成。更高一级班的学生“掌握戒律”。再高一级班的学生培养成为说法师。最后，最高级班的学生进行四禅实践。除了这些比丘，另外有些比丘被归类为“爱享乐者，通晓世俗

① Mookerji, R. K., Ancient Indian Education，第412页。

② 同上书，第443页。

③ 同上书，第445页。

知识，体力充沛”①。

在其他方面，比丘互相之间也有不同。他们来自国家的不同地区，使用不同的方言。佛陀的宗教使用通俗的语言宣说，有别于典雅而难说的语言梵语。正如在别处已经提到，佛陀规定：“众比丘啊，我允许你们使用自己的方言学习佛语。”除了梵语，还禁止好几种学习科目，即顺世论和各种“低级技艺”：占卜、咒语、征兆、星相术、祭神、巫术和江湖医术。

课程

按照乔希，佛教教育有三个目的：严格的伦理道德修养、精神的提升以及维护传统（āgama，“经典”）和学说（saddharma，“正法”）②。因此，比丘的课程依据经（suttanta）、法（dhamma）和律（vinaya）设置。在早期佛教时代，教育不依靠书写的文献。现有的证据不表明使用书写的方式保存和传承大量的经典。律藏对于佛教园林和寺院的财产，从较大的家具到最小的针线，一切可能的物件，都提供了详细说明，而就是没有提到写本。没有提到书写的必备用品，如墨水、笔、字体、贝叶或其他书写材料，也没有提到抄录写本，如果比丘的教育依据书写文献，抄录文献必定成为他们的一项重要工作。如果某地的比丘不知道《戒本》，就会派遣一个比丘前往邻近的僧团听取，回来传达。同样，我们读到居士信众邀请比丘僧团，聆听他们诵读一部重要的经，这样，可以学会它，保存在记忆中，以免忘却③。这些段落不仅表明如同婆罗门教教育，佛教教育也具有口耳相传的传统特征，而且也说明早期佛教社会不知

① Mookerji，R. K.，Ancient Indian Education，第448—449页。

② Joshi，L. M.，Studies in the Buddhist Culture of India，第157—158页。

③ 详情参阅Rhys Davids，Buddhist India。

道书写艺术①。

教学方式

除了固定的亲教师和教师，还安排相关学科公认的权威教师讲学。这样，优波离是律学专家。他为了表示对年长比丘的尊敬，通常站着讲学，而年长比丘们出于对他的尊敬，也站着听他讲学。经文中告诉我们其他一些著名教师，如舍利弗、摩诃目犍连、摩诃迦旃延、摩诃俱稀罗、摩诃劫宾那、阿那律陀、离婆多、阿难和罗睺罗。

佛教教育强调争辩和讨论的方法效力。佛教领袖和具有辩才的比丘对此怀有兴趣。依靠这种方法，有利于传播佛教，争取其他宗教信徒皈依。在那时，标志宗教生活的这种重大讨论的场所是公共会堂，巴利语经典中称为“公会堂”（santhāgāra）。教育的另一种途径是各个寺院的比丘定期集会。这是进行忏悔的宗教集会。

婆罗门教的教育体系可以说主要是家庭教育体系。老师自己的

---

① 近些年中，我们已经在多篇论文中提出以下三个论点：印度次大陆人民，除了西北部（大约是现在的巴基斯坦），在印度河流域文明之后和阿育王统治时期之前，不知道书写艺术；婆罗谜（brāhmī）字体不是演变的结果，而是发明创造；这种发明发生在孔雀王朝早期，最可能是阿育王统治的早期（Brāhmī Script：An Invention of the Early Maurya Period，in The Origin of Brāhmī Script，ed. by S. P. Gupta and K. S. Ramachandran，1979，第 1—53 页；Māgadha Sāmrājya kā Udaya，New Delhi，1981，第 5 页以下；Prācīna Bhāratīya Abhilekha Saṃgraha，Jaipur，1982，第 18—27 页；Kauṭilya and Megasthenes，Meerut，1985，第 12 章）。梅伽斯梯尼约在公元前三世纪访问印度，明显提到印度人不知道书写艺术，证实印度河流域文明之后和阿育王时期之前完全缺乏书写记录。阿育王时期的婆罗谜字体具有发明性质的特征，好几位其他学者的思考证明书写艺术在公元前三世纪早期出现在恒河流域。我们的假设已经被那加斯瓦米（R. Nagaswamy）和古普特（S. P. Gupta）完全接受。戈波尔（L. Gopal）大体同意我们，虽然他将婆罗谜字体的发明时间定在公元前四世纪。韦尔摩（T. P. Verma）也与我们一致，相信婆罗谜字体发明于阿育王统治之前或统治期间，虽然他相信在吠陀时代存在某种别的字体。

家（gurugṛha 或 gurukula）便是学生的学校。而在佛教教育体系中，寺院替代老师的家。在佛教僧团中，废除私有财产，但僧团本身占有大量财产，十分富有，足以供养大量比丘。这种情况的发展，导致僧团逐渐在很大程度上停止成为道德的学校和提升精神的最好场所，很快涌满平庸的懒汉。甚至在佛陀时代，频毗沙罗王必须平定边疆省份的叛乱，他发现将帅们已经不再光顾僧团。甚至父母发现他们的儿子难以遵守戒规，唯恐他们投奔僧团。这种状况在阿育王时代变得极其严重。

女性教育和居士教育

佛教提出的生活哲学认为妇女是比丘应该回避的对象。佛陀只是在他的养母摩诃波阇波提和他宠爱的弟子阿难的双重请求的压力下，怀着相当的疑虑勉强同意允许妇女抛弃尘世和家庭，成为他的门徒。但是，为她们设定的生活规则透露出认为女性的精神和道德低下。这些规则意味将比丘尼的教内地位完全置于比丘之下。例如，“即使一百岁的”比丘尼也必须向“即使刚刚入教”的比丘表示尊敬。然而，即使有这些限制，比丘尼僧团打开了为佛教社会的妇女提供文化和社会服务的渠道。一些比丘尼在经典知识水平方面获得资格，被接受担任年轻比丘尼们的教师。佛陀特别提到十三位上座部比丘尼，表彰她们的品德。还有，《上座尼伽他》据信是佛陀在世时首先加入僧团的比丘尼的诗集，法护（Dharmapāla）在为这部诗集所作的注释中提供了这些妇女领袖的讯息。

佛教僧团与居士联系紧密，依靠他们的支持。居士信仰佛教，但不选择加入僧团。而僧团不允许居士作为走读生接受僧团的教育。这样，居士必须寻求其他的教育中心和手段。可是，认识到给予居士宗教指导，解决他们的疑惑等，也是比丘的责任。于是，居士得以从寺院获得他们的宗教教育，这是这种教育唯一的中心[①]。

《本生经》中描述的教育

《本生经》故事提供了早期佛教时代印度教育体系的有趣证据。按照这些故事，德叉始罗（Takṣaśilā或Takkhasilā）是那时最著名的学术中心。它吸引印度各地的学生远道而来，如贝拿勒斯、王舍城、弥提罗、优禅尼、憍萨罗、中印度、尸毗、俱卢和北印度等。德叉始罗以它的教师闻名。他们经常被称为“举世闻名”。他们的名声使德叉始罗成为印度次大陆的知识都城。学生们经常去德叉始罗“完成”他们的教育，而不是开始他们的教育。他们一般是在十六岁或“成年后”前往那里。他们通常先要交清学费，才被教师允许入学。学生也被允许以侍奉教师的方式替代学费。实在无法支付学费的贫困学生，时常会有慈善团体前来资助他们的教育费用。也有许多学生依靠他们所在国家提供的奖学金支付学费。这样的学生一般是王子们的陪读。德叉始罗学校的学费是适中的，几乎不能认为足以抵消学校的费用。

在德叉始罗，学生并非必须住在教师家中，也允许走读生入学。学生是混杂的，来自不同的社会阶层和种姓，代表各种社会背景。然而，不允许旃陀罗（贱民）入学。通常也不会根据种姓限定学生学习他们的传统科目。

除了这种学生成分混杂的学校，我们发现也提到特殊共同体的学校。教师有时有一批助教辅佐。通常是那些年长的高年级优秀学生被指定为助教[②]。学校似乎每天有许多座位。教学通常采取便于学生接受的方式。《本生经》故事中始终提到学生们来到德叉始罗完成他们的教育，学习三吠陀和十八种技艺。《弥兰陀问经》提供

---

① Altekar, A. S., Education in Ancient India，第230—231页。

② Mookerji, R. K., Ancient Indian Education，第484页。

那时流行的十八种技艺的名称。学生们被提到只学习他们想要专攻的一门学科。这些学科和技艺的学习似乎包括理论和实践两方面。那时的学生毕业后，有时前往国外各地游历，实践他们在学校里学到的理论知识。

德叉始罗也以它的一些专科学校著称。其中的医学专科学校肯定是在印度同类学校中最好的，这显然是根据频毗沙罗王的御医耆婆（Jīvaka）的生平传说。据说他在那里学习了七年。也提到德叉始罗的法律专科学校，吸引学生从优禅尼远道而来。它的军事专科学校也同样著名①。

地位仅次于德叉始罗的学术中心是贝拿勒斯。然而，它主要是德叉始罗毕业生的功劳，他们在贝拿勒斯担任教师。德叉始罗原先垄断的一些学科，逐渐被引入贝拿勒斯。有好几处提到一些举世闻名的贝拿勒斯教师通常教授五百位学生。

二　后期佛教教育

法显记叙的佛教教育

好几位中国朝圣者，尤其是法显、玄奘和义净对印度佛教教育提供了有趣的说明。法显②在旃陀罗笈多二世超日王统治期间（376—414 年）访问印度。他的证据让我们接触到五世纪早期的佛教社会，它的主要学术中心，它的体制的实际运作，他们的内部状况和规则。在法显所处的时代，印度从西北边境的乌苌（Udyāna，或译乌仗那）到东部的多摩梨帝（Tāmralipti，或译耽摩栗底）有许多著名的寺院，成为佛教的学术中心。

法显记叙他在游历中亲自拜访的寺院，对那里的教育设施提供

---

① Mookerji，R. K.，Ancient Indian Education，第 489 页。

② 法显著有《法显传》。——译注

了很好的说明。他告诉我们这些寺院依靠包括国王和商人的居士捐助维持。历史悠久的婆罗门教口耳相传的传统仍然是佛教采用的教学方法。他只是在华氏城的大乘寺院和多摩梨帝的寺院发现有佛经写本。佛教寺院中仍然继续学习梵语。但是，佛教并非独家垄断民众的教育。这个国家中许多其他教派的影响不逊于佛教。仅在中印度，法显注意到有“九十六种不同于佛教的邪见”①。

玄奘记叙的教育

玄奘②在七世纪上半叶后期曲女城戒日王统治期间访问印度。他访问印度时，印度的教育状况已经发生相当程度的变化。玄奘证实婆罗门教占优势地位。他说印度是“婆罗门国家。在这个国家的种姓和部族中，婆罗门最纯洁和最受尊敬”。梵语是文化阶层的语言。他说“中印度人的梵语最为清亮和正确”。学生必须“学习四吠陀”。教学采取口耳相传方式。教师教学循循善诱，尽心竭力。学生在三十岁时结束学业。“他们的志向已确立，学业已完成，便去接受禄位。”但是，有一类誓愿坚贞的梵行者（naiṣṭhika brahmacārin）选择终生禁欲，献身学业。一个学校的最高目标是培养它的学生热爱和沉潜学问的精神③。

在玄奘的时代，印度佛教思想有许多部派。每个部派有许多寺院，专门学习这个部派的学说和实践。玄奘的记叙表明虽然在戒日王时期佛教在印度已经衰落，仍然有数量可观的比丘和寺院。可以见到比丘居住和活动的寺院大约有5000座，不包括玄奘提到的毁坏和废弃的寺院。玄奘访问的印度各地（包括斯里兰卡）的比丘总

① Mookerji，R. K.，Ancient Indian Education，第499页。

② 玄奘著有《大唐西域记》。——译注

③ Mookerji，R. K.，Ancient Indian Education，第506—507页。

数为212130人[①]。这些比丘和寺院的数字不包括那些不确定的或模糊的数字，如“一些”、“数十”、“数千”或“亿万”。这些寺院产生一些最伟大的佛教领袖。玄奘在旅行中曾在好几所寺院中停留，或是著名的学术中心，或是有著名的教师、丰富的写本和稀有经籍。这样，在克什米尔，国王指定一位年长的高僧及其弟子照应玄奘的需要，让二十个职员抄录宫中他需要的佛经写本。这些寺院负责这个国家的高级教育。它们像学校一样，允许学生完成他们的初级教育。对此，玄奘有专门记叙。一个儿童首先学习悉昙章（Siddham）即十二章初级课本，包括梵语字母以及元音和辅音之间的连声。在学会悉昙章之后，七岁开始学习“五明”（五种学科），即声明（Vyākaraṇa，语法）、工巧明（Śilpasthānavidyā，技艺）、医方明（Cikitsāvidyā，医学）、因明（Hetuvidyā，逻辑学）和内明（Ādhyātmavidyā，宗教哲学）。显然，世俗的和宗教的哲学知识和实践构成佛教信众的儿子们的初级教育科目。

寺院中的高级教育取决于它们所属的特殊部派。每个部派有自己的特殊文献，具有自己的教义和实践特色，有许多供他们学习和宣教的寺院。有时，一个寺院也适应不同部派的比丘。这证明佛教寺院没有陷入宗派主义的排他性。一般而言，寺院限于教授和学习佛教经典，但常常越过这种界限，纳入一些与佛教经典并不严格相关的科目。

旧式婆罗门教教育分为诵读经文和理解含义，这种方法仍然有效。寺院教育尤其注重培养学生的论辩和解释能力，并给予重奖。每个寺院有自己按照认可的体系确立的等级制。“知识竞赛的次数绝不稀少，印度各地的佛教学者得以聚集一起，促进代表不同部派的不同寺院之间的积极交流，创造一种开放的学者联谊会，联系和

---

① Mookerji, R. K., Ancient Indian Education, 第523页。

团结不同地区的学者。”①

玄奘的印度老师

玄奘时代的印度教育和学术状况可以从他记叙自己②在这个国家的学习生涯和教过他的老师得到理解③。他记录了许多寺院和教过他的学者的名字。他常常提到他们的学问和在他们指导下学习的经典。在缚喝国（Balkha）的纳缚伽蓝（Navasaṅghārāma），玄奘跟随精通小乘三藏的般若羯罗（Prajñākara）学习《毗婆沙论》（Vibhāṣāśāstra）一个月。在旁遮普的至那仆底国（Cīnapaṭi）的突舍萨那寺，玄奘停留十四个月。调伏光（Vinītaprabha）精通三藏，并写有一些注释。玄奘跟随他学习《对法论》（Abhidharmaśāstra）和其他一些经典。在阇烂达罗国（Jalandhar）的那伽罗驮那寺（Nagardhana），玄奘停留四个月，跟随旃达罗伐摩（Candravarman）学习《众事分毗婆沙》（Prakaraṇapāda-vibhāṣāśāstra）。在恒河附近的一个寺院，玄奘停留一冬半春，跟随阇耶毱多（Jayagupta）学习经量部的《毗婆沙》（Vibhāṣā）。在秣底补罗国（Matipura）停留半春一夏，跟随精通三藏的蜜多斯那（Mitrasena）学习《怛埵三弟铄论》（Tattvasatyaśāstra）和《随发智论》（Abhidharmajñānaprasthānaśāstra）。在曲女城附近的跋达罗毗诃罗寺（Bhadravihāra）停留三个月，玄奘跟随毗离耶犀那（Vīryasena）学习《毗婆沙释论》（Dharmavibhāṣāvyākaraṇa）。

在玄奘访问印度期间，戒贤（Śīlabhadra）是那烂陀寺（Nālandā）大德。他精通经藏和论藏。在那烂陀寺所有学者中，唯有他能解释所有经纶。玄奘跟随他学习《瑜伽师地论》（Yogācārabhūmiśāstra）、

① Mookerji，R. K.，Ancient Indian Education，第533页。

② 这里是指慧立和彦悰著《大恩慈三藏法师传》。——译注

③ 参阅 The Life of Hiuen-Tsiang，trans. by S. Beal，Delhi，1973。

《顺正理论》(Nyāyānusāraśāstra)、《因明论》(Hetuvidyāśāstra) 和《声明论》(Śabdavidyā) 等。玄奘也在那烂陀寺学习波尼你的《八章书》(Aṣṭādhyāyī) 和其他婆罗门教经典。他也在论争中击败师子光 (Siṃharaśmi), 写了一部三千颂的《会宗论》。

在伊烂拏国 (Hiraṇya) 停留一年, 跟随怛他揭多毱多 (Tathāgatagupta) 和羼底僧诃 (Kṣāntisiṃha) 学习《毗婆沙》(Vibhāṣā) 和《顺正理论》(Nyāyānusāraśāstra)。在南憍萨罗 (Kosala) 国停留一个月, 跟随一位不知名的婆罗门学习《因明》(Hetuvidyā)。在案达罗国 (Āndhra), 玄奘跟随佛教学者苏部底 (Subhūti) 和苏利耶 (Sūrya) 学习《根本阿毗达磨》(Mūlābhidharma) 和其他经典。在旁遮普的钵伐多国 (Parvata) 都城停留两年, 玄奘跟随两三位不知名的大德学习《根本阿毗达磨》和其他经典。他转回那烂陀寺时, 附近的一个寺院中住着一位大德般若跋陀罗 (Prajñābhadra), 信奉说一切有部。玄奘停留两个月, 跟随他学习, 解除一些疑难。在杖林山 (Yaṣṭivana), 玄奘遇见刹帝利居士胜军 (Jayasena)。他精通各种经典, 包括四吠陀和其他多种分支学科。玄奘停留两年, 跟随他学习, 解决一些经中的疑难段落。在那烂陀寺, 一位婆罗门外道在论争中败于玄奘, 成为他的仆从。后来, 这位仆从成为他的老师, 为他解释小乘经典。

玄奘从印度返回时, 在憍赏弥 (Kauśāmbī) 附近的毗罗那拏国一个寺院中遇见两位著名的佛教学者师子光 (Siṃhaprabha) 和师子月 (Siṃhacandra)。他停留两个月, 跟随他们学习好几种经典。

义净记叙的教育

另一位中国旅行者义净①于 672 年来到印度。他也记叙了七世

① 义净著有《南海寄归内法传》。——译注

纪印度的教育和学术状况。义净的目的是学习和收集律藏真正的原典。他在印度实际访问的地方远少于玄奘。在义净的时代，婆罗门教继续占据优势地位。印度得名为梵天国（Brahmarāṣṭra）。梵语被称为梵天的语言，甚至也是佛教徒的语言。义净也提到婆罗门"被认为是整个五印度最尊贵的种姓"。"他们尊敬的经典是四吠陀，总共约有十万颂。"

义净对寺院中高级教育之前的初级教育提供了说明。教育从六岁开始。学习的第一种课本称为《悉地罗窣睹》（Siddhirastu），包含四十九个字母和一万个字。这个初级课本在六个月里学完。第二种课本是波尼你（Pāṇini）的《经》（Sūtra）。接着是《驮睹章》（Dhātu）和《三弃攞章》（Khila）。随后是《迦悉迦注》（Kāśikāvṛtti），这是"所有《波尼你经》的注释中最好的一种"。在学完这部注释后，学生开始学习散文和诗歌作品，并专心学习逻辑学（Hetuvidyā，《因明》）和形而上学（Abhidharmakośa，《阿毗达磨俱舍论》）。

义净提到医学包含八个部分。按照他，"这八种医术原先是八部书，后来提炼压缩成一部书"。五印度的所有医生按照这部医书行医。任何医生只要精通这部医书，生活从不会缺少"俸禄"①。

还有一种高级的特殊课程，学习"一般世俗文献通称的"语法（vyākaraṇa）。钵颠社攞（Patañjali）的经通常称为《大疏》（Mahābhāṣya）。还有，《伐致呵利论》（Bhartṛhariśāstra）、《薄迦论》（Vākyapadīya）和《萆拏》（可能对应梵语 beḍa）。学生完成这种高级课程，则被认为掌握了语法学。寺院还提供和组织一些专门的宗教课程。

关于入教和受戒的规则，义净的时代基本上沿袭律藏的规定。

① Mookerji，R. K.，Ancient Indian Education，第539页。

候选者现在称为居士（upāsaka），这是进入佛陀的律仪的第一步。在这之后，称为受具足戒（upasampanna）的比丘。然后，他开始正规的寺院教育和培训。第一课是亲教师（upādhyāya）向他的学生宣讲《戒本》（Pātimokkha）。义净也提到每个比丘由称为亲教师（upādhyāya）和规范师（karmācārya）的两位教师负责培养。比丘专门学习的传统课程通常是律藏、经藏和论藏，也增加一些新的著作。其中，义净提到摩咥里制吒（Mātṛceṭa）的《一百五十赞》和《四百赞》。马鸣（Aśvaghoṣa）的《佛所行赞》（Buddhacarita）是“无不讽诵”的作品。还有，《社得迦摩罗》（Jātakamālā，《本生鬘》）和龙树（Nāgārjuna）的《苏颉里离佉》（Suhṛllekha，《密友书》）。比丘也能学习瑜伽体系，课程中首先学习《瑜伽行论》（Yogacaryaśāstra），随后是无著（Asaṅga）的八论（Śāstra）。同样，也提到学习与阿毗达磨相关的“六足”（Pāda）和与阿含经（Āgama）相关 的“四部”（Nikāya）①。

前面已经提到义净注意到依据戒律的师生关系。教师要监视学生的所有行为，“提醒他不要越轨犯错”。

寺院的比丘按照他们的能力和水平分出等级：沙弥（śramaṇena，最低等级）、小师（dahara，年轻比丘）和上座（sthavira）。上座必定取得亲教师的地位，亲教师也必定是上座。最高等级的比丘是多闻（bahuśruta）。

大多数佛教寺院也有世俗部分。这部分接受称为梵行者（brahmacārin）的学生。他们无意出离世间，变成比丘。寺院进一步扩大适用范围，允许宗教部分接受不出家的学生。他们被称为童子（māṇava），可能是潜在的，而不一定是实际的比丘。他们身穿居士的白衣进入寺院。童子和梵行者这两类世俗学生也被允许住在

① Mookerji，R. K.，Ancient Indian Education，第542页。

寺院中，而不必要求他们作为走读生。但是，他们必须负担他们自己的住宿费用。

在义净的时代，如同以往的时代，国王喜爱组织知识竞赛，测试和奖励知识优等者。

三　那烂陀大寺

一般描述

佛教对印度教育体系的最大贡献是建立了大量的教育机构，其中一些完全可以称为是那个时期的“大学”①。那烂陀寺作为大学出现在东印度，从五、六世纪开始得到发展。法显约在 410 年访问这里，没有提到它在教育方面的重要性。但是，不久，由于得到许多笈多王朝国王的赞助，那烂陀寺迅速变得重要。关于这个寺院，玄奘说：“僧徒数千，并俊才高学也。德重当时，声驰异域者，数百余矣。戒行清白，律仪淳粹。僧有严制，众咸贞素，印度诸国皆仰则焉。……故异域学人，欲驰声问，咸来稽疑，方流雅誉。是以窃名而游，咸得礼重。”

那烂陀寺的高僧以虔诚和学问著名，其中包括法护（Dharmapāla）、月护（Candrapāla）、德慧（Guṇamati）、安慧（Sthiramati）、胜友（Jinamitra）、智友（Jñānamitra）和戒贤（Śīlabhadra）。在玄奘访问时，这座大学的学术水平也非常高。它的一万个比丘中，有一千个比丘能解释三十部经，约有十个能解释五十部经。大学中也有丰富的藏书。义净在那烂陀寺抄录了四百部梵语著作，合五十万颂。有大约一千个称职的教师教育大约一万个学生。因此，有可能单独辅导每个学生，能保证教学质量。那烂陀寺的课程广泛全面。这座大学属

① 详情参阅 Joshi，L. M.，Studies in the Buddhist Culture of India，第 159—174 页。

于大乘佛教，但也教授小乘的著作。此外，像语法、逻辑和文学对于印度教徒和佛教徒是共同的。这座大学也教授三吠陀、吠檀多和数论以及其他杂著。在这里，也学习医学著作①。那烂陀寺的主持通常有两个委员会协助，一个是学术的，另一个是行政的。

那烂陀大寺的建筑宏伟壮观

玄奘和义净对那烂陀大寺（mahāvihāra）的描述表明它在七世纪是一个宏伟的建筑。按照玄奘，这个地方原来是属于一位长者（Śreṣṭhin，或商主）的芒果园，有五百个商人用十亿金币买下，捐给僧团。后来，帝日王（Śakrāditya，铄迦罗阿迭多，通常等同于笈多王朝的 Kumāragupta 一世 Mahendrāditya）、觉护王（Buddhagupta，佛陀毱多，即 Budhagupta，可能 budha 被错读成 buddha）、如来护王（Tathāgatagupta，怛揭多毱多，可能即觉护王，因为 tathāgata 和 buddha 是同义词）、幼日王（Bālāditya，婆罗阿迭多，即 Narasiṃhagupta 二世）、伐阇罗王（Vajra）和另一位中印度国王都在这里建筑寺院②。可能是这个中印度国王围绕整个建筑建起围墙，并设置一个主要的大门。在七世纪上半叶，这座大寺得到戒日王（Harṣa）、布尔那沃尔曼（Pūrṇavarman，可能是摩卡利王朝的王子）、迦摩缕波国的跋斯迦罗沃尔曼（Bhāskaravarman）和可能是尼泊尔的安苏沃尔曼（Aṃśuvarman）的资助③。在那时，它是“最壮丽宏伟的寺院”④。帝日王最初建造的寺院成为此后其他国王陆续建造而形成的寺院群的中心。按照乔希⑤，这个寺院建筑群可以概略说明如下。

---

① Altekar, A. S. , Education in Ancient India，第 121 页以下。

② 详情参阅 Goyal, S. R. , HIG，第 294 页。

③ Joshi, L. M. , Studies in the Buddhist Culture of India，第 85 页。

④ Life，第 112 页。

⑤ Joshi, L. M. , Studies in the Buddhist Culture of India，第 69 页以下。

（1）古摩罗笈多（Kumāragupta）一世在那烂陀“一个吉祥地点”建造的僧伽蓝（saṅghārāma，“寺院”）。

（2）在这南面，室建陀笈多（Skandagupta）建造的僧伽蓝。

（3）在这东面，补罗笈多（Purugupta）建造的僧伽蓝。

（4）在这东北面，那罗辛诃笈多（Narasiṃhagupta）建造的僧伽蓝（幼日王寺院）。

（5）在这西面，可能是古摩罗笈多二世建造的第一座僧伽蓝。

（6）在这北面，戒日王建造的大僧伽蓝。

（7）在这座僧伽蓝西面不远处，有一座寺院。

（8）向南一百步左右，有一座小塔。

（9）在这南面，树立一座观自在塑像。

（10）在这座塑像南面，有一座佛舍利塔。

（11）在这东面，墙外渠边有一座塔，渠边有一棵双树干树。

（12）与它邻接，有一座约两百英尺高的寺院。

（13）在这北面，另一座寺院，有观自在塑像。

（14）在这北面，幼日王建造的另一座大寺院，约三百英尺高。

（15）在这东北面，有一座塔。

（16）在这南面，有一座戒日王建造的寺院。

（17）在这东面墙外，有一座巨大的铜制佛陀塑像，挺拔耸立。高度大约八十英尺，安置在有六个台面的亭阁中。这个亭阁由布尔那沃尔曼建造。

（18）在这座塑像北面不远处，有一座砖砌的寺院，里面有一座多罗菩萨塑像。

（19）在围墙南门，有一个大水池。

（20）围绕这个大建筑，有戒日王建造的高高的砖砌围墙。

（21）进入这座大寺只有一个门，面朝南方[①]。

那烂陀的考古发掘也表明它的建筑物占地至少一英里长和半英里宽。这些建筑按照预先的计划建造。发掘出土有十一个大寺院遗址和几个寺庙遗址。此外，有许多属于笈多王朝和笈多王朝之后至十一世纪的佛教和印度教文物[②]。

在玄奘的传记中，热情洋溢地提供了那烂陀寺建筑、雕塑和其他优美景物的生动画面："如是六帝相承，各加营造，又以砖垒其外，合为一寺，都建一门。庭序别开，中分八院。宝台星列，琼楼岳峙，观竦烟中，殿飞霞上，生风云于户牖，交日月于轩檐，加以渌水逶迤，青莲菡萏，羯尼华树晖焕其间，庵没罗林森竦其外。诸院僧室皆有四重重阁，虬栋虹梁，绿栌朱柱，雕楹镂槛，玉础文棍，甍接摇晖，榱连绳彩。印度伽蓝数乃千万，壮丽崇高，此为其极。"[③]

不仅寺院，住宿建筑也有四层楼。它们的结构风格，外部的龙状凸出物，低垂的彩色屋檐，雕刻的柱子，绚丽的栏杆，覆盖有墙帽的围墙，本身就是一座完美的城市，甚至能吸引王子们前来这里[④]。

从遗址本身发现的一份八世纪中叶的铭文支持玄奘的描述。我们读到对那烂陀这样的记叙：幼日王已经在那烂陀建造一座佛教寺院，"仿佛想要胜过盖拉瑟山"。那烂陀寺拥有许多以经典和技艺知

---

① 也参阅 Life，第 110—112 页；Records，2，第 166 页以下；Heras，JBORS，14，1928，第 1—28 页。

② Ghosh，A.，and Kuraishi，M. H.，quoted by Joshi；Sashi，H.，Nālandā and its Epigraphic Material，MASI，66，1942，第 1—20 页；Sankalia，H. D.，The University of Nālandā，Madras，1934；参阅 Mookerji，R. K.，Ancient Indian Education，第 559—563 页。

③ Life，第 111—112 页。

④ Joshi，L. M.，Studies in the Buddhist Culture of India，第 71 页以下。

识闻名的学者（āgamakalā-vikhyātavidajanā），“塔庙闪耀的光辉明亮似白云，仿佛嘲笑那些国王的城市，他们通过摧毁敌国的寺庙掠取财富。那烂陀有成排的寺院，高耸入云。它们犹如创造主为大地创造的华丽花彩。这些寺院镶嵌有各种珠宝，闪耀的光辉交织成网。它们是学者和比丘们的可爱住处，犹如须弥卢山是持明（Vidyādhara）们的迷人住处”①。

那烂陀大寺人力和财力资源丰富

那烂陀大寺规模宏大也明显见于玄奘传记中记载的这个事实：“僧徒主客常有万人。”② 虽然依据玄奘和义净本人，常数在三千人和四千人之间③，这对于一座古代宗教兼教育的寺院仍然是一个惊人的数字。按照慧立的说法，教师中能解释二十部经者有一千人，能解释三十部经者有五百人，能解释五十部经者有十人。大寺免费供给学生衣食住宿和医疗。

但是，这还不是全部。那烂陀寺比丘的生活标准给人印象深刻，说明这座寺院拥有丰厚的财力资源。按照玄奘传记，他被接进幼日王院，在觉贤僧房中住了七天。然后，住在护法僧房，每天接受供养瞻步罗果一百二十枚，槟榔子二十颗，豆蔻二十颗，龙脑香一两，大人米一升。这种大米米粒“大于乌豆”，仅仅产于摩揭陀国，“作饭香鲜，余米不及”。此外，“月给油三斗，酥乳等随日取足”。还配给他两个侍从，出外乘象。重要的是，还提到大寺主持“依此方式供养一万比丘”④。

---

① MASI，66，第 79 页。

② Life，第 112 页。

③ I-tsing，Record，第 154 页；Beal，Record，2，第 170 页。

④ 此处按《大慈恩三藏法师传》中的汉语原文是“那烂陀寺主客僧万，预此供给添法师合有十人”。应该是说享有玄奘这样的待遇的法师共有十人。——译注

义净关于佛教寺院富裕的证据

在七世纪，这些寺院占有大量财产和土地，足以自我支持，也得到义净证实①。他特别提到关于亡故比丘的财产处理："所谓田宅邸店、卧具毡褥、诸铜铁器，并不应分。于中铁钵、小钵及小铜碗、户钥、针锥、剃刀、刀子、铁杓、火炉及斧凿等，并盛此诸袋，若瓦器，谓钵、小钵、净触君持及贮油物，并盛水器，此并应分，余不合分。其木器竹器，及皮卧物、翦发之具，奴婢、饮食、谷豆，及田宅等，皆入四方僧。若可移转物，应贮众库，令四方僧共用。若田宅、村园、屋宇，不可移者，应入四方僧。若所余一切衣被，无问法衣浴衣，若染不染，及皮油瓶、鞋履之属，并现前应分。元云同袖不分，白衣入重者，盖是以意斟酌也。……四足之内，若是象马驼骡驴乘，当与国王家。牛羊入四方僧，不应分也。若甲铠之类，亦入国王家。杂兵刃等，可打作针锥、刀子及锡仗头，行与现前僧伽。罟网之属，应用罗窗。若上彩色，又黄朱碧青绿等物，应入佛堂，拟供像用。白土赤土及下青色，现前应分。若酒欲酸，可埋于地，待成醋已，僧应食之。若现是酒，应可倾弃，不合酤卖。……诸有杂药之属，应安净库，以供病者，随意通用。诸有珍宝珠玉，分为二份，一份入法，一份入僧。法物可书佛经，并料理师子座。入僧者现前应分。若宝等所成床榻之属，应须出卖，现前应分。木所成者，入四方僧伽。所有经典章疏，皆不应分，当纳经藏，四方僧共读。其外书卖之，现前应分。所有卷契之物，若能早索得者，即可分之。若未得者，卷当贮库，后时索得，充四方僧用。若诸金银及成未成器，贝齿诸钱，并分为三份，一施佛，二达摩，三僧伽。佛物应修理佛堂及发爪窣睹波所有破坏。法

① I-tsing，Record，第 36 章。

物写佛经，料理师子座。众物现前应分。”①

在另一处，义净记叙：“现今西方所有诸寺，苾刍衣服多出常住僧。或是田园之余，或是树果之利。年年分与，以充衣值。……常住之物，用作衣被床褥之流，并杂资具，平分受用，不属别人。掌爱护持，事过已物。”②

国王除了捐赠土地和财物，也关心他们的生活起居。印度寺院里常用的计时器也是国王提供的，同时还赐予他们童仆，负责观察和报告时间③。有时，捐赠的钱财和物资超过需要，以致财库中装满钱财，仓库里堆满腐烂的谷物，男女仆从众多④。

封建化是寺院作为自足经济体出现的原因

那烂陀大寺（以及其他寺院和婆罗门教寺庙）作为自足经济体的出现实际上是笈多王朝和笈多王朝之后时期国家结构和行政管理封建化的附带结果⑤。早期巴利语经文中提到憍萨罗和摩揭陀统治者捐赠婆罗门村庄，但是，没有提到捐赠者授予行政管理权。在笈多王朝时期，国王将政策和行政管理权连同捐赠的土地一起交出，也放弃几乎所有的税收来源，包括牧场、兽皮、盐矿、强迫劳动以及所有隐藏的珍宝和矿藏⑥。五世纪的佛音解释“赠地”（brahmadeya）一词为连同行政管理权一起捐赠的土地⑦。这确实是非常重要的发展。文献中提到国家权力的七种职能中，税收制度和强制手段最为重要。如果失去它们，国家就会瓦解。这实际是向婆

① I-tsing，Record，第 190—192 页。
② 同上书，第 192 页以下。
③ 同上书，第 144 页。
④ 同上书，194 页。
⑤ Goyal，S. R.，HIG，第 295 页。
⑥ Sharma，S. R.，Indian Feudalism，第 2 页以下。
⑦ 同上书，第 4 页。

罗门和寺院捐赠造成的状况。其结果是寺院和寺庙发展成半独立的地区，在宗教领域中享有豁免权，逐渐转变成中世纪的学校（maṭha）①。

“法显和义净的记叙无疑说明寺院得到由临时的佃农耕种的土地。义净提供了关于土地耕种者权利的一些观念，说僧团提供牛和土地，一般接受六分之一产物。义净没有说明是否也向耕种者提供犁、种子、肥料和其他农耕物资。耕种者似乎不是像过去时代获取工资的雇佣劳动者，而是半农奴或临时的佃农，向地主支付租金。如果寺院或寺庙是地主，它无须向国家交税。”②

在八世纪中叶，农奴制已经十分普遍，夏尔玛③引用一个中国人在732年的记载④证实这一点：“五天国法，上至国王、王妃、王子，下至首领及妻，随其力能各自造寺也。还别作，不共修营。彼云，各自功德，何须共造？此既如然，余王子等亦尔。凡造寺供养，即施村庄百姓供养三宝。无有空造寺不施百姓者。为外国法，王及妃后，各别村庄百姓。王子首领各有百姓，布施自由，不（问）王也。造寺亦然，须造即造，亦不问王。王亦不敢遮，怕拈罪也。若富有百姓，虽无村庄布施，亦励力造寺，以自经纪，得物供养三宝。为五天不卖人，无有奴婢，要须布施百姓村薗也。”

根据以上记叙，显然说明国王、王妃、王子和首领建造寺院，并将村庄连同村民一起捐赠寺院。这样的捐赠不会缺少，因为不仅国王和王妃，王子和首领也有自己的村庄和村民，可以自由支配。王子和首领可能接受国王的捐赠，以维持生活。但是，显然他们可

① Sharma, S. R.，Indian Feudalism，第46页。

② 同上。

③ Jan Run-Hua，Hui Chaos Record on Kashmir，Kashmir Research Biannual，No. 2（1962），第119—120页，R. S. Sharma in Indian Feudalism 转引，第58页以下。

④ 这里是指慧超的《往五天竺国传》。——译注

以自己作主将他们的土地连同耕种者用作宗教布施。很明显，村民此前必须为捐赠者服务，而转让给受赠者后，必须为受赠者服务。

关于那烂陀大寺享有的封建权力，有汉文资料证据。在慧立的玄奘传记中记载国王（可能是摩揭陀国地方统治者或戒日王）捐赠一百个村庄（在义净的时代增加到两百个村庄），每个村庄有两百户村民，每天供应数百石稻米和数百石酥乳①。同样，还有衣服、饮食、卧具和药物②。

在七世纪，国王布尔那沃尔曼（可能是摩卡利王朝统治者）、戒日王、跋斯迦罗沃尔曼以及可能是尼泊尔的安苏沃尔曼都慷慨捐助那烂陀大寺③。据说布尔那沃尔曼为那烂陀建造一座铜制佛陀塑像，高达八十英尺。他还建造了一座有八个台面的亭阁安置这座佛像。戒日王通常等同于中印度国王，玄奘说他建造了那里最大的一座寺院。围绕整个建筑群的围墙也归功于他。玄奘访问那烂陀时，戒日王还在建造一座大寺院。

王室干预大寺事务

虽然佛教寺院按照戒律，组织管理采取民主方式，享有内部自治权，但这些寺院的封建化和作为自足经济体的出现，倾向于行政管理的政治化。正如夏尔玛所指出，“那烂陀村庄的封印赞颂自己是国土”，表明“它们正在成为政治独立和经济自足的单位”④。那烂陀大寺可以说同样如此。这样的发展必然引起统治者的担忧。这也很自然，国王慷慨捐助寺院和寺庙，希望看到他们正常运作。玄奘记载戒日王本人“岁一集会诸国沙门，于三七日中，以四事供

① Life，第112页以下。

② 同上。

③ Heras，H.，The Royal Patrons of the University of Nālandā，JBORS，14，1928。

④ Sharma，S. R.，Indian Feudalism，第73页。

养，庄严法座，广饰义筵，令相摧论，校其优劣，褒贬淑慝，黜陟幽明。若戒行贞固，道德淳邃，推升师子之座，王亲受法。戒虽清净，学无稽古，但加敬礼，示有尊崇。律仪无纪，秽德已彰，驱出国境，不愿闻见”[①]。迦摩缕波国王鸠摩罗（Kumāra）威胁大寺主持戒贤，如果不遵照他的要求让玄奘前往他那里，就要摧毁寺院。在克什米尔，国王也指定以大德僧称（Bhadanta Yaśa）为首的二十位比丘协助停留在那里的玄奘[②]。

组织化教育制度的出现

佛教寺院组织的封建化也改变佛教的教育格式。早期印度的教育掌握在私人教师手中。即使著名的德叉始罗“大学”也不是组织化的学校。实际上，它只是一个教育中心，每个教师本身就是一所学校。组织化的教育首先是在阿育王时代，从佛教寺院中发展出学校。正如阿尔特卡尔[③]所指出，这些学校是婆罗门教“老师家”（gurukula）的翻版，而这里的老师不是家的主人，而是寺院的主人。但是，在它们的历史早期，寺院中的教育只是针对比丘和比丘尼。然而，随着寺院生活和经济的封建化，寺院成为组织化的高级学术中心，这里的教育不仅针对比丘和比丘尼，也针对一般民众。那烂陀大寺是这类学校中最杰出的。赠给婆罗门的村庄（agrahāra）和寺庙成为学术中心是教育制度封建化的印度教翻版。阿尔特卡尔描述的萨罗特吉、埃那利兰、提鲁摩古陀、提鲁沃利瑜、摩罗迦普兰和其他地方以及迦底瑜赠地和萨尔婆若布罗赠地等早期中世纪寺庙学校是较大的组织化教育机构，有自己的土地和建筑，固定向教师支付工资，有时甚至补贴学生的费用。没有封建化的捐赠土地和

① Travel，第 344 页。

② Life，第 69 页。

③ Altekar，A. S.，Education in Ancient India，第 75 页。

财物，它们不可能存在。早期中世纪教师（ācārya）的学校（maṭha）延续这些寺庙和赠地的传统。因此，可以认为笈多王朝和笈多王朝之后时期的封建化佛教寺院是后来这些组织化学校的前驱。按照达多的说法，它们“具有中世纪欧洲学校的特征，从五、六世纪开始，有好几处成为组织化的大学，发挥这样的作用”①。那烂陀和其他佛教大学凭借它们的优秀学者的著作和成就享誉亚洲大部分地区。那烂陀大学保持它对国外佛教徒的吸引力直至最后。它是学习佛教逻辑和大乘哲学的最大中心。梵语是这里的教学语言。它具有广阔的学术视野，热诚地教授语法学（vyākaraṇa）、因明学（hetuvidyā）、唯识学（vijñānavāda）以及其他人文和科学分支。那烂陀产生的学者受到重视，它的教授在整个亚洲受到尊敬。在虔信佛教的波罗王朝时期，那烂陀作为学术中心，它的崇高光辉保持了好几个世纪。

其他一些佛教大学

在西印度，最大的佛教教育中心在梅多罗迦王国的首都跋腊毗（Valābhi）。义净告诉我们它的名声媲美那烂陀。约在640年，那里约有一百座寺院，接纳六千个学生。著名的佛教学者安慧（Sthiramati）和德慧（Guṇamati）是这座大学在七世纪中叶最大的光荣。像那烂陀一样，跋腊毗也不仅仅是佛教学术中心。甚至婆罗门也将他们的儿子从恒河平原远道送来这里接受高级教育。这座寺院得到商人和梅多罗迦国王们（约480—775年）充分支持。梅多罗迦国王们的资助既用于维持大学的开销，也用于充实寺院书库②。

---

① Dutt, S., in 2500 Years of Buddhism, 第193页。

② Altekar, A. S., Education in Ancient India, 第127页。

超戒寺

超戒寺（Vikramaśilā 或 Vikramśīla）[①] 于八世纪由法护王（Dharmapāla）建造，在四个多世纪中是著名的国际学术中心。在超戒寺的整个历史中，始终保持高水平的学术传统，令人敬佩。在超戒寺的学者中，最著名的无疑是十一世纪的燃灯吉祥智（Dīpaṅkara Śrījñāna），通常称为阿底峡大师（Upādhyāya Atīsa）。在十二世纪，超戒寺中有三千个比丘学者。行政管理由院长主持。语法学、逻辑学、形而上学和仪式学是这座大学中的特色科目[②]。它于 1203 年毁于穆斯林入侵[③]。

奥丹多普利和贾格陀罗寺

佛教在孟加拉和比哈尔直至十三世纪初仍然兴旺。这里的寺院如奥丹多普利寺（Odantapurī）和贾格陀罗寺（Jagadalla，罗摩护王建于首都罗摩婆提）[④] 也是著名的教育中心，在印度国内外传播神圣知识。

克什米尔的阇耶因陀罗寺

克什米尔的阇耶因陀罗寺（Jayendra）也是一个重要的佛教学术中心。它吸引像鸠摩罗什和玄奘这样的著名学者前来这里学习。

---

① 参阅 Dutt，S.，in 2500 Years of Buddhism，第 117 页。

② Altekar，A. S.，Education in Ancient India，第 129 页。

③ 在跋伽尔普尔（Bhagalpur）地区安提遮格（Antichak）村的超戒寺遗址已经得到发掘（参阅 Saran，S. C.，Vikramaśilā Monastery，a Centre of Tāntricism，in K. P. Jayaswal Commemoration Volume，Patna，1981，第 117 页以下）。

④ Dutt，S.，in 2500 Years of Buddhism，第 192 页。

许多学者从这里前往中国汉族、藏族地区和中亚传播佛教①。

这样，佛教确实对印度的学术和教育作出巨大的贡献。

① Dutt，S.，in 2500 Years of Buddhism，第 132 页；Joshi，L. M.，Studies in the Buddhist Culture of India，第 174 页。

第 六 章

佛教文献和艺术

一 对印度语言和文献的贡献

佛教对印度文化各方面的贡献确实引人注目。我们在本篇第一章中已经讨论佛教是否代表印度古代文化中一种分离的文化或主要的文化方面。我们的观点是佛教不代表一种分离的文化，甚至也不代表印度文化中最主要方面。然而，它肯定是我们国家文化中最有意义的方面之一。在接着的四章中，我们已经讨论佛教对于印度古代社会、政治和历史思想以及教育体系的贡献。从这些章中，显然可见佛教所做的或想要做的是改善传统的或正统的思想方式，它并不试图带来革命的变化或与过去决裂。

早期佛教的语言和文献

关于佛陀本人用于宣教的语言一直存在争议。然而，可以肯定的是，他使用的不是梵语，并要求他的信徒使用方言宣教。这造成一时间内非梵语的语言兴旺。按照上座部，佛陀本人使用摩揭陀语宣教，传承下来的上座部经典使用的巴利语也就是佛陀使用的摩揭陀语。这样，上座部主张他们的经典代表最古老的佛典，巴利语三藏比任何其他语言传本更古老。但是，必须记住巴利语的语言特征在一些重要方面不同于摩揭陀语。此外，佛陀反对独尊一种语言，因此，可以得出结论："佛陀的原始教导必定已经被不同地区的佛教徒使用不同的语言学习、记诵和发展。换言之，在毗舍离结集时，已经存在不止一种佛陀教导的传本。"① 最有可能大众部提供一种佛陀教导的不同传本，将他们的经典分成五部分，不同于分成三部分的上座部经典。这两个部派肯定从佛陀原始教导的共同传统中获得他们的经典。根本说一切有部用梵语撰写的律藏的许多部分已经在吉尔吉特发现并出版。在七世纪，义净发现有上座部、大众部和根本说一切有部的三藏，同样都包含三十万颂，而正量部三藏包含二十万颂。他采用说一切有部律藏，译为汉语。玄奘在印度发现五种律藏传本，分别属于法藏部、化地部、饮光部、说一切有部和大众部。这些律藏或许使用梵语、俗语和其他北印度方言。按照调伏天（约 800 年），说一切有部经典使用梵语，大众部使用俗语，正量部使用阿波布朗舍语，上座部使用毕舍遮语。寂天（约 700 年）在他的《集菩萨学论》（Śikṣāsamuccaya）中引用了许多梵语经文，如《说一切有部律》（Sarvāstivāda-vinaya）、《菩萨藏》（Bodhisattva-piṭaka）和《声闻律》（Śrāvaka-vinaya）等。这些早期部派佛教的文献的原始形式绝大部分已经消失。然而，三藏的汉语和藏语译本以及中亚残片证明这样的文献曾经存在。"因此，设想目前形式的巴利语三藏比所有的梵语和混合梵语佛经更古老是错误的。梵语《大事》（Mahāvastu）中的一些部分被认为可能属于公元前四世纪。同样，梵语佛经残片和犍陀罗语《法句经》的原始形式可能属于阿育王之前的时代。按照斯里兰卡传统，巴利语三藏用文字写定是在公元前一世纪斯里兰卡国王婆陀·伽摩尼（Vaṭṭa Gāmanī）统治期间。阿育王跋波卢铭文和山奇和巴尔胡特的铭文证明在公元前二、三世纪存在一些佛教著作和三藏的一些部

① Buddhism, ed. by K. L. Seshagiri Rao，第 10 页。

分经文。公元一世纪之前存在许多书写的巴利语、俗语和梵语佛经无须怀疑。印度佛教文献数量和种类不断增加，直至十二世纪，而其中最早的经在佛陀涅槃的当年编成和诵读。”①

除了巴利语经典文献，还有非经典文献，包括记述龙军和公元前二世纪印度－希腊统治者弥兰陀之间的对话，《导论》（Nettipakaraṇa）和《藏论》（Peṭakopadesa，归诸佛陀的弟子摩诃迦旃延，但显然是后期著作），佛授（Buddhadatta）的律藏和论藏概论，归诸佛音（Buddhaghosa）或法护（Dhammapāla）的包括《本生经》在内的巴利语三藏注释，斯里兰卡编年史如《岛史》和《大史》，以及后期巴利语著作。佛音的《清净道论》（Visuddhimagga）确实是早期佛教的一部小型百科全书②。他还撰写了大量巴利语三藏的注释（aṭṭhakathā）。《大事》声称属于出世部律藏，但它的主题多种多样。《神通游戏》（Lalitavistara）是一部不完整的佛陀传记。马鸣（Aśvaghoṣa）以《佛所行赞》（Buddhacarita）和《美难陀传》（Saundarananda）著称。圣勇（Āryaśūra）的梵语《本生鬘》（Jātakamālā）与巴利语的《所行藏经》（Cāriyāpiṭaka）对应。也有大量的譬喻经文学（Avadāna）与巴利语的譬喻经（Apadāna）对应③。

大乘和怛特罗佛教对文献的贡献

大乘佛教也产生大量各种类别的文献，其中许多已经永远流失。现在可利用的文献属于混合梵语。它可以分成两类：经（sūtra）归诸佛陀，传统相信包含原始的佛说（buddhavacana）；论

---

① Buddhism，ed. by K. L. Seshagiri Rao，第10页以下；也参阅 Bhikshu，Sangharakshita，in A Cultural History of India，ed. by A. L. Basham，第89页。

② Bapat，2500 Years of Buddhism，第138页。

③ 同上书，第140页。

（śāstra）包括佛教学者对原始经典的注释和原创性的著作。最早的大乘经是《般若波罗蜜经》。有许多《般若波罗蜜经》，最长的是《十万颂般若波罗蜜经》（Śatasāhasrikā Prajñapāramitāsūtra），最短的是《般若波罗蜜心经》（Prajñapāramitās Hṛdayasūtra）。在大乘经中，有九部经（navadharma，“九法”）被认为最重要。它们是《八千颂般若波罗蜜经》（Aṣṭasāhasarikā prajñāpāramitā）、《妙法莲华经》（Saddharmapuṇḍarīka）、《神通游戏》（Lalitavistara）、《入楞伽经》（Laṅkarāvatara）、《金光明经》（Suvarṇaprabhāsa）、《华严经》（Gaṇḍavyūha）、《如来秘密经》（Tathāgataguhyaka）、《三昧王经》（Samādhirājasūtra）和《十地经》（Daśabhūmika）。几乎同样著名的还有《极乐庄严经》（Sukhāvatīvyūha）或《无量寿经》（Amitāyus sūtra）和《庄严宝王经》（Karaṇḍavyūha）。除了《般若波罗蜜经》和九部经，还有许多其他大乘经保存在汉语和藏语译文中。《翻译名义大集》（Mahāvyutpatti，900 年）提供有 105 部大乘经名单，寂天的《集菩萨学论》摘引了约 110 部大乘经，龙树的《经集》（Sūtrasamuccaya）提供了 60 部大乘经名。大乘哲学家和作家产生有庞大的文献。龙树、圣天、月称、寂天、弥勒纳特、无著和世亲是大乘哲学的著名作者。陈那（Dinnāga，600 年）创立了一种新的佛教哲学批评派别。认识论、逻辑学和辩证法占据这派历史中的重要位置。他开启了佛教和婆罗门教之间学说大争论的时代。法称（Dharmakīrtti）或许是最伟大的佛教逻辑学家（700 年）。佛教逻辑学派持续繁荣直至十一世纪。寂护（Śāntirakṣita）在八世纪撰写了评论那个时代所有哲学的不朽著作《真理要集》（Sattvasaṅgraha）。他的弟子鸠摩罗希罗（Kumalaśila）为这部著作撰写的《注释》（Pañjikā）也作出了重要贡献。法上（Dharmottara）、调伏天（Vinītadeva）、商羯罗难陀（Śaṅkarānanda）、师子贤（Haribhadra）、宝称（Ratnakīrtti）和智友（Jñānaśrīmitra）等属于印度大乘的最后时期。

怛特罗是佛教密教经典。在西藏地区发现大量印度佛教典籍译文，有4500多部。它们分成两类：《甘珠尔》（Kanjur）包含1108部，《丹珠尔》（Tanjur）包含3458部。同样，大量的佛教典籍翻译成汉语。在南条文雄（Bunyiu Nanjio）的目录中，记载有1662部。后来的《法宝义林》（Hobogirin）提到有55卷印刷本，共2184部，另有25卷补充中国和日本撰写的著作。也有满语译本和藏译《丹珠尔》的蒙译本[①]。虽然曾经存在巴利语、俗语、混合梵语和梵语的庞大文献，但是，“除了《文殊师利根本仪轨经》，在印度境内没有发现一部佛教典籍”[②]。可能因为随着时间流逝，这些寺院遭到亵渎和破坏，无数抄本已被毁弃。我们现在研究的佛教文献来自印度之外的斯里兰卡、缅甸、泰国和尼泊尔的寺庙，还有汉语、藏语和蒙语译本。佛教文献的浩瀚可以从上面提到的汉译和藏译目录得知[③]。不可否认，巴利语在印度的发展，几乎完全归功于佛教。也是巴利语作者最早撰写传统的历史。佛教梵语作者的著作数量也仅次于婆罗门教作者的著作。许多佛教部派论述阿毗达磨和戒律的著作、各种般若波罗蜜经、数以百计的大乘经以及论著和注释，都是用梵语撰写的。从公元前200年至公元1200年的佛教文献史是梵语文献发展史中的重要组成部分[④]。梵语文学史上的第一位戏剧家是佛教诗人马鸣。另一位佛教诗人圣勇也属于古典梵语诗歌的先驱者。佛教诗人也对梵语赞颂诗（stotra、stava和stuti）作出很大贡献。佛教作者对心理学、梵语语法和词典的贡献也很有意义。

---

① Bapat，2500 Years of Buddhism，第141页。

② 同上书，第142页。

③ 同上书，第141页。

④ 同上。

二 佛教对印度艺术的贡献[①]

印度艺术的意义和内容

印度佛教历史的一个重要方面是它的艺术和建筑表现。为了理解佛教对印度艺术发展的贡献，必须认识到它是印度艺术大传统的一个组成部分，不了解印度宗教象征主义的背景，也就不能理解它的内在意义。正如奥罗宾多（Aurobindo）所指出，“印度艺术创造的整个基础，自觉的和经典中确认的，是精神的直觉”[②]。他进一步论述说：“它的最崇高的事业是向灵魂揭示自我、无限和神圣。通过它的表现揭示自我，通过它的生动象征揭示无限，通过它的力量揭示神圣。……对自我的洞察成为印度艺术家的独特方法。……完全可以说，如果我们想要理解整个印度艺术创造的意义，除了具备对于所有艺术鉴赏必需的审美直觉修养，还需要有一种精神的洞察或修养。”[③] 正因为如此，艺术史家如哈威尔（E. B. Havell）、古马尔斯瓦米（A. K. Coomaraswamy）和阿格罗瓦罗（V. S. Agrawala）试图研究印度艺术，作为印度形而上智慧的形象表现，作为我国古人深邃的宗教经验的表现，在石头上的万物与宇宙精神同一之道[④]。

佛教艺术是印度艺术大传统的组成部分：它的象征性

古代印度的佛教艺术对于以上所说并非例外，而且尤其是这样，因为佛教最初是出世的苦行宗教，美术在它的思想中没有地

---

① 佛教艺术这部分由古普特（S. K. Gupta，Associate Professor，Rajasthan University，Jaipur）撰写。

② Aurobindo，The Foundation of Indian Culture，Pondicherry，1959，第 227 页。

③ 同上书，第 238—240 页。

④ Coomaraswamy，A. K.，History of Indian and Indonesian Art，第 90—91 页。

位。依据《梵网经》（Brahmajāla sutta）和《戒本经》（Pātimokkha sutta），很明显，它认为艺术和技艺对于追求最高解脱的人没有价值。因此，它必须通过象征的语言表达。这些象征的语言在佛教之前即吠陀时代已经流行。其中一些具有普遍的价值。这些象征一般与繁殖力和母亲女神崇拜相联系。其中包括满瓶（purṇaghaṭa）、卍字（svastika）、胸前卷毛（śrīvatsa）、螺旋形（nandyāvarta）、牛头（nandipada）和轮（cakra）。第二类象征也源自遥远的古代，但在佛教中被赋予新的意义。例如，在佛教之前的时期，树被崇拜为民间神灵的象征或住处。在早期佛教中，它被接受，但作为佛的象征①。同样，古代的动物母题，如象、公牛、狮子和马，也被佛教接受。至少其中的象和狮子成为佛的象征。第三类象征是首次被佛教采用或构想的。这一类中第一种包括健达缚和紧那罗等母题，他们原本与佛教无关，但受民间崇拜的影响，被佛教接受为次要的神或佛的侍从。第二种中最重要的母题是佛陀的人体形式，象征觉悟和法。从艺术的观点看，那是不同象征的组合。佛陀不仅仅是瑜伽坐姿（yogāsana）的拟人化形象。唯有以瑜伽坐姿坐在菩提树下狮子座（siṃhāsana）上②，头部背后有光环（prabhāmaṇḍala），具有大人相（mahāpuruṣa lakṣaṇa），包括眉间白毫（ūrṇa）和头顶肉髻（uṣṇīṣa）以及手掌和脚底的轮网（cakra），才能称为佛陀的形象。所有这些与佛陀联系的母题有它们的独立意义。

创造佛教艺术丰碑的艺术家不一定是佛教徒

在评价佛教对印度艺术的贡献时，必须了解虽然一种特殊的艺术古迹与佛教相关，但不一定得出结论，认为它是佛教艺术家创造

---

① 在巴尔胡特的一些栏杆上，我们发现与一些特殊的树相联系的各种佛。

② 参阅 Gupta, S. K., Lion Seat in Buddhist Art, Proceedings of the Annual Conference of All India Archaeological Society, Pune Session，第253—257页。

的。在这方面，印度的宗教艺术和宗教文献显著不同。后者是婆罗门、比丘和苦行者学者的著作，而前者主要出自世俗工匠之手。这些工匠虽然按照严格的经典规则工作，但作为个人不一定是他所效劳的那种宗教的信徒。因此，设想所有的佛教古迹出自信仰佛教的艺术家之手是不正确的。

佛教将石料引进建筑

佛教对印度艺术史的一个主要贡献是在建筑中使用石料。在印度河流域文明之后和孔雀王朝之前的印度建筑大部分使用木料，甚至在这之后的时期仍然这样。在伽耶附近巴罗巴尔山建造的孔雀王朝时期的一些石窟显然用作宗教集会场所，在院子中有圆形的茅屋，它们的设计者不能超越他习惯的格式。直至笈多王朝时期，其他许多设计特征同样明显依靠模仿木料建筑。同样，山奇大塔原先使用木围栏，后来改用现在围绕这座大塔的石围栏。同样的木工技巧也体现在拱门（toraṇa）的结构上。这样，在宗教建筑中使用石料，替代木料，是佛教的贡献。

结构性的寺院建筑

在早期佛教时期，僧团的住处称为园林（ārāma）、僧伽蓝（saṅghārāma，捐赠给僧团的园林）或树林（vana）。“寺院”（vihāra，源自词根“度日”）这个词表示一种结构性住房，从简单的茅屋到较大的建筑或建筑群。“石窟”（guhā，“山洞”）这个词在石窟作为比丘住处成为风尚时，也表示佛教寺院。

在最早阶段，严格意义上的寺院这个词不存在。“四方僧”（cāturddiśa saṅgha）这个词指所有四方的比丘。佛陀和他的信徒过真正的出家生活。唯有在布萨（uposathā）集会和雨季安居时，需要在方便的地点搭建小茅屋。王舍城附近的竹林是频毗沙罗王为此目的捐赠给僧团的。这可能意味这片土地成为僧团的财产，比丘们在需要时可以使用它。可能那里原先没有建筑，但在后来的时期，建造了一座建筑。同类的例子还有毗舍离城菴罗卫捐赠的菴罗卫园林和舍卫城给孤独长者捐赠的胜林。但是，在1953—1959年发掘的医生耆婆捐赠的耆婆园林显示一个卵石地基，上面的建筑物可能是木制结构，包括一个大厅，两边有半圆形拱顶，也可能有厨房和仓库①。这个大厅可能是比丘们共同居住的地方。

然而不久，僧团的生活方式发生变化。随着时间推移，在雨季开始时，比丘们按照惯例回到原处居住。雨季临时的住屋改变成更持久的建筑物。僧团也获得固定的土地和建筑物所有权以及村民们捐赠的物品。这一切必然改变寺院的建筑形式。集会大厅以及储藏室、厨房、水池、浴室和散步的地方（caṅkramaṇa，“经行处”）等，都成为必要。已经发现这些属于公元前后早期结构的寺院遗址，但现在大多只剩下地基，不需要在这里特别提及②。

在中世纪早期，在那烂陀出现一种新型的寺院。它被称为大寺，因为它还含有好几个较小的寺院。这些寺院沿着一条直线朝西矗立，有五六十米长的路面，有两三米厚的砖砌围墙。内院四边有回廊和柱子。围绕回廊有一排排小屋。院内没有亭阁（maṇḍapa），而在一些地方有水池，另一些地方有炉灶、讲坛或神龛。神龛一般占用后排中间的屋子。这些寺院的西边，有一排朝东的大神龛。无法推测这些神龛的原始形状。玄奘对那烂陀寺院的描述在本书别处有介绍。

石窟艺术：神殿

在山中的石窟艺术是佛教的创造性贡献。它在凿石技术方面获

① Indian Archaeology：A Review，1953—54，1954—55，1957—58，1958—59，New Delhi。

② AIU，第502页。

得很大改善，因为西部山脉的岩石比阿育王的柱子使用的楚那尔沙岩更坚硬。这些石窟的开凿过程该有多么艰巨（后期还包含制作还愿塔和工艺细致的雕塑），今日只能依靠想象。尽管这些困难，这些伟大的艺术家造就的常常是不可超越的庄严。

佛教的石窟艺术有两种类型：支提（caitya）即神殿和僧伽蓝（saṅghārāma）或寺院（vihāra）。神殿石窟是又长又宽的大厅，高高的天花板，用柱子分成中殿和两侧的耳堂。大厅末端，通常有半圆形拱顶，有一个神龛，周围有足够绕行的空间。然而，这样的规划经历了长时间的发展。这种石窟的历史开始于阿育王，佛教不一定与这些石窟有联系。阿育王还是一个王子时，他访问一些住在中印度布达尼的自然山洞中的佛教比丘，正如现在从他的般高罗利耶山洞铭文中所得知，由此产生建造石窟的想法。他可能为这些山洞做了凿出一些板凳之类的事，让比丘生活得更舒适些。他成为国王后，在比哈尔伽耶附近的巴罗巴尔，为活命派教徒建造了一些石窟。它们或许是与后期神殿石窟发展相联系的最早的石窟。他建造的苏达摩石窟包含两部分，外面部分长方形（后来的亭阁），后面有一道墙将两部分隔开，有一条联系两部分的狭窄的通道，里面是圆形的空间，通常有其他一些还愿的石窟。外面部分有圆筒形拱顶，里面部分有半球形拱顶。巴罗巴尔石窟群中最重要的是未完成的罗摩舍仙人石窟，年代不明，但显然属于孔雀王朝时期。它的规划类似苏达摩石窟，只是里面部分不是圆形，而是椭圆形。它的门口是一个不大的长方形空间，上端狭窄，有一块半圆形护墙板与屋顶隔开，上面有大象敬拜宝塔的浮雕装饰。

神殿石窟发展的下一个阶段见于君那尔圆形神殿石窟和浦那附近跋迦的一个神殿石窟，沿着整个半圆形拱顶的大厅和围绕还愿的石窟有二十七根柱子。神殿石窟的进一步发展还见于一系列的石窟，如阿旃陀（第九石窟）、贝德萨、那希格、甘诃利和奥兰伽巴德等，直至最著名的卡尔勒大石窟。这种发展的标志是逐渐摆脱木制结构模式，有更精致的细节，更多样的外观装饰（通常称为马蹄窗）。阿旃陀第十九和第二十四石窟以及称为维希沃迦尔摩石窟的埃洛拉第十石窟，是这种神殿石窟的后期样板，大量的雕像几乎覆盖一切可能的空间。

寺院石窟

寺院石窟的设计主要依据私人住宅的格式，即沿着院子中央四边的四排住房组成的方形住宅。寺院石窟与此相同，有方形或长方形中央大厅，前面有带柱子的回廊，另一边是许多方形住房。大厅中通常配备有石板凳。这种寺院石窟常常有好几层，也常常配备贮水池之类设施。

寺院石窟的历史起始于阿育王和十车王的巴罗巴尔和那伽朱尼石窟。除了与神殿石窟相联系的苏达摩和罗摩舍仙人石窟，其他的两群石窟是简单的长方形石窟，有圆筒形拱顶。有一些在末端配备有平台。罗阇吉尔的松般陀尔石窟基本上与这种设计一致。然而，寺院石窟的发展更体现在西印度的石窟，如跋迦、贝德萨、阿旃陀、贡达奈、比多库拉、君那尔和那希格等。在公元初，这种类型已经发展完备。寺院石窟此后的进一步发展见于阿旃陀、埃洛拉、巴克和奥兰伽巴德等。

舍利塔艺术

为伟人、国王和贵族建造舍利塔是一种古代传统。“塔”（stūpa，巴利语 thūbha，印地语 thūhā）这个词出现在《梨俱吠陀》中，有一处将火神的火堆称为 stūpa。还有一处出现 hiraṇyastūpa（金堆或金火堆）一词，阿格罗瓦罗解释为象征存在于个人和宇宙中的生命原则[1]。stūpa 这个词的原始意义似乎是成堆的物质，如火葬地点的土堆（citā）[2]。《百道梵书》将这种土堆分成长方形和圆形两类[3]。《本生经》中也提到在死人遗址建起的塔。律藏提到两座佛陀的塔。毗舍离有不下于七座塔，《大般涅槃经》中提到其中菩伽城的一座塔。这部经中，佛陀指示他的弟子说："人们为转轮王在四条大路交叉地点（caturmahārājapathe，"四衢道"）建造塔，也应该为如来建造这样的塔。"可能正因为如此，在他逝世后，婆罗门头那（Droṇa）将他的舍利分成八份，给八位求请者，让他们建造舍利塔。而头那自己为火葬后收集舍利的那个罐建造罐塔（kumbhastūpa）。这样，很清楚，建塔的习惯早于佛教。耆那教也建造这种形式的纪念塔。但必须承认佛教尤其选择这种形式，随着时间推移，这种形式特别与佛教相联系，它含有佛陀或他的主要弟子的舍利（sarīra），或者标志佛陀生平或佛教史上一些重要事件的地点。这些塔也为佛陀或佛教高僧的用品（paribhoga dhātu）如衣服、托钵和杖等而建造。作为保存舍利的塔代表佛陀本人，从一开始就隐含着虔诚的敬意，后来也建造塔作为还愿物。

按照佛教传说，阿育王建造八万四千座塔，遍布他的帝国各地。按照一些学者，阿育王提供了塔的永久的建筑形式[4]。但是，这种观点不可接受，因为我们发现有毗波罗诃瓦的释迦族塔遗址，无疑建造于孔雀王朝之前。然而，现存的大多数早期的塔，尤其是巴尔胡特和山奇的塔，最初建造于阿育王统治时期。

在早期佛教文献中，我们没有发现对塔的形式或形状的描述，除了在《大史》中，塔被比拟为水泡。最早以塔代表佛陀出现在属

---

① Indian Art，第 120 页。

② Pande，C. B.，Mauryan Art，Varanasi，1982，第 39 页。

③ Kane，P. V.，HD，4，第 247 页。

④ Sarkar，H.，Studies in Early Buddhist Architecture of India，第 4 页。

于孔雀王朝时期的罗摩舍仙人石窟的拱门上，表现一些象敬拜一座塔。在巴尔胡特的围墙遗址，有两处雕刻有塔，一处的塔（半球形的塔支撑上面张有两个伞盖的方盒）伴有沙罗树（显然刻画佛陀涅槃的情景），另一处的塔伴有两朵莲花。这种塔的原始形式从山奇的大塔得到确认。它是安置在圆形地基上的半球形（aṇḍa，“卵”）塔，上面有一个方盒（harmikā），张有两个伞盖（chatra）。这座塔围绕有右绕道（pradakṣiṇāpatha，供绕行），围有栏杆或围墙（vedikā），四边有四个拱门（taraṇa），每个拱门比栏杆向前凸出一点儿。

在阿育王之后的时期，这些塔表现出倾向于各个部分增高和加长，这样就形成现在的塔的模样，中国朝圣者通常用stūpa（“窣睹波”或“塔”）称呼它。在花城（白沙瓦）迦腻色迦王建造的舍利塔在亚洲获得最高名声。这座塔的整个高度据说达到638英尺。在南印度，最重要的塔在阿摩罗婆提、跋底波罗鲁、贾格耶贝德、坎多夏罗和那伽朱尼贡陀等。这些塔有丰富的雕刻和装饰，一个不见于别处的特点是使用一种细柱子。在后期的印度塔中，最著名的是在鹿野苑和那烂陀的两座塔。前一座在笈多王朝时期形成现在的形式，后一座在波罗王朝时期。

这里，有趣地注意到，在古代印度，佛教没有对庙宇建筑发展作出任何贡献。虽然在大乘兴起后，他们采取偶像崇拜，吸纳许多婆罗门教神祇，但从不试图模仿印度教庙宇。这始终是这两个宗教之间的一个不同点。

雕塑：佛陀形象

正如我们在别处所指出①，在早期佛教中，佛陀没有以人像形

① Gupta, S. K., Cause of the Absence of the Buddha Image in Early Indian Art, K. P., Jayaswal Commemoration Volume, Patna, 1981，第134—139页。

式呈现，有三个原因。

（1）佛陀不鼓励以人像的形式崇拜他。

（2）小乘佛教徒相信在涅槃后，佛陀的污秽身（pūtikāya）不再能见到。

（3）佛陀本人教导，在他涅槃后，法将成为导师。

在这样的环境中，佛陀之后的若干世纪，刻画佛陀人像对于佛教徒既不可能，也不合适。那时，佛教徒可能认为刻画佛陀人像是一种亵渎。因此，佛陀只能被象征化。象征物是菩提树、塔、足印和狮子等。佛像大约是在摩突罗和犍陀罗的雕塑流派中同时产生的。大多数印度专家现在相信佛像发源于摩突罗，而西方专家认为是在犍陀罗①。一些专家甚至将摩突罗流派的时间定在公元前一世纪。无论如何，这两个流派必定存在于迦腻色迦一世时期，他的钱币上刻有佛像。而一旦佛像流行，便受到虔诚的居士们欢迎。有的学者如福歇和巴乔弗认为早期佛教时期的印度艺术家没有能力表现佛像，而造成缺少佛像②。这是不正确的。正如古马尔斯瓦米所指出，贵霜王朝之前时期的艺术家不是不能表现佛像。巴卡姆、底达甘吉和帕特那的各种形象，巴尔胡特、山奇和菩提伽耶的栏杆，有数以百计表现国王、药叉、药叉女、圣人和武士的拟人化形象，令人信服地证明贵霜王朝之前的艺术家刻画乔答摩的人像并不困难，如果要求他们这样做的话③。缺少佛像的表现实际上与早期吠陀传统一致，即使用非偶像的象征，缺乏拟人化的形象。

崇拜具有形象的佛陀起始于大乘。大乘倾向于将佛陀等同于真

---

① 关于佛陀形象印度起源的理论，参阅 Gupta，S. K.，Early Buddha Images from Gandhāra：a Fresh Study in Genesis，Readings in Indian History，Jodhpur，1978，第166—178页。

② Foucher，The Beginning of Buddhist Art，第120页以下。

③ Coomaraswamy，Origin of Buddha Image，The Art Bulletin，9，No. 4。

实本身即法界（dharmadhātu）和法身（dharmakāya）。这种真实不仅是智慧，也是慈悲（karuṇā），采取人的形式即色身（rūpakāya）只是为了宣法。因此，佛陀形象不是一种画，而是佛陀色身的象征。在任何其他的形象被制作之前，已经怀有一种佛陀的精神形象。按照古马尔斯瓦米的说法，一个人“看见形象中的佛陀，而不是看见佛陀的形象”①。按照阿格罗瓦罗，在毗湿奴教发展一种适合形象崇拜的心理背景和宗教激情时，佛教徒不可能长期保持不受影响②。古马尔斯瓦米相信贵霜王朝之前的药叉形象为站立的菩萨形象提供了原型③。后来，洛辉增④和阿格罗瓦罗⑤表示同意这种观点。但是，正如我们在别处所指出，这种理论不能解释坐姿佛像的起源，因为至今没有发现坐姿的药叉形象。阿格罗瓦罗解释坐姿佛像，强调三个因素：瑜伽行者（yogī）理想、转轮王（cakravarttī）理想和大人相（mahāpuruṣalakṣaṇa）。但是，设想在同一地点和同一时间佛像有两个不同的来源，站姿从药叉形象，坐姿从以上三个因素，是不正确的。在我们看来，佛像艺术家不需要复制任何希腊或印度的雕塑。犍陀罗、摩突罗和阿摩罗婆提的所有佛像是依据共同的文献传统。刻画佛陀人格的所有偶像成分已经呈现在早期佛教文献中。恒河流域的印度艺术家和犍陀罗的印度-希腊艺术家擅长刻画人像。因此，需要刻画佛像时，对他们并不困难。他们所需要的是佛像有别于其他比丘、苦行者和瑜伽行者的某些形象特征。对

---

① Coomaraswamy，A. K.，Figures of Speech or Figures of Thought，第182页。

② Agrawala，V. S，Indian Art，1，第235页以下。

③ Coomaraswamy，A. K.，History of Indian and Indonesian Art，第57页；Origin of Buddha Image，The Art Bulletin，9，No. 4，1927。

④ Lohuizen，De Leeuw，Scythian Period，第154页。

⑤ Agrawala，V. S，同上。按照巴沙姆（Basham），摩突罗雕塑家一方面从早期魁梧的药叉；另一方面从沉思的耆那教祖师，获得佛陀形象的灵感。The Wonder that was India，第370页。

此，可以利用《长尼迦耶》中罗列的大人相[1]。换言之，不同流派的艺术家按照他们各自的地方传统构思和在岩石上雕刻佛像。要不然，他们同样按照“无漏色身”（anāsrava rūpakāya）的原则构思这些偶像的因素[2]。

摩突罗流派在笈多王朝时代达到鼎盛。摩突罗、鹿野苑、阿旃陀和比哈尔的大佛像象征整个时代的理想。笈多王朝时期的铜佛像与最优秀的石佛像地位并列，如比哈尔苏尔丹甘吉的与活人同样大的铜佛像。而波罗王朝时期（九至十二世纪）的铜佛像以形象的优雅和细节的丰富著称。

中世纪早期的佛教艺术受怛特罗教很大影响。首先，在怛特罗佛教中，除了一些例外，释迦牟尼佛像变得稀少，而禅定佛更加著名和普及。确实，与大乘相联系的菩萨形象也得到普及，但是，地位突出的是各种禅定佛、与各自家族相联系的神灵和印度教神灵群主、娑罗私婆蒂和大时神等。即使发现有释迦牟尼佛像，也不能反映古代佛像造型的精神庄严。其次，在怛特罗艺术中，给予女性神更突出的地位，如各种颜色和形式的多罗女神、Parṇaśabarī、Mārici、Nairātmā、Hārīti、Bhṛkuṭī、Ekajaṭā和Vajravārāhī等。现在，菩萨也与他们的性力（Śakti）或女性同伴结合。这些女神的形象青春、丰腴和肉感。还有，大量的怛特罗形象表现暴戾和愤怒模样的神灵。最后，作为怛特罗佛教影响的结果，愈益倾向于表现多面和多臂的男神和女神[3]。例如，多罗女神和摩利支女神等有许多手臂。

---

① 参阅 Dutt，N.，in AIU，第392页。

② 关于佛像的起源和发展，新近的一些观点参阅 Narain，A. K.，（ed.），Studies in Buddhist Art of South Asia，New Delhi，1985；Sharma，R. C. Buddhist Art of Mathurā，New Delhi，1984。

③ 详情参阅 Bhattacharya，B.，Buddhist Art Iconography，第334页以下；也参阅 History of Bengal，1，ed. by R. C. Majumdar，第466页以下；Coomaraswamy，A. K.，The Dance of Śiva，第79页以下。

佛教绘画

按照佛教的概念，“绘画是思想观看能力的产物，这种观看不是视觉感官的活动，而是产生于直觉（pratyakṣa，‘现量’），不是产生于不可见（parokṣa）的知觉知识。这样，绘画被说成源自‘思想的观看（darśana）功能，有别于它的知识（jñāna）功能’”[①]。在佛音的《殊胜义》（Aṭṭhasālinī）中，说艺术（sippa或śilpa，“技艺”）是一种精神的运作过程。《本生经》和其他佛教经文中无数次提到绘画的装饰。《小品》中也提到墙上的绘画。然而，比丘不被允许进入画室（citraśālā）。按照律藏，六十岁以下的比丘不能画男女人像。现存最早的佛教绘画出自公元前二世纪，见于阿旃陀石窟。随着大乘兴起，拟人化佛像不仅被允许，而且也成为必要。在《妙法莲华经》中，在墙上画佛像被认为是功德（puṇya karma）。《天譬喻经》中提到一次频毗沙罗王用一幅佛像作为礼物送给他的朋友优填王。而他的画师表示自己不会画时，佛陀将自己的身影投射在画布（paṭṭa）上，让画师涂上必要的颜色。然而佛教绘画直至笈多王朝时期达到成熟。这个时期最典范的样例见于巴克和阿旃陀石窟。宁静、庄严、安详和超然是古典佛教绘画的表征。然而，也应该记住，虽然阿旃陀壁画的绘制出自宗教目的，但也有许多并非宗教意味的世俗特征，并不一定出自信仰佛教的艺术家之手。

三　佛教和印度文化的其他一些方面

佛教在传播印度文化中的作用

佛教和佛教教育制度在向亚洲国家传播印度文化中的作用怎么

---

① CA，第543页。

强调也不过分。玄奘携带数百卷写本回国，余生献身于将这些写本尽可能地都译为汉语。他也是中国佛教十宗中据称是玄奘在那烂陀寺的导师戒贤（Śīlabhadra）的法相宗的创立者[①]。玄奘在那烂陀寺的一位同学是藏族学者，名叫端美三菩提（Thonmi Sambhoṭa），西藏君王派遣他来佛教诞生地学习佛教。由于他的努力，君王皈依佛教，首次宣布佛教作为西藏的宗教。一些世纪后，燃灯（Dīpaṅkara，即阿底峡）从超戒寺大学返回，创立这种宗教现在的喇嘛教组织形式[②]。

这样，印度佛教大学的影响外流，在亚洲各地传播印度艺术、文学、思想、神话和伦理，以及对佛教义理的理解。

佛教影响的一些消极方面

佛教在印度历史中的政治作用的某些方面需要正确地看待。首先，佛教一直是国家和社会重大的财政负担，因为它的存在从一开始就依靠国家和富人资助。佛教寺院是庞大的设施，比丘们的生活大量依靠政府恩赐和公众捐助[③]。由此，早在阿育王时代，由于食物等得到充分的保障，寺院成为懒汉的出没地。佛教本身的传说证实这一点，也证实阿育王因慷慨布施而使财库变得空虚。其他的佛教国王也必定会面临这种境况。在这方面，将印度古代国王对佛教僧团的支持与对婆罗门的支持作比较是不恰当和不合逻辑的，因为

---

① Dutt，S.，in 2500 Years of Buddhism，第 194 页。

② 同上。详情参阅 S. Saha，Buddhism in Central Asia；Charles Eliot，Hinduism and Buddhism，3；P. K. Mukherjee，Indian Literature in China and Far East；P. C. Bagchi，India and China；S. Dutt，Buddhism in Far East；Upendra Thakur，Indian Buddhist Missionaries in Central Asia and China，in K. P.，Jayaswal Commemoration Volume，Patna，1981，第 277 页以下。

③ 关于佛教比丘的生活史，参阅 S. Dutt，Buddhist Monks and Monasteries of India（Their History and Their Contribution to Indian Culture），London，1962。

婆罗门生活在社会中，履行他们的社会义务，不能与佛教比丘等量齐观。对婆罗门和对佛教僧团的捐助，两者之间存在量的区别。

其次，佛教对印度政体的影响常常是消极的。它倾向于对阿育王这类强大的帝王的政治辉煌抱有反感，其结果只能是阻止政治发展的进程。但是，严酷的现实是财富女神（Dhanalakṣmī）和王权女神（Rājyalakṣmī，代表王国和帝国）或者兴旺，或者衰亡。这正是在阿育王统治时期所发生的。由于佛教的影响，自频毗沙罗王时期以来一直成功的帝国拓展进程突然停止。当然，这不意味阿育王解散他的军队，但肯定停止了军事活动。不难设想，在阿育王逝世时，具有实际战争经验的将领较之羯陵迦战争时已经大为减少。同样，缺少实际作战经验，孔雀王朝军队的备战、警戒和军纪必定松懈。在阿育王逝世后，不能击退大夏希腊人入侵，也就不足为奇。

佛教在政治思想方面的影响也并非始终值得称道。一位虔诚的佛教国王那罗辛诃笈多·幼日王二世就是样例。在他的统治时期，摩醯逻矩罗（Mahirakula）入侵，这个匈奴暴君对佛教徒的残暴已经成为传说。按照玄奘记载，“数百年前，有王号摩醯逻矩罗（唐言大族），都治此城，王诸印度。有才智，性勇烈，邻境诸国，莫不臣伏。机务余闲，欲习佛法，令于僧中推一俊德。时诸僧徒莫敢应命。……是时王家旧僮染衣已久，辞论清雅，言谈赡明，众共推举，而以应命。王曰：‘我敬佛法，远访名僧，众推此隶，与我谈论……夫何敬哉！’于是宣令五印度国，继是佛法并皆毁灭，僧徒斥逐，无复孑遗”。摩醯逻矩罗奉行反佛教政策，有多种资料证明这一点。如按照宋云记载[①]：这位国王（即520年犍陀罗的统治者，当时这位中国使者访问他的地区）“立性凶暴，多行煞戮；不信佛法，好祀鬼神。……自恃勇力，与罽宾争境，连兵战斗，已历三年”。与犍陀罗相关，玄奘也记载摩醯逻矩罗

① 杨衒之著《洛阳伽蓝记》卷五载有“宋云惠生使西域”。——译注

"毁窣睹波，废僧伽蓝，凡一千六百所。兵杀之外，余有九亿人，皆欲诛戮，无遗噍类"。然而，正是需要那罗辛诃笈多·幼日王挺身而出时，他却没有迎战这个暴君，而是避入山野。正如玄奘所指出，为了保全他的"微躯"。等到他的部下经过血战，击退野蛮的入侵者后，为了为来世积累功德，他不仅释放这个暴君，而且给他钱财，并将小女儿嫁给他①。可能由于同样的反常心理，在712年，信德的比丘支持阿拉伯入侵者，反对婆罗门王朝统治。我们也知道，无论在信德或孟加拉，印度教徒在屠杀中活存下来，成功地维持他们旧有的信仰，而佛教徒大批自愿改教。

最后，总结佛教在印度历史中的作用的讨论，本作者愿意响应迦奈（P. V. Kane）表达的情感。他写道："在当前，这已成为一种时髦，赞美佛陀，将他的学说捧上天，并通过将佛陀的原始学说与印度教社会现在的实践和弊端进行不公平的比较，贬抑印度教。本作者必须对这种倾向提出异议。……奥义书有比佛陀乔答摩更崇高的哲学，佛陀的学说只是依据奥义书哲学。如果印度教随着时间推移而衰退，展现一些恶劣的倾向，那么，后期佛教的情况也是同样，或者更坏。它抛弃崇高而富有人性的佛陀，将他制造成神，崇拜他的偶像，像金刚乘那样推行如此粗野丑陋的实践。"对此，迦奈也赞同和引用辨喜（Swami Vivekananda）相关的言论："这样，尽管曾宣说怜悯动物，尽管是道德崇高的宗教，尽管对永恒的灵魂存在与否作出精细的讨论，整个佛教大厦最后倒塌粉碎，只剩下粗野丑陋的废墟。我既无时间，也不愿意向你们描述进入佛教的这种粗野丑陋。最粗野丑陋的仪式，人类之手能书写或人类之脑能设想的最令人惊骇、最淫秽的书籍，这一切都是最终堕落的佛教在宗教名义下的创造。"②

---

① Goyal, S. R., A History of the Imperial Guptas，第348页以下。

② Kane, HD, 5, Pt. 2，第1029—1030页。

第五篇　衰落、消亡和复兴

第一章

衰落和消亡

佛教在印度衰落的起始时间

佛教在印度衰落的原因及其起始时间存在争议。一些现代学者如巴克齐[1]和密多罗[2]归结佛教从七世纪开始衰落。而按照乔希，佛教在印度衰落的年代要比这早许多[3]。比较研究中国朝圣者的著作，即分别在五世纪、六世纪和七世纪访问印度的法显、宋云、玄奘和义净，证实佛教在印度好几个地区逐渐衰落。保存在巴利语经典本身中的一个传统说法是佛陀预言正法（dhamma）将在五百年后即公元一世纪衰落。这个段落出现在《增一尼迦耶》（4.278）和《律藏》（2.256）中。布顿也摘录一些古老著作，倾向于认为佛教的寿命为一千年。同样的说法也见于《律杂事分》（Vinayakṣudraka）、《阿毗达磨经》（Abhidharmasūtra）和《阿毗达磨俱舍论》（Abhidharmakoṣavyākhyā）。按照《贤劫经》（Bhadrakalpikasūtra），“正法存在五百年，此后的五百年只有像法”[4]。玄奘在七世纪访问印度，已经记载当时在印度流传的一些关于灾难将降临佛法的传说。这位朝圣者不仅听到这些关于佛教

① Bagchi, P. C., Decline of Buddhism and its Cause, Ashutosh Mukerjee Silver Jubilee Volume, 3, 第 412 页。

② Mitra, R. C., Decline of Buddhism in India, 第 2 页。

③ Joshi, L. M., Studies, 第 302 页。

④ 同上书，第 303 页。

衰落的传说和预言，也亲眼目睹实际的衰落，表现在一些佛教寺院的荒废和婆罗门教寺庙的兴盛，似乎暗示佛教大约在佛陀涅槃五百年后开始出现衰落倾向①。因此，不能准确认定佛教衰落的任何特别的时间点。我们觉得它是一个逐步和缓慢的过程②。

藏语资料对佛教最后时期及其衰亡的说明

但是，十二世纪末佛教在印度突然而又几乎彻底衰亡。那烂陀在1197年遭到突厥人洗劫时，比哈尔经历了一个政治不稳定和宗教敌对的时期。多罗那他（Tārānātha）记载，塞纳王（Sena）时期，“外道在摩揭陀日益增多，出现许多信奉大食（Tājika）突厥人（Turuṣka）教法的人”③。这里提到的最可能是一些穆斯林托钵僧和探险者来到比哈尔。按照多罗那他，追随瞿罗叉（Gorakṣa）的瑜伽行者（纳特教徒），为了获得外道国王的供奉，改而信奉自在天（湿婆），并且说他们不会反对突厥人④。西藏的达摩斯瓦明（Dharmasvāmin）大约在那烂陀遭洗劫三十年后访问比哈尔，注意到在印度教徒和佛教徒之间的关系紧张。菩提伽耶寺庙的管事在寺庙外面的门上抹上灰泥，在墙上画了大自在天像，以阻止非佛教徒⑤。他也讲述印度教徒和佛教徒敌对的一些故事，自然是说佛教徒取得胜利⑥。依据现有的证据，表明佛教徒的短视也是显然的，据说一些佛教徒成为穆斯林的代理人。多罗那他清楚地记载，在摩揭陀的月亮王（Candra）依靠一些比丘

---

① Joshi，L. M.，Studies，第304页。

② 按照Pt. Umesh Mishra，“佛教的兴起和衰亡几乎同时开始”（Journal of G. N. Jha Research Institute，9，Pt. 1，第111—112页）。但是，正如乔希所指出，兴起和衰亡是对立的两件事，不可能同时发生（Joshi，L. M.，Studies，第326页）。

③ Tārānātha，Buddha Prakash in Aspects of Indian History and Civilization转引，Agra，1965，第211页。

④ 同上。

⑤ Roerich，G.，Biography of Dharmasvāmin：A Tibetan Monk Pilgrim，第64页。

⑥ 同上书，第82、87—88页。

帮助，成功地与生活在般伽罗（Bhaṅgala）的其他几个小突厥王取得联系。这些佛教比丘可能对塞纳王治下比哈尔婆罗门教兴起感到不满。因此，做出像他们的教友在712年做出的那样的事。但是，他们扇起一点微风，却招来飓风，因为由此造成佛教寺院遭到穆斯林入侵者劫掠和焚烧，佛教组织从那里消失。在1197年那烂陀寺遭到巴克提耶尔·克尔吉（Bakhtiyar khalji）洗劫，不久超戒寺遭遇同样的命运。大批比丘被无情地杀害。许多人逃到西藏和尼泊尔。据《纳西尔通史》（Tabakāt-i-Nāsirī）记载，巴克提耶尔·克尔吉将军队带到比哈尔，大肆劫掠，到手大量劫掠品。那里的大部分居民是"剃光头的婆罗门"即佛教比丘。他们大批遭到杀戮，经籍被焚毁。为了完成他的任务，此后突厥人还发起多场战役。西藏朝圣者达摩斯瓦明在1235年夏天，目睹其中的一次劫掠。三百个士兵从奥丹多普利前来劫掠那烂陀寺残存的物品。跟随罗睺罗吉祥贤（Rāhulaśrībhadra）学习的七十个比丘顿时逃跑。唯有这位老人留在那里，这位西藏朝圣者便将他背在肩上，安全地逃到智护寺。侵略者找不到他，也就离去①。同样的劫掠此前也发生在菩提伽耶，结果是捣毁寺庙前面的石门。民众逃跑，国王佛军（Buddhasena）也逃跑。

为了解释佛教在印度衰落和消亡的原因，已经提出许多理论②。密多罗将它们归纳如下③。

---

① Roerich，G.，Biography of Dharmasvāmin：A Tibetan Monk Pilgrim，第94页。

② 关于佛教衰亡的种种原因的讨论，参阅 Kane，HD，5，Pt. 2，第1003—1030页；Barth，A，Religions of India，第133—139页；Rhys Davids，Buddhist India，第157页以下，第319页；Persecution of Buddhists in India，Journal of pali Text Society，1896，第87—92页；Kern，Manual of Buddhism，第133—134页；Mitra，R. C.，Decline of Buddhism in India，第125—164页；Morgan，K. W.，The Path of the Buddha，第47—50页；Joshi，L. M.，Studies，第16章；Majumdar，A. K.，Concise History of India，1983，第455—467页。

③ Mitra，R. C.，同上。

（1）精力耗尽。

（2）内部腐败堕落。

（3）宗派主义分裂的结果。

（4）培养居士不力或佛教的社会失败。

（5）婆罗门教迫害。

（6）失去国王恩宠。

（7）穆斯林入侵。

第一种观点是佛教于1200年在印度精力耗尽而衰亡。孔泽（Conze）持有这种观点，说“佛教在印度年迈体衰、精力耗尽而死亡”[①]。但是，这种观点可以不必考虑，因为没有说出佛教衰亡的实际原因。而上述其他原因，没有哪一个可以说是造成佛教衰亡的决定性原因。对于我们，迦奈似乎是正确的，他断言“没有一个原因，甚至两三个原因能完全说明这个现象。必定是内部和外部许多原因长时间的综合作用，造成这个令人瞩目的事件”[②]。让我们逐一考察密多罗罗列的这些原因。

一 佛教衰亡的内部因素

佛教的道德衰败

按照摩根[③]、罗睺罗·商格利底亚耶那[④]和许多其他学者，佛教徒的道德衰败是佛教衰亡的最重要原因。甚至在最早的佛教经文中就透露僧团中存在懒惰和腐败倾向，最终发展到许多比丘敛聚个人的或共同

---

① Conze，A Short History of India，1960，第86页。

② Kane，HD，5，Pt. 2，第1003页。

③ Morgan，K. W.，The Path of the Buddha，第48页。

④ Journal Asiatique，Vol. 225，1934，第209—230页（Quoted by Kane，HD，5，Pt. 2，第1022页以下）。

体的财富，从事各种不正当的事。后来，这些倾向反映在中国朝圣者的记载和印度文学中。玄奘提到钵罗露国（Bolor 或 Balti）的佛教比丘行为不检点。在信度河，他发现比丘杀害动物、养牛和供养妻儿。迦尔诃纳（Kalhaṇa）提到克什米尔比丘中的这种情况。在《弥兰陀问经》（Milindapañho）中，龙军承认有些人出于谋生而加入僧团①。首陀罗迦（Śūdraka）的《小泥车》（Mṛcchakaṭika）、薄婆菩提（Bhavabhūti）的《茉莉和青春》（Mālatīmādhava）和檀丁（Daṇḍin）的《十王子传》（Daśakumāracarita）中，佛教尼姑充当媒婆，擅长为男女牵线。在波勒沃国王摩亨德罗沃尔曼（Mahendravarman，戒日王的同时代人）的笑剧《醉鬼传》（Mattavilāsa）中，嘲讽佛教比丘缺乏自制。在《独白剧四篇》（Caturbhāṇī）中，描写有佛教比丘进入妓院。在这部作品中，佛教术语以庸俗的方式用于性目的。584 年译为汉语的《莲花面经》说到比丘唯独在作恶中获得乐趣。他们从事偷盗、抢劫和耕地。布顿引用《月藏所问经》（Candragarbhaparipṛcchāsūtra），提到在佛陀去世一千三百年后（即 800 年），比丘们将贪图财富和享乐。在《护国所问经》（Rāṣṭrapālaparipṛcchāsūtra，通常确定为六世纪）中，描述佛教比丘道德松懈。例如，以佛陀预言的方式说："我的比丘将变得无耻、无德、傲慢和酗酒。"在早期阿拉伯入侵印度的记载中，也提到佛教比丘和比丘尼从事非佛教活动。按照阿拉伯人记载，信德的沙门有家庭，积极参与国王的政治和军事事务②。

然而，应该记住，可能每个宗教共同体都会经历衰败的时期，那些活存下来的显然在于能自发地进行内部改革。例如，九世纪耆那教的师子贤（Haribhadra）发出呼声，反对耆那教僧团中许多僧

① Kane，HD，5，Pt. 2，第 1023 页。

② 有关这些著作，参阅 Joshi，L. M.，Studies，第 305 页以下。

侣的奢侈生活方式，这样激发公愤而使这种情况大量减少①。那样，衰败本身不会是致命的。而佛教徒不能作出任何有意义的改革，必定有其他的原因②。

宗派主义分裂的结果

按照一些历史学者，僧团内部的分裂和激烈争论是导致佛教衰亡的十分有害的因素。在七世纪，佛教不再是一个体系。它已经变成有几个部派和团体的家族。佛陀本人预见分裂的危险，谴责它是五种大罪之一。正如我们所看到，佛教分裂的历史追溯到佛陀本人的时代。玄奘发现信度国小乘教批判大乘，著名的小乘导师般若毱多（Prajñāgupta）写了一篇七百颂的《破大乘论》。玄奘本人受大乘教徒鼓励，写了一篇一万六千颂③的《破恶见论》，摧破小乘。寂天（Śāntideva）的《入菩提行论》（Bodhicaryāvatāra）含有对唯识论（Vijñānavāda）的批评。同样，月称（Candrakīrti）抨击所有非中论的佛教思想体系。寂护（Śāntarakṣita）在他的《真理要集》（Tattvasaṅgraha）中用大量篇幅批驳犊子部教义。他和莲华戒（Kamalaśīla）宣称补特伽罗论者（Pudgalavādin）不配称为佛教徒④。这样，教派对立，不仅撕裂印度教徒和佛教徒，也造成佛教自身分裂成各种派别。达摩斯瓦明讲述菩提伽耶是小乘的中心，那烂陀是大乘的基地。菩提伽耶不知怎么落到斯里兰卡比丘手中。他们不给大乘教徒留下一点温暖的空间。这位朝圣者访问金刚座寺

---

① 参阅 Premi，Nathuram，Jaina Sāhitya aura Itihāsa，Bombay，1956，第 480 页以下。

② Jaini Padmanabh S，The Disappearance of Buddhism and the Survival of Jainism：A Study in Contrast，in Studies in History of Buddhism，ed. by A. K. Narain，第 81 页以下。

③ 按《大慈恩寺三藏法师传》汉语原文，应为“一千六百颂”。——译注

④ 参阅 Joshi，L. M.，Studies，第 308 页以下。

（Vajrāsanavihāra）时，带着一部印度的《八千颂般若波罗蜜经》写本，负责看守的一位声闻询问他："这是什么经书？"达摩斯瓦明回答说是般若波罗蜜经。这位声闻说："你看上去是个好比丘，但你背着一部大乘经就不好。把它扔进河里去吧！"达摩斯瓦明不得不将它藏起来。达摩斯瓦明敬拜克沙罗波那（Khasarapaṇa）像或多罗（Tārā）像。这位声闻又对他说："你看上去是个好比丘，但你敬拜一个家主就不恰当。"[①] 大乘教徒在菩提伽耶也有一座多罗寺庙，他们发明一些故事，表示他们的崇拜比小乘更加优越和有效。多罗那他说"金刚座寺创立有一个大乘教派，那里显然也有一些瑜伽行者和宣教的大乘教徒"。这必定会在菩提伽耶扇起宗派之间的怨恨和对立。这样，佛教徒不同派别之间的纷争会像佛教徒和非佛教徒之间的纷争一样苦涩。

这种宗派对立常常被说成是表示佛教内部的弱点。但是，正如贾伊尼所指出，这种解释未必可靠。"事实上，佛教内部含有这种无中心状况，出现许多派别，或许可以视为精神和知识活力的标志。更重要的是，佛教的宗派主义局限在对经文的解释方面，所有派别成员或多或少认同三藏为可靠的经典，遵行几乎相同的行为规范，僧团互相之间也容易来往。这方面，可以与耆那教的情况相比。耆那教虽然只有两派，但几乎从最早时期开始就互相疏远。天衣派几乎摒弃白衣派的所有经典，而产生他们自己的一套经典。而且，僧侣的行为规范成为头等大事，以致天衣派认为白衣派僧侣只不过是高级的居士信众。这两派的成员传统上互不涉足对方的寺庙，事实上直至最近才尝试启动天衣派和白衣派之间的对话。因此，公正地说，耆那教宗派主义的分裂比佛教更严重。故而，不能理所当然地认为

---

① Roerich，G.，Biography of Dharmasvāmin，第74页。

这种分裂是佛教在印度衰亡的中心问题。”①

大乘和怛特罗教的作用

按照艾略特，“佛教在印度的衰亡由于大乘而非小乘的腐败”②。乔希觉得这种说法“并非没有一点道理”。因为“大乘的发展和普及不只表现为增加信教者，同时也造成质量的下降。……大乘强调偶像崇拜、祷词和咒语、浮华的仪礼和仪式，吸收许多民间信仰，为居士信众的激情提供空间。而这样做，佛教徒越来越明显接近印度教，最终的结果是抹煞了两种信仰之间的区别。印度的男女居士不加区别地崇拜毗湿奴和佛陀、湿婆和观自在、多罗和波哩婆提”③。玄奘、迦尔诃纳和恰遮那摩（Cācanāmā）④ 提到菩萨乘似乎已经产生“结婚比丘”的制度。佛教苦行僧现在带着女性同伴一起去见导师。这种倾向在怛特罗佛教中得到进一步发展。怛特罗佛教的八十四位成就师几乎全都结婚或有瑜伽女同伴。金刚乘经文表明完全偏离古典佛教。感官世界在早期被认为是罪恶之源，现在成了促使精神进步的领域。按照金刚乘，涅槃在今生尘世生活中随时随地能获得。金刚乘倡导瑜伽行者和瑜伽女之间的道德混乱。“五摩”（pañamakāra）现在取代“五戒”（pañaśīla）。涅槃的理想让位给“大乐”（mahāsukha），达到的方式不是通过戒（śīla）、定（samādhi）和慧（prajñā），甚至不是通过八正道，而是通过与瑜伽女的神秘结合⑤。在怛特罗佛教中，与金刚萨埵（Vajrasattva）的启示相联系的享乐主义取代佛陀的苦说（dukkhavāda）。

---

① Jaini Padmanabh S，The Disappearance of Buddhism and the Survival of Jainism，第 84 页。

② Eliot，Hiduism and Buddhism，2，第 6 页。

③ Joshi，L. M.，Studies，第 309 页。

④ 同上书，第 308 页以下。

⑤ 同上书，第 310 页。

早期佛教的理性主义让位给迷信巫术和性爱秘术。按照乔希，“佛教在印度衰亡的内部因素中，金刚乘的胡作非为或许占据最主要的位置”[①]。

这样，许多现代学者倾向于将佛教在印度的衰亡归咎于佛教怛特罗，因为它的特殊的学说和实践与佛陀乔答摩倡导的高尚的伦理和实践截然不同。但是，正如韦曼所指出，“这里存在循环论证。怛特罗被贴上‘堕落’的标签，破坏佛教的公众形象。那么，为了支持这个论点，必定要说怛特罗是晚出的，接近由它们造成的佛教衰亡的时间。那么，如果实际上这些怛特罗形成于很早的时期，我们该怎样评判它们后来的作用？怛特罗在古代作为一种秘密的崇拜，并有一些信徒加入，我们该怎样确定那时公众对它的态度？是否有可能这些实践本身追溯到这种崇拜，吠陀雅利安人不能成功地抑制它们，后来不得不接受？且不说有不同类的怛特罗，并非怛特罗领域中所有的实践和教义都受到严厉谴责，这种判断也没有说明这个明显的和不可回避的事实，即印度教形式的怛特罗十分普及，显然没有看到它在多大程度上造成印度教衰亡。……因此，在不否认怛特罗有时采取堕落形式的同时，人们必须从别处寻找佛教在印度衰亡的原因。佛教怛特罗无助于佛教在印度的成功，但也并不真正那么严重地造成佛教的衰亡”[②]。

大脑衰竭

佛教在印度衰亡的一个重要原因是许多最有才能和活力的佛教思想和信仰的阐释者为了传教而移居他国[③]。这倾向于削弱印度的

---

① Joshi, L. M., Studies, 第 311 页。

② Wayman, Alex, Observations on the History and Influence of the Buddhist Tantra in India and Tibet, in Studies in History of Buddhism, ed. by A. K. Narain, 第 360—361 页。

③ Kane, HD, 5, Pt. 2, 第 1022 页。

佛教。拉达克利希南列出从三世纪至973年二十四位杰出的印度学者前往中国宣传佛陀的教导①。按照埃德金斯，在六世纪初，在中国的印度佛教徒超过三千人②。就佛教而言，可以认为这是佛教在古代印度的一种“大脑衰竭”。

佛教的社会失败或培养居士不力

正如迦奈所指出，印度教的生活秩序理想，人生四阶段的安排，尤其是家居期（gṛhasthāśrama）的责任和权利，对于普通人很有吸引力③。与之相比，佛教没有提供什么。按照般代，佛教衰亡的一个重要因素是它的“社会失败”④。达多也指出，“佛教从来不是一种社会运动”⑤。居士继续从事主要由婆罗门祭司规定而流行的实践和仪式。这种倾向似乎出现在很早时期，因为“佛教徒”这个词本身一般意味实际出离家庭，成为比丘。确实存在大量支持佛教的居士（upāsaka，“优婆塞”），但没有明确制定一套规则（誓愿、社会规范和崇拜方式等），能让每个人认定自己属于一个独立的宗教团体。而耆那教徒经常与他们的居士信众保持紧密联系，他们的翻版佛教徒却倾向于对一切非教徒保持超然态度。这就无可怀疑，佛教居士的宗教身份感怎么也是薄弱的。正如戈克尔所指出，一个人，譬如说婆罗门，成为一个崇拜佛陀的居士，这仅仅表示他崇敬佛陀这位圣人。怎么也不能说这个婆罗门停止掌握“赠地”（brahmadeya，他能掌握赠地的前提是献身吠陀学术，培养这方面

---

① India and China，第27页。

② Edkins，J.，Chinese Buddhism，第99页。

③ Kane，HD，5，Pt. 2，第1026页。

④ Pande，Bauddha Dharma ke Vikāsa kā Itikāsa，第491—492页；关于佛陀对居士信众的态度，参阅 Barua，D. K.，Buddhism and Lay Worshippers，Mahābodhi，74，No. 3—4，第39—44页。

⑤ Buddha Jayanti Souvenir，第97页（Joshi 转引，第323页）。

的学生）或停止担任祭司。就阿阇世王的大臣苏尼达和雨行而言，没有特别提及他们正式宣称自己是居士。肯定可以设想他们的“皈依”并没有造成他们的传统信仰和社会地位出现戏剧性变化①。他们成为居士，不表示他们抛弃原有的种姓地位。戈克尔引用出自古陀（位于马哈拉施特拉）的一、二世纪的一份铭文，特别提到一位自称是居士的婆罗门向那里的寺院捐赠礼物。同样，巴尔胡特和山奇的一些还愿铭文含有一些证据，说明向那些佛教寺院捐赠礼物的人似乎甚至不是居士。在西印度王室对佛教寺院的捐助中，如那些沙多婆诃那和叉多罗波王朝的统治者明显属于婆罗门教。② 这些例子证明婆罗门教信徒皈依佛教，只是意味尊敬佛陀及其僧团，并向他们提供捐助。这种情况类似印度教徒与穆斯林寺庙的关系，前者也会去拜访后者的寺庙。本书作者曾拜访阿吉米尔 · 夏利夫寺庙，捐赠礼金，并看到其他许多印度教徒也这样做。关键点在于这样的“皈依”并不意味明确的或独立的宗教或社会身份认同，不像印度教徒变成穆斯林或基督教徒那样。佛教没有建立一种有组织的居士团体，也就是这些“皈依”的居士除了经常或定期拜访佛教寺庙和提供捐赠，认为自己在社会中有别于其他的共同体③。因此，戈克尔指出，“我们必须依据两个部分考虑早期佛教史，一个是关于寺院僧团，另一个是关于居士和一般的俗众支持者。毫无疑问，前者具有佛教（学说和组织）的专门特征，形成一个明确的宗教共同体。而我们不能肯定后者具有这样的佛教特征（作为一个独立的和明确的宗教共同体）。有理由相信在印度的佛教史中，俗众从未获得独立的和明确的佛教共同体的地位。在寺院组织中经常存在分歧，而一旦在佛教徒中出现派别，组织也就分裂，捐赠的派别性也

---

① Gokhale，B. G.，The Theravāda Buddhist View of History。

② 同上。

③ 同上。

开始变得明显。……在俗众中，佛教似乎保持有捐赠者（sampradāya，一般的社会共同体的组成部分），要求居士和其他倾向于拥护佛教者给予特别的支持。一旦寺院僧团从生活中消失，俗众支持者便逐渐融入一般的印度教共同体”①。另一方面，婆罗门教的力量在于这个事实，即它的宗教与以种姓和人生阶段为基础的社会不可分离。因此，印度教即使在穆斯林杀害它的苦行僧和摧毁它的寺庙的情况下，也能活存；它活存在社会中②。

佛教徒不喜欢梵语？

按照密希罗，佛教在印度衰亡的一个主要原因是佛教徒仇视梵语，采用巴利语。但是，从公元前 200 年至公元 1200 年的梵语佛教文学史否定这种观点。在梵语文学史上最杰出的一些作家中有信仰佛教的马鸣、圣勇、伐致诃利和寂天。

二　佛教衰亡的外部因素

婆罗门的敌视

按照许多学者，婆罗门的敌视是佛教在印度衰亡的主要原因之一。他们认为婆罗门通常蔑视佛教比丘。《耶若伏吉耶法论》（Yājñavalkya，1. 271—272）宣称甚至在梦中看见佛教比丘也不吉祥。《大那罗陀往世书》（Bṛhannāradīyapurāṇa）规定甚至在危难时刻进入佛教徒的住处也是大罪过。戏剧《小泥车》（Mṛcchakaṭika）中表明在优禅尼城，佛教比丘受到鄙视，看见他们被认为不吉祥。《火神往世书》（Agnipurāṇa，14. 1. 37）宣称净饭王（Śuddhodana）

---

① Gokhale，B. G.，The Theravāda Buddhist View of History，第 76 页。

② Joshi，L. M.，Studies，第 323 页。

之子诱骗提迭（daitya）们成为佛教徒[1]。《毗湿奴往世书》（Viṣṇupurāṇa，18. 13—18）也认为佛陀是出现在世界上专门诱骗恶魔的“幻痴”（Māyāmoha）。枯马立拉（Kumārila）也被说成煽动优禅尼城国王苏登凡根除佛教徒。藏族历史学者布顿和多罗那他记载他向佛教徒发动战争。《喀拉拉诞生记》（Keralotpatti）描写他怎样根除喀拉拉的佛教徒。商羯罗（Śaṅkara）对佛教的衰亡起到更大的作用。摩陀婆（Mādhava）的《商羯罗征服四方记》（Śaṅkaradigvijaya）告诉我们，商羯罗领导一场反对佛教徒的宗教远征，消灭从喜马拉雅山到印度洋的佛教徒。商羯罗本人已经描述佛教体系是“毁灭论”（vaināśika）或“一切毁灭论”（sarvavaināśika）。按照藏语资料，在商羯罗走近时，“佛教寺院开始颤抖，比丘们四处逃窜”[2]。在藏语著作《如意宝树史》（Pag-sam-jon-zang）中，记载有那烂陀著名的七层楼的“宝海”（Ratnodadhi）藏经阁遭遇火灾的事件，也可以说明印度教徒和佛教徒之间的敌对：“在那烂陀遭到突厥人洗劫后，一位名叫喜贤（Muditabhadra）的圣人修复寺庙和神殿。不久，摩揭陀国王的大臣古古吒悉陀（Kukkuṭasiddha）在那烂陀建造一座寺庙。有一次在这里举行说法时，出现两个贫穷的外道苦行者。一些淘气的小比丘向他们泼洒脏水。这引起他们极其愤怒。他们抚慰太阳神十二年后，举行火祭，将燃烧着的余烬扔进佛教寺庙等，引起一场大火，宝海藏经阁被焚毁。”[3] 正如波罗迦希所指出，毫无疑问，这些纷争和敌对局限于祭司圈内，普通人对佛教比丘依然相当尊敬，就像达摩斯瓦明提到如果在地上发现一条红布带，民众会尊敬地捡起。印度教徒向佛教比丘布施。那烂陀寺院

① 这里所说的“净饭王之子”即佛陀释迦牟尼，“提迭”指恶魔类。——译注

② Joshi，L. M.，Studies，第 314 页。

③ S. C. Vidyabhushan，Medieval School of Indian Logic 转引，第 146 页；History of Indian Logic，第 516 页。

最后的院长罗睺罗吉祥贤的支持者是奥丹多普利的一位名叫胜天（Jayadeva）的婆罗门。弥提罗的迦那吒国王罗摩辛诃（Rāmasiṅha），那罗辛诃提婆的儿子，十分照顾达摩斯瓦明①。人们必须记住，正如戈宾纳特·格维罗阇所说，“佛教和印度教之间的战斗只是笔墨之战，而非刀剑之战”。完全不可能设想像枯马立拉和商羯罗这样的学者会使用暴力反对佛教。

戈克尔论述婆罗门敌视佛教稍有不同②。他指出在婆罗门教文献中一再出现反佛教倾向，但它偏重针对“一般的寺院发展，虽然在后期（公元前二世纪之后），佛教寺院僧团成为显而易见的靶子，因为它的寺院数量庞大，相对富裕。大量的男女人群脱离经济生产活动，或许担心这种脱离继续发展，似乎成为后期反对寺院制度的潜在因素。寺院大量发展造成的经济后果导致产生反寺院的情绪，这反映在《利论》（Arthaśāstra）中，憍底利耶（Kauṭilya）告诫国王不要允许苦行者经常随意进入村庄，以免干扰他们的劳作。后来，摩奴也表示不赞同弃世者（sannyāsa）的生活方式，指出正规的弃世生活应该在完成前三个生活阶段梵行期（brahmacarya）、家居期（gṛhastha）和林居期（vanaprastha）之后。因此，受婆罗门教影响，社会和政治思想越来越不赞同寺院制度。但是，这可能更多地出于对寺院制度的社会和经济后果的考虑，而非对佛教的特殊不满。另一种因素可能是婆罗门成为一个几乎唯独与祭祀相联系的封闭的群体（种姓）。奇怪的是，依据《梨俱吠陀》《娑摩吠陀》《夜柔吠陀》和梵书的‘吠陀学’衰落表现为大型祭祀的吠陀仪式成为宫廷崇拜方式。普希耶密多罗·巽伽（约公元前186—152年）和沙摩多罗·笈多（约350—376年?）以及此后其他好几位国王举

① Roerich，G.，Biography of Dharmasvāmin，第100页。

② Gokhale，B. G.，The Theravāda Buddhist View of History。

行马祭。而民众追随各种通俗崇拜，集中在崇拜湿婆、毗湿奴和其他出现在印度教万神殿中的神。婆罗门成为一个排他的群体——‘高雅知识圈’，他们的巫术神秘力量体现在掌握保存在用远离日常语言的神圣语言撰写的神圣文献中的吠陀学问和仪式。他们和他们依据吠陀的仪式成为满足统治者愿望的主要资源，如果不说成是唯一的资源。这些统治者的王朝起源不明不白，需要通过神圣的仪式获得合法性，分享贮藏在吠陀和吠陀仪式中的神秘力量。那时，任何人摒弃这时或多或少局限在宫廷圈内的吠陀和吠陀仪式，直接威胁这种新婆罗门种姓的神圣权威。佛教徒摒弃吠陀权威，这在早期（公元前500—前200年）对婆罗门祭司并不造成多大麻烦，他们甚至宣称自己是佛陀的居士，而现在佛教挑战在宫廷圈内扎根的祭司权力的基础。因此，调和实际上不可能，也就出现婆罗门愤恨佛教”的情况①。

婆罗门教同化佛教

许多学者包括迦奈②、史密斯③、拉达克利希南④、伯鲁阿⑤、巴克齐⑥、马宗达⑦、密多罗⑧和莱维⑨等，正确地认为佛教在印度衰亡的主要原因是“佛教逐步被印度教同化”。迦奈和拉达克利希南感到这两种宗教从来就说不上截然不同。佛陀本人也不感到他在

---

① Gokhale，B. G.，同上。

② Kane，HD，5，Pt. 2，第1004—1005页。

③ EHI，第368页。

④ Foreword to 2500 years of Buddhism，第14—15页；Indian Philosophy，1，第609页。

⑤ Barua，Prolegomena to a History of Buddhist Philosophy，第19页。

⑥ Ashutosh Mukerjee Volumes，3，第4—20页。

⑦ Majumdar，CHI，4，第47—48页。

⑧ Viśvabhāratī Annuals，6，第150—155页。

⑨ Le Nepal，2，第317页（Joshi转引，L. M.，Studies，第322页）。

宣说一种新宗教。他从生到死，始终是个印度人。按照古马尔斯瓦米，“一个人越是深入研究印度教和佛教，就越是难以区别这两种宗教”。大乘尤其接近婆罗门教。大乘强调偶像崇拜、祷词、咒语和仪式，吸收许多民间信仰，为居士信众的激情提供空间。而这样做，佛教徒越来越明显接近印度教，最终的结果是抹煞了两种信仰之间的区别。印度的男女居士不加区别地崇拜毗湿奴和佛陀、湿婆和观自在、多罗和波哩婆提。

婆罗门教接受佛陀为毗湿奴的化身之一，虽然只是作为诱骗恶魔者，这就割断佛教的根基。商羯罗不赞成杀牲祭祀，放松种姓规则，按照佛教僧团的方式组建寺院共同体，进一步将佛教融入印度教。笈多、婆尔达那（普希耶菩提）、梅多罗迦和波罗王朝的国王们同样赞助印度教和佛教也有助于佛教徒和印度教徒互相借鉴。玄奘发现僧诃补罗的非佛教徒模仿佛教徒的习惯。在伽耶，他看见这个佛教圣地住满婆罗门。接受佛陀为毗湿奴的化身之一可能完成于六世纪，或许最早是在《鱼往世书》(Matsyapurāṇa）中。其中一首诗刻在七世纪摩诃钵利城的波罗婆纪念碑上，提到佛陀是毗湿奴的第九个化身。《薄伽梵往世书》（Bhāgavatapurāṇa）提到佛陀是一位神，也是作为一位诱骗恶魔的神。

这样，佛陀成为一位印度教的神。伽耶现在成为最重要的印度教圣地之一。商羯罗部分仿效佛教僧团组建寺院（maṭha)。他的哲学术语、“幻”（māyā）和“不二”的概念虽然依据奥义书，但与中观派非常相似。因此，他被指责为“伪装的佛教徒”。他的祖师试图综合吠檀多和佛教是众所周知的。

最后，在笈多王朝之后的时期，怛特罗的实践彻底融合两种体系，以致佛教的独立存在显得不再需要或者甚至不可能。尽管他们声称是“佛陀的教导”，但佛教怛特罗几乎等同于湿婆教和性力教怛特罗。大量的男神和女神共同属于印度教和佛教万神殿。“性力座”（śākti pīṭha）在印度教和佛教怛特罗信徒中变得同样重要和神圣。

按照贾伊尼，佛教还犯有一个大错误，即不能有效地应对虔信（bhakti）浪潮带来的威胁。对罗摩（Rāma）和黑天（Kṛṣṇa）的虔诚崇拜的普及必定造成许多俗众从佛教阵营中流失。在《摩诃婆罗多》、一些往世书和胜天（Jayadeva）的《牧童歌》（Gītagovinda）中，都已经将佛陀本人描写为毗湿奴的化身（avatāra）。佛教比丘或许没有意识到这种情况发展的危险性有多严重，因为没有一种现存的佛教著作企图批驳将佛陀说成这样的化身。这样，佛教作者保持沉默，暗中支持将他们的宗教创立者印度教化。只要看到耆那教徒试图通过抨击毗湿奴本身的“神圣”地位[①]，抵消婆罗门教的同样做法，也就是将他们的第一位祖师利舍跋（Ṛṣabha）说成是毗湿奴的化身[②]，这一点就变得更加明显。更重要的是，他们产生了完整的《摩诃婆罗多》和《罗摩衍那》的改写本，其中的罗摩和黑天被描写成世俗的耆那教英雄，从属于耆那教的道德律[③]。例如，在耆那教的故事版本中，罗摩没有杀死罗波那，这件事由他的弟弟罗什曼那执行。由于罗摩恪守不杀生（ahiṃsā），得以再生天国。对于黑天，这样的转生不可能，因为他积累有太多的暴力行为和阴谋诡计。他被描写成在尘世中死后堕入地狱很长时间。这样，耆那

---

① 参阅 Jaini，P. S.，Jina Ṛṣabha as an avatāra of Viṣṇu，BSOAS，40，2，1977。

② 《薄伽梵往世书》5. 3—8。

③ 至少已知存在十六部耆那教的《罗摩衍那》传本，而佛教只有这部史诗的一种传本《十车王本生》（Dasaratha jātaka）。《摩诃婆罗多》的耆那教传本有耆那塞纳（Jinasena）的《诃利世系往世书》（Harivaṃsa-purāṇa）和雪月（Hemacandra）的《六十三伟人传》（Triṣaṣtiśalākāpuruṣacarita），而佛教没有这部史诗的任何传本。也参阅 Chaterjee，Asim Kumar，The Rāmāyaṇa in the Canonical and non-canonical Texts of the Buddhists and Jainas，Śrī Dineśacandrikā，Studies in Indology，ed. by B. N. Mukerjee，Delhi，1983，第 159—165 页。

教徒将对方的崇拜对象拿来，放在独特的耆那教背景中，出奇制胜，应对虔信运动。

失去王室恩宠和印度教国王对佛教的迫害

一些现代学者也认为佛教失去王室恩宠是佛教在它的诞生地消失的重要原因。确实，在笈多王朝之后的时期除了波罗王朝的一些国王（参阅附录八），佛教失去王室衷心的有力支持①。印度国王沿袭赞助一切宗教的习惯，积极支持一个派别时，提高它的地位，给予实在的物质赞助，表现为享有一定比例的税收、获得捐赠的土地和进入王宫等。在佛教成型的那些年代，王室恩宠确实是重要的因素。尽管如此，我们不能由此妄下结论，失去这样的王室恩宠（尤其在印度教复兴时期）意味这些传统荡然无存。与佛教一样依靠王室支持的耆那教继续存在就否定这种主张。

关于王室迫害佛教，所知的事例很少。玄奘记载某个超日王给世亲的老师、佛教哲学家如意（Manoratha）制造麻烦。这个传说的历史真实性十分值得怀疑，因为已知所有笈多王朝的超日王对佛教都是极其宽容和尊敬的。也有提到优禅尼城的国王苏登凡，传说他下令屠杀国内所有的佛教徒。正如迦奈所指出，在所有的迫害传说中，这是最无说服力的，只不过是一种吹嘘的和修辞的夸张②。唯有一个早期的暴戾的印度国王普希耶密多罗·巽伽（参阅附录二）被指控侵扰佛教徒，虽然一些现代学者对这种佛教的传说表示怀疑。然而，在印度对佛教最大的王室迫害者是摩醯逻矩罗

① 本书作者不相信戒日王本人是佛教徒，虽然他被认为也慷慨赞助佛教。也参阅 Goyal, S. R., Did Harsha ever Embrace Buddhism as His Personal Religion?, K. P. Jayawal Commemoration Volume, 1981, 第 373—393 页；Harsha and Buddhism, Meecut, 1986；Harsha Śīlāditya，第 9 章，Meecut，1987；也参阅附录六。

② Kane，HD，5，Pt. 2，第 1010 页。

(Mihirakula),但他是一个匈奴野蛮人。迦尔诃纳、玄奘以及《文殊师利根本仪轨经》都记载有他反对佛教的行径。憍赏弥瞿希多林园寺和北印度其他一些寺院的废墟表明是被匈奴人摧毁的一些佛教建筑。

在匈奴人之后，唯一著名的反佛教事例出自高达国王设赏迦(Śaśāṅka，参阅附录七)。已知没有印度国王迫害佛教的其他重要事例。正如迦奈所指出[①]，迫害佛教的事例非常少，而印度国王对佛教采取宽容政策的事例相当多。大多数学者同意迦奈的这个观点。

穆斯林入侵

按照迦奈和摩根，穆斯林入侵，约在十二世纪以及以后，摧毁那烂陀寺和超戒寺这样的著名佛教大学，给予佛教最后的打击[②]。对比佛教徒，耆那教徒得益于地理位置（主要在西印度和德干地区），躲过早期的穆斯林屠杀。即使这样，贾伊尼指出，人们仍然需要提出问题，“为何在最初的大灾难结束后，佛教不能重组或重建？例如，我们发现古吉拉特和拉贾斯坦的大量耆那教寺庙虽然在后来许多世纪中变成清真寺，而那些地区的耆那教徒不仅活存下来，而且成为穆斯林政权下的经济生活和社会管理的重要领导者。因此，穆斯林入侵虽然被认为是最具毁灭性的因素，也不足以彻底摧毁佛教社会”[③]。

---

① Kane, HD, 5, Pt. 2, 第 1011、1645 页。关于印度教国王遵循对宗教宽容的政策，第 1011—1018 页。

② 关于摧毁那烂陀寺，参阅 Basham, The Wonder that was India, 1959, 第 268 页。

③ Jaini P. S. , The Disappearance of Buddhism and the Survival of Jainism, 第 83 页。

佛教消亡和耆那教活存的比较

近些年中，贾伊尼通过与耆那教在印度活存进行比较，研究佛教在印度消亡的问题。他指出几乎不能接受密多罗已经罗列的因素中的任何一种能成为佛教在印度突然灭亡的决定性因素，因为相似的和常常是同样的暴力作用于耆那教共同体，然而没有造成它灭亡。或许只要提出这个问题："一种恒河流域的非有神论沙门传统能够活存，而另一种紧密相关的传统不能活存?"我们就可以发现导致佛教最终消亡的特殊方面。

几乎不能否认佛教和耆那教的"相似性"足以保证这种比较的可信度。乔答摩和大雄分别是这两种传统的导师，似乎都出身于贵族共和制的家庭。两人都在青年时期离家出走，实施严酷的苦行。还有，佛陀和大雄或许是历史上仅有的两位宣称自己获得"全知"（sarvajñatā，"知一切性"）的人。依据这种成就，两人创立僧团，包括寺院僧侣和居士信众，吸引大量婆罗门和富家子弟加入僧团。这两位大师在大体相同的地区宣教三十多年，最后达到涅槃（nirvāṇa）或获得解脱（mukti）。他们创立的宗教组织的历史发展也互相平行。两种宗教运动常常获得王室支持，典型地沿着商业发展的路线迁移。两者都产生庞大的哲学文献，而因为宣传反吠陀的学说而受到批评。最重要的是，两者必须在多少带有敌意的婆罗门人群中努力保持他们的完整性。这样，即使耆那教徒和佛教徒常常互相激烈争论，而贾伊尼感到自己有理由将他们视为源自沙门传统的"堂兄弟"，在相关的环境中占据相等的地位。依据这种设想，贾伊尼指出，所有上述对佛教在印度消亡原因的解释，无论是内在的弱点，或外在的压力，都纯粹反映社会历史的视角。但因为这些理论在某种程度上存在缺失，尤其是不能解释佛教和耆那教的不同命运，这样，我们应该将我们的注意力从社会历史问题转移，集中在学说范围。在这方面，人们会直接注意到这个明显的事实：大乘佛教的菩萨（bodhisattva）学说，一类崇高的人物，而在耆那教中绝对没有它的翻版。这种学说断言存在许多人物，他们达到与佛陀同样的觉醒，然而选择永远留在轮回（saṃsāra）中，表示企图为佛教居士信众的虔信需要提供一个出口。“然而，这些人物以这样的一种方式构想，他们的数量巨大，结果是造成而不是防止佛教在印度毁灭。之所以会这样，是因为这些菩萨被描写为全然是超凡的，而不是提供通过斗争获得成就的凡人楷模。他们成为实际的神，采取与印度教的神相似的方式，分配世俗恩惠，甚至精神恩泽。最终，这些人物在功能上，篡夺了历史佛陀本人的地位。虽然佛陀在名义上保持最受尊敬，但大量的俗众的兴趣和虔诚不是集中在他的身上，而是集中在这些伟大的菩萨，尤其是文殊师利菩萨和观自在菩萨。而耆那教也允许一些非人形象在他们的仪式中发挥作用，但常常局限于地位低于耆那教苦行者的精灵（yakṣa，药叉）。这些药叉的功能是作为祖师神龛的‘卫士’。印度教模式的大神在耆那教的学说或崇拜中始终没有取得合法性。这样，没有任何共同的基础支持发展与印度教信仰和实践的颠覆性的综合。然而，通过怀抱天神般的菩萨观念，佛教恰好投身这种综合，尤其是与强大的怛特罗湿婆教传统的纳特（Nātha）崇拜综合。我们相信，正是这个事实最终形成耆那教和佛教各自活存能力的本质差别。”①

众所周知，各种佛教寺庙落入印度教徒之手。著名的例子是菩提伽耶和鹿野苑的神殿。按照贾伊尼，菩萨崇拜促进这个过程。他以一座湿婆寺庙为例说明这一点，即坐落在曼伽罗尔（南卡纳塔克）郊外名为卡德利-文殊纳特的湿婆寺庙。虽然用于词尾的纳特是湿婆的共同称谓（如苏摩纳特、唵音纳特、盖达罗纳特和毗希婆

---

① Jaini P. S., The Disappearance of Buddhism and the Survival of Jainism, 第86页。

纳特），但文殊纳特（Mañjunātha）这个特殊名称不见于别处。但是，正如帕依（M. G. Pai）所指出，这个神殿曾经是佛教寺庙，名为卡德利迦寺院，里面的神龛立着佛陀的塑像。也发现有一座优美的观自在（Avalokiteśvarva，也称为 Lokeśvarva）菩萨铜像。观自在铜像的底座上的铭文说明它的建造者是阿鲁波王朝的国王贡陀沃尔曼，被描述为是一位虔诚的湿婆信徒。他在 1068 年向这个寺院奉献这座观自在神像①。帕依进一步说明观自在被等同于一位湿婆教圣人鱼王纳特（Matsyendranātha）。在卡德利附近有许多献给这位圣人建立的纳特僧团苦行者的石窟。一幅鱼王纳特本人的画像装饰卡德利迦寺院的外墙。由此，帕依得出结论：这个寺院本来是崇拜文殊师利菩萨的中心。后来，他和其他菩萨被等同于湿婆教的神。纳特苦行者们在寺庙中树立一个湿婆林伽（Śivaliṅga），命名为文殊纳特。后来，鱼王纳特的信徒们，其中应该包括国王贡陀沃尔曼，安置现存的这座观自在像，他们必定认为这是他们的导师的神圣形象。这样，一个佛教中心逐步变成湿婆教寺庙。这里所证实的过程显然是一个极其典型的例子。佛教的菩萨学说不仅允许这种融合和同化，也让佛教为许多湿婆教男女神祇、咒语、陀罗尼和神秘的怛特罗实践打开大门。相比之下，纳特对耆那教的影响降到最低限度。虽然一些怛特罗成分也与药叉连接，但属于极其浮面的一类，绝不会构成耆那教崇拜的基本方面。

“在耆那教中，众所周知，始终没有出现佛教大乘的翻版。还有，我们能理解这个事实依据的基本学说，即耆那教断定任何绝对的哲学论述都是不可靠的。表达这种观点的用词是‘非极端论’（anekānta，‘非绝对论’），导致耆那教的主要教义‘或许说’（syādvāda，‘有保留的论断’）。换言之，对于耆那教，人与超凡综

---

① Jaini P. S.，The Disappearance of Buddhism and the Survival of Jainism，第 87 页。

合是不可能的，因此，祖师保持作为精神发展的最高楷模，自我与神同一的怛特罗实践根本不可能。摒弃任何形式的绝对论，耆那教将自己局限于不十分激动人心的一套理论，可能由此在整体上对印度哲学思想没有产生什么影响。他们的经文在优美和趣味方面肯定不能与那些《般若波罗蜜经》的壮丽的想象和辉煌的思辨相比。尽管如此，耆那教导师们坚韧地坚持‘非极端论’学说，产生的结果比任何对文学或哲学成就的赞美更有价值。这当然是他们的宗教共同体的活存，一种佛教最终不能与之相比的成就。”①

---

① Jaini P. S.，The Disappearance of Buddhism and the Survival of Jainism，第87页。

第二章

佛教在现代印度的复兴

那烂陀寺遭到洗劫后的印度佛教

上一章中说到由于各种因素，佛教已经走向衰亡，而十二世纪末作为突厥人入侵的结果，佛教从印度舞台上消失。突厥人大肆杀戮“剃光头的婆罗门”即佛教比丘，他们逃往西藏和尼泊尔避难。佛教居士信众不难混在印度教人群中，而逐渐失去他们独立的宗教身份。在十六世纪下半叶，莫卧儿帝王阿克巴尔为了满足自己的宗教需求，学习他的时代所知的所有宗教教导，包括印度教、伊斯兰教、耆那教、琐罗亚斯德教和基督教，而没有人告诉他称作佛教的宗教。

然而，不能由此推测在1197年那烂陀寺毁灭后，佛教在印度毫无踪迹可寻。藏族朝圣者佛陀斯瓦明（Buddhasvāmin）于1235年访问印度，那时突厥人还在摧毁佛教寺院，而仍有一些比丘没有逃往西藏和尼泊尔。有一种绘图佛经写本证据，现在收藏在剑桥费茨威廉博物馆，它产生自比哈尔，在穆斯林根除那个地区佛教的两个世纪后①。这表明佛教之灯还在那个地区点燃，然而光线幽暗。佛教的绘画佛经写本艺术甚至在十五世纪也没有灭绝。

最后，应该记得，整个中世纪，喜马拉雅山的大部分地区仍然

---

① Pal，Pratapaditya，in JRAS，London，1965，第103—111页。

保持有佛教徒。这样，印度的一些山区也继续实践这种宗教。现在，临近的不丹完全信奉佛教。西藏地区也是这样。尼泊尔有一半人口是佛教徒。在现在孟加拉国的一些地区仍然实践佛教。在印度边疆地区中，佛教在一些北方山区仍然是活着的宗教。在阿萨姆的部分地区，佛教仍然存在。锡金完全信奉佛教。克什米尔北部的拉达克也是这样。佛教可能是在阿育王时代引入拉达克。西藏的红派佛教在十和十一世纪进入这里，十五世纪黄派佛教也出现在这里。佛教也存在于特里普罗、北方邦的奈尼德尔山区和孟加拉的大吉岭地区。在印度其他地区，也有少量佛教人群继续存在，如拉贾斯坦和奥里萨的一些地区，虽然他们的宗教成分逐渐褪色，趋向于忘却自己的宗教身份①。这样，在十九世纪中叶，人们开始研究印度的佛教传统，作为这个国家的古代宗教、文化和历史的一部分。那时印度的佛教确实不显眼，它只是一股在喜马拉雅山区活着的力量。

复兴的开始

在十九世纪初，亚洲的许多佛教国家，佛教的诞生地印度也是这样，已经失去独立。而在二十世纪中叶或之前，这些国家绝大多数获得独立。他们为自己的佛教传统的骄傲感涌现。缅甸和斯里兰卡在亚洲的佛教复兴中发挥最积极的作用。1871 年，第五次佛教结集在缅甸曼德勒举行，在国王敏东（Minton）的赞助下，巴利语佛经被刻在 729 块大理石上。

在印度，佛教复兴运动起源于过去一百年间东方学学者的印度学研究。十九世纪欧洲学者的考古发现和对古代文献的翻译促进对印度佛教传统的研究。然而，印度的佛教复兴实际成型于拘尸那城（北方邦）大长老摩诃维罗（Mahavir）、斯里兰卡的法护（Dharmapāla）和吉大港

---

① D. Valisinha，in 2500 Years of Buddhism，第 467 页。

（孟加拉）的一群比丘。一百多年前，大长老摩诃维罗原名阿摩尔·辛诃，在缅甸受具足戒，定居在佛陀涅槃的拘尸那城。他出生在北方邦的富裕家庭。他参加了1857年的第一次民族独立运动。1857年后，前往斯里兰卡，作为比丘在那里度过许多年，研究巴利语和佛教。他又从斯里兰卡前往缅甸，在那里度过一些年，学习佛教修禅。然后返回印度，他吸引好几个青年入教宣传佛法。后来，他定居拘尸那城。几乎同时，约1864年，缅甸的僧伽罗阇（Sangharaja）来到孟加拉东部，开始指出怛特罗佛教的堕落实践，由此引导这个地区的民众接近在缅甸实践的上座部佛教。就在这一年，举行了第一次授具足戒①。

法护和摩诃菩提协会

对于印度佛教复兴最大的促进来自法护（Dharmapāla）于1891年5月在科伦坡成立摩诃菩提协会（Mahābodhi Society）。他出生在斯里兰卡的一个贵族家庭，献身于祖国的佛教复兴。他于1891年1月首次来到印度，访问菩提伽耶。1891年5月，他返回斯里兰卡，在科伦坡成立摩诃菩提协会。在菩提迦耶维持一批比丘，代表亚洲佛教国家，同时出版英语和印度语言的佛教书籍，是这个新成立的协会的两个目标。1891年6月，协会派遣一个使团到菩提迦耶，在1891年10月举行一次国际佛教会议，中国、日本、斯里兰卡和吉大港山区都有代表出席。会议的目的是吸引世界佛教界关注菩提迦耶。1892年5月，协会建立机构摩诃菩提和世界佛教联合会，用于宣传佛法，不仅在印度，而且在世界所有懂得英语的国家。1897年，孟加拉爆发大饥荒，协会设立救济会，呼吁亚洲佛教国家援助。1900年，协会在马德拉斯、拘尸那城和斯里兰卡的阿努拉达城

---

① Jinananda，B.，in Buddhism，ed. by K. L. S. Rao，第103页。

开设三个分支机构。1915 年，摩诃菩提协会成为注册团体，慕克吉（Ashutosh Mookerjee）为首任主席。在此后五年中，在加尔各答建立协会的法王塔寺院。协会于 1920 年获得一个佛舍利盒，供奉在这个寺院的神龛中。盒中的佛舍利是考古学者于 1891 年在克利希那地区跋底波罗鲁发掘出土的。

1949 年，比哈尔政府为菩提迦耶寺庙的管理制定法规，通过菩提迦耶寺庙管理法。按照这个管理法，成立了菩提迦耶寺庙管理委员会，由四个佛教徒和四个印度教徒组成。委员会受权管理和控制这个寺庙。同时，在鹿野苑建造根本香顶寺院，完成于 1931 年。此后，成立摩诃菩提大学、寺院图书馆、摩诃菩提免费诊所、摩诃菩提初级学校和教师进修学院，鹿野苑再次成为佛教中心。目前这个协会有迦耶、鹿野苑、新德里、勒克瑙、孟买、马德拉斯、瑙坦瓦和阿杰米尔分会。

佛陀的大弟子舍利弗和目犍连的舍利原本存放在维多利亚和艾伯特博物馆已有近百年，在摩诃菩提协会的请求下，于 1949 年归还印度。这些舍利被送到原先的发掘出土处山奇，供奉在摩诃菩提协会新建的寺院中。摩诃菩提协会也热心承担将佛经翻译成印度语言出版的任务，便于佛教的普及和研究。

佛教两千五百周年和在缅甸举行第六次佛教结集

按照上座部的传统，佛陀涅槃两千五百周年日益临近，准备在 1956 年举行纪念活动。全世界的佛教徒热烈期盼这个日子，因为按照一些佛经，预言在佛陀去世两千五百年后，佛教将在全世界复兴。这使佛教徒，尤其是上座部佛教徒相信一旦这个时间来到，佛教成为世界佛教的预言将实现。为了庆祝他们的宗教诞生两千五百周年，缅甸举行第六次佛教结集，由不同佛教国家的比丘合诵三藏。结集持续两年，直到两千五百周年，即 1956 年 5 月的月圆日。

第六次佛教结集的主要目的是讨论佛法的论点，排除三藏中可能存在的某些讹误。在缅甸曼德勒第五次佛教结集后，发现刻在大理石板上的三藏有一些明显的讹误①。考虑到这个事实，佛法协会决定为第六次佛教结集准备以下可靠的版本。

（1）巴利语文本以及注释和复注的缅甸文转写本。

（2）三藏精选本。

（3）三藏缅甸语译本。

（4）三藏印地语译本。

（5）三藏英译本。

（6）巴利语三藏天城体转写本。

（7）巴利语三藏拉丁语转写本。

巴利语三藏天城体转写本由比哈尔邦政府与印度政府合作制定规划实施，出版了全套 41 卷。这套转写本是依据缅甸语、僧伽罗语、泰语和拉丁语转写本，由新那烂陀寺院院长迦叶波（Jagdish Kashyap）担任总编，以天城体巴利语三藏编辑部的名义出版。除了这套丛书，达班加的弥提罗梵语研究所所长担任总编，编辑出版梵语佛经丛书②。

在印度，也为佛陀涅槃两千五百年周年举行了全国性的纪念。然而，从佛教复兴的观点看，现代最有决定性和影响深远的事件是安贝卡（Ambedkar）于 1956 年 10 月 14 日与大约三十万追随者一起在那格浦尔公开宣布皈依佛教。这个事件之所以重要，还因为安贝卡的佛教观点与正统观点有些区别。

巴利语研究的复兴

佛教在现代印度的复兴伴随巴利语研究的复兴。这也是必然

---

① Jinananda，B.，in Buddhism，ed. by K. L. S. Rao，第 103 页。

② 同上。

的，因为了解佛陀的教导主要依靠巴利语。但是，在十九世纪，除了孟加拉和马哈拉施特拉，印度没有多少佛教学者。高善必（Dharmananda Kosambi）在古贾拉特和马哈拉施特拉激发研究巴利语和佛教的兴趣。维底耶普善（Vidyabhusan）受钱德拉·达斯（Chandra Das）的吸引，开始对西藏进行研究，后来对巴利语和佛教研究发生兴趣。他于 1901 年成为印度第一位获得巴利语硕士学位的学者。一些充满激情的青年（不是比丘）前往斯里兰卡和泰国学习这门学科，以求深造。此后一些年，一些学生和杰出的学者被派往缅甸和泰国深入研究巴利语。早在 1908 年，慕克吉就在加尔各答开设巴利语班，从入学考试直至硕士考试。加尔各答大学开设巴利语研究生班，成为巴利语研究的前驱，打开了巴利语文献宝库。此后设置巴利语课程的大学有贝拿勒斯印度教大学、浦那大学、孟买大学、那格浦尔大学、勒克瑙大学、维希瓦婆罗帝大学、俱卢克舍多罗大学、德里大学、旁遮普大学和瓦拉纳西梵语大学。新那烂陀寺院（摩揭陀大学）的巴利语研究生院是巴利语研究的专门机构。最近进入这个领域的是拉杰吉尔（王舍城）的那烂陀巴利语研究所。

印度佛教徒数量的增加

"在二十世纪早期，印度佛教开始复兴的迹象是明显的。虽然人数有限，但却是印度社会两极的有影响的皈依者。这些皈依者包括南方说泰米尔语的贱民和北方脱离印度教种姓的三位佛教学者罗睺罗、阿难和迦叶波。"① 按照印度人口调查，印度 1951 年有 180823 个佛教徒，1961 年有 3250227 个，1971 年有 3812325 个。

---

① Macy, Joanna Rogers, and Zelliot, Eleanor, Tradition and Innovation in Contemporary Indian Buddhism, in Studies in History of Buddhism, ed. by A. K. Narain, 第 134 页。

大量的佛教徒集中在马哈拉施特拉邦，有 3264000 个，而在这个邦之外的城市中心有一定数量的佛教徒：安得拉邦有 10000 个，中央邦有 81800 个，卡纳塔克邦有 14100 个，德里有 8700 个，奥里萨邦有 8400 个，旁遮普邦有 1300 个，拉贾斯坦邦有 3600 个，泰米尔纳德邦 1100 个，北方邦 42200 个，西孟加拉邦 39600 个。一些佛教领袖相信这些数目具有高度不确定性，皈依者常常勉强登记为佛教徒，因此除了马哈拉施特拉邦之外，他们都放弃表列种姓的待遇。依据一些比丘领袖估计，现在上升到一千四百万个，甚至两千万个①。

---

① Macy, Joanna Rogers, and Zelliot, Eleanor, Tradition and Innovation in Contemporary Indian Buddhism, in Studies in History of Buddhism, ed. by A. K. Narain, 第 134 页。

第三章

安贝卡和当代印度佛教

安贝卡

安贝卡（Bhimrao Ramjee Ambedkar，1891—1956）是现代印度的一位伟大的法学家、律师和政治领导者。他是印度宪法的主要设计者之一，为“不可接触的贱民”争取平等的代言人。他本人出生于马哈拉施特拉邦的一个摩诃尔（Mahar）种姓家庭，属于“不可接触的贱民”共同体。他亲身体验到这样的共同体面对的屈辱、焦灼和烦恼。因此，他无情地批判婆罗门教的虚伪性。在他的第一位妻子去世后，他与一位婆罗门种姓妇女结婚①。他称甘地是一个聪明的政治家，按照安贝卡的观点，他对“不可接触的贱民”的支持是虚伪的，因为那是出自政治动机②。他相信早期吠陀社会认同道德，出身不是决定一个人的社会地位的主要因素。他也提出首陀罗不是被雅利安入侵者奴役的黑皮肤土著人，他们也是雅利安人，属于刹帝利太阳族。后来他们受到贬黜，归入造成永久性社会不平等的四种姓结构中的最底层。

---

① Varma，V. P.，Modern Indian Political Thought，Agra，1986，第567页。

② Ambedkar，B. R.，What Congress and Gandhi have done to the Untouchables，第263、297页。

那格浦尔皈依佛法

安贝卡在成年后始终对佛教怀有兴趣。他在学生时代就受佛教吸引。进一步的阅读和思考使他相信对于“不可接触的贱民”，社会平等和心理解放之路存在于佛陀的教导中。他广泛而深入地研究佛教，会见许多对佛教怀有兴趣的人。泰米尔佛教徒的作品，尤其是那罗苏（P. L. Narasu）和十九世纪马哈拉施特拉邦激进的社会改革家普雷（Jotiba Phule）的作品给予他深刻的影响。他本人宣称自己有三位导师：佛陀、迦比尔（Kabir）和普雷。他访问斯里兰卡和缅甸，观察这些国家中活着的佛教。他从 1935 年起，就已经让他的追随者做好从印度教皈依佛教的心理准备，开始宣布他“不会作为一个印度教徒死去”。但是，他的实际皈依很晚，在 1956 年 10 月 14 日。那时在印度最年老的比丘，缅甸的大长老钱德拉牟尼来到那格浦尔，为安贝卡举行皈依佛教仪式。而他在皈依后不到两个月，于 1956 年 12 月 7 日去世。这样，他作为一个佛教徒死去。他在去世前发动一场运动，参加的人数很快达到三百多万。他去世后十天，在孟买举行了一次盛大的仪式，阿难这位巴利语学者，说印地语的旁遮普比丘，吸收数千人加入佛教。但是，这种集体皈依主要对低级种姓产生影响，尤其是马哈拉施特拉邦的摩诃尔种姓，属于安贝卡出身的共同体，几十年来参加争取政治、社会和宗教权利的斗争。然而，他们的皈依无疑确认“大人先生”（Bābāsāheb）安贝卡的权威地位。有些人称他为第二佛陀，称那格浦尔皈依是新的“转法轮”（dharmacakrapravartana）①。

① Macy, Joanna Rogers, and Zelliot, Eleanor, Tradition and Innovation in Contemporary Indian Buddhism, in Studies in History of Buddhism, ed. by A. K. Narain, 第 134 页。

安贝卡运动的“圣经”

传递和解释安贝卡的新信仰的主要载体是他的《佛陀和佛法》(The Buddha and His Dhamma)[①]。那是在他的生命末期用英语撰写的，去世后出版，继而翻译成印地语和马拉提语。这是一部理性化的佛陀传记，包含巴利语佛典中的选段。安贝卡的目的是提供一部“圣经”，能让他的追随者持久使用。对于许多能阅读的人，这是他们唯一的佛经。而对于大多数文盲，这是他们闻听诵读的唯一的佛经。它无意成为一部学术性著作。其中，以自由的风格叙述佛陀的生平事件，自由地选录、扩充和解释巴利语经文。也不注意原始经文的翻译和安贝卡的解释之间的区分[②]。对巴利语经文的这种自由处理的方式自然遭到一些传统佛教学者的批评。然而，阿难在他的印地语译本中已经核实安贝卡引用的巴利语原文，并指出它们虽然有点不准确，但代表一种“新的取向，而非歪曲”，所有的佛教中心学说都包含其中[③]。

安贝卡本人提供了他确定佛陀教导可靠性的标准：“有一种可以采用的标准。如果有什么可以认为是可信的，那就是佛陀肯定是理性的，而不是不合逻辑的。因此，任何合乎理性和逻辑的可以被认为是佛陀的言论。第二点，佛陀从不愿意讨论与人类利益无关的事。因此，任何归诸佛陀而无关乎人类利益的则不能接受为佛陀的言论。”[④] 这样，安贝卡最青睐佛陀教导的两个特征：它们的合理

---

① Ambedkar, B. R. , The Buddha and His Dhamma, Bombay, 1974。为了方便引用，安贝卡对这本书的章节段落标注序号。下面的引文也标注这些序号。

② Macy, Joanna Rogers, and Zelliot, Eleanor, Tradition and Innovation in Contemporary Indian Buddhism, in Studies in History of Buddhism, ed. by A. K. Narain, 第 135 页 .

③ 同上。

④ 4. 5. 12. 4。

性和它们包含的社会讯息。他描述佛陀是一位“改革家，怀有最真挚的道德目的，具备他的时代的一切知识文化修养，富有创造性，熟悉对立的观点，经过深思熟虑，勇于提出一种解脱学说，在这里，在今生，通过自我修养和自我控制而发生内心变化”①。那罗苏②也已经充分表达同样的观点：“所有的佛教部派认同的准则是不严格合乎理性者不能被认为是佛陀的教导。”这样，在与印度教的天神、灵魂和化身下凡观念的斗争中，他们相信这些是种姓制度依靠的思想基础。安贝卡和他的追随者在终极分析中，求助于人的理性本身，而非其他的权威。宗教以理性和逻辑为终极权威的隐含义，不在他们的考虑之中。

安贝卡的一些有别于传统佛教的观点

安贝卡将许多新的创意引入传统佛教。这些创意不应该认为是孤立的现象。关于佛教社会伦理的新颖观点也在其他南亚和东南亚国家中有所表现，而显然在安贝卡的佛教中，有别于传统佛教学说的程度更为突出。这样，安贝卡和他的观点可以被看作是更大范围的亚洲佛教“现代化”现象的组成部分。

（1）在安贝卡的佛教中，佛陀的“理性主义”主要用于否定天神和自我（ātman，灵魂）的存在。佛陀对这些问题显然保持沉默，而安贝卡的佛陀的态度是明确的。“他一开始就说他的法无关乎神和灵魂；他的法无关乎死后的生命。”③ 安贝卡这样讲述佛陀的第一次说法，因为在他的眼中，相信神和灵魂的最大危险是为相信种姓提供基础。不存在从自己身体中创造四种姓的神，不存在将这种残忍的社会划分确定为神圣秩序的神。不存在轮回转生和在来

---

① 2.2.7.7。

② Narasu，P. Lakshmi，The Essence of Buddhism，Madras，1907，第7页。

③ 2.2.2.14。

生接受此生的罪业。按照安贝卡，“无神论”是佛教关键成分，与合理性和平等性一样是佛教的重要标志。

（2）安贝卡否定灵魂存在导致他反对“相信灵魂轮回转生”、“相信灵魂的解脱”和“相信业报决定人的今生地位”[①]。佛陀“否定业报命定论，代之以更科学的业报观”[②]。按照这种“科学的”业报观，再生的概念只适用于存在物的自然成分。身体死亡后，四大元素分散和活着。“任何心理和精神方面的再生概念都被否定，只承认作为道德律的业报。它只在一个人的今生和一般的道德秩序中起作用。”[③]

（3）如果佛陀的福音本质上是社会的，那么，佛教关于痛苦或烦恼的中心概念就是“苦”（dukkha）。“确认苦是宗教的真正基础”，安贝卡这样讲述佛陀的第一次说法。但是，这种苦是社会和经济的不公平造成的“痛苦和贫困”。“人的苦难是人与人之间的不平等造成的结果。”[④] 这是我们互相之间所做的事，而不是对自己所做的事。佛陀心目中的苦恼不是灵魂的、再生的和业报的苦恼，而是既定的阶级造成的现实不公平的苦恼。

按照这种观点，略去了传统佛教关于“苦”的中心观念，“苦”被解释为一种社会现象[⑤]。

（4）安贝卡将“苦”首先视为社会现象，导致他重新解释四圣谛。因为如果一个人的痛苦产生于外在的社会不公平，那么，痛苦的原因和消除不直接与一个人的贪欲相关。因此，安贝卡这样讲

---

① 1.7.1.1。

② 1.7.2.3。

③ Macy, Joanna Rogers, and Zelliot, Eleanor, Tradition and Innovation in Contemporary Indian Buddhism，第139—140页。

④ 3.5.2.16。

⑤ 安贝卡对“苦”（dukkha）作出社会的解释，按照本书第四篇第二章，显然不完全符合历史实际。

述佛陀的第一次说法，“确认人的痛苦和排除这种痛苦”相当于佛陀教导的第一谛和第四谛。但是，对于第二谛和第三谛，没有提供类似的教导，因为没有提到这种痛苦的原因，也没有提到由贪欲（tanha，即四圣谛中的“贪爱”）造成。在有一处，安贝卡提到贪欲，但依然作出社会性的解释：“为什么应该谴责这种贪欲？佛陀告诉阿难：由于贪欲，出现许多邪恶的事态——打击、创伤、斗争、矛盾、反击、争吵、诽谤和说谎。”①

（5）安贝卡对乔答摩·悉达多的出家作出新的解释。乔答摩放弃他的王子生活不是传统所说的看见四种景象。安贝卡认为设想一个二十九岁的人以前从未见到过病人和死人，这是不合理的：“这些是经常出现的普通事件，佛陀不可能此前没有遇到过。因此，不能接受传统的解释，认为这是佛陀第一次遇见。这种解释不合理，不可信。”② 显然，安贝卡不感到这种说法可以是一种象征的真理，也就是这四种景象可以解释为隐喻人生无常和痛苦。取而代之，他提出乔答摩出家是出于反对释迦族在争夺用水权利上对拘利族（Koliya）采取军事行动。悉达多决定不参与战争，而自愿作为出家人（parivrājaka）流亡。他的道德立场鼓励那些反对使用暴力的释迦族人，战争得以避免。事态平息后，他们邀请乔答摩回家，而他经过思考，予以拒绝。这是他的伟大的出家的决定：“他离开家，因为反对战争。‘现在战争结束，对我而言就没有任何问题了吗？因为战争结束，我的问题就解决了吗？’经过深思熟虑，他认为没有。‘战争问题本质上是冲突问题。它只是一种更大的问题的一部分。这种冲突继续存在，不仅在国王和国家之间，也在刹帝利和婆罗门之间，在家主们之间……国家之间的冲突是偶发的。而阶级之

① 3.3.4.12—14。

② Macy, Joanna Rogers, and Zelliot, Eleanor, Tradition and Innovation in Contemporary Indian Buddhism 转引，第135—136页。

间的冲突是持续的和永久的。这种冲突才是世界上一切痛苦和烦恼的根源。……我必须找到解决这种社会冲突问题的办法。'"①

安贝卡对佛陀出家的这种解释可能源自高善必出版于 1940 年的《世尊佛陀》（Bhagavān buddha）一书。高善必已经认真地批评四种景象说法的可信性，而代之以《古那罗本生》（Gunālajātaka）中的罗醯尼河（Rohiṇī）用水权利争执。其中，佛陀进行调解和诵出《执杖经》（Attadaṇda），谴责冲突和使用暴力。高善必解释佛陀出家，也指出出现在佛陀觉悟之前的这个事件。佛陀厌弃世界和希望涅槃是他出家的动因，而释迦族和拘利族之间争夺用水权利可能是主要理由。

（6）佛陀指出的解脱被视为"大地上的正义王国"，甚至觉醒本身也以一种非常实际的方式呈现。安贝卡写道："在第四周的最后一夜，光芒降临佛陀。他认识到两个问题。第一个问题是世界上存在痛苦，第二个问题是怎样消除痛苦，让人类快乐。"②

（7）安贝卡降低僧团在佛教史上的作用。为了消除佛陀首先向比丘说法的印象，安贝卡强调"佛陀说法时，显然想到的是俗众"。按照他，五戒和八正道（他认为它们包含在原始佛教中）是向家主们宣说的。按照他的观点，佛陀建立僧团是树立一种榜样，表明他所宣说的理想是可以实行的："比丘是潜心自我修养，还是服务于民众，引导民众？他必须发挥这两种作用。没有自我修养，便不适合引导他人……比丘出家，但他不退出世界。他出家，这样可以获得自由和机会，服务于那些执著家庭的人，他们的生活充满痛苦和烦恼，不能自拔……比丘若漠视人类的苦恼，独善其身，根本就不是比丘。他可以是其他什么人，但不是比丘。"③

---

① 1. 2. 6. 4—9。

② 1. 4. 2. 9。

③ 5. 2. 4. 17—22。

安贝卡强调比丘和居士信众之间的区别本质上是形式的——出家、禁欲、入教、仪式和恪守誓愿，“除了这些，比丘的生活和居士没有区别”。他强调居士可以指责寺院中的任何不当行为，声称居士们的指责有利于改善寺院戒规，律藏正是依靠居士们的指责而完善。按照安贝卡的观点，比丘和居士入教仪式的区别存在一个严重的问题：“入教仪式包含两个方面，即加入僧团和皈依法。但是，没有单独的皈依法的仪式，适用于那些想要皈依法而不想加入僧团的人。……这是严重的疏失。正是这个原因，最终造成佛教在印度的衰亡。”① 安贝卡首创为居士举行皈依法的仪式。他公开宣称大多数现代比丘“既没有学问，也不服务于他们”，坚持要求比丘效仿基督教传教士，深入群众。

（8）按照安贝卡，印度的土著人种有与那伽族（Nāga）共同的人种根源。那伽族人被雅利安人征服后，大量成为佛教徒。他们逐步被排除出主流社会，最终成为不可接触的贱民的祖先。在那伽族人被降到最低地位前，他们是佛教的支持者和传播者。安贝卡在他的皈依演说中，指出那伽族人是“在全印度传播世尊佛陀教导的”主要宣传者。与乔答摩母系有联系的拘利族属于这个人种。这样，那伽族人与佛法的起源有血缘联系，并在宣传佛教中起作用。对于选择那格浦尔（Nāgapur，即“那伽城”）作为1956年集体皈依的城市，安贝卡的许多追随者看出其中的象征意义。

（9）将“大人先生”安贝卡列入敬拜对象是安贝卡追随者们实践中最明显的发明。佛陀和“大人先生”，无论是塑像、石像、宣传画、歌曲、戏剧和故事，极少两者缺一，便是安贝卡追随者们持续提供的证据。他们将自己的传统与主要的佛教传统结合。安贝卡既不受崇拜，也不受祝祷，当然不是佛陀。但在每种场合，两个

---

① 5.4.1.10—12。

形象被戴上花环，首先是佛陀；点燃香火，先向世尊佛陀乔答摩和“大人先生”安贝卡致意，然后发表讲话。他的一些追随者认为安贝卡是菩萨，确认他是印度现代皈依佛教者的救星。他的追随者们将自己的生活进步归功于他，是他向他们展示进入宗教之路，这样一种值得尊敬和受到尊敬的宗教，一种否定将他们列为不可接触者的宗教教条的宗教。另一个普遍接受的尊敬他的方式是在皈依告白中加进他的名字，即将三皈依变成四皈依：我皈依佛，皈依僧，皈依法，皈依毗摩[①]（bhīmam śaraṇam gacchāmi）[②]。然而，这些向安贝卡表示尊敬的努力被安贝卡佛教运动之外的一些佛教徒认为是亵渎。

（10）在马哈拉施特拉邦献给安贝卡佛教运动的新建建筑以及转归佛教使用的旧建筑都称为寺院（vihāra），而没有使用马拉提语中用于称呼寺庙的 deul 和 mandira 这两个词。然而，这些寺院不完全是比丘们的生活居所，更是居士们的集会场所。在那里安置佛陀像，聚会听取佛教讲座，举行敬拜仪式（vandanā），以及教育儿童。这种多用途的寺院大多是长方形结构，建筑结构的细节可能取自阿旃陀石窟和山奇寺塔。在一些寺院，有比丘散步休闲的场地。还有一些寺院有供奉佛像的房间和用作幼儿园的房间。但是，没有祭司，没有络绎不绝膜拜偶像者。寺院主要用于佛教徒的集会中心[③]。

（11）在安贝卡和他的追随者 1956 年皈依佛教的时候，印度没有多少佛教比丘，也不以马拉提语作为母语。也很少有训练有素的

---

① 安贝卡的全名为 Bhimrao Ramjee Ambedkar，以毗摩（Bhim，即 Bhīma）起首。——译注

② Macy，Joanna Rogers，and Zelliot，Eleanor，Tradition and Innovation in Contemporary Indian Buddhism，第 144 页。

③ 同上书，第 146 页。

比丘能主持入教仪式和说法。因此，在早期，安贝卡的佛教运动由他的共和党领导。宗教皈依由政治领导人主持，这在局外人看来很奇怪，但对于这个运动中的人们是不可避免的。然而，很快，出现一批地方的领导者。他们是年轻的学生和少数妇女，在安贝卡创立的学校和学院中受过培养和训练。一些人已经学习巴利语，所有人都在早期的皈依运动中学到一些佛教知识。他们主持由安贝卡设计的简单的结婚仪式和纪念仪式，为儿童和成年人开设学习班，参加青年佛教联合会和妇女服务社，出版马拉提语佛教宣传手册，创作在团体集会上诵唱的歌曲，组织佛教学者讲演①。但是，出现在地方上的非政治领导者成不了强有力的中心领导者。马哈拉施特拉邦培养比丘的唯一中心在那格浦尔，阿难于 1970 年在这个 1956 年集体皈依的地方建立一个培训中心，培养几十个青年，其中一些被接纳为比丘。

（12）安贝卡的追随者们庆祝四个纪念日——皈依佛法日、佛陀胜利日、安贝卡逝世周年日和安贝卡胜利日。在每年 10 月 14 日的皈依佛法日，一些人回到 1956 年那格浦尔皈依地参加盛大的庆祝仪式。另一些人在地方上举行各种庆祝活动②。而在 4 月 14 日安贝卡诞生日，则是一片欢腾喧闹的景象。“这些纪念活动与印度教的或其他印度节日有某些相似，尤其是群众游行、展示‘导师’佛陀和安贝卡的画像，而与印度教的不同之处在于他们强调教导和合理性，没有按照星相术确定的神圣时间，没有圣地，不需要某个宗教人物出场给予祝福或举行仪式，以示吉祥。”③

---

① Macy, Joanna Rogers, and Zelliot, Eleanor, Tradition and Innovation in Contemporary Indian Buddhism，第 147 页。

② 同上书，第 149 页。

③ 同上书，第 150 页。

对这一运动的评价

安贝卡说："一旦确认佛教是一种社会福音，它的复兴将会永久。"他的"圣经"特别强调佛陀生平和讯息中的平等主义方面。佛经中佛陀接受和关心低级种姓和贱民，如清扫夫须蜜多（Sumita）、理发匠优波离（Upāli）、不可接触的贱民须波迦（Sopaka）和须卑（Suppiye）等，成为他的"圣经"中的特写故事。也强调传统佛教的一些外在表征——佛像，学习巴利语，在集体敬拜中使用巴利语仪式用语，崇敬阿旃陀、埃洛拉、奥兰加巴德、纳西克和琼纳尔石窟，朝拜山奇、鹿野苑和菩提迦耶。

在安贝卡运动中的一些创新体现佛教历史中那些对于他们现在的进步显得重要的成分：安贝卡本人的著作，团结一致面对持久的偏见，摒弃不平等的印度教。也保持一些印度教的或印度人的成分——导师（guru）观念，群众游行，纪念伟人的诞生日和逝世日。伴随这种传统佛教、摩诃尔历史和印度教社会一般的社会宗教实践的混合，安贝卡的追随者们似乎已经作出他们自己的一些新颖的和有趣的创造性发展。多用途的寺院以及居士领导人的进取心和责任感是其中最令人瞩目的①。安贝卡关于僧团的看法"不管是否准确，与那个时期有关，当时许多印度佛教徒很少或者没有接触过比丘。比丘，尤其是说本地语言的比丘，还很稀少。安贝卡强调居士的尊严和作用，有助于培养一种宗教自立的态度。虽然也表示要培养更多的比丘，也谈到需要发展一种居士僧团，只是现在时机还不成熟，共同体还缺乏供养专职社团的经济基础"②。

"总之，这种对佛教传统的修正与皈依者们的生活状况有关。

---

① Macy, Joanna Rogers, and Zelliot, Eleanor, Tradition and Innovation in Contemporary Indian Buddhism，第 150—151 页。

② 同上书，第 138 页。

佛法源自社会关怀、非雅利安人特征和模糊的僧团作用，这些有别于传统的观点显然符合皈依者们的关切。”① 居士的相对独立感是否会阻碍传统的僧团发展，这难以说清。“安贝卡出于既定的追求平等的动机，引导他的民众皈依佛教，清楚地说明他为何以社会用语解释佛法。这种对社会性的强调导致排除或修改传统或经典佛教的一些基本教导，这是可以理解的，尽管如此，也还是提出了一些实质问题。他对人类痛苦的性质和原因的认知，虽然对于他的追随者很有意义，但也取消了佛陀提供的重要见解。他对解脱的认知，虽然激励道德行为，但也缺少佛陀提供的超然的自由性。”② 按照梅西（Joanna Macy）的看法，这些问题“涉及当代印度佛教作为一种宗教运动的持久性问题”③。

① Macy, Joanna Rogers, and Zelliot, Eleanor, Tradition and Innovation in Contemporary Indian Buddhism, 第 138 页。

② 同上书，第 142 页。

③ 同上。

第六篇　附录

附 录 一

阿育王对佛教的兴趣在他即位前

阿育王对释迦牟尼的宗教产生兴趣的开始时间存在争议，主要因为学者们常常没有区分他对佛教产生兴趣（这应该是逐步增长的）和他皈依佛教。正如塔帕尔（Romila Thapar）所指出[①]，现在不能认同佛教关于阿育王“突然”接受佛教的传说，虽然我们愿意强调这种立场并不否定阿育王皈依佛教是某个佛教徒在恰当的心理时刻对他施加影响的结果这个历史事实。许多学者相信阿育王皈依佛教是出于对羯陵伽战争的恐惧，因为在他的石刻铭文 13 中，他表达对这场战争的深刻追悔。然而，按照埃格蒙特（Eggermont）[②]，阿育王皈依这种新的信仰发生在羯陵伽战争之前。他指出按照《善见律毗婆沙》（Samantapāsādikā），阿育王成为佛陀信徒是在他在位的第四年。斯里兰卡编年史记载这个事件的时间是第八年（即七年后）。编年史中也讲述泥瞿陀（Nigrodha）出生于阿育王即位这一年，七岁时成为沙弥，促成阿育王皈依佛教。而羯陵伽战争发生在阿育王即位八年后，可以证明阿育王皈依佛教发生在羯陵伽战争之前。班达卡尔（D. R. Bhandarkar）在分析中央邦石刻铭文后，也得

---

① Thapar, R., Aśoka and the Decline of the Mauryas, Delhi, 1973, 第 33 页以下。

② Eggermont, The Chronology of the Reign of Aśoka Moriya, Bongard-Levin, G. M., Mauryan India 转引，第 342 页。

出结论认为阿育王皈依佛教大约在羯陵伽战争前一年①。无论这个观点正确与否，不能否认的是阿育王接触佛教或对佛教产生兴趣的时间要早于羯陵伽战争。孔雀帝国家族从旃陀罗笈多时代开始就接触佛教。《上座尼伽他》（Therīgāthā）注释中说到旃陀罗笈多受贾那遮耶挑唆，下令囚禁一位佛教领袖的父亲②。而《未来往世书后续》（Bhaviṣyottarapurāṇa，3. 6. 43）中说到旃陀罗笈多是佛教的恩主（Bauddhatatparaḥ）。很难说这些传说有多少可信度，但是，它们暗示孔雀帝国从它的历史开始就接触佛教。

阿育王本人在他成为帝王之前就对佛教产生兴趣现在获得确认。新近在中央邦发现他的一些铭文揭示这一点。在 1975 年，薄帕底卡尔（Bhopardikar）和般纳吉（K. D. Bannerji）发掘夏赫甘吉和雷赫迪之间的地区，即位于中央邦塞霍尔地区菩达尼·特赫西尔的中纳尔摩达河谷。在这里发现四十五处石窟。在巴延村和般高罗利耶村附近也发现好几处寺塔遗址、居住地遗址和两份阿育王铭文。一些石窟有宗教象征物、褪色的铭文和石凳。在般高罗利耶村附近的石窟中有一些象征物，即绘画中的卍字、三宝和瓶等。现在名为沙鲁摩鲁 - 高达迪的石窟遗址包含一座寺院遗址。这里的主要石窟有两份阿育王铭文。其中一份是中央邦铭文 1，已经发表在希尔贾尔（D. C. Sircar）的一部著作中③。它的引言部分写道："国王爱见（Priyadarsin，即阿育王）告知王子商伐（Saṃva）关于朝拜摩奈摩（Maṇema）地区的乌补尼达（Upunitha 或 Opunitha）寺院的事。"④ 另一份在般高罗利耶发现的铭文记录爱见作为大王子（mahārājakumāra）访问这个遗址。在巴延和沙鲁摩鲁石窟的南边可

① Bhandarkar，D. R.，Aśoka，Calcutta，1969，第 71 页以下。

② DPPN，1，第 846 页。

③ Sircar，D. C.，Aśokan Studies，Calcutta，1979，第 94—103 页。

④ 同上书，第 101 页。

能存在一座曾经繁荣的都城，十公里距离内的两座大仓库可以证明这一点。显然，阿育王是一位王子和中央邦总督时，司令部在维底沙（Vidiśā）。他访问这里时，同时也访问般高罗利耶石窟。为了让住在这些自然石窟中的比丘生活更舒适，为他们凿出石阶和石凳等。这完全可以证明阿育王只是一个王子时，就对佛教产生兴趣，并接触住在这个地区石窟中的佛教比丘。

附录二

弗沙密多罗·巽伽和迫害佛教*

弗沙密多罗（Pushyamitra，公元前184—前48年）是巽伽王朝的创立者。他一般被认为是在纵容异教信仰的孔雀王朝之后婆罗门教复兴的象征和领导者，而在佛教传统中被刻画为迫害佛教者。实际上，弗沙密多罗和设赏迦（Śaśāṅka）是仅有的两位比较重要的国王，被指控在古代印度刻意采取系统的迫害释迦牟尼的宗教的政策。

按照《天譬喻经》（Divyāvadāna），弗沙密多罗接受他的婆罗门宰相告诫，决定灭除佛陀的教义。他出发前去毁灭华氏城阿育王建造的鸡林精舍（Kukkuṭārāma），只是受到吼叫声的惊骇而退回。然后，他带领四军出发，摧毁寺塔，焚烧寺院，杀死比丘，远至奢羯罗（Śākala）。他在那里发出臭名昭著的宣言："无论谁交给我一个沙门的头颅，我就赏给他一百金币（dīnār）。"他最终在药叉格利密舍的手中遭到毁灭，后者用一块巨石将他砸死①。

同样的故事出现在《文殊师利根本仪轨经》（Āryamañjuśrīmūlakalpa）中："在末世（yugādhame），有一位国王戈密莫契耶

---

* 本文作者是商羯罗·戈耶尔（Shankar Goyal），M. A.，the Kusumanjali Prakashan，Meerut。

① Divyāvadāna，ed. by P. L. Vaidya，Darbhanga，1959，第282页。

（Gomimukhya），是毁灭我的宗教者。他占领东部和克什米尔大门，这个傻瓜，这个恶棍，将毁灭寺院和舍利，杀戮行善的比丘。他将死于北方，连同他的官吏、牲畜和亲友被山上滚落的巨石砸死。他注定下地狱遭受惨烈的痛苦。”① 因为这段叙述直接出现在孔雀王朝之后，提到的这位国王显然是弗沙密多罗·巽伽。巴克齐（P. C. Bagchi）已经可靠地提示 Gomimukhya 可能是 Gaulmikamukhya 的俗语形式，意谓四军首领或 senāpati（“统帅”）②，在印度传统中，一般用这个称号提及弗沙密多罗。

在著名的藏族佛教历史学者多罗那他的《印度佛教史》（1608年）中，提到弗沙密多罗从中印度进军遮兰达罗。在征战中，弗沙密多罗焚毁许多佛教寺院，杀死许多有学问的比丘，由此造成此后五年中，佛教学说在北方断绝③。

佛教文献传统得到考古发掘证据支持。在德叉始罗有大约在这个时代的佛教建筑遭到一些毁损的证据④。在山奇，也有在弗沙密多罗时代遭到毁损的明显证据。在憍赏弥也有瞿师多林（Ghositārāma）大寺在公元前二世纪遭到焚毁的证据。阿拉哈巴德大学憍赏弥考古队和考古队长夏尔马（G. R. Sharma）教授已经揭示这个事实，倾向于将这个现象与弗沙密多罗迫害佛教相联系⑤。

但是，有一批印度学学者包括罗易乔杜里⑥、扎格纳特⑦、伽

① Jayaswal, An Imperial History of India, Lahore, 1934，第18—19页。

② Bagchi, P. C., in IHQ, 22, No. 1，第82页。

③ Tārānātha, History of Buddhism in India, Indian Institute of Advanced Studies, Simla, 1977，第121页。

④ Marshall, John, Taxila, 1。

⑤ J. S. Negi, Groundwork of Ancient Indian History 转引，第294页。

⑥ Raychaudhuri, PHAI, 1953，第388—389页。

⑦ Jagannatha, in CHI, 2, ed. by K. A. N. Sastri，第99页。

耶斯瓦尔[1]和特里波提[2]表示怀疑关于弗沙密多罗迫害佛教的佛教故事的真实性。他们相信巽伽王朝也奉行宗教宽容政策。他们论证说：

(1) 巴尔胡特的一份铭文[3]记载“在巽伽王朝统治时期(suganam raje)”，这里增加有一些佛教纪念碑。

(2)《大史》确认在斯里兰卡杜达伽弥尼时期（公元前101—77年)，在比哈尔、阿瓦德、马尔瓦和邻近地区存在许多寺院。这个时期相当于巽伽王朝后期。

(3) 佛教资料不可靠，因为它们不仅远离弗沙密多罗的时代，而且通常对非佛教徒国王怀有敌意。它们以极其阴暗的色调描述非佛教徒。即使是阿育王，在他皈依佛教前，也被描述为一位极其残酷的君王，称其为“恶阿育”（Caṇḍāśoka)，以此与受佛教影响后的阿育王做对比。

(4)《天譬喻经》可能的价值，也由于其中叙述阿育王本人的后代，一位孔雀王朝君王迫害佛教，而严重削弱。

(5) 弗沙密多罗在奢羯罗所发出的臭名昭著的宣言看来完全是想象的，因为奢羯罗当时是弥兰陀（Menander)，一位坚定的佛教国王的地盘。而且，金币的用词 dīnar 在那个时期也不通行。

(6) 弗沙密多罗并不排斥佛教大臣的服务，在他的儿子的宫廷中有一位有学问的憍希吉（Kauśikī)[4]。

(7) 一些学者提示弗沙密多罗的反佛教行动是出于政治原因，而非教派怨恨。他们认为佛教徒对他恩宠婆罗门教表示不满，在政

---

① Jayaswal, K. P. , JBORS, 1918, 第263页。

② Tripathi, R. S. , History of Ancient India, 第187页; 也参阅 Pankaj, N. Q. , State and Religion in Ancient India, 第107—108页。

③ Sicar, SL, 第87页。

④ Mālavikāgnimitra (《摩罗维迦和火友王》) 第一幕。

治上反对他，站到他的敌人希腊人一边，因此，他必须严惩他们①。伽耶瓦尔指出，正是在弥兰陀王的地盘奢羯罗，弗沙密多罗发出臭名昭著的宣言，以一百金币的代价换取一个佛教比丘的头颅②。但是，那里的佛教徒既没有，也不可能与印度－希腊入侵者结盟，因此，弗沙密多罗没有袭击他们。

但是，罗易乔杜里及其支持者否定弗沙密多罗采取反佛教政策，但他们的论证不可接受。首先，说他采取这种政策的证据唯独来自佛教资料，不仅不正确，而且荒谬。可以指出，考古证据也显示憍赏弥、山奇和德叉始罗的佛教建筑遭到毁损就在这同一时期，因而支持文献传统。其次，他们认为除了佛教文献，应该期待其他资料证明弗沙密多罗采取迫害佛教徒以及他们的宗教的政策，人们会对此感到奇怪。毕竟，应该期待受迫害方保存受迫害事实的记忆。至于说佛教徒对弗沙密多罗统治期间婆罗门教复兴感到愤怒，因而这样的资料不可靠，这就像毛拉·巴达瑜尼（Mullā Badāyūni）评论阿克巴尔（Akbar）的宗教政策而不受信任，因为他不喜欢这位莫卧儿帝王亲近印度教。那么，如果阿克巴尔有任何反伊斯兰教的举动，它应该被期待在反对阿克巴尔的毛拉·巴达瑜尼的著作中被提到，而不是在支持阿克巴尔的阿布尔·法扎尔（Abul Fazal）的著作中。同样，弗沙密多罗迫害佛教徒的报道应该见于佛教文献。

这里还可以指出，《天譬喻经》《文殊师利根本仪轨经》和多罗那他的著作属于不同的时期和地点。不可能认为所有这三种资料都精心虚构关于弗沙密多罗反佛教政策的几乎同样的故事（其中两个甚至按照同样的传统，即弗沙密多罗被巨石砸死）。因此，尽管在这些故事中掺入超自然成分（这见于所有的这样的传说中），我们不能忽视佛教作家对弗沙密多罗的恶感。至于说《天譬喻经》中

---

① 参阅 CHI，2，第 99 页。

② 参阅 Jayaswal，K. P.，JBORS，1918，第 263 页。

提到弗沙密多罗是孔雀王朝帝王，因此不可靠，这也站不住脚。如果文本的作者在某一点上出现差错，并不意味他的所有证言不值得信任。这样的前提会让所有的印度古代历史传统文献成为废纸一堆，因为几乎所有文本都在这里或那里存在某种不准确的信息。

罗易乔杜里犯有一个奇怪的失误。他提出和支持弗沙密多罗不是巽伽族人，而属于迦叶波族姓的贝姆比迦家族，而巽伽族属于跋罗婆遮族姓，在弗沙密多罗好几代之后获得政治权力。然而，他又论证说巴尔胡特铭文提到“在巽伽王朝统治时期（suganam raje）”建造佛教纪念碑证明佛教在弗沙密多罗统治期间处在繁荣状态！即使相信弗沙密多罗是巽伽血统，也不能认为“在巽伽王朝统治时期（suganam raje）”就必定也包括他的统治时期。巽伽王朝统治时期在巴尔胡特建造的佛教纪念碑的巽伽帝王可能是他的后继者。依据考古，铭文不属于弗沙密多罗统治时期[①]。马宗达（Majumdar）也将巴尔胡特点佛教纪念碑确定在公元前一世纪初[②]，大约在弗沙密多罗一个世纪之后。因此，在巴尔胡特的佛教纪念碑不能用作佛教在他的统治时期繁荣的证据，因为不存在他的任何后继者有迫害佛教的情况。

罗易乔杜里指出，按照《摩罗维迦和火友王》，有一位女尊者憍希吉生活在他的儿子火友王的宫中。但是，没有什么能说明这位女尊者憍希吉是佛教尼姑。

最后，让我们分析这个论证，即弗沙密多罗可能袭击佛教徒，因为他们与印度－希腊统治者关系紧密。但是，镇压那些与国家的敌人结盟的人是一回事，焚烧寺院和寺塔以及不分青红皂白杀戮比丘又是一回事。有些历史学者正是试图以同样的论证解释狂热的穆

---

① Ghosh，N. N.，Early History of India，第163—165页。

② Majumdar，N. G.，A Guide to the Sculptures in Indian Museum，第14页，Ghosh，N. N.，in B. C. Law Volume，1转引，第217页。

斯林国王摧毁寺庙和大肆杀戮印度教徒。在我们看来，即使有些佛教徒站到外国入侵者一边，弗沙密多罗也无权不分青红皂白迫害所有的佛教徒，摧毁他们的宗教建筑。这样，很明显，弗沙密多罗是婆罗门教国王中极少的例外之一，采取宗教迫害政策，为了达到他们的目的——无论什么样的目的。

附 录 三

佛教国王弥兰陀*

弥兰陀（Menander，公元前二世纪中叶），印度－希腊国王，著名的佛教大恩主和支持者。关于他对佛教感兴趣和热爱佛教的资料来自《弥兰陀问经》（Milindapañho）以及他的钱币和铭文。《文殊师利根本仪轨经》、《天譬喻经》、多罗那他的《印度佛教史》和安主（Kṣemendra）的《譬喻如意藤》（Avadānakalpalatā）中也提到他。东南亚传统将他与那里的一座佛像相联系。在古典作家中，普卢塔克（Plutarch）记载有一个插曲，可以视为暗示他的佛教倾向。

按照《弥兰陀问经》，弥兰陀想要理解佛教的真实本质。为此，他求教许多教师，但没有人能解决他的疑难和困惑。他忧伤地哀叹："天啊，整个印度一片空虚。没有一个苦行者或婆罗门能与我讨论，解决我的疑惑。"但是，很幸运，一天，他遇见龙军（Nāgasena），一位佛教比丘，正在游荡乞食，神情肃穆宁静，深深打动他。第二天，他带着五百个希腊人（Yonaka），前往舍伽罗这位比丘所在的商克耶寺院。他们展开一次谈话，又在国王邀请下，在宫中继续交谈。这位比丘不是一个普通教师，他告诉国王，自己

---

* 本文作者是商羯罗·戈耶尔（Shankar Goyal），M. A.，the Kusumanjali Prakashan，Meerut。

可以同意进行讨论，但必须采取学者的谈话方式（paṇḍitavāda），而不是国王的谈话方式（rājavāda）。于是，国王向这位圣者一个接一个提出自己的疑难，而后者的回答让国王感到满意。谈话持续了一些天，结束时，国王感谢这位比丘解决了他的疑惑，皈依三宝。随即，弥兰陀建造了一座寺院，名为弥兰陀寺（Milinda vihāra），交给龙军。他也慷慨布施比丘僧团。他出离世界，将王国交给他的儿子，作为一个佛教徒死去。他也达到上座部佛教的最高阶位，获得阿罗汉性。

《弥兰陀问经》中弥兰陀与龙军的这场对话，被认为是巴利语经典外文献中最杰出的著作之一。按照现存形式，它含有七章。其中第一章是关于人物和历史，其他几章全是关于义理。在这部著作中，讨论如下一些有趣的难题：（1）如果没有灵魂，怎么会有再生？（2）为何像佛陀这样完美的觉悟者还会受苦和死去？（3）真谛意味什么？（4）哲学讨论有什么错？（5）如果生命是受苦，为什么自杀不可取？（6）为什么善人受苦而恶人享乐？其中对佛陀的神性表示怀疑，但确认佛陀的存在。也讨论心理学和各种哲学问题。这样，《弥兰陀问经》不仅全面阐释佛教形而上学，而且阐释佛教伦理学和心理学。除了作为一部佛教著作的重要性，它也有历史资料价值和文学价值。它可能是最有趣的一部上座部散文作品①。

但是，《弥兰陀问经》证明弥兰陀与佛教的关系，许多学者对此有怀疑。塔恩（W. W. Tarn）② 认为《弥兰陀问经》不能表明弥兰陀是佛教徒，虽然他也承认“任何人也不能证明他不是佛教徒”。针对弥兰陀接受佛教作为他的个人信仰，他指出弥兰陀信奉雅典

① 关于《弥兰陀问经》（Milindapaṇho）的参考书目，参阅 Nakamura Hajime, Indian Buddhism，第 114—115 页。

② Tarn，W. W.，The Greeks in Bactria and India，第 268 页以下。

娜，“一位绝不可能与任何东方神等同的希腊神”。对此，纳奈恩(Narain)[1] 指出，虽然迦腻色迦（Kaniṣka）在他的钱币上使用许多非佛教的神像，极少使用佛像，但他依然被认为是一位伟大的佛教帝王。但是，关于弥兰陀钱币上使用Soter的称号，纳奈恩指出："因为我们知道这是印度-希腊国王们普遍使用的称号，我们不能理解为什么弥兰陀钱币上的Soter这个称号意味他是佛教徒和代表孔雀王朝旧势力反对暴君弗沙密多罗的所有人的'救主'?"他也许是正确的。但是，在弥兰陀的一些银币和铜币上，使用Dikaiou这个称号，相当于佉卢文（kharoṣṭhī）的dharmika（"遵行正法者"）这个称号，以及在一些钱币的正面使用八辐条的轮子图案。依据这些特点，一些钱币学家确定为弥兰陀信仰佛教的证据（参阅附录九)。

在弥兰陀的时代，佛像几乎肯定还没有出现，但弥兰陀的一些钱币上的轮子图案很可能与佛教有关[2]。而塔恩推断轮子图案仅仅意味弥兰陀宣称自己是一位转轮王（cakravartin)[3]，这不能成立。阿兰（Allan）指出，"这种轮子图案必定与在Pañcanekama钱币上发现的轮子图案有共同的来源，它在佛教雕塑上如此常见"[4]。马歇尔（Marshall）也指出，这种轮子图案早在Pañcanekama钱币出现前，就已经作为佛教的象征[5]。辛考特（Shinkot）铭文无可置疑地证明这位希腊国王在兴都库什和信度之间的地区协助宣传佛教。普卢塔克记载在弥兰陀死后，"许多城市为他举行葬礼，在其他一些方面采取通常的方式，但是，在保存他的骨灰上，互相竞争，最

---

① Narain, A. K. , The Indo-Greeks，第97页以下。

② Marshall, Taxila, 1，第33—34页；参阅Narain, A. K. ，同上。

③ Tarn, W. W. , The Greeks in Bactria and India，第263页。

④ Allan in Marshall, Taxila, 2，第859页。

⑤ Marshall，同上。

后艰难地达成协议，同意平分骨灰，回到各个城市，为他的骨灰建造纪念塔"①。如果我们用佛教用语解释这段文字，它意味在弥兰陀死后，他的国民仿效佛陀的信徒们在他们的导师死后的做法，在许多寺塔中安置国王的骨灰。也有一个有趣的传说，将弥兰陀与东南亚的一座最著名的佛像起源相联系，说这座纯绿宝石佛像是弥兰陀的导师龙军运用神通力雕出的。安主似乎知道他称为 Milindra 的弥兰陀是一位佛教徒，在《譬喻如意藤》中提到由这位国王建造的一座大塔。多罗那他提到尊者提底迦（Dhitika）引导吐火罗国王弥纳罗（Minara）皈依佛教。这位国王可能就是弥兰陀。在弥兰陀统治的最后十年中，他的恩宠激发佛教在希腊－印度的兴盛。公元前137 年，一个庞大的比丘代表团在一位希腊教师率领下，从高加索的亚历山德里亚前往斯里兰卡的阿努拉达城出席一座大塔的落成典礼，就能说明这一点。所有这些事实倾向于支持弥兰陀信仰佛教的传统说法。确实，在《弥兰陀问经》的最后部分提到弥兰陀受龙军影响成为一个佛教徒，但许多专家认为这部分是后来增补的。然而，在前面公认是原作的第三章结尾也提到弥兰陀接受佛教信仰。我们发现在这里弥兰陀宣布他想要加入僧团，但是，存在大量的敌人，妨碍他这样做。显然，这位国王表达这样的愿望，他不可能不作为一个居士信众皈依佛教。说弥兰陀是统治阶级的成员，他不可能信奉他的臣民的宗教，显然站不住脚。伽耶瓦尔（Jayawal）正确地指出，如果弥兰陀本人不信奉佛教，而《弥兰陀问经》强加于他，这是不可能的②。正如齐默（Zimmer）所说，"如果这位希腊

① 参阅 Sicar, D. C., in The Age of Imperial Unity, 第 112—115 页; Raychaudhuri, H. C., PHAI, 第 382 页; Bapat, P. C., ed. 2500 Years of Buddhism, 第 198 页; Goyal, S. R., Prācīna Bhāratīya Abhilekha Saṃgraha, 第 185—190 页。

② 也参阅 Chattopadhyaya, S., Early History of North India, Delhi, 1976, 第 46 页以下。

国王本人不是佛教僧团的实际成员，至少也是将他视为自己人的共同体的伟大恩宠者”[①]。

① Zimmer, H. , Philosophies of India, New York, 1951。

附 录 四

迦腻色迦和佛教

迦腻色迦（Kaniṣka）一世，贵霜王朝的（约公元 78 年）伟大帝王，最著名的亚洲帝王之一。他获得名声的原因之一是与佛教关系密切。佛教传说力图确立他为第二位阿育王。据信他召开第四次佛教结集，在白沙瓦附近建造一座大塔。正是在他的钱币上首次出现佛像（参阅附录九）。在他的统治时期，犍陀罗和摩突罗雕塑流派达到新的高度，产生典范的佛陀和菩萨像，大乘佛教成为通行的宗教。关于他皈依佛教——他在什么时候和怎样接受这种新的信仰以及他作为一个佛教徒的活动，钱币、铭文和文献资料提供了不少说明。但是，现在可利用的证据有时显得混乱，文献证据也大多是传说性质的。这里，我们准备从各种角度进行叙述和分析。

铭文证据

对迦腻色迦钱币的研究表明他崇敬印度、伊朗和希腊的各种神。通常认为这些钱币表现希腊神、琐罗亚斯德神、印度湿婆神和释迦牟尼佛，呈现多样性，可以解释为这些不同类型的钱币在贵霜帝国具有不同宗教传统的不同省份通行。如果这种解释成立，那么，很可能尽管他本人信仰佛教，而对其他非佛教信仰采取宽容政策。另一方面，依据钱币证据，坎宁安（Cunninghan）认为迦腻色迦的宗教生活经历了多次变化。在最早时期，迦腻色迦偏爱希腊众神，然后偏爱马兹达拜火教和印度自然崇拜两者的混合，最后皈依佛教①。科瑙（Sten Konow）认为迦腻色迦的白沙瓦舍利盒铭文的年代是在他即位的第一年②。如果这种辨读能够成立，那么，我们几乎不能认为迦腻色迦在他的晚年皈依佛教。可是，科瑙的辨读完全不能接受。然而，迦腻色迦作为佛教的恩主所取得的成就表明他皈依释迦牟尼的信仰也不会太晚③。即便如此，事实依然是拟人化的佛像首先出现在迦腻色迦的钱币上。在菩提伽耶和巴尔胡特的雕塑中，以象征的方式表现佛陀，如他的座位、托钵、足印、法轮、圣树或寺塔。塔恩提出佛像出现在莫埃斯（Maues）钱币上，或史密斯提出出现在古朱罗·卡德比塞斯（Kujula Kadphises）钱币上，都值得怀疑。然而，在迦腻色迦的金币上，他站立着，伴随有铭刻的希腊文佛陀（Boddo，即 Buddha）④。这个形象也出现在铜币上，伴随有铭刻的希腊文释迦牟尼（Sakamana Boddo，即 Śākyamuni Buddha）⑤。这个形象出现在英国博物馆中保存完好的金币上，具有典型的犍陀罗风格⑥。迦腻色迦的佛像钱币证据无疑是佛教艺术史上的重要标志（参阅附录九）⑦。

早期贵霜王朝铭文中的佛教

迦腻色迦一世以及他的后继者的铭文提到不同的佛教部派。这

---

① NC，12，3rd Series，第 45 页。参阅 Sircar，D. C.，Some Problems of Kuṣāṇa and Rājpūt History，Calcutta，1969，第 17 页以下。

② Corpus，2，1，第 137 页。

③ PHAI，第 475 页。

④ BMC，PI，24，8。

⑤ BMC，PI，32，3。

⑥ JA，32，1903，第 428 页。

⑦ Chattopadhyay，B.，The Age of the Kuṣāṇa——a Numismatic Stdies，Calcutta，1967，第 182 页以下。

个时期的婆罗谜和佉卢铭文中提到说一切有部和大众部。索达沙时期的摩突罗狮子城铭文记载一位逻辑学家（khalula）从贾拉拉巴德的那伽罗来到摩突罗对抗大众部的宣教。第十三年的迦尔凡铭文记载安置舍利，赞同说一切有部。夏其吉泰利盒铭文提到此盒献给迦腻色迦寺院和摩诃塞纳僧团精舍。迦腻色迦第十一和二十年的佉卢铭文题献说一切有部，包括来自泽德和库拉姆的说一切有部。另一份铭文是约罗·密罗·夏希题献说一切有部[①]。这些铭文说明在阿富汗、西旁遮普和信度存在说一切有部寺院。属于这个部派的婆罗谜铭文包括弗里亚尔·波罗在舍卫城和鹿野苑的那些题献。在憍赏波古迪佛陀曾经散步的地方，一座带有伞盖和拄杖的菩萨塑像题献说一切有部。鹿野苑另有一份同样的捐赠铭文，没有提及部派名称。在一座主神殿南庙堂中的旧塔围栏上的铭文提到说一切有部。当然，摩突罗是说一切有部最重要的地区。在一座塑像基座上的铭文题献说一切有部。

大众部的中心在摩突罗和阿富汗。摩突罗狮子城的铭文表明它在摩突罗的势力。与这个部派有关的最早铭文出现在迦腻色迦时代第十年。一座菩萨塑像基座上的铭文是那伽达多题献他自己的香顶神殿中的格劳希迪吉耶寺院。大众部铭文包括波利克罗石钵铭文、在同一地点发现的另一份铭文和在摩突罗的摩多伽利发现的第三份铭文。胡维希迦时期的瓦德格铭文的年代是第五十一年，记载伐揭罗摩雷伽寺院中的释迦牟尼舍利塔。除了这两个部派，唯有一份婆罗谜铭文提及在摩突罗与说一切有部关系密切的法藏部[②]。

---

① 参阅 Puri，B. N.，India Under the Kuṣāṇa，1965，第 141 页以下。也参阅他的论文，in Central Asia in Kushan Period，2，Moscow，1975，第 183 页以下。

② 同上书，参阅 Sharma，G. R.，ed. Kuṣāṇa Studies，Allahabad，1968，第 43 页以下；也参阅 Goyal，S. R.，Prāchīna Bhāratīya Abhilekha Saṃgraha，第 234—265 页。

关于迦腻色迦皈依佛教和在白沙瓦建塔的传说：于阗文本

现在，让我们讨论文献证据。迦腻色迦成为热诚的佛教徒，各国佛教编年史中围绕他有许多传说。它们中的大多数一致认为他在他即位的时候不是佛教徒。但是，关于他皈依佛教和在富楼沙城（Puruṣapura，即白沙瓦）建造寺塔和寺院的故事有许多传本。现藏巴黎的敦煌于阗语写本中，发现有关于迦腻色迦这个传说的残篇。在 P2728 的梵语写本的头三行写道："听说佛陀预言，在世尊获得菩提后的四百年中，在缚喝（Bahlaka 或 Balkh）国，有一位名叫旃陀罗·迦腻色迦的国王，摧毁他的敌人军队。"① 于阗语写本中的详细说明如下：

"听说佛陀本人预言，佛陀涅槃一百年后②，在吐火罗的缚喝国，在帝国统治者家族中出现一位勇敢、有德和睿智的瞻部洲国王，名为迦腻色迦天子。

"这位国王依靠数十万军队和自己强壮的体力，统帅瞻部洲。在他的统帅下，许多人和牲畜丧失生命。

"后来，这位国王通过他的精神导师，信仰佛陀的教导，净化心灵。他抛弃邪见，依靠正见，涤除罪恶。日积月累，他在三宝中种植大量的善根。随着时间推移，这位国王带领四军，来到犍陀罗地区。他心中产生一个愿望：'我要在这里建造一座大塔。我将备足一切必需品，让佛子们来到这里追求解脱。'

"这时，四大护世天王（Lokapāla）得知这位国王的想法。他们为此化作少年，在那里制作泥塔。国王看见这些少年后，问道：'你们在做什么？'少年们回答说：'我们在制作迦腻色迦塔。'国王询问他们说：'是谁吩咐你们制作迦腻色迦塔的？'

---

① JRAS，1942，第 19 页。这里提供的迦腻色迦的年代不正确。

② 这里提供的年代不正确。

"这时，四大护世天王恢复原形，站在他面前。国王看到是四大护世天王，浑身颤抖，立即下马。他谦恭地站在他们面前，俯首行触足礼，乞求庇护。四大护世天王对他说：'大王，按照佛陀的预言，你将建造一座僧伽精舍和一座大塔，必定会迎请瞻部洲优秀众生和众天神送来的舍利。按照预言，无论是谁，只要他向这座塔供奉一朵花，就会升入天神世界；顷刻之间，就能获得菩提。这座僧伽精舍应该命名为迦腻色迦寺院。'

"国王听了四大护世天王的话后，命令大臣们：'召集我的大量工匠，在这里建造一座僧伽精舍，高达一拘卢舍。还要建造一座法王塔，装饰有金银珠宝。'大臣们奉命召集大量工匠，开始在这里建造迦腻色迦寺院和法王塔。

"一天，国王和他的精神导师马鸣（Aśvaghoṣa）来到他们建造法王塔的工地。那时，精神导师马鸣捡起一个泥团，发出一个真言：'如果我能在这个贤劫获得菩提，那么，我抛出这个泥团，就会出现无与伦比的奇迹。'这样，他一抛出泥团，就出现一座佛像，像释迦牟尼佛一般大小。"①

法显文本

法显在旃陀罗笈多超日王时代（约400年）访问印度，讲述了在富楼沙城（即白沙瓦）建造迦腻色迦塔的故事：

"从犍陀卫国南行四日，到弗楼沙国。佛昔将诸弟子游行此国，语阿难云：'吾般泥洹后，当有国王名罽腻伽于此处起塔。'后腻伽王出世，出行游观，时天帝释欲开发其意，化作牧牛小儿，当道起塔。王问言：'汝作何等?'答曰：'作佛塔。'王言：'大善。'于是王即于小儿塔上起塔，高四十余丈，众宝校饰。凡所经见塔庙，

① JRAS，1942，第19—21页。

壮丽威严都无此比。传云：‘阎浮提塔，唯此为上。’王作塔成已，小塔即自傍出大塔南，高三尺许。”①

律藏中记载的佛陀预言

在一种律藏经文中，佛陀关于建造迦腻色迦塔的预言不是对阿难，而是对补沙说的：

“佛陀与补沙一起在北印度从一地走向另一地，来到一个竭树罗（kharjura，即野枣椰子树）村庄。他俩在这里坐下，佛陀指着附近正在制作泥塔的小孩，告诉补沙，在这个地点，迦腻色迦会建造一座以他的名字命名的塔。”②

宋云文本

宋云于 518 年访问印度，提供关于建造迦腻色迦塔的传说如下③：

“推其本缘，乃是如来在世之时，与弟子游化此土，指城东曰：‘我入涅槃后三百年④，有国王名迦腻色迦在此处起浮图。’

“佛入涅槃后三百年，果有国王字迦腻色迦出游城东，见四童子累牛粪为塔，可高三尺，俄然即失。王怪此童子，即作塔笼之，粪塔渐高，挺出于外，去地四百尺，然后止。王更广塔基三百余步，从地构木，始得齐等。悉用文石为阶砌栌栱，上构众木，凡十三级。上有铁柱，高三百尺，金盘十三重，合去地七百尺。施功既讫，粪塔如初，在大塔南三百步。时有婆罗门不信是粪，以手探看，遂作一孔，年岁虽久，粪犹不烂，以香泥填空，不可充满。今

① Fa-hsien，Travels，第 13 页以下。

② Baldev Kumar，The Early Kuṣāṇa 转引，第 91 页。

③ 同上。

④ 这里提供的年代明显错误。

有天宫笼盖之。

“雀离浮图自作以来，三经天火所烧，国王修之，还复如故。父老云：‘此浮图天火七烧，佛法当灭。’王修浮图，木工既讫，犹有铁柱，无有能上者。王于四角起大高楼，多置金银及诸宝物，王与夫人及诸王子悉在楼上烧香散花，至心请神，然后辘轳绞索，一举便到。故胡人皆云四天王助之，若其不尔，实非人力所能举。塔内佛事，悉是金玉，千变万化，难得而称，旭日始开，则金盘晃朗，微风渐发，则宝铎和鸣。西域浮图，最为第一。

“此塔初成，用真珠为罗网覆于其上。于后数年，王乃思量，此珠网价直万金，我崩之后，恐人侵夺；复虑大塔破坏，无人修补。即解珠网，以铜镬盛之，在塔西北一百步掘地埋之。上种树，树名菩提，枝条四布，密叶蔽天。树下四面坐像，各高丈五，恒有四龙典掌此珠，若兴心欲取，则有祸变。刻石为铭，嘱语将来，若此塔坏，劳烦后贤出珠修治。”

玄奘文本

玄奘在戒日王时代访问印度，提供了这个故事的另一个文本：

“城外东南八九里有卑钵罗树，高百余尺，枝叶扶疏，荫影蒙密。过去四佛已坐其下，今犹现有四佛坐像，贤劫之中九百九十六佛皆当坐焉。冥祇警卫，灵鉴潜被。释迦如来于此树下南面而坐，告阿难曰：‘我去世后，当四百年①，有王命世，号迦腻色迦，此南不远起窣堵波，吾身所有骨肉舍利，多集此中。’

“卑钵罗树南有窣堵波，迦腻色迦王之所建也。迦腻色迦王以如来涅槃之后第四百年，君临膺运，统瞻部洲，不信罪福，轻毁佛法。畋游草泽，遇见白兔，王亲奔逐，至此忽灭。见有牧牛小竖于

① 这个年代明显错误。

林树间作小窣堵波，其高三尺。王曰：‘汝何所为?’牧竖对曰：‘昔释迦佛圣智悬记，当有国王于此圣地建窣堵波，吾身舍利多聚其内。大王圣德宿殖，名符昔记，神功胜福，允属斯辰，故我今者先相警发。’说此语已，忽然不现。王闻是说，喜庆增怀，自负其名大圣先记，因发正信，深敬佛法。周小窣堵波，更建石窣堵波，欲以功力弥覆其上，随其数量，恒出三尺。若是增高，逾四百尺。基趾所峙，周一里半。层基五级，高一百五十尺。方乃得覆小窣堵波。王因喜庆，复于上更起二十五层金铜相轮，即以如来舍利一斛而置其中，式修供养。营建才讫，见小窣堵波在大基东南隅下傍出其半，王心不平，便即掷弃，遂住窣堵波第二级下石基中半现，复于本处更出小窣堵波。王乃退而叹曰：‘嗟夫，人事易迷，神功难掩，灵圣所扶，愤怒何及!’惭惧既已，谢咎而归。其二窣堵波今犹现在。有婴疾病欲祈康愈者，涂香散花，至诚归命，多蒙瘳差。

“大窣堵波东面石陛南，镂作二窣堵波，一高三尺，一高五尺，规摹形状，如大窣堵波。又作两躯佛像，一高四尺，一高六尺，拟菩提树下加趺坐像。日光照烛，金色晃曜。阴影渐移，石文青绀。闻诸耆旧曰：数百年前，石基之隙有金色蚁，大者如指，小者如麦，同类相从，啮其石壁，文若彫镂。厕以金沙，作为此像，今犹现在。

“大窣堵波石陛南面有画佛像，高一丈六尺。自胸已上，分现两身；从胸已下，合为一体。闻诸先志曰：初有贫士，佣力自济，得一金钱，愿造佛像。至窣堵波所，谓画工曰：‘我今欲图如来妙相，有一金钱，酬功尚少，宿心忧负，迫于贫乏。’时彼画工鉴其至诚，无云价直，许为成功。复有一人事同前迹，持一金钱求画佛像。画工是时受二人钱，求妙丹青，共画一像。二人同日俱来礼敬，画工乃同指一像示彼二人，而谓之曰：‘此是汝所作之佛像也。’二人相视，若有所怀。画工心知其疑也，谓二人曰：‘何思虑之久乎？凡所受物，毫厘不亏。斯言不谬，像必神变。’言声未静，像现灵异，分身交影，光相照著。二人悦服，心信欢喜。

“大窣堵波西南百余步，有白石佛像，高一丈八尺，北面而立，多有灵相，数放光明。时有人见像出夜行，旋绕大窣堵波。近有群贼欲入行盗，像出迎贼，贼党怖退，像归本处，住立如故。群盗因此改过自新，游行邑里，具告远近。

“大窣堵波左右，小窣堵波鱼鳞百数。佛像庄严，务穷工思，殊香异音，时有闻听，灵仙圣贤，或见旋绕。此窣堵波者，如来悬记，七烧七立，佛法方尽。先贤记曰：成坏已三。初至此国，适遭大火。当见营构，尚未成功。

“大窣堵波西有故伽蓝，迦腻色迦王之所建也。重阁累榭，层台洞户，旌召高僧，式昭景福。虽则圮毁，尚曰奇工。僧徒减少，并学小乘。自建伽蓝，异人间出，诸作论师及证圣果，清风尚扇，至德无泯。

“第三重阁，有波栗湿缚（唐言胁）尊者室，久已倾顿，尚立旌表。初尊者之为梵志师也，年垂八十，舍家染衣。城中少年便诮之曰：‘愚夫朽老，一何浅智！夫出家者，有二业焉，一则习定，二乃诵经。而今衰耄，无所进取，滥迹清流，徒知饱食。’时胁尊者闻诸讥议，因谢时人而自誓曰：‘我若不通三藏理，不断三界欲，得六神通，具八解脱，终不以胁而至于席。’自尔之后，唯日不足，经行宴坐，住立思惟，昼则研习理教，夜乃静虑凝神。绵历三岁，学通三藏，断三界欲，得三明智，时人敬仰，因号胁尊者焉。胁尊者室东有故房，世亲菩萨于此制《阿毗达磨俱舍论》，人而敬之，封以记也。世亲室南五十余步第二重阁，末笯曷剌他（唐言如意）论师于此制《毗婆沙论》。”

关于第四次佛教结集的传说

玄奘也提供了在迦腻色迦统治期间举行佛教结集的有趣说明：

“健驮逻国迦腻色迦王以如来涅槃之后第四百年①，应期抚运，王风远披，殊俗内附，机务余暇，每习佛经。日请一僧入宫说法，而诸异议部执不同。王用深疑，无以去惑。时胁尊者曰：‘如来去世，岁月逾邈。弟子部执，师资异论，各据闻见，共为矛楯。’时王闻已，甚用感伤，悲叹良久，谓尊者曰：‘猥以余福，聿遵前绪，去圣虽远，犹为有幸。敢忘庸鄙，绍隆法教，随其部执，具释三藏。’胁尊者曰：‘大王宿殖善本，多资福祐，留情佛法，是所愿也！’王乃宣令远近，召集圣哲。于是四方辐凑，万里星驰，英贤毕萃，睿圣咸集。七日之中，四事供养。既欲法议，恐其喧杂，王乃具怀白诸僧曰：‘证圣果者住，具结缚者还。’如此尚众，又重宣令：‘无学人住，有学人还。’犹复繁多，犹更下令：‘具三明、备六通者住，自余各还。’犹尚繁多，又更下令：‘其有内穷三藏、外达五明者住，自余各还。’于是得四百九十九人。王欲于本国，苦其暑湿，又欲就王舍城大迦叶波结集石室。胁尊者等议曰：‘不可。彼多外道，议论纠纷，酬对不暇，何功作论？众会之心，属意此国。此国周围山固，药叉守卫，土地膏腴，物产丰盛，贤圣之所集往，灵仙之所游止。’众议斯在，佥曰：‘允谐。’

“其王是时与诸罗汉自彼而至，建立伽蓝，结集三藏，欲作《毗婆沙论》。是时尊者世友户外纳衣，诸阿罗汉谓世友曰：‘结使未除，净议乖谬，尔宜远迹，勿居此也。’世友曰：‘诸贤于法无疑，代佛施化，方集大义，欲制正论。我虽不敏，粗达微言，三藏玄文，五明至理，颇亦沉研，得其趣矣。’诸罗汉曰：‘言不可以若是，汝宜屏居，疾证无学，已而会此，时未晚也。’世友曰：‘我顾无学，其犹涕唾。志求佛果，不趋小径。掷此缕丸，未坠于地，必当证得无学圣果。’时诸罗汉重诃之曰：‘增上慢人，斯之谓也。无

① 这个年代明显错误。

学果者，诸佛所赞，宜可速证，以决众议。’于是世友即掷缕丸空中，诸天接缕丸而请曰：‘方证佛果，次补慈氏，三界特尊，四生攸赖，如何于此欲证小果？’时诸罗汉见是事已，谢咎推德，请为上座，凡有疑义，咸取决焉。

“是五百贤圣，先造十万颂《邬波第铄论》，释素怛缆藏。次造十万颂《毗奈耶毗婆沙论》，释毗奈耶藏。后造十万颂《阿毗达磨毗婆沙论》，释阿毗达磨藏。凡三十万颂，九百六十万言，备释三藏，悬诸千古，莫不穷其枝叶，究其浅深，大义重明，微言再显，广宣流布，后进赖焉。迦腻色迦王遂以赤铜为鍱，镂写论文，石函缄封，建窣堵波，藏于其中。命药叉神周卫其国，不令异学持此论出。欲求习学，就中受业。于是功既成毕，还军本都。出此国西门之外，东面而跪，复以此国总施僧徒。”

藏语资料说明第三次结集

《如意宝树史》（Pag-sam-jon-zong）提供这次结集的以下说明，虽然国王的名字（Kanik，“迦腻迦”）有些混乱：

“听说他在贡达罗林寺院举行第三次佛教结集，克什米尔人讲述这个故事。但是，一般相信是在阇烂达罗的贵霜寺院举行结集，有五百个获得预流果位以上的阿罗汉和五千个普通比丘。正如在格利吉（Kriki）梦中预言的那样编排佛陀的教导，举行最后一次结集。三藏，尤其是律藏，以前没有写定，这次进行修订。迦腻色迦的儿子也在他的宫中维持以一百个尊者为首的一万个比丘，为期五年，协助准备许多卷佛典。”

分析这些证据

剔除神奇的成分，可以认为以上传说确立以下几点：

（1）按照佛教的说法，迦腻色迦皈依佛教的情况与三百多年前阿育王皈依佛教的情况非常相似。如同阿育王，迦腻色迦也是一个残酷无情的征服者，在征战过程中杀害数十万人。马鸣让他明白犯下这种罪恶会在地狱中遭受折磨。国王由此恐惧和悔恨，成为佛教徒。两位国王皈依佛教的境况如此相似，致使许多历史学者怀疑迦腻色迦皈依的故事。这里可以注意到于阗文本的说明与玄奘文本有所不同。玄奘讲述迦腻色迦出外狩猎，在野外遇见一个放牛娃在制作小塔。放牛娃告诉他关于他会建塔的佛陀预言，于是，他立即变成一个佛教徒。但是，玄奘的文本不容易被接受。于阗文本更具真实性，讲述迦腻色迦的皈依不是偶然的，而是依靠他的精神导师，逐步达到的。

（2）迦腻色迦建塔被认为是一个世界奇迹，为他赢得极大声誉，许多世纪中，许多国家的佛教徒前来朝拜。关于启发迦腻色迦建塔的人，有不同说法。按照法显，那是帝释天化作一个小牧童。而玄奘说是一个制作小塔的放牛娃激起他建塔的念头。于阗文本说是四大护世天王化作四个少年出现在他面前。他们在制作小塔。他询问谁让他们这样做时，他们便显身，告诉他佛陀的预言。

大塔为木制构造，精心装饰，有阶梯通往塔顶。大塔底部方圆一里半（1385 英尺），有五级层基，高 150 英尺。按照玄奘，大塔高 400 英尺，有十三层。上面有铁柱，30 英尺高，有十三个镀金轮环。这样沉重的铁柱要安置在上面，需要有高超的技能，为此必须在四角竖起高高的层基。这项工程花费了大量财富，在完工前不断祈祷。关于整个大塔的高度有不同说法。法显说 400 多腕尺（600 英尺），宋云说 700 英尺，而其他作者说 550、632、743、800 或 1000 英尺。法显和玄奘的估计似乎大体准确，因为底座 150 英尺，十三层 400 英尺，铁柱 30 英尺，总共高 580 英尺。

塔中安放佛陀舍利和数以千计金银珠宝器皿。这座塔被认为具有开悟敬拜者的神奇力量。大塔毗邻迦腻色迦寺院。寺院后来成为胁尊者（Pārśva）、世亲（Vasubandhu）和末笯曷剌他（Manoratha，意译“如意”）论师的居处。大塔多次毁于雷电和火，但得到重建。宋云六世纪访问这里时，已经毁于雷电和火三次，都得到重建。玄奘七世纪访问这里，发现它新近被烧毁，正在重建之中。依据十一世纪初叶阿尔贝鲁尼（Albelūnī）的记叙，似乎迦腻色迦寺院在那时还存在。按照他，“众多国王中，据说迦腻色迦已经建造弗楼沙城的寺院，以他的名字命名迦腻迦塔庙（Kanik-caitya）”。斯普纳成功地发掘这座大塔遗址，发现一个铁盒，里面有佛陀舍利，装在一个水晶盒中①。这个铁盒高七英寸，直径近五英寸。上面的佉卢铭文记载道：“这年，迦腻色迦（大王）在这个城……与这个宅子相连，这个宗教布施，为了众生的利益和幸福。奴仆阿吉舍罗是工匠。在迦腻色迦寺院，摩诃塞纳的僧伽精舍，接待说一切有部论师。”铭文中关于建造这座大塔的时间说明不清楚。工匠的名字 Agiśala（阿吉舍罗）可能是希腊名字 Agesilaus。

（3）玄奘对第四次佛教结集的说明，其中有些是想象的。例如，他说到前来参加结集的佛教学者太宽泛，迦腻色迦采取办法选择其中最优秀的人员，这可能是真实的。但是，世友被选为首席看来是玄奘的想象。这个故事与第一次佛教结集中阿难的故事十分相似。阿难最初遭到排斥，因为他尚未获得阿罗汉果位，而实际是在结集开始前夕才获得。

关于结集的地点也有一些争议。一些专家断言这次结集在克什米尔的贡达罗林寺院，而另一些专家认为在阇烂达罗的古婆那寺院。多罗那他认为大多数专家赞同后者的说法。但是，玄奘详细说明了当时选择在克什米尔，而不是在犍陀罗或王舍城进行结集的情况，其中也没有提到与此相关的阇烂达罗。同样，他在描述访问阇

---

① JRAS，1909，第 1056—1061 页。

烂达罗时，也没有提到那里有结集之事。

在其他许多古代资料中，也有一些提到这次结集，但没有特别提及迦腻色迦。例如，真谛（Paramārtha）将召集这次结集归诸迦旃延尼子（Kātyāyanīputra），《发智论》（Jñānaprasthānasūtra）的作者。按照真谛，马鸣从舍卫城的沙枳多受邀前来，发挥他的闻名于世的文学才能，编写结集起草的注释。但是，毋庸置疑，这次结集是迦腻色迦召集的，玄奘的说明大体提供了正确的画面。

这些著作刻写在铜版上，安放在塔内，至今没有被发现。但是，阿毗达磨文献包括七部著作，以《发智论》为主，其他六部补充，在这个部派的中心克什米尔广为流传和研读。《发智论》的《大毗婆沙》和《毗婆沙》注释的梵本已经完全失传，但仍然保存在汉译本中。

玄奘和藏语编年史没有提到这次结集著作使用的语言。但是，联系参与编写的马鸣，这位伟大的梵语学者，能暗示这次结集使用的语言是梵语。马鸣原本是婆罗门，后来在胁尊者门下皈依佛教。他以他的《佛所行赞》、《经庄严论》、《舍利弗剧》和《美难陀传》而闻名。一部见于汉译的大乘佛教系统的哲学著作《大乘起信论》（Śraddhotpādaśāstra）也归在他的名下[①]。因此，他与这次结集的联系可以看作是这次结集编写的著作使用梵语的证明。一位吐火罗佛教学者名叫高舍迦（Ghoṣaka），积极参与这次迦腻色迦的结集，对编写说一切有部论藏的《毗婆沙》注释作出贡献[②]。这也证明这次结集使用梵语。

这样，现存证据证明迦腻色迦不仅是佛教的伟大恩主，也与许多著名的佛教论师有联系。他也鼓励佛教向印度国外传教。佛教传统的这些证据告诉我们：“他赞助佛教，在印度、疏勒、库车、尼

① 参阅 Nakamura，Hajime，Indian Buddhism，Delhi，1987，第 133 页。

② Kern，Manual of Indian Buddhism，第 128 页。

泊尔、震旦（中国）、大理（云南）和西夏等地传播佛陀的教导。”[①] 定居在疏勒、于阗、车臣和敦煌的印度人和月氏人，也与这个传统一致。这些正确地表明在佛教帝王迦腻色迦的赞助下，佛教比丘从缚喝（Balkh）和飒秣建（Samarkand），通过外印度，经由丝绸之路，前往中国，在亚洲大部分地区传播佛教[②]。

① Bagchi，P. C.，Sino-Indian Studies，2，第 156 页。

② 关于贵霜王朝和大乘佛教的关系，参阅 Zelinsky，in Central Asia in the Kushan Period，Pt. 2，Moscow，1975，第 235 页以下。

附 录 五

两位世亲和笈多王朝

著名的佛教论师世亲（Vasubandhu，音译婆薮槃豆）的年代问题，以及哪位笈多王朝帝王与他关系紧密，已经经过多次连篇累牍的讨论。按照诺埃尔·佩里[①]、史密斯[②]、麦克唐纳[③]、温特尼茨[④]和马宗达[⑤]等，他活跃在四世纪。而高楠[⑥]、荻原云来[⑦]、霍纳尔[⑧]和其他几位学者认为他生活在五世纪。弗劳沃尔纳[⑨]分析理论对手们提出的论证，得出结论，认为有两位同名世亲的论师，年长的生活在四世纪，年轻的生活在五世纪。年长的世亲（约320—380年）是无著的弟弟，属于白沙瓦。他是诃利沃尔曼的同时代人，鸠摩罗

---

① Peri，Noel，A propos de le Date de Vasubandhu，BEFEO，1911，第339页以下；史密斯将他的论证作了简要总结，in EHI，第328页以下。

② EHI，3rd ed. 第328页以下。

③ Macdonell，History of Sanskrit Literature，1961，第327页。

④ Winternitz，History of Indian Literature，2，第335页。

⑤ NHIP，第155页。也见Basak，HNEI，第33页；Vidyabhusan，S. C.，JASB，1905，第227页；Bhattacharya，Binoyatosh，Tattvasaṃgraha，Intro. 第66页以下。

⑥ Takakusu，J.，JRAS，1905，第33页以下。

⑦ ERE，12，第595—596页。

⑧ JRAS，1909，第102页；IA，1911，第264页。也见K. B. Pathak，IA，1911，第170页以下；Allan，BMC，GD，第51页以下。

⑨ Frouwallner，E.，On the Date of the Buddhist Master of Law Vasubandhu，Rome，1951。

什在404年和405年将他的著作译为汉语①。这位世亲不同于年轻的世亲，《阿毗达磨俱舍论》的作者。他是佛友（Buddhamitra）的弟子②，按照真谛（Paramārtha），阿逾陀城超日王（Vikramāditya）指定他担任加冕王子幼日（Bālāditya）的家庭教师。按照弗劳沃尔纳，《世亲传》（《婆薮槃豆法师传》）的作者真谛或者他的弟子将这两位同名的世亲混为一人，造成极大的混乱。

弗劳沃尔纳睿智的建议协调几乎所有关于世亲年代问题互相矛盾的证据，也有助于解决同样令人迷惑的关于两位论师的恩主问题。现在，真谛的证言清楚说明年轻世亲受超日和幼日恩宠。但是，伐摩那从可能是笈多时代的一部著作中引用的半首诗这样说："旃陀罗笈多的儿子，年轻的旃陀罗波罗迦舍，文人学者的恩主，他的努力幸运地获得成功，现在成为国王。"③ 注释者解释说"文人学者的恩主"暗示其中包括世亲④。显然，这个世亲不可能是那位年轻世亲，因此，他应该是活跃在四世纪的年长世亲。这完全与前面提到的旃陀罗笈多一致，那是旃陀罗笈多一世，沙摩陀罗笈多的父亲。应该注意到在他的波罗亚伽赞颂中，沙摩陀罗笈多被描述为伟大的学术恩主⑤。这样，年轻世亲的恩主显然应

---

① 参阅Goyal，Shankar，Kumārajīva：The Yuan chwang of India，JRIHR，Jaipur，14，No. 2，1977，第38—40页。

② 在笈多王朝129年（公元448年）曼古瓦尔佛像铭文中提到一位佛教比丘佛友（Buddhamitra）。K. R. Pathak说他是世亲的老师佛友（IA，1912，第244页）。

③ Vāmana，Kāvyālaṅkārasūtravṛtti，3. 2. 2。

④ 同上；这段文字中关于世亲这个名字的读法有疑问。然而，史密斯、帕塔克、霍纳尔、阿兰、弗劳沃尔纳和其他许多学者接受世亲的读法。

⑤ 关于世亲的恩主，玄奘的记载有些混乱。在不同的地方，他提到与摩醯逻矩罗（Mihilakula）为敌的超日王和幼日王，但没有提到哪位是世亲的恩主。他提到世亲遇到的超日王是一位伟大的学术恩主，但按照他的说法，这位超日王已经失去王国（Watter，Travels，第211页以下）。显然，在这里，关于世亲的恩主沙摩陀罗笈多战胜他的兄弟对手迦遮，已经与关于受超日王恩宠的世亲的传说混淆。

该是超日王和幼日王①，不同于年长世亲的恩主旃陀罗笈多一世和他的儿子沙摩陀罗笈多。但是，真谛生活在六世纪，那时沙摩陀罗笈多、旃陀罗笈多二世和室建陀笈多等不同人物逐渐地被融入超日王传说，自然就难以分辨沙摩陀罗笈多和室建陀笈多。按照他的看法，两者不仅以同样的称号著名，而且恩宠同一位名为世亲的论师。

① 真谛提到的超日王和幼日王，高楠、荻原云来、帕塔克和弗劳沃尔纳（同上）将他俩等同于室建陀笈多和那罗辛诃笈多；阿兰（同上）和辛诃（DKM，第81页）将他俩等同于补卢笈多和那罗辛诃笈多；夏斯特里（JRASB，1905，第253页）将他俩等同于旃陀罗笈多二世和鸠摩罗笈多一世；班达卡尔（IA，1911，第15页）和萨罗道尔（Life in the Gupta Age，第28页）将他俩等同于旃陀罗笈多二世和戈温陀笈多。

附 录 六

戒日王本人是佛教徒吗？

一 在遇见玄奘之前戒日王的宗教

戒日王和佛教：问题

戒日王（Harṣa）[①] 以古代印度的一位伟大的佛教帝王著称。一般相信依据他对佛教的热心和扶助，堪称阿育王第二。按照史密斯，“他显然有意效仿阿育王，因此，叙述他在统治晚期的所作所为，读来仿佛是那位伟大的孔雀帝王的翻版”[②]。查特吉相信正是对戒日王统治时期宗教气氛的反拨，而出现枯马立拉和商羯罗这样的学者[③]。乔希称述戒日王是“七世纪最伟大的佛教居士”[④]。通常也认为戒日王青年时代对佛教的兴趣是平和的，随着时间推移而愈益浓烈，最终导致他完全地、几乎是狂热地信奉这种宗教的大乘形式。按照马宗达，在遇见中国朝圣者后，他变成一个“极端忠诚的佛教徒”[⑤]。按照特里帕提，“虽然他对公共崇拜保持折中的姿态”，

---

① 戒日王本名喜增（Harṣavardhana），简称 Harṣa，音译曷利沙。戒日王（Śīlāditya）是他的称号。——译注

② Smith，EHI，4th ed.，Oxford，1962，第 357 页。

③ Chatterji，G. S.，Harshavardhana，in Hindi，Allahabad，1950，第 431 页。

④ Joshi，L. M.，Studies，第 33 页。

⑤ Majumdar，in CA，第 119 页。

他越来越迷恋他采纳的宗教，以致毫不迟疑地表现出“对大乘佛教相当公开的偏袒和狭隘的宗派精神”①。波兰学者比尔斯基可能响应现代学术界普遍接受的观点，他说“受到他（即他的兄长王增二世）的强烈影响，戒日王倾向佛教，虽然他依然公开承认自己是湿婆信徒。因此，直到他的妹妹得救后，宣布‘等我完成任务，她将与我一起穿上袈裟衣’（iyam tu grahiṣyati mamaiva samam samāptakṛtyena kaṣāyāni），并邀请佛教比丘日友（Divākāramitra）作为他们的导师（guru）。……他捐助村庄或钱财时，也想到婆罗门和非大乘教徒。但是，他们占据少数，居于次要地位。……每年在曲女城举行大规模沙门集会，展开讨论，他也积极参与其中。但是，无论在哪里，佛陀始终在众神中居首位，大乘信徒在其他信徒中居首位。戒日王如此虔诚，以致为了藏在克什米尔寺庙中的佛牙舍利，他准备宣战；为了让玄奘及早来到，他冒险与迦摩缕波国结盟。最终，在玄奘主持下，在曲女城召开无遮大会（mahāmokṣapariṣad，‘大解脱大会’）”。比尔斯基甚至想象，虽然“戒日王并非不宽容，就我们所知，他从不迫害‘异教徒’，但是，在他的统治晚期，他的宗教政策明显缺乏平衡，在他的王国中创造了一种非常不健康的气氛。考虑到他的统治晚期的社会不安定状况，我们完全有理由怀疑他遭到谋杀，尤其是这种企图以前已经发生过。他具有强烈的个性，但由于他的宗教政策缺乏平衡，他不能创造一个长久的国家。……总之，我们必须说他是一个不很成熟的政治家，因为他将个人的宗教倾向作为他的国家政策的唯一基础”②。其他的学者只是稍有差别，

---

① Tripathi，HK，第164页。

② Byrsky，M. C.，Some Remarks about king Harṣavardhana Śīlāditya，Bhāratī，5.1，第77—80页。

都同意这种对戒日王个人的宗教的评价[①]。

这样，按照学者们一般接受的观点，戒日王已经对佛教产生极其浓烈的兴趣，他肯定在遇见玄奘后，采取佛教作为他的个人信仰，允许他的政策受他个人对佛教的倾向影响。因此，他对佛教的兴趣可以大致分为两个时期。（1）早期，他对佛教有兴趣，但没有接受作为他的个人信仰。（2）晚期，他与玄奘会见后，成为“极端忠诚的佛教徒”，接受它为自己个人的宗教。

然而，我们表示难以同意。我们感到戒日王本人信仰佛教的整个理论是有问题的[②]。这主要是依据玄奘的证言，虽然也利用其他资料。但是，正如我们会看到，玄奘的证言需要极其认真的批判性考察，而不能这样全盘接受。然而，在我们考察它的一般的可信度之前，让我们考察我们的资料能确定他遇见玄奘前的宗教倾向是什么。

证明戒日王信仰湿婆教的确切证据

关于戒日王个人宗教信仰的最可靠证言出自戒日王的宫廷传记作家波那（Bāṇa）的《戒日王传》（Harṣacarita）以及摩杜般（Madhuban）和般斯克罗（Banskhera）铜版，确切说明他是湿婆信徒。按照《戒日王传》，室利甘特国（Śrīkaṇṭha）及其王族以崇拜太阳神和湿婆著名。戒日王的远祖补希耶菩提（Puṣyabhūti）“对尊神湿婆怀有一种伟大的、几乎是天生的崇敬”[③]。按照摩杜般铜版[④]

① 参阅 Chatterji，Harshavardhana，第 253 页；Mookerji，Harsha，第 183 页；Smith，EHI，第 360 页。

② 详细情况参阅 Goyal，S. R.，Harsha and Buddhism，Meerut，1986；也参阅 Goyal，Harsha Śīlāditya，第 9 章，Meerut，1987。

③ Cowell，E. B. and Thomas，F. W.，Harṣacarita of Bāṇa，Delhi，1968，第 84 页。

④ Epigraphia Indica，1，第 67—68 页。

和般斯克罗铜版[1]，戒日王的父亲光增（Prabhākarvardhana）、祖父日增（Ādityavardhana）和曾祖王增（Rājyavardhana）一世都崇拜太阳神（Sūrya 或 Āditya）。按照《戒日王传》，光增王也是热忱崇拜太阳神[2]。而按照波那，室利甘特国的民众热烈崇拜大神斯塔努（Sthāṇu，湿婆的地方性名号）[3]。玄奘也可能提到萨他泥湿伐罗（Thanesar）民众的湿婆教倾向，说他们"深闲幻术，高尚异能"[4]。他也注意到那里只有"伽蓝三所，僧徒七百余人"，而"天祠百余所，异道甚多"[5]。如果戒日王青年时代倾向湿婆教，这毫不奇怪。

戒日王本人虔信湿婆的证据相当充足。他发动战役时，首先"虔诚地敬拜尊神尼罗洛希多（Nīlalohita，即湿婆）"[6]。他首次驻扎时，村庄的文书献给他一枚金印章，上面刻有尊神湿婆的坐骑（vāhana）母牛南迪（Nandī）的标志[7]。娑奈帕特的戒日王铜印章刻有斜躺的南迪标志，与《戒日王传》的证言一致[8]。在那烂陀考古发掘出土的戒日王印章残片中，我们发现有这样的铭文[9]：

paramamāheśvara（"无上崇拜大自在天者"）

maheśvara iva sārvabhaumaḥ paramabhaṭṭāraka（"如同大自在天的世界至尊"）

mahārājādhirāja harṣa（"大王中大王曷利沙"）

同样，在巴吉帕依（Bajpai）1965 年发表的戒日王金币的背面

① Epigraphia Indica，4，第 208—211 页。
② 《戒日王传》，第 104 页。
③ 同上书，第 85 页。
④ Watters，T.，Travels，1，第 314 页；Beal，S.，Record，1，第 183 页。
⑤ 同上。
⑥ 《戒日王传》，第 197 页。
⑦ 同上书，第 198 页。
⑧ Fleet，J. F.，Corpus，3，No. 52。
⑨ ASI，AR，Eastern Circle，1917—1918，第 44 页；JNSI，27，第 105 页。

刻有坐在南迪上的湿婆和波哩婆提[①]。在《戒日王传》中，他通过迦摩缕波国王的使者恭维这位国王说："除了湿婆，他需要敬拜谁？他的决心增加我的爱慕之心。"[②] 这本身也表明戒日王崇拜湿婆。

这样，《戒日王传》的证据肯定证明至少直至这部著作写成时，戒日王是湿婆教信徒。这部著作的年代不能完全确定，但是，它肯定是在戒日王即位之后很久撰写的，因为其中提到他进军信度和"雪山地区"[③]。如果它写成于接近戒日王统治的晚期，这就证明他直到他生命的最后岁月仍然是一个湿婆教信徒。这完全符合本书提出的论点。然而，尽管接受这个观点十分诱人，有助于强化我们的理论，但是，我们还是感到它大约写成于620年，这在别处已经提供理由[④]。

但是，结论性地证明戒日王本人是湿婆教徒，而不是佛教徒，最重要的证言是他自己的铜版——第二十二年（即628年）的般斯克罗铜版[⑤]和第二十五年（即631年）的摩杜般铜版[⑥]，都明确称呼他为"无上崇拜大自在天者"（paramamāheśvara）。这里，应该记住在这些记录中，戒日王的祖先直至他的父亲光增王均被称述为崇拜太阳神，而他的兄长王增二世被称为"无上崇拜佛陀者"（Paramasaugata）。因此，戒日王在自己的文件中被称为"无上崇拜大自在天者"，与他的前辈被称为崇拜太阳神和佛陀并列，应该被认为是结论性的证明，即直至631年，他的个人宗教是湿婆教，还

---

① JNSI，27，Pt. 1，第104页。

② 《戒日王传》，第219页。

③ 同上书，第76页。

④ 参阅 Goyal，S. R.，The Date of the Harshacharita of Bāṇa，Quarterly Review of Historical Studies，Calcutta，18，No. 4，第246—249页；Harsha and Buddhism，Meerut，1986，第143—149页。

⑤ Epigraphia Indica，4，第208—211页。

⑥ 同上书，1，第67—75页。

没有成为佛教徒[①]。

戒日王在遇见玄奘前对佛教感兴趣的理论通常提出的论据

尽管有以上这些证据，大多数学者相信戒日王本人甚至在他遇见玄奘之前就已经对佛教产生兴趣。这方面的论据可以归纳如下。

（1）按照特里帕提，“戒日王长期从事暴力和血腥的战争，挚爱死去的‘无上崇拜佛陀’的兄长，他的妹妹罗阇室利也是一个热忱的佛教徒，促使他对佛陀的和平和非暴力福音产生兴趣”[②]。

（2）戒日王可能受佛教比丘日友的影响[③]。这个比丘是罗阇室利的丈夫“持铠（Grahavarman）的童年朋友”[④]。因为在《戒日王传》中，戒日王邀请日友陪伴他和罗阇室利，许诺“等我完成任务后，她和我一起穿上袈裟衣”[⑤]。按照波兰学者比尔斯基，他甚至“邀请”日友“作为他们的导师”[⑥]。受这样的文字引导，《戒日王传》的译者考威尔和托马斯也这样评论道：“戒日王对佛教徒和佛教学说的偏向经常出现在我们的故事中……在他的心中，他确实好像是大半个佛教徒。”[⑦]

（3）戒日王对佛教的兴趣也反映在一部他创作的佛教题材的戏剧《龙喜记》中[⑧]。

（4）按照玄奘，曲女城的辅臣执事劝他登上王位，而他提及观

---

① 顺便提及，应该注意到这些铜版所记录戒日王的捐赠，其恩赐对象是婆罗门，而非佛教徒。

② Tripathi，HK，第 164 页。

③ Chatterji，Harshavardhana，第 252 页。

④ 《戒日王传》，第 233 页。

⑤ 同上书，第 258 页。

⑥ Bhāratī，5，Varanasi，1961—1962，第 77 页。

⑦ 《戒日王传》，Preface，第 12—13 页。

⑧ Tripathi，HK，第 181 页。

自在菩萨像之事。这表明在他的生涯早期就倾向佛教[①]。

（5）戒日王强行获取克什米尔的佛牙舍利，然后供养在曲女城的僧伽精舍中，发生在他会见玄奘前，可以作为他在会见玄奘前倾向佛教的标志[②]。

（6）在他尚未遇见玄奘前，一次，他派遣那烂陀的四位大德前去批驳奥里萨的小乘教徒[③]。这也表明他在遇见玄奘前就喜爱佛教。

（7）按照玄奘，戒日王“于殑伽河侧建立数千窣堵波……圣迹之所，并建伽蓝”[④]。

（8）按照玄奘，戒日王“政教和平，务修节俭，营福树善，忘寝与食。令五印度不得噉肉，若断生命，有诛无赦。……于五印度城邑、乡聚、达巷、交衢，建立精庐，储饮食，止医药，施诸羁贫，周给不殆”[⑤]。由此认为这些方面具有明显的佛教气息，令人想起阿育王的仁政，证明戒日王倾向佛教。

这些论证的弱点

就我们所知，以上罗列的这几点囊括不同学者一次又一次提出的每一种论证，以支持戒日王本人对佛教感兴趣的理论。但是，我们认为且不说这些论点大多只是依据玄奘的证据（我们在后面会说明，这些证据是过度渲染的，不应该盲目接受），它们本身也不能证明戒日王是佛教徒。那是他们从戒日王是佛教徒这个前提出发，转而强化这个前提。我们在后面会详细分析这些论据，现在只是希望指出，实际上，如果不预先设定戒日王本人执著佛教，这些论点

---

① Joshi, L. M., Studies，第 33 页。

② Tripathi，HK，第 165 页。

③ Beal, S., The Life of Hiuen Tsiang, New Delhi, 1983，第 159—161 页。

④ Records，1，第 214 页。

⑤ 同上。

大多并非不能得到解释。我们不应该忘记古代印度的国王和民众在宗教方面通常是极其宽容的。在同一个家庭中，人人可以信仰不同的宗教。国王会毫不迟疑地慷慨资助与他们自己不同的宗教信仰的人员和组织。每个古代印度史学者都知道这一点。这不需要引证事例。因此，我们认为戒日王的个人信仰问题不应该与他宽待这种或那种宗教相混淆。很明显，这些论证只是现代学者的“观点”。例如，那只是特里帕提的观点，认为导致戒日王人生中“强有力的宗教转化”，采纳佛教作为他的个人信仰，是鉴于他热爱他的兄长王增和妹妹罗阇室利。没有什么能证明或否定这种设想。人们应该记得，王增被谋杀时，戒日王只有十六岁，罗阇室利只有十四岁。由于丈夫遇害，她跟随戒日王生活。她还太年轻，不可能对戒日王的宗教信仰产生任何影响。

提出戒日王长期从事战争导致他倾向佛陀的非暴力信仰，这也是个人观点，也站不住脚。如果设想长期从事战争与佛教信仰不相容，那么，很容易得出结论，戒日王从未成为佛教徒，因为他迟至642年[①]还在征战，也没有证据表明他从此以后放弃战争。如果设想信仰佛教和从事战争并非互不相容，那么，怎样论证长期从事战争导致戒日王信仰释迦牟尼的宗教？如果王增，一个佛教徒，也能在听到他的妹夫遇害消息时，怒火中烧，立即出发前去惩罚作恶者[②]，那么，怎样论证因为戒日王长期从事战争而转向佛教？

设想佛教比丘日友对戒日王的影响也是个人观点。戒日王在寻找罗阇室利途中首次遇见日友。没有其他资料提到这位比丘，《戒日王传》中别处也没有提到他。然而，日友是罗阇室利死去的丈夫童年时代的朋友，因此，很自然，戒日王请求他陪伴他们，为了

① CA，第106页。

② 《戒日王传》，第174—175页。

“安慰”罗阇室利，能与他进行“有益的谈话”①。他许诺“等我完成任务后，她将与我一起穿上袈裟衣”②，也显然是安慰罗阇室利，并无迹象表明他试图兑现这个许诺。这里，可以注意到，按照波那，就在这几天前，他敬拜尼罗洛多（即湿婆）以及与迦摩缕波国王婆塞羯罗伐摩（Bhāskaravarman，又名鸠摩罗）的使者杭娑吠伽（Haṃsavega）的谈话证明他的个人信仰是湿婆教。代之以穿上袈裟衣，他后来进入“家居生活”（gṛhastha āśrama）③，终身度过征战的生活。实际上，一个十六岁的国王对一个十四岁的新寡妹妹作出这个许诺，不必过于认真看待，尤其是我们知道他晚年并没有兑现这个许诺。夏尔马（D. Sharma）论证说“无疑，在惩罚谋杀他的兄长的敌人后，时间不允许戒日王履行成为一个比丘的诺言”④，这明显是错误的。戒日王有充裕的时间兑现他的诺言。他作出这个诺言是在606年，而他至少活到646年。设赏迦死于646年前很久（可能有二十年），而戒日王并没有成为佛教徒，相反，至迟在643年还在奥里萨和马哈拉施特拉从事战争。

比尔斯基论证戒日王接受日友为他的导师，也站不住脚。称呼一位圣人为导师是那时的一种礼貌⑤。在与那烂陀的玄奘和戒贤交谈时，戒日王称自己是他们的“弟子”。同样，迦摩缕波国王鸠摩罗的情况，虽然信仰湿婆教，但在玄奘和戒贤面前称自己是他们的弟子。鸠摩罗甚至在给戒贤写的带有威胁的信中，也称自己是他的

---

① 《戒日王传》，第258页。

② 同上。

③ 注意伐腊毗（Vālabhī）国王是他的女婿（Travels，2，第246页）。

④ IHQ，32，nos. 2 and 3，第168页以下。

⑤ 波那解释戒日王说这些话时的心理：“谁能不对一位牟尼表示尊敬？即使一个愚人出家修苦行，也会受人尊敬，何况一个聪明人，更能赢得众人的心。”（《戒日王传》，第233页）

"弟子"①。因此，仅仅依据戒日王这样说话，就论定他接受日友为自己的导师，这不仅违背他宣称自己是湿婆教徒，而且也透露出对印度古代礼貌习惯的无知。设想戒日王在遇见这位尚不年老的日友②，就在当天接受他为导师，是不是过于轻率？

许多论证利用戒日王创作佛教题材的《龙喜记》这个事实。如果我们断定戒日王的个人宗教信仰仅仅依据他的戏剧，那么，应该下结论说他是湿婆教徒，因为他在《璎珞传》（Ratnāvalī）和《妙容传》（Priyādarśikā）两部戏剧中赞颂湿婆，而只在《龙喜记》一部戏剧中赞颂佛陀。唯独依据《龙喜记》的证据，而不考虑《璎珞传》和《妙容传》的证据，是完全不合逻辑的。然而，我们感到这整个思路本身就不可靠，因为在古代印度，作者写作戏剧或叙事诗并不依据他自己的宗教信仰选择题材。迦梨陀娑在《罗怙世系》（Raghuvaṃsa）中赞颂罗摩，而在《鸠摩罗出世》（Kumārasambhava）中赞颂湿婆。而且，应该记得，就在《龙喜记》的剧情中，高利（Gaurī）女神，湿婆的妻子，发挥重要的作用。戒日王选择高利女神庙宇作为男女主角首次见面的场合，显然体现他个人的宗教倾向。而在戏剧结尾，高利女神显示神力，让主角云乘（Jīmūtavāhana）复活，封他成为转轮王③，使悲剧转为喜剧，更明显体现他的这种宗教倾向。事实上，用于主角的"菩萨"这个词也不使这部戏剧成为佛教戏剧，因为菩萨指称献身于为他人服务的任何人（任何生物，甚至动物），并不一定就是佛教徒。

---

① Life，第170—171页。

② 日友是持铠童年时代的朋友。持铠是罗阇室利的丈夫，遇害时，罗阇室利十四岁。因此，日友在遇见十六岁的戒日王时，不可能是一位老人。

③ Nāgānanda，Act 5，verses 37 and 38。参阅 S. K. De，他认为"虽然在献辞中赞颂佛陀，但引入高利女神后，纯粹的佛教特征就不再突出"（History of Sanskrit Literature，1947，第258页）。

玄奘关于戒日王早期对佛教感兴趣的证据再考察

其他支持戒日王早期对佛教感兴趣的理论依据玄奘的证据。这种证据染有玄奘佛教偏见的浓烈色彩，因此，在接受之前需要仔细考察。但是，在这个阶段，让我们如实评估这种证据。首先，让我们讨论他提到戒日王尊敬观自在菩萨像。按照他，在王增被谋杀后，曲女城以婆尼为首的辅臣执事请戒日王登上王位，此时戒日王提到观自在菩萨像之事①。这里，玄奘讲述戒日王的兄长王增先于他在曲女城，肯定是错误的，因为王增属于并统治萨他泥湿伐罗国，而不是曲女城。最可能是罗阇室利被带回后，莫卡利族（Maukhari）的敌人已经自己退去或者被击退，曲女城的辅臣执事请戒日王登上王位。这时，对于像戒日王这样一位雄心勃勃的年轻君王，贪恋莫卡利族王位是很自然的。但是，既非他，也非罗阇室利有这样的权利。持铠死去时，没有留有儿子②。从那烂陀印章③和《文殊师利根本仪轨经》④ 知道持铠的弟弟苏（Su）也为自己谋求这个王位⑤。似乎至今没有学者想到这个明显的事实，即在古代印度，在国王的后继者名单中没有妻子的位置。如果罗阇室利没有权利登上曲女城王位，也不可能出现戒日王继承王位的问题⑥。因此，戒日王的行为非常谨慎。他的支持者劝请他登上王位，他表示

---

① Travels，1，第 343 页。

② 罗阇室利请求戒日王允许她穿上袈裟衣时，说道："丈夫和儿子是一个女人的真正依靠。对失去这两者的女人，甚至继续活着也是丢脸的……"（《戒日王传》，第 254 页）

③ EL，24，第 284—285 页。

④ AMMK，第 626 页。

⑤ 因为持铠是阿槃提舍尔曼的长子，在他死后，必定应该由苏作为大王统治曲女城。

⑥ 我们在 Itihāsa Samīkshā（Hindi，Jaipur，1. Pt. 2. 第 141—142 页）第一次指出这个重要事实。也参阅我们的著作 Harsha Śīlāditya，Meerut，1987，第 114 页以下。

为难[①]，借口征询观自在菩萨像[②]。然后，按照菩萨的“忠告”，他担负起统治曲女城的责任，登上狮子座，而不采用大王的称号。后来，他表明与他的妹妹一起统治曲女城[③]。但是，在玄奘到达曲女城时，一切托词和表象都不复存在，他已经开始作为羽毛丰满的国王统治曲女城。正是鉴于他小心翼翼而逐步取得曲女城王权这个背景，应该研究他表示征询观自在菩萨之事[④]。前面已经提到，持铠是日友的朋友，他本人最可能是一位佛教徒，罗阇室利也是。曲女城民众也主要是佛教徒。玄奘访问曲女城时，发现有一百多座佛教寺院和一万多个比丘，而非佛教徒只有“数千”[⑤]。沃特斯（Watters）评论说：佛教寺院的数目“似乎表明佛教在这个地区从法显时代开始获得很大发展，因为在这位朝圣者访问曲女城时，这个都城仅有两座佛教寺院”[⑥]。这是一个很重要的事实，因为前面提到，在这个时期，在戒日王祖传的萨他泥湿伐罗王国只有三座佛教寺院，“僧徒七百余人”。鉴于曲女城佛教占据优势的这个背景，以及曲女城民众当时遭遇设赏迦这个著名的佛教仇敌的严重侵扰这个事实，戒日王（这位湿婆的热忱崇拜者）表示对观自在菩萨像的尊敬不能不认为是一种外交手腕，旨在赢得莫卡利族王国的佛教民众对他的好感，因为在他的生涯早期不可能指望用武力取胜。

有另一种可能，即戒日王表示尊敬观自在菩萨这个故事全然没有根据。因为有意义的是，在《大慈恩寺三藏法师传》的文本中，

---

① 参考罗马帝国王位在交给恺撒时，他虽然心中迫切想要接受，但表示出为难。

② 参考亚历山大认识到他必须接受军队从比阿斯返回的要求，而借口占卜征兆。

③ 汉语著作《释迦方志》记载戒日王与他的寡妇妹妹一起执政（CA，第102页）。

④ 参阅我们的著作 Harsha and Buddhism，第82页。

⑤ Travels，1，第340页。

⑥ 同上书，第342页。

没有出现观自在这个名字。那里只是说“大臣婆尼及群僚等悲苍生之无主，共立其弟尸罗阿迭多（此言戒日）统承宗庙”①。

戒日王早期的佛教声誉和事迹并不十分重要

理解了曲女城政治局面的强制性和戒日王本人所处的位置，依据玄奘所说证明戒日王在遇见这位中国僧侣前信仰佛教的其他论点的分量就大为削弱。因此，戒日王很可能依照他的佛教徒妹妹的请求，也为了取悦偏爱佛教的曲女城民众，而在恒河边建造许多寺塔。如果鸠摩罗作为一个坚定的湿婆教信徒，为了取悦玄奘，可以许诺建造一百座寺院②，戒日王也能为了取悦他的妹妹和民众这样做，而不放弃他的湿婆教信仰。强行占有克什米尔的佛牙舍利，供养在曲女城僧伽精舍中，也可能出于同样的动机。如果我们记住在古代印度，国王的个人信仰并不造成敌视其他宗教，也就不难理解戒日王做了所有这些事，而他本人仍然忠实于自己的湿婆教信仰。

玄奘提到戒日王“建立精庐（puṇyaśālā，‘功德堂’），储饮食，止医药，施羁贫”，几乎不需要评论。认为这些表明他信仰佛教，也就是设想属于其他宗教的国王不做这些为民众谋福利的事。实际上，印度古代国王都做这样的事。玄奘记载戒日王做这些事，表示赞赏，是另一回事。

我们也应该记住，玄奘记载的许多事并不正确。例如，他说“令五印度不得噉肉，若断生命，有诛无赦”，这显然是错误的。在对印度的概述中，他明白记载印度的饮食方面，“鱼、羊、獐、鹿，时荐肴胾。牛、驴、象、马、豕、犬、狐、狼、师子、猴、猨，凡此毛群，例无味噉”③。按照《大慈恩寺三藏法师传》，戒日王本人

---

① Life，第 83 页。

② 同上书，第 187—188 页。

③ Travels，1，第 88 页以下，第 178 页。

在钵逻耶伽大施舍中向一万僧徒施舍，其中包括“各种饮料和肉食”[1]。

不同于玄奘将戒日王描写成一位伟大的佛教帝王，还有另一种思考。玄奘于630年10月到达印度，但第一次会见戒日王是在642年10月[2]，而且是戒日王采取主动。他在十二年的漫长岁月中，主要生活在戒日王的帝国。他也在曲女城中居住三个月（636年9月至11月底）。但是，他显然对戒日王享有佛教声誉没有什么印象，因为他没有产生会见这位他后来试图描写为又一位阿育王的国王的愿望。甚至迟至641年，他决定返回中国时，也没有产生过会见戒日王的念头。这岂不是证明在他的时代，戒日王根本不是一位伟大的佛教帝王？对于这一点，可以论证说玄奘作为一个僧侣，对会见国王没有兴趣。但是，这不完全正确[3]。在《大慈恩寺三藏法师传》中记叙的一件事能说明这个问题。在642年，玄奘受鸠摩罗邀请访问迦摩缕波国前不久，一位善于占相的尼乾陀（Nirgrantha，“耆那教徒”）回答玄奘的询问，预言鸠摩罗王和戒日王会帮助他将佛经和佛像安全带回中国。于是，玄奘哀叹：“彼二王者从来未面，如何得降此恩？”[4] 这不仅表明玄奘并无僧侣对会见国王的反感，也证明在642年，他迫切想会见戒日王，不是因为戒日王是伟大的佛教帝王，而是希望戒日王能保护他将佛经和佛像安全带回中国。也有意义的是，即使为了这个目的，按照玄奘的评价，戒日王也并不比鸠摩罗王更好[5]。

---

① Life，第186页。（按汉语原文，应为“饮食香华”。——译注）

② Cunningham，A.，The Ancient Geography of India，第478页。Cunningham制作了玄奘游记的详细年表。这里提供的年代依据他的年表。

③ 玄奘游历中亚和印度期间，会见过许多国王。他享受克什米尔国王两年的款待（Travels，1，第259页）。他返回中国后，也在那里的帝王恩宠下，度过余生。

④ Life，第167页。

⑤ 参阅我们的著作 Harsha and Buddhism。

二　在会见玄奘之后戒日王的宗教

玄奘所说他对戒日王的影响：缺乏正确的证据

从以上的讨论，明显说明没有结论性的证据可以证明戒日王在会见玄奘前就已经对佛教产生个人的兴趣。虽然有充分证据表明他的宽容大度，对佛教怀抱尊敬和赞助的态度，但我们掌握的正面证据结论性地证明他本人是大神湿婆崇拜者。现在，提出的问题是：他在会见玄奘后，他的个人宗教信仰是否改变？如果接受玄奘的证言，认为完全真实，那么，对这个问题的回答是肯定的。这正是历史学者们至今所做的。他们引证戒日王和玄奘的前两次会见以及曲女城法会和钵逻耶伽大施舍的记叙，证明戒日王在会见玄奘后，不仅成为大乘佛教的“坚定支持者”[①]，而且明显看低包括湿婆教在内的其他宗教，降低对它们的尊敬[②]。但是，问题在于玄奘的证言可靠吗？他笔下的戒日王的宗教信仰和活动真实吗？从未见人经过严肃研究而回答这样的问题。它需要一种批判性的评估玄奘记叙的可信度，而似乎没有人严肃地提出质疑。但是，因为玄奘的记叙是这一时期戒日王宗教信仰的唯一资料，《戒日王传》、铭文和钱币等没有提供正确的证据，尽可能地仔细辨析他的证言就成为头等重要的事。在缺乏其他证据的情况下，只能做这两件事：（1）依据他的性格和偏见作出评判；（2）证实和排除其中内在的矛盾。

玄奘的伟大和缺点：他的偏见和私心

玄奘无疑是古代访问我们国家的最伟大的中国学者。他于602年出生在中国一个儒家传统的家庭。他在二十岁成为佛教僧侣。他

---

① Tripathi，HK，第164页。

② CA，第18页。

不满足于现存的佛经翻译，决定访问印度。他于629年出发，历经艰难险阻，通过北方陆路，经由中亚，于630年到达迦毕试(Kapiśā)。在此后十四年中，他游历全印度，在一些佛教学术中心短期停留，包括在克什米尔两年和在那烂陀两年。他的广博的学问(包括梵语)，虔诚的信仰，宗教的热情，个人的勇气和自律，都是最出类拔萃的。他的最优秀的品质是目标专一。他搜集信息，游历最艰苦和偏远的地区，沉醉于探讨和辩论，将梵语佛经译成汉语，撰写创造性的论文宣传佛法，这成为他的生命的唯一目的。在大约半个世纪中，甚至没有一天能让他忽视他追求的目标。他抵御迦摩缕波和曲女城国王提供的诱惑，如同他抵御恒河的强盗和那烂陀的比丘以及后来他自己国家的帝王更吸引人的诱惑。直至他664年逝世，他将他的生命的每分每秒用于实现他既定的目标。

但是，玄奘也有两大缺点，可能对于这样一位出类拔萃的人物也是很自然的，尽管如此，却为现代历史学者制造了一些问题。首先是他对佛教事物极端迷信的态度，其次是他个人的私心。他向一位“善于占相”的尼乾陀征询自己能否将佛经和佛像安全带回中国①，这个事实表明他的迷信。在《大唐西域记》中，他经常引证不值得认真对待的超自然现象和奇迹②。用马宗达的话说，“任何读过他的长篇记叙的人，都会对他对待佛教事务近乎狂热的热情留下深刻印象。他是如此盲目轻信和虔诚，以致描写超自然现象发生在他眼前。他通过他的佛教眼光看待印度的一切，认为佛教毫无疑问优于所有其他宗教。因此，对于他对戒日王的宗教倾向的说明，

---

① Life，第166页。

② 他谈到塑像从远处在空中移动或飞行和其他奇迹。他声称他看到和敬拜戒日王向克什米尔国王强行索取的佛牙舍利，“长可寸半，其色黄白，每放光明”。参阅Beal，Life，Preface，第8页；也参阅Saint-Hilaire，J. Barthelemy，Hiouen-Thsang in India，tr. from French by Laura Ensore（Varanasi，1965），第81—85页。

需要持有更多保留态度”[①]。

另一个给玄奘的说明染上色彩的性格特点是强烈的私心。在他的笔下，他在印度各地高出所有人一头。即使伟大的国王，包括戒日王，在他的面前，几乎是一个可怜的人物。几乎所有与他接触的印度学者，都被写成远远低于他。他们似乎除了赞颂他为“支那国大德”外，别无作为。在解释佛典方面，没有人能与他的光辉相比。但有时也透露，这完全是出于他的虚荣心。举一个例子：一次，戒日王请那烂陀寺院院长戒贤派遣四位杰出的论师前往奥里萨与写了一篇七百颂的《破大乘义》的小乘论师论战。戒贤选择的四人中包括玄奘。玄奘当时吹嘘自己能挫败小乘教徒，“当之必了”[②]。虽然这次论战因为戒日王忙于他事而未举行，然而依据玄奘自己的证言，他也不免心虚。因为在另一处写道，他是经过他的一位婆罗门奴仆的解释，才理解这篇七百颂的论文。他坦率地承认：“此是他宗，我未曾见。”[③] 也偶然提到玄奘在午夜后听他解释，以免旁人得知他跟随奴仆学习，而影响他的名誉！[④]

理解玄奘性格中的轻信、宗教偏见和私心以及在他的证言中的内在矛盾（在下面指出），有助于更准确地评价他对前两次与戒日王会见以及曲女城法会和钵逻耶伽大施舍的描写。相信戒日王本人信仰大乘佛教的理论正是依据这些描写。

玄奘对导致他会见戒日王的情况的怀有私心的说明

在这方面，首先必须注意到，玄奘首次会见戒日王在642年10

① CA，第117页。

② Life，第161页。

③ 同上书，第164页。

④ 同上书，第165页。

月，离开的时间是643年5月①。他们在一起的时间不超过三个月。在这么短时期内，玄奘不可能像他所说的那样对这位帝王产生压倒性影响。但是，玄奘不说他对戒日王逐步产生影响。而是按照他通常的怀有私心的方式，声称戒日王顿时自发地和完全地崇拜他。慧立依据玄奘本人提供的信息撰写的《大慈恩寺三藏法师传》中，描述导致他俩会见的情况。这是体现这位朝圣者怀有虚荣心的极好例子。其中讲述玄奘为了解除疑惑，第二次访问那烂陀寺院，停留在那里时，迦摩缕波国国王鸠摩罗的使者前来送信，请求寺院院长戒贤派遣“支那国大德”去会见他。戒贤没有听从，甚至拒绝第二次的请求。于是，鸠摩罗王写了第三封信，威胁戒贤说，自己“不胜渴仰，谨遣重咨”。若是再不送来，“必当整理象军，云萃于彼，踏那烂陀寺，使碎如尘”。这个威胁达到愿望的效果。玄奘前往迦摩缕波国，停留“经月余”（642年8月至9月）。戒日王征服奥里萨回来，发现玄奘已经去了迦摩缕波国，便遣使吩咐鸠摩罗王“急送支那僧来！”而鸠摩罗王回话说：“我头可得，法师未可即来。”戒日王“大怒”，遣使直截了当说：“汝言头可得者，即付使将来。”鸠摩罗王“深惧言失”，立即率领军队与玄奘一起前往戒日王行宫，拜见戒日王。戒日王见他屈从自己，十分高兴，两人重归于好。

人人都会猜想这些事件有多少真实性。但是，有一点是明显的，玄奘以这种叙述方式给读者留下这样的印象：两位印度伟大的国王互相竞争听取他的教导，其中一位甚至冒着生命危险留住他。这个故事中的矛盾之处是，鸠摩罗王威胁那烂陀寺院院长，胆敢藐视那烂陀寺院属于曲女城帝国这个事实，而又极其惧怕戒日王，任何敏感的历史学者几乎都不会忽视这一点。我们在这里详细叙述这些事件，鉴于它们一方面提供了玄奘怀有私心的明显例子，另一方

① Cunningham, A., The Ancient Geography of India。

面是为下面要讨论的玄奘与戒日王前两次会见提供背景。

玄奘关于他与戒日王前两次会见的描述明显带有渲染和夸张色彩

按照《大慈恩寺三藏法师传》，戒日王当晚前往行宫会见玄奘。“既至，顶礼法师足，散华瞻仰，以无量颂赞叹。”① 然后，戒日王询问玄奘关于中国的一些问题②，然后告别。这样的描述不可能完全真实，因为难以相信戒日王能表示如此尊敬，以“无量颂赞叹”初次遇见的相对年轻的中国法师③。

下一次玄奘和戒日王会见是在第二天。对这次会见的描述更是充满想象。在招待结束后，玄奘向戒日王展示他撰写的《制恶见论》。戒日王当场阅读，随即得出结论，对他的门师们说：“师等所守之宗，他皆破讫。”他的妹妹（直至那时信奉小乘正量部）听到玄奘揭示她所信奉的部派极其肤浅，也欣喜不已！戒日王这样确信玄奘的论文包含真理，以致“是日发敕告诸国及义解之徒，集曲女城，观支那国法师之论焉”④。

这简直是一个奇迹。戒日王粗粗浏览玄奘的论文（在这种场合，他不可能认真研读），就绝对相信大乘优于其他任何部派！他的信任是这样彻底，以致当日下令在曲女城召开全印度的大会，以证明它的价值！尤其是，他的妹妹听到玄奘批驳她自己已经信奉三

---

① Life，第175页。

② 奇怪的是，在这次交谈中，戒日王显出似乎对中国几乎一无所知，虽然他早在641年已经与中国互遣使者（CA，第120页）。马宗达讲述玄奘描述中国帝王的力量和威望，给戒日王留下深刻印象，于是他向中国派遣使者（同上），这是错误的。因为他在另一处（第109页）讲述戒日王和玄奘首次会见在643年，也就是晚于中国使者访问印度后两年。

③ 注意戒日王生于590年，而玄奘出生比他晚十二年。不管戒日王是不是归诸他的三部戏剧的作者，几乎不可能认为他能当场创作无数首偈颂赞美一位陌生的中国朝圣者。

④ Life，第175页以下。

十五年的小乘教义，顿时欣喜不已！不必说，这样的转变不会发生在现实生活中。显然，这次会见的情景描写是高度夸张的。很可能是戒日王在这次会见中同意举行一次佛教集会，以考验玄奘的主张。而断言他和他的妹妹顿时转变，显然是为了颂扬玄奘个人。这种十分粗糙的夸张证实这一点。

这方面，也可以注意到玄奘描述中的内在矛盾。因为一方面，他竭力表明正是他引领戒日王和他的妹妹进入大乘。正是这种印象导致特里帕特认为"很可能，佛教正量部哲学，罗阇室利是它的倡导者，得到戒日王关爱，原先占据主要地位。但后来遇见玄奘，听了他对大乘学说的深刻阐发，戒日王转而拥护这个高级部派"[①]。但是，另一方面，在另一处提到戒日王决定征询观自在菩萨像和他邀请那烂陀大乘法师应对奥里萨小乘论师的挑战，给人的印象是戒日王甚至在会见玄奘前就对大乘感兴趣。以上这两种立场不可能都正确。但是，它们很容易调和，而设想戒日王对小乘和大乘都无立场，他只是有兴趣组织宗教辩论，邀请各种信仰的杰出论师参加。在我们看来，因为玄奘是外来客人，戒日王对他表示某种格外的尊敬，而玄奘不能由此得出错误结论，认为是他的深刻阐发使戒日王转变信仰，如同基督教传教士得出错误的结论，认为阿克巴尔即将拥护基督教。这样，我们的结论是，只要剔除对这次会见的描述中明显是夸张的和颂扬玄奘个人的那些成分（在《大唐西域记》和《大慈恩寺三藏法师传》两书中充满这些成分），那么，这里不存在戒日王接受大乘为个人信仰的理论证据。

曲女城法会：《大唐西域记》描写中的一些虚构成分

玄奘和戒日王从羯朱嗢祇罗前往预定举行法会的曲女城。旅程

---

① HK，第164页。

用了大约两个月（642 年 11 月 1 日至 12 月底）。戒日王在这次法会中起的作用被认为是他信仰大乘佛教的最重要的理论证据。略去一些不必要的细节，突出那些被引用证明戒日王信仰大乘的重要内容，《大慈恩寺三藏法师传》中提供的这次法会的记叙[①]可以简括如下：总共有五印度十八个国家的国王、三千个熟悉大乘和小乘的僧徒、三千个[②]婆罗门和尼乾陀以及一千个那烂陀寺院僧徒出席这个法会。法会的议程是首先举行大游行，盛装严饰的大象载负一座金佛像，右边的戒日王扮作帝释天，手执白拂，左边的鸠摩罗王扮作梵天，手执宝盖。队伍到达法会院门后，将金佛像搬进大殿，安置在宝座上。敬拜佛像后，设宴招待。宴会结束后，开始讨论。在会堂中，坐席上有一千个佛教徒，五百个著名的婆罗门和外道，各个国家的两百个大臣。其他人坐在会堂门外。玄奘担任"论主"，开始称颂大乘教导，宣布讨论的主题。他也吩咐将他说的话书写在榜上，悬挂在会堂门外，宣告"若其间有一字无理能难破者，请斩首相谢"。但是，五天中，没有人敢向他挑战。"小乘外道见毁其宗，结恨欲为谋害。"因此，戒日王发出威胁，宣令说："众有一人伤触法师者斩其首，毁骂者截其舌。"这样，"邪徒戢翼，竟十八日无人发论"。法会结束，宣告玄奘胜利。"诸众欢喜，为法师竞立美名，大乘众号曰'摩诃耶那提婆'，此云'大乘天'。小乘众号曰'木叉提婆'，此云'解脱天'。"

这是简括《大慈恩寺三藏法师传》中记叙的曲女城法会。在《大唐西域记》[③] 中的记叙与此有或小或大的差异。其中最重要的差异是，《大唐西域记》中没有提到谋害玄奘的事，而是提到婆罗门谋害戒日王本人的事。其中说到在散会这天，"其大台忽然火起，

---

① Life，第 177—181 页。

② 按汉语原文为"两千余人"。——译注

③ Records，1，第 218—221 页。

伽蓝门楼烟焰方炽”。当时，戒日王发出誓言：“愿我福力，禳灭火灾，若无所感，从此丧命。”于是，大火奇迹般地熄灭。随后，戒日王登上塔顶，观察烧毁情况。这时，一个陌生人持刀冲向戒日王。这人被捕获后，坦白他是受外道雇用。他们密谋放火烧塔，趁机谋杀国王。有五百个具有高才的婆罗门承认参与这个阴谋，说是他们妒忌国王“供养沙门”。戒日王惩罚其中为首者，并将五百个婆罗门驱逐出境。

从以上说明，很清楚，《大慈恩寺三藏法师传》中提到小乘僧徒阴谋杀害玄奘，因为他破除他们的教义，而《大唐西域记》中提到婆罗门阴谋杀害戒日王，因为他们妒忌他供养沙门。两种说明哪种正确？历史学者们至今混合这两种说明，设想它们都正确[①]。然而，我们表示难以同意。在同一个法会上，两个不同的共同体阴谋杀害两个不同的人物，如果不是完全不可能，也是很不可能。有趣的是，至今不为人注意的《释迦方志》没有提到任何阴谋，它只是提到戒日王和鸠摩罗王敬拜佛陀，只是一般的仪礼，并不与任何特殊的宗教集会有关[②]。而我们觉得，《大慈恩寺三藏法师传》中的说明代表发生的真实情况。首先，应该记得玄奘热衷批驳小乘教义，早就被戒贤选派前往奥里萨批驳那里的小乘法师。正是他在曲女城法会上宣称破除小乘信仰。实际上，这次戒日王召开这次法会验证玄奘撰写的批驳小乘教义的论文。因此，小乘僧徒阴谋杀害他，可以认为是在当时法会上产生的激愤情绪的结果，比较合乎情理。其次，在《大唐西域记》中提到大火突然奇迹般地熄灭，至少证明这是玄奘凭想象引入的超自然成分。而相比之下，《大慈恩寺三藏法师传》中的说明更合情理，完全没有超自然成分。最后，正如我们在下面会看到的，随后不久举行五年一度的钵逻耶伽大施

① 参阅 CA，第 118—119 页。

② She Kia Fang Che，trans. by P. C. Bagchi，Calcutta，1959，第 56—60 页。

舍，戒日王向佛教徒的施舍只有一天，而对婆罗门的施舍持续二十天。人们几乎不能设想，如果婆罗门就在不久前阴谋杀害他，还会这样。在我们看来，佛教两个部派之间不体面的对立，小乘僧徒阴谋杀害玄奘，破坏了曲女城法会。后来，玄奘可能意识到这个事件会对佛教产生负面印象，因此，在《大唐西域记》中虚构婆罗门阴谋杀害戒日王的故事。但是，慧立依据玄奘的原始笔录撰写玄奘传，无心地记叙了真实的事件。事实上，曲女城法会不仅显示婆罗门和佛教徒的敌对，也显示小乘僧徒和大乘僧徒的对抗。这通过玄奘与印度法师智光（Prajñāprabha）和慧天（Prajñādeva）于652—654年间的通信可以得到进一步证明①。慧天可能是《大慈恩寺三藏法师传》中撰写七百颂《破大乘论》的那位婆罗门小乘法师②。在小乘僧徒的提议下，戒日王要求那烂陀寺院戒贤派出四位大乘论师去考察和批驳这篇论文。只是由于戒日王忙于事务，这次辩论没有进行。现在，在其中一封信中，玄奘向慧天提起自己旅居印度时，有幸在曲女城会见慧天，在那里“又亲交论。当对诸王及百千徒众，定其深浅。此立大乘之旨，彼竖半教之宗，往复之间，词气不无高下。务存正理，靡护人情，以此辄生凌触”。玄奘也明白显示在这次辩论中，慧天并未被击败，因为在这封写于654年的信中，玄奘仍然劝请慧天“宜早发大心，庄严正见”。这清楚表明：（1）曲女城法会显示大乘和小乘的对立；（2）玄奘并非是这次辩论的不可挑战的胜利者。这样，戒日王信仰佛教，即他偏袒佛教而导致婆罗门对他的仇恨，支持这种理论的这个重要证据站不住脚③。

---

① Devahuti，Harsha：A Political Studies，2nd ed.，1983，第281—296页。

② Life，第159页。(《大慈恩寺三藏法师传》中记载的这位论师名为般若毱多，慧天名为Prajñādeva，可音译为般若提婆，应该有所不同。——译注）

③ 波兰印度学家比尔斯基暗示（Bhātatī，Varanasi，1961—1962，No.5，第80页）波那在某种程度上卷入婆罗门的这个阴谋绝对没有任何根据。提出这种想象性的暗示远比作出证明更容易。

曲女城法会不证明戒日王信仰佛教

现在，提出的问题是，在曲女城法会的记叙中，还有其他什么能证明戒日王接受大乘作为自己的信仰？只有一件事可以作出这样的解释，即他敬拜佛像以及他和鸠摩罗王分别扮作帝释天和梵天，作为佛陀的侍从。但是，这个论证很不牢靠。它忽视曲女城法会是一个佛教徒的集会，其召开是为了给予佛教论师们一个检验玄奘的论文的机会。在这样的集会上，敬拜佛陀是很自然的。我们应该记得，在古代印度，如果不是始终，也是经常地，印度教徒会毫不迟疑地敬拜其他宗教的神。戒日王这位宽容大度的湿婆教徒，几乎不可能指望他反对这样做。如果鸠摩罗王可以参与敬拜佛陀，而仍然被认为是湿婆教徒，人们会诧异为何戒日王参与敬拜佛陀，就必须被认为是抛弃了他个人的湿婆教信仰。若是论证说戒日王和鸠摩罗王扮作帝释天和梵天显示对婆罗门教不尊敬，这也不能成立。这些大神在佛教中也有位置，被认为附属于佛陀。例如，在记述位于曲女城东南二百里的劫比他国（Kapitha）时，提到在一个寺院中安置有一座石佛像，“左右有释梵之像”①。因此，看到帝释天和梵天侍奉佛陀，不会伤害婆罗门的感情。在印度教本身中，如果一位神在一个教派中被认为是至高的神，常常在另一个教派中会被安排在次要位置，人们对此并不在意。这是人人都有的普通经验。

这样，在对曲女城法会的记叙中，没有什么能证明戒日王本人信仰佛教。他向玄奘表示的尊敬也没有什么特别。鸠摩罗王对玄奘的欢迎也非常热情，“率群臣迎拜赞叹，延入宫，日陈音乐，饮食华香，尽诸供养”②。戒日王宣令保障玄奘这位中国朝圣者的安全，

---

① Life，第 81 页以下。

② 同上书，第 171 页。

这也没有什么特别，因为是他赞助召开这次法会，这是他的责任。实际上，正是玄奘描述这次法会的方式造成历史学者们思想混乱。他描述自己发出挑战，任何人能发现他论文中的错误，就可以取他的头，这没有什么特别。实际上，这种规则是这种辩论的一部分。例如，那位后来为玄奘解释小乘论文的顺世论派婆罗门，也曾这样挑战那烂陀寺院僧徒："若有难破一条者，我则斩首相谢。"① 同样，玄奘在胜利后，乘坐大象游行，这也是普通的事情。按照《大慈恩寺法师传》自己的说法，"西国法，凡论得胜如此"②。《大慈恩寺三藏法师传》中对这些事情怀有私心的描述只能证明玄奘的虚荣心，而不能证明戒日王接受大乘佛教作为他个人的宗教③。

钵逻耶伽五年一度的大施舍证明戒日王信仰湿婆教

玄奘从曲女城前往钵逻耶伽参加戒日王举行的五年一度的大施舍（643 年 3 月 1 日）。对这次大施舍的记叙也被用作支持戒日王信仰大乘佛教的理论证据。例如，代沃胡提暗示这次大施舍依据佛教传统举行④。但是，没有什么特殊的佛教传统。确实，佛教帝王也举行这样的大施舍，但这首先是印度教的一种制度，在印度教圣地举行。例如，迦梨陀娑在他的《罗怙世系》（4. 86）中提到罗怙举行施舍一切财富（sarvasvadāna）的祭祀⑤。按照玄奘的记叙，

---

① Life，第 161 页。

② 同上书，第 180 页。

③ 有趣的是，《侏儒往世书》（Vāmanapurāṇa，50. 14—19）可能暗示摩霍陀耶（Mahodaya）即曲女城传统以崇拜太阳神著名，这是补希耶菩提（Puṣyabhūti）崇拜的一位大神。

④ Devahuti，Harsha：A Political Studies，1st ed.，第 157 页。

⑤ Kālidāsa Granthāvalī，ed. by Sitarama Chaturvedi，第 50 页。

“自古至今，诸王豪族，凡有舍施，莫不至此，周给不计，号大施场”[①]。而且，他说戒日王“聿修前绪，笃述惠施”[②]，自然，戒日王的祖先不是佛教徒。他也说戒日王第六次举行这样的大施舍。这意味戒日王自617年起，一直举行这样的大施舍。但是，直至631年，他肯定是一位“无上大自在天崇拜者”。因此，这种大施舍并非特别属于佛教。波那知道戒日王是湿婆教徒，提到他系上一条布带（cīra），表示他庄重地施舍他的一切财富（sarvasvadāna）[③]。这也让我们记起玄奘提到戒日王施舍“一切尽已，从其妹索粗弊衣著”[④]。

这里可以指出，在《大唐西域记》中，玄奘对这次大施舍提供了一个“改编版”。例如，他只提到敬拜佛陀[⑤]，而在《大慈恩寺三藏法师传》中提到第一天敬拜佛陀，第二天敬拜太阳神，第三天敬拜自在天湿婆[⑥]。为何玄奘在《大唐西域记》中隐去这个事实，而慧立依据他的原始笔录撰写的他的传记明显有这个事实？显然这个事实让人不舒服，与他刻画戒日王信奉大乘佛教不协调。然而，戒日王在钵逻耶伽大施舍中敬拜佛陀、太阳神和湿婆肯定是事实，因为崇拜太阳神代表他的祖先，崇拜佛陀代表他的兄长和妹妹，崇拜湿婆代表他自己。慧立不可能从自己的脑子中发明出补希耶菩提王族成员们特别崇拜的这三位神。因此，直至玄奘离开前，迟至643年，戒日王特别崇拜湿婆是事实。这否定了戒日王受玄奘影响

① Records，1，第233页。
② 同上。
③ 《戒日王传》，第60页。
④ Life，第187页。
⑤ Records，1，第233页。
⑥ Life，第186页。

而成为大乘信徒的理论①。

也非常有意义的是，在分别敬拜佛陀、太阳神和湿婆后，在三天中，只有一天“施僧万余人”（显然是佛教僧徒），而施舍婆罗门持续二十余日，施舍外道十四天，施舍远方前来求乞者十日，施舍诸各种贫穷孤独者一月。这样，戒日王施舍他的个人财富持续七十五天②。这样，在这七十五天中，施舍财物给佛教徒只有一天，而施舍财物给婆罗门有二十天。这个事实在《大唐西域记》中也没有提到，显然因为这不符合他刻画戒日王是佛教和佛教徒的伟大支持者。

结论：戒日王从未接受佛教作为他的个人宗教

从以上讨论，可以得出结论如下。

（1）戒日王本人的铭文、钱币以及波那的证言无疑证明至少直至 631 年他本人是湿婆教徒。

（2）在 643 年举行的五年一度的钵逻耶伽大施舍中，同时崇拜佛陀、太阳神和湿婆，证明在玄奘即将离开印度时，戒日王仍是湿婆教徒。因为只有设想太阳神是他的祖先崇拜的神，佛陀是他的兄长和妹妹崇拜的神，湿婆是他自己崇拜的神，才能解释为何特别崇拜三位神。

（3）论证戒日王在会见玄奘前就已倾向佛教，大多只是现代学者的个人“观点”。如果设想像大多数其他印度教帝王那样，戒日王在宗教事务方面宽容大度，虽然大力支持佛教徒，以取悦他的妹

---

① 这里，注意到这一点也很有意义，在玄奘描述曲女城时，特别提到“石精舍南不远，有日天祠。祠南不远，有大自在天祠。并莹青石，俱穷雕刻，规摹度量，同佛精舍。各有千户，充其洒扫。鼓乐弦歌，不舍昼夜”（Records，1，第 223 页）。这个描述证明戒日王同样尊敬佛陀（他的兄长、妹妹和曲女城部分民众崇拜的神）、太阳神（他的祖先崇拜的神）和湿婆（他自己崇拜的神）。

② Life，第 186 页以下。

妹罗阇室利和曲女城民众（他们是热忱的佛教徒），但没有放弃他对湿婆的虔信，那些“观点”就很容易得到解释。

（4）无疑，玄奘确实将戒日王描写成热忱的佛教徒。但是，这也是事实，如果剔除他的证言中他的宗教偏见和个人私心，合理地解除其中的内在矛盾，那么，完全能说明戒日王虽然本人是湿婆教徒，但他始终尊敬和帮助包括佛教在内的其他宗教，沿袭印度传统对外来访问者的礼貌，而这位客人误解戒日王皈依他自己的信仰。

（5）戒日王和玄奘前两次会见的记叙明显被夸张。戒日王和罗阇室利不可能如此突然和彻底皈依大乘佛教。

（6）曲女城法会的记叙不能证明戒日王本人已经成为佛教徒。在佛教集会上敬拜佛陀是很自然的。帝释天和梵天作为佛陀的侍从的场景不会伤害印度教徒的感情，因为这两位神也被确认为佛教的神。而且，印度教徒习惯于看到一位在一个教派中被确认为至高的神，在另一个教派中被排在次要位置。戒日王敬拜佛陀不能被认为是他信仰佛教的结论性证明。如果鸠摩罗王可以敬拜佛陀，而仍然是湿婆教徒，为何不能说戒日王也是这样？慧立没有说到婆罗门妒忌戒日王偏袒佛教徒而阴谋杀害他的故事，因此，这是玄奘的想象虚构。

（7）钵逻耶伽大施舍与佛教无关，而是在印度教圣地举行的印度教祭祀仪式。这也结论性地证明戒日王仍然是一位湿婆崇拜者，远更倾向于婆罗门，而非佛教徒。

（8）比尔斯基暗示戒日王统治晚期在宗教政策上缺乏平衡，因为他将他的个人宗教倾向作为国家政策的唯一基础。这不仅不正确，而且与事实相反。虽然戒日王本人是湿婆教徒，但他从不让个人的宗教信仰妨碍国家利益。在他整个一生中，一直表示对佛陀及其宗教的尊敬。比尔斯基暗示戒日王最后遭到谋杀，绝对没有根据。

鉴于这些考虑，我们认为戒日王接受大乘佛教作为他的个人宗教，这种流行的观点需要严肃的再思考。

附录七

设赏迦和佛教*

设赏迦（Śaśaṅka，七世纪初叶）是高达国（Gauḍa）国王，从几种当时的资料得知他在印度历史上占有一个突出位置。他作为曲女城戒日王的敌手，以迫害佛教而著名。他本人是湿婆教信徒。他的钱币正面显示斜倚在母牛南迪（Nandī）上的湿婆，背面显示坐在大象上的吉祥女神（Lakṣmī）①。刻在罗诃差伽诃山前岩石上的一个印模顶部也有一头母牛的形象②。

但是，设赏迦也奉行反佛教政策。玄奘记载“近设赏迦王者，信受外道，毁嫉佛法，坏僧伽蓝，伐菩提树，掘至泉水，不尽根柢，乃纵火焚烧”③。他记载设赏迦徒劳地企图“除此佛像，置大自在天形”④。还有，在记叙拘尸那揭罗国时，说“设赏迦王毁坏佛法，众僧绝侣，岁月骤淹，而婆罗门每怀悬恻”⑤。在另一

---

* 本文作者是商羯罗·戈耶尔（Shri Shankar Goyal），M. A.，Kusumanjali Prakashan，Meerut。

① Allan, J.，Catalogue of the Coins of the Gupta Dynasties and of Śaśaṅka，King of Gauḍa，第147页。

② 参阅 Goyal，S. R.，Maukhari-Pushyabhūti-Chālukya Yugīna Abhilekha，Meerut，1987，第78页。

③ Watters，Travels，2，第115页；Beal，Records，2，第118、121页。

④ Travels，2，第116页。

⑤ 同上书，第43页。婆罗门是那里佛教寺院的建造者。

处，玄奘说“近者设赏迦王毁坏佛法，遂即石所，欲灭圣迹，凿已还平，文采如故。于是捐弃殑伽河流，寻复本处”[①]。按照玄奘，由于设赏迦的这些罪孽，“举身生疱，肌肤攫裂，居未久之，便丧没也”[②]。在另一处，玄奘讲述菩萨鼓励戒日王登上王位的理由之一是“金耳国王既毁佛法，尔绍王位，宜重兴隆”[③]。这确实是坦承由于设赏迦的活动，佛教严重衰微。《文殊师利根本仪轨经》的作者记载设赏迦敌视佛教的传说。他讲述“正如过去佛预言的那样，月亮王（Soma，即设赏迦）心思邪恶，会毁坏优美的佛像；他心思邪恶，痴迷外道邪说，会烧毁正法（dharma）大桥。然后，这个充满虚妄邪念的贪婪暴戾的作恶者会威胁寺院、园林和寺塔以及尼乾陀的住处”[④]。他进而说“他死于口腔疾病，被蛆虫啃啮，堕入地狱。他的都城毁于神力。他的生命毁于人们的诅咒，在高烧中昏迷而死”[⑤]。按照马宗达，设赏迦身罹严重疾病的传说甚至反映在后期孟加拉婆罗门的宗谱著作中。依据其中沙迦洲（Grahavipra，即Śākadvīpa）婆罗门部分保存的传说，这些婆罗门是生活在萨罗优河边的十二位婆罗门。他们被召请治疗高达国王设赏迦患有的这种不可治愈的病。然而，这个传说讲述设赏迦被治愈，奖励这些后来定居孟加拉的婆罗门[⑥]。

对于设赏迦反佛教政策的证据，现代学者看法不一。按照阿兰，“可以肯定设赏迦是一位迫害佛教者，虽然中国朝圣者相信他

① Travels，2，第92页。

② Beal，Records，2，第122页。

③ Travels，1，第343页。

④ Jayaswal，An Imperial History of India，第49—50页。

⑤ 同上书，第50页。

⑥ Majumdar，R. C.，The History of Bengal，1，第67页。

迫害的程度比实际可能的更严重”①。按照查特吉，设赏迦是古代印度极少的奉行宗教迫害政策的帝王之一②。巴沙克也认为，“为设赏迦的残酷行为开脱是没道理的”③。

然而，按照许多历史学者，包括钱德、般纳吉、马宗达和辛诃，以上提到的设赏迦的事迹不能证明他不奉行宗教宽容政策④。他们的论证如下。（1）没有其他独立的证言，则不能认同设赏迦迫害佛教的这些故事是真实的，因为它们“唯独依据佛教作者的证据。无论如何不能认为这些作者没有偏向或偏见，至少在关于设赏迦和不利于佛教的事情上”⑤。（2）设赏迦迫害佛教的这些故事充满超自然的神奇成分⑥。（3）玄奘提到在金耳国有“伽蓝十余所，僧徒两千余人，习学小乘正量部法”。在都城中还有一座宏伟的“络多末知（Rattamattikā）僧伽蓝”⑦。玄奘描述的设赏迦的都城中这种佛教兴盛的状况，几乎与他是宗教偏执者和残酷的迫害佛教者的观点完全相悖⑧。（4）设赏迦对佛教徒怀有病态感情的原因可能是摩揭陀和其他地方的佛教徒某种程度上与戒日王共谋反对他，因此，他想用这种迫害的方式惩罚他们⑨。辛诃指出，有许多佛教寺院和学术中心，可以合理地设想，佛教也许是印度最有组织性的教

---

① Allan, J., Catalogue of the Coins of the Gupta Dynasties and of Śaśaṅka, King of Gauḍa, Intro, 第 63 页。

② Chatterji, G. S., Harshavardhana, 第 189 页。

③ Basak, R. G., The History of North-Eastern India, 第 154—156 页。

④ Chanda, R. P., Gauḍarājamālā, 第 13 页; Majumdar, R. C., The History of Bengal, 1, 第 67 页; Banerji, R. D., Majumdar 转引, 同上书, 第 6 页; Sinha, B. P., The Decline of the Kingdom of Magadha, 第 259 页。

⑤ Majumdar, R. C., The History of Bengal, 1, 第 67 页。

⑥ Majumdar, R. C., A Comprehensive History of India, 3, Pt. 1, 第 207 页。

⑦ Travels, 2, 第 191—192 页。

⑧ Majumdar, R. C., The Classical Age, 第 80—81 页。

⑨ Basak, R. G., The History of North-Eastern India, 第 154—156 页。

派，佛教徒在摩揭陀的政治历史中发挥某种重要作用。“很可能，婆罗门教的高达族人将原本是佛教徒的莫卡利族人驱逐出摩揭陀，导致强大的摩揭陀佛教徒不欢迎设赏迦。……铲除菩提树可能是出于针对摩揭陀佛教集团的经济利益考虑，因为世界各地的佛教徒都来这里向菩提树供奉。完全可以理解，像玄奘这样的外来宗教学者会在设赏迦的这些行动中注意到一种蓄意摧毁佛教的政策。后来，佛教作者有意无意地解释设赏迦的行动纯粹是受宗教狂热的支配。这种不理解征服者的多种动机，只是夸张其中的一种，在印度历史上并不少见。”① （5）“设赏迦亵渎佛像后，立即死去，这个故事最令人怀疑。正是这样一个故事，玄奘用于创造效果。在北传佛教资料中，有一个相似的故事，讲述反佛教的国王弗沙密多罗·巽伽在奢羯罗宣布‘无论谁交给我一个佛教徒的头颅，我就赏给他一百金币（dīnār）’之后，他和他的所有军队突然毁灭，明显是虚假的。可以合理地设想玄奘关于设赏迦的这个故事同样不真实。几乎可以肯定，玄奘知道弗沙密多罗的传说，因为它见于不止一个汉语文本，我们怀疑他写下对设赏迦的类似诅咒，脑子中装有弗沙密多罗的命运。”②

但是，我们不能接受钱德、查特吉和其他学者提出的为设赏迦开脱的论证。认为证明设赏迦采取这种政策的证据仅仅来自佛教资料，这种论证是十分奇怪的。他们认为除了佛教文献，应该期待其他资料证明设赏迦采取迫害佛教徒以及他们的宗教的政策，这令人感到诧异。毕竟，应该期待受迫害方保存受迫害事实的记忆。确实，设赏迦反佛教活动的故事只见于两种佛教著作，但同样也是事实，这两种著作写成于两个不同的时期，玄奘是在设赏迦死后的一些年访问印度，另一位印度佛教作者是在玄奘访问印度后的一些世纪。《文殊师利根本仪轨经》的作

① Sinha, B. P., The Decline of the Kingdom of Magadha，第259—260页。

② Devahuti, Harsha: A Political Study, 1983，第48页。

者不可能知道玄奘已经写过设赏迦什么。因此，他叙述设赏迦奉行反佛教政策的故事，必定是依据在他的时代流行的印度本土传说。这样，设赏迦的反佛教政策必定是残酷的，以致在他死后一些世纪仍然留在这个国家的记忆中。代沃胡提暗示设赏迦之死的故事是玄奘依据弗沙密多罗之死的模式臆想的，显然不合逻辑。首先，两位帝王之死的故事没有共同性——弗沙密多罗死于滚落的巨石，出自超自然的神力，而设赏迦死于疾病。其次，这个故事并非玄奘的发明，它稍有变化也出现在《文殊师利根本仪轨经》和马宗达引用的中古孟加拉传说中，两者都没有接触玄奘的著作，便证明这一点。至于在佛教传说中含有超自然成分，我们应该记得这样的成分见于所有的宗教文献中。如果认为保存在它们之中的故事全都不可靠，那就完全不可能利用文献资料重构印度历史。

玄奘记述佛教在金耳国设赏迦的都城兴盛的情况，这不能证明什么，因为它属于设赏迦之后的时期。玄奘也发现佛教在摩揭陀的兴盛情况，设赏迦也曾在那里采取反佛教政策。

将设赏迦的政策归诸政治必要性，马宗达本人也认为"纯系揣测，依据是后来时代的佛教徒表现的类似倾向，为了教派利益而牺牲国家利益"①。而且，即使有一些佛教徒偏向设赏迦的敌人，也不能说明设赏迦可以采取敌视作为一种宗教的佛教的政策。在古代印度，任何两位对立的国王可能会属于不同的宗教。但他们不会迫害对手的宗教追随者。如果设赏迦这样做，他显然就是奉行一种宗教狂热政策。辛诃和其他学者排除设赏迦的宗教狂热，理由是他迫害佛教徒是出于政治原因，这基本上与许多现代学者为穆罕默德·加兹尼和奥朗则布等辩解，为他们开脱迫害印度教徒和印度教的政策相同。

---

① Majumdar, R. C., The History of Bengal, 1，第 67 页。

附录八

波罗王朝时期的佛教*

波罗（Pāla）王朝国王的恩宠成为大乘和怛特罗佛教历史上的最重要因素之一。波罗王朝的统治者都是佛教徒。在他们长达四个多世纪的统治时期，佛教已经在除了喜马拉雅山区之外的印度其他地区失去基地，而在比哈尔和孟加拉找到安全的庇护。佛教也主要是从波罗帝国引入西藏，在那里与许多本土信仰结合，活存至今①。波罗王朝的许多铭文都以吁请佛陀起首，总结最发达的大乘形式中的佛陀和菩萨的新意识形态。

牛护

波罗王朝的奠基者牛护（Gopāla，音译瞿波罗）是佛教的恩主。他本人是否接受佛教或出生于佛教家庭，不得而知。在那罗延护（Nārāyaṇapāla）的铭文中，他被比作佛陀。他恢复那烂陀寺院，并在他的统治地区建立好几个新寺院，慷慨施舍佛教僧徒。在他的统治期间，一位居士花费据说奇迹般获得的大量金子，建造高耸的奥丹多普利寺院。这座建筑后来成为西藏建造的第一座寺院的样

---

* 本文作者是商羯罗·戈耶尔（Shri Shankar Goyal），M. A.，Kusumanjali Prakashan，Meerut。

① Basham，A. L.，The Wonder that was India，第71—73页。

板。牛护本人在奥丹多普利附近建造那烂陀寺庙。《文殊师利根本仪轨经》告诉我们牛护建造“寺院、寺塔、林园、储水池以及优美的免费客舍、桥梁、神殿和石窟”①。这表明他是一位仁慈的统治者，也关心其他信仰的利益。

伟大的哲学家和因明学家寂护（Śāntarakṣita）生活在牛护统治期间，死于法护（Dharmapāla）统治期间②。他属于孟加拉的一个王族家庭，成为那烂陀的著名导师。应西藏帝王赤松德赞邀请，他前往西藏，在那里停留到762年。在西藏，他被称为“智者菩萨”（Paṇḍita Bodhisattvā）或法寂音（Dharmaśāntighoṣa）。他也在尼泊尔度过六年，宣传佛教。他被认为是历史上著名的自在（Svayambhū）寺塔的建造者。他撰写有法称（Dharmakīrti）的《说正理》（Vādanyāya）注释。但他的杰作是《真理要集》（Tattvasaṃgraha）。在这部巨著中，他批判其他佛教和非佛教派别的观点，而支持瑜伽行派观点③。

法护

波罗王朝下一位国王法护（Dharmapāla，音译达磨波罗）在他自己的和后继者的铭文中被称为“无上佛陀崇拜者”（Paramasaugata）。他被认为是超戒寺院（Vikramaśīla 或 Vikramaśīlā）的建造者，那是九至十二世纪印度最重要的佛教学术中心之一④。这座寺院这样命

---

① Jayawal, An Imperial History of India，第683—690页。

② 关于寂护生平历史的详情，参阅Sinha, S. D. P., Nālandā Paṇḍita Śāntarakṣita: His Writings and Endeavour to Propagate Buddhism in Tibet and Nepal, PIHC, 42nd Session, 1981，第110—114页。

③ Dutt, N., in AIK，第270页。

④ 关于超戒寺院的详细研究，参阅Saran, S. C., Vikramaśīlā University: A Centre of Tāntricism, K. P. Jayawal Commemoration Volume, Patna, 1981，第117—122页；也参阅Chaudhari, R. K., The University of Vikramaśīlā。

名是因为法护的第二个名字或称号是“超戒”[①]。他极其钦佩《般若波罗蜜经》的教导。他让《般若波罗蜜经》的重要注释者和瑜伽行派哲学阐释者师子贤（Haribhadra）担任他的精神导师。师子贤出生于一个王族家庭，他与寂护一起研究中论经典，与遍照贤（Vairocanabhadra）一起研究瑜伽行论经典。他撰写有《八千颂般若波罗蜜经》和其他经的注释。他依据瑜伽行派立场解释《般若波罗蜜经》的《现观庄严论》注（Āloka）证明他对佛教学说具有广博和深厚的知识[②]。他住在三峰（Traikūṭaka）寺院，大约死于法护在位二十年后。在师子贤死后，师子贤的大弟子佛智足（Buddhajñānapāda）成为法护的精神导师。他宣传所作怛特罗和瑜伽怛特罗的仪式和教导，尤其是《秘密集会经》（Guhyasamāja）、《幻网经》（Māyājāla）、《月亮秘密吉祥志经》（Candraguhyatilaka）和《文殊师利愤怒经》（Mañjuśrīkrodha）。他主持超戒寺院的宗教仪式，成为它的第一位精神领袖金刚师。

除了这两位导师，还有许多精通一些研究分支的僧侣。他们包括怛特罗导师寂友（Praśāntamitra）、佛密（Buddhaguhya）和佛寂（Buddhaśānti），佛智足的弟子们，罗睺罗跋陀罗（Rāhulabhadra）和克什米尔的导师莲花藏音（Padmākaraghoṣa）、注释家莲花戒（Kamalaśīla）、因明学家善护（Kalyāṇarakṣita）、善庄严（Sobhavyūha）、海云（Sāgaramegha）、光藏（Prabhākara）、满增（Pūrṇavardhana）和法藏授（Dharmākaradatta）。佛智足的弟子寂友研究《般若波罗蜜经》和某些部分的所作怛特罗和瑜伽怛特罗，达到阎摩王成就（Yamāntakasiddhi）。他在那烂陀寺院南边建造了一座名为甘露藏（Amṛtākara）的寺院[③]。

---

① Majumdar, R. C., A Comprehensive History of India, 3, Pt. 1, 第 660 页。

② AIK，第 270 页。

③ 同上书，第 271 页。

法护建造的超戒寺院，位于摩揭陀恒河附近的一座山顶北面，有五十三个适合怛特罗密教修行的石窟，五十四个适合僧侣一般使用的住屋，包括一个中央厅堂，总共一百零八个石窟，周围有围墙和六个门①。一百零八个比丘智者照管这座寺院，每个人都有专职，即祭供神祇、主持护摩（homa）祭、主持入教仪式、照看鸽子和寺院仆从等。其中一些比丘智者担任教学任务，教授语法、形而上学、因明和仪式学等各种学科。由国家供给听课的学生食物和钱。寺院的收入由这一百零八个比丘智者平分②。给学业优异的学生颁发奖状。这个寺院的大量学生不仅来自印度各地，也来自西藏地区和其他国家。许多梵语著作在这里译成藏语。在《大自在往世书》（Bṛhatsvayambhūpurāṇa）中提到一切知友（Sarvajñamitra）的《花鬘持颂》（Sragdharāstotra）的注释者胜护（Jinarakṣita），还有法吉祥友（Dharmaśrīmitra）也生活在这个寺院③。多罗那他记载有超戒寺院金刚师的传承。按照他，有五代金刚师，而实际上在六贤门智者（dvārapaṇḍita）之前有十二位，即佛智足（Buddhajñānapāda）、燃灯贤（Dīpaṅkarabhadra）、胜贤（Jayabhadra）、吉祥持（Śrīdhara）、薄婆跋陀罗（Bhavabhadra）、吉称（Bhavyakīrti）、游戏金刚（Līlāvajra）、杜尔遮那钱陀罗（Durjanacandra）、黑时金刚（Kṛṣṇasamayavajra）、如来护（Tathāgatarakṣita）、菩提贤（Bodhibhadra）和莲花护（Kamalarakṣita），然后是六贤门智者，燃灯吉祥智（Dīpaṅkaraśrījñāna）等，然后是无畏藏护（Abhayākaragupta）和善藏

---

① 超戒寺院（现在的 Antichak in District Bhagalpur，Bihar）考古发掘已发现属于波罗王朝时期一座有两个台基的大寺塔。1971—1982 年发掘发现一座 330 米方形寺院的北翼、西翼、南翼部分和东翼。“依据结构，可以看出这座寺院有 208 个石窟。门道位于北翼中部。通过门道的路边砌有砖石。寺院外墙有矩形和圆形堡垒状突出物。”（Thapar，B. K.，Recent Archaeological Discoveries in India，Paris，1985，第 135 页）

② N. Dutt 转引，in AIK，第 271 页。

③ 同上。

护（Subhākaragupta）等①。

在法护统治期间，信度声闻（Saindhavaśrāvaka）在超戒寺院制造一些麻烦。他们毁坏亥鲁迦（Heruka）铁像，焚烧经咒，宣称大乘（即怛特罗）不代表佛陀的真正教导，让许多来自孟加拉的朝圣者皈依他们的信仰。这些声闻大多是僧伽罗比丘。法护对这些声闻的企图感到愤怒，准备惩罚他们。但是，他在佛智足的劝告下，没有这样做。

法护据说建立了五十座寺院。他是伐楞德利的苏摩普罗寺院的建造者。按照一些记载，他也建造了奥丹多普利的宏伟寺院，虽然也有记载认为这座寺院是他的父亲或儿子建造的②。考古发掘证明在孟加拉罗阇夏希地区的波赫尔普尔是苏摩普罗寺院的古代遗址，因为在这里发现的一些印章上有法护建造苏摩普罗寺院的铭文③。他也赞助那烂陀寺院。在那烂陀发现的一块铜版上标明捐助者是"如同大自在天的至尊大王中大王法护"④。在那烂陀也发现刻在寺塔边沿的文字记录寺塔上佛陀坐像的数目，提到那时"光辉的法护是声名远扬的国王"⑤。

虽然法护是佛教徒，他对其他宗教也采取宽容态度。他的克林普尔铭文说他尊敬所有的教派，尤其是婆罗门。他捐赠四个村庄给一座婆罗门教寺庙，指定婆罗门伽尔伽为他的大臣。按照夏斯特里，法护对婆罗门的慷慨态度是受他的印度教妻子冉那黛维（Raṇṇādevī）影响，她是拉施特拉古吒的首领波罗巴罗的女儿⑥。

---

① N. Dutt 转引，in AIK，第 272 页。

② Majumdar，R. C.，CHI，第 660 页。

③ 关于这些发掘的说明，参阅 Memoirs of the Archaeological Survey of India，No. 55（Paharpur，K. N. Dikshit）。

④ 参阅 Sinha，B. P.，Dynastic History of Magadha，第 183 页。

⑤ Sinha，The Decline of the Kingdom of Magadha，第 365 页。

⑥ Sinha，同上书，第 365—366 页；也参阅 Ray，H. C.，Political History of Northern India，第 56 页。

天护

天护（Devapāla，音译提婆波罗）是法护的儿子和继承人，也遵循他的父亲的宗教政策。他是佛教的恩主，在他的铭文中被称为“无上佛陀崇拜者”。在那烂陀发现的一座铁像上的还愿铭文的年代是他统治的第三年。多罗那他确认他重建佛教。一份出自高斯罗凡年代不明的佛教铭文告诉我们天护指定一位那伽罗哈罗的婆罗门担任那烂陀寺院院长。一份在那烂陀发现的刻有天护印章的铜版铭文讲述金岛国王幼子天（Bālaputradeva）请求天护捐赠四个村庄维持幼子天自己建造的那烂陀寺院，天护答应他的请求[①]。一份在希尔萨（离那烂陀15公里）发现的佛教女神多罗塑像上的铭文提到天护和那烂陀大寺的文殊师利天（Mañjuśrīdeva），记录一位佛教居士殑伽达罗捐赠的礼物，年代在天护统治的第三十五年[②]。在那烂陀和其他遗址已经发现有好几份其他佛教铭文。

天护最重要的成就之一是恢复埋在沙土中的三峰寺庙，加以扩建。这座寺庙随着时间推移，被称为新苏摩普利寺院，它的废墟已在波赫尔普尔发现。师子贤在他的《现观庄严论注》的结尾题署中提到他住在学者们敬仰的三峰寺院[③]。

天护的后继者

在天护之后，波罗王朝最有活力的统治者是地护（Mahīpāla，音译摩希波罗）一世。他和他的儿子理护（Nayapāla，音译那耶波罗）尽力维护佛教的发展。此后由于遭遇政治的麻烦，佛教开始衰

---

① Sinha，同上书，第367页；Majumdar，R. C.，The History of Bengal，第121—122页。

② Sinha，同上。

③ Majumdar，R. C.，AIK，第273页。

退，但在罗摩护（Rāmapāla，音译罗摩波罗）统治期间（约1077—1120年），佛教又开始积极活动。但是，这是油灯最后的火苗。从这时开始，佛教继续衰退，直至十二世纪末最终被突厥入侵者逐出它的诞生地。

在波罗王朝时期，有一些统治孟加拉的小王朝信奉佛教。藏语资料告诉我们在钱德罗（Candra）王朝统治时期凡伽罗地区怛特罗佛教兴盛。传说中著名的国王戈比钱德罗（Gopīcandra）属于这个王朝①。著名的毗讫罗摩城的阿底峡·燃灯（Atīśa Dīpaṅkara）据说出生在那里的王族家庭。他可能属于钱德罗王朝②。然而，塞纳国王们似乎不特别喜欢佛教。佛教没有受到他们的特别恩宠。结果，佛教团体很快消失，那些滞留者似乎也没有坚持很久，能活过突厥人入侵。

波罗王朝时期的佛教显然完全不同于玄奘在七世纪中叶描述的佛教。古代的部派如正量部等在东印度已经不再提及。大乘发展成称为金刚乘和怛特罗乘的形式。这个新运动的领袖在佛教传统中都被称为成就师（Siddha），传统认为有八十四位。

占据摩揭陀让波罗王朝的佛教统治者能掌控印度最大的一些寺院，即那烂陀、奥丹多普利和超戒寺院，后两个是波罗王朝帝王自己建造的。那烂陀大寺院在地护一世统治的第十一年前曾经着火而受损，但在当年就修复。然而，那烂陀寺院更大的受损是超戒寺院的出现，后者这时的名声远远超过它。多罗那他甚至暗示超戒寺院的职能部门监视那烂陀寺院的事务，保持对它的掌控③。

位于北孟加拉波赫尔普尔的苏摩普利大学直至十一世纪处于繁

---

① Bagchi, P. C., The History of Bengal 转引，1，第13章，第418页。

② 同上。

③ Bose, P. N., Indian Teachers of Buddhist Universities，第36页；也参阅 Das Gupta, N. N., The Struggle for Empire，第415页。

荣状态。阿底峡·燃灯生活在这里，与其他人合作，将清辨（Bhāvaviveka）的《中观宝灯论》（Madhyamakaratnapradīpa）译成藏语。约在十一世纪中叶，这座寺院被孟加拉东南部的凡伽罗军队焚毁。后来，一位名叫广吉祥友（Vipulaśrīmitra）的比丘设法修复这座寺院，但未能恢复它原先的宏伟规模。

罗摩护建造了一座新的名叫扎格陀罗的大寺院，也在孟加拉占有重要地位。除了维菩提钱德罗（Vibhūticandra）和达纳希罗（Dānaśīla），还有其他一些学者如解脱藏笈多（Mokṣākaragupta）、善藏笈多（Subhākaragupta）和达摩笈多（dharmagupta）等，也与扎格陀罗寺院有密切联系。伟大的释迦吉祥贤（Śākyaśrībhadra）据说也在这里住过一些日子。

波罗王朝时期的其他一些著名寺院可以提到三峰、黛维古吒、般底多、商那伽罗、普罗赫利、波底克雷迦和毗讫罗摩普利。三峰寺院是师子贤在法护赞助下撰写著名的《现观庄严论注》的地方。它可能位于北孟加拉某地，因为提到一座三峰神庙在拉达地区出土。黛维古吒寺院位于西孟加拉，般底多寺院位于吉大港。普罗赫利寺院经常被提到，好几个著名的佛教导师在这里生活，与西藏学者合作将梵语佛经译成藏语。它可能位于西摩揭陀的蒙吉尔附近某地。商那伽罗寺院位于东印度，被提到是佛教学术中心，一位名叫婆那罗特那（Vanaratna）的佛教学者在这里将许多佛经译成藏语。毗讫罗摩普利寺院在达卡的毗讫罗摩城，受到钱德罗王朝和塞纳王朝恩宠而繁荣①。

“所有这些大寺院或大学得到王室的丰厚捐助，印度各地的学者纷纷前来这里向当时最杰出的大师们求教。另一个具有历史重要性的显著特点是西藏学者经常来到这里，尤其是在地护一世时期。

---

① Bagchi, in The History of Bengal, 1, 第417—418页。

通常是受西藏帝王们的邀请，这些寺院一次次派遣杰出的学者前往雪域，带着宣传佛陀的福音或改革那里的宗教的使命。他们也经常利用那里有才能的比丘将梵语佛经译成藏语。这样，在西藏开始形成藏语佛教文献的核心。渐渐地，藏族学者也在印度僧侣的指导下，在西藏和印度学习梵语，从事此前由印度僧侣承担的翻译任务。随着时间推移，西藏僧侣越来越多，这些大学自然为他们提供学习梵语的充足条件。而印度的佛教学者也被吸引学习藏语，以便通过将梵语佛经译成藏语，将更多的佛教学说传到西藏。印度的大学，尤其是东印度和克什米尔的那些大学成为学习藏语的语言中心。这样，印度学者像西藏学者一样，也对庞大的藏语佛教文献的形成作出重要贡献。这些文献现在大部分成为我们关于这个时期的印度佛教学者及其工作的唯一知识来源。”①

① Das Gupta，N. N. ，The Struggle for Empire，第416—417页。

附录九

印度古代钱币上的佛教象征物和佛像*

在公元前一些世纪的纪念碑上，已经用一些象征物表现佛陀。我们在巴尔胡特和山奇的祭台上面或后面发现树、轮子（cakra）、伞盖（chatra）、足印（pāduka）和寺塔（stūpa）等在铭文中明确被称为佛陀（Bhagavato，“世尊”）和受到崇拜。复杂生活情景中的佛陀只是由象征物表现。斯普纳通过研究冲压的钱币上的象征物揭示这个事实。他发现有五种象征物联系紧密，即（1）日轮；（2）树枝；（3）寺塔；（4）有隆肉的公牛；（5）中间竖有三个伞盖，间隔有公牛①。按照他，寺塔实际上即佛教的寺塔，所谓的日轮代表法轮，树枝代表菩提树，还有常见的莲花。莲花并不唯独是佛教的象征，但普遍出现在所有时期的佛教艺术中，因此至少在明显是佛教成分组合中是合适的和协调的。有隆肉的公牛无疑与印度教相联系，但斯普纳相信它依然受到那些转向佛教的印度教徒喜爱。

然而，斯普纳依据佛教观点对这些冲压钱币上象征物的解释并

---

* 本文作者是商羯罗·戈耶尔（Shri Shankar Goyal），M. A.，Kusumanjali Prakashan，Meerut。

① ASI，AR，1905—1906。

不得到普遍公认①。首先，这些冲压的钱币上的象征物的意义是否是“宗教的”根本无法确定。其次，在一些钱币样本上呈现的这些象征物，或者组合，或者单独，无疑透露出其并非受佛教崇拜的影响。主张这些象征物无论何时何地被发现，都自动说明受佛陀宣说的宗教影响，是不正确的②。

坎宁安将地方和部落铸造的一些钱币上呈现的象征物与佛教相联系③。这些象征物是在栏杆上的树、卍字（nandipāda）和轮子。它们分别被解释为菩提树、三宝和法轮④。在南印度，一枚萨多婆诃那王朝国王伐悉斯提布多罗·希利·补鲁摩维的铅制钱币正面呈现十二辐条的轮子⑤。纳雷恩说那是佛教的法轮，符合制造者的佛教倾向，因为十二辐条代表佛教解释生死轮回的缘起说（paṭiccasamuppāda）中的十二因缘（nidāna）⑥。依据铭文资料，我们知道萨多婆诃那王朝统治者信奉婆罗门教，但是，在毗多尔考罗、那希格、跋贾、贝德沙和贡达奈发现的佛教石窟和铭文，以及跋底波诺鲁、阿摩拉提、戈利和坎吒夏罗的寺塔，证明佛教在萨多

① 参阅 Chattopadhyaya，Baskar，Coins and Icons：A Study of Myths and Symbols in Indian Numismatic Art，Calcutta，1977，第 230 页。

② 关于这些冲压的钱币上的象征物意义的详细讨论，参阅 Goyal，S. R.，The Coinage of Ancient India，Meerut，1987，第 96—99 页。也参阅 Gupta，P. L.，and Kardaker，T. R.，Ancient Indian Silver Punch Marked Coins of the Magadha-Maurya-Kārshāpaṇa Series，Anjaneri，1，1985，第 23 页；Sarasvati，S. P. Swami and Sinha，R.，The Coinage of Ancient India，1，Delhi，1986，第 90 页以下；Allan，John，Catalogue of the Coins of Ancient India，1967；Chakrabortty，S. K.，A Study of Ancient Indian Numismatics，Varanasi，1973。

③ Cunningham，The Coins of Ancient India，第 58、70—71 页。

④ Chakrabortty，Swati，Socio-Religious and Cultural Study of the Ancient Indian Coins，Delhi，1986，第 182 页。

⑤ JNSI，24，Pt. 2，第 178—179 页；也参阅 Sharma，I. K.，Coinage of the Sātavāhana Empire，第 68 页。

⑥ 同上。

婆诃那时代也处于繁荣状态①。因此，很有可能补鲁摩维在他的生活后期转而信奉佛教。那希格石窟铭文的年代属于他统治时期的第二十二年，以礼敬佛陀结尾②，支持这种设想。

呈现在印度-希腊统治者阿加索克利斯的铜币正面的图像通常被认为是佛教的寺塔③。那是顶上有一颗星的六重拱形结构的象征物，也见于地方和部落冲压和铸造的钱币以及西查多罗波斯和萨多婆诃那的钱币④。按照西奥博尔德⑤，它们是寺塔每个屋中一个舍利盒。然而，阿兰认为那是代表一座山⑥。在弥兰陀王的一些铜币正面呈现八辐条轮子⑦。按照高斯，八辐条代表佛教哲学中的八正道（aṣṭāṅgamārga）⑧。坎宁安⑨、怀特赫德⑩和纳雷恩⑪认为出现在阿加索克利斯的一些铜币和银币上的 dikaios（佉卢文 dharmika，“遵行正法者”）这个称号暗示这位国王倾向佛教。但是，如果 dikaios 暗示佛教倾向，那么，我们也必须认为除了阿加索克利斯，其他五位印度-希腊国王即阿契比乌斯、赫利奥克利斯、庇优科劳

---

① Sircar，D. C.，SL，第 186 页以下，第 196 页以下；Goyal，S. R.，Prāchīna Bhāratīya Abhilekha Saṃgraha，第 424 页以下、第 430 页以下。

② Goyal，S. R.，同上书，第 455 页。

③ Gardner，Percy，The Coins of the Greek and Scythic Kings of Bactria and India in the British Museum（BMC），第 12 页。

④ Allan，CCAI，第 29、60、62—63、65、68 页；第 21、26—27、38、47、64、80、82 页。

⑤ 同上书，第 24 页。

⑥ 同上。

⑦ Gardner，BMC，第 50 页。

⑧ Ghosh，N. C.，The Impact of Indian Tradition on the Coins of Alien Rulers of India，India's Contribution to World Thought and Culture，Vivekānanda Comm. Volume，第 139 页。

⑨ NC，1870，第 236 页。

⑩ 同上书，1923，第 321 页。

⑪ Narain，A. K.，The Indo-Greeks，第 99—100 页。

斯、斯特罗托一世和迪奥菲勒斯也是佛教徒，因为他们都使用这同一种称号[①]。当然，我们有《弥兰陀问经》和辛考特舍利盒铭文证明弥兰陀王倾向佛教[②]，但是，没有上述这些印度－希腊国王的同样证明。

关于在钱币上最早出现佛陀形象，学者们分成两种观点。我们可以介绍对莫埃斯（Maues）类型的描述，一些学者追溯为佛陀的坐像。这种类型通常认为是“大象和国王坐像”。这类钱币是方形的铜币。它们的正面呈现“方框中一头大象，象鼻上挂着一个花环，朝向右边”，背面呈现“方框中一位国王在垫子上的盘腿坐像”。一些钱币学家相信这个国王在膝部持有剑或权杖。但是，塔恩提出以下论证，说明莫埃斯钱币上的坐着的国王其实是佛陀[③]。（1）所谓的剑或权杖实际是佛陀座位的靠背。（2）这个人物不是坐在垫子上，如果是那样，垫子应该中间下陷和两端突起。（3）正面的大象是向背面坐着的人物表示敬意。舞动的大象象鼻举着一个花环可能表示大象走上前去向佛陀献花环。大象前来向佛陀献花环在佛教神话中经常提到[④]。（4）事实证明这个背面坐着的人物只能代表佛陀。很久前，朗沃思·戴姆也暗示莫埃斯钱币上的人物可能代表佛陀。他认为“仔细观察我掌握的印版和三个样本，不能肯定出现一把剑的地方，向右的水平线是座位的组成部分。这个人物的姿态似乎证明是坐着的佛陀，非常像迦腻色迦钱币的佛陀坐像”[⑤]。阿尔特卡尔[⑥]也提到《本生经义释因缘》（Jātaka aṭṭhakathānidāna）

① 参阅附录三。

② 详情查阅附录三。

③ Tarn, The Greeks in Bactria and India, 第400页。

④ Chakrabortty, Swati, Socio-Religious and Cultural Study of the Ancient Indian Coins, 第185页。

⑤ JRAS, 1912, B. Chattopadhyaya转引, 第230—231页。

⑥ JNSI, 14, 第52页。

告诉我们佛陀在觉悟前，准备坐在金刚座上，名叫娑提耶（Sothiya）的割草人献给他八束草，铺在他的座位上。乔答摩接受了这些草。按照阿尔特卡尔，座位上至少铺有五束草，最有可能另外一大束草在左端，两束草在右边，这样总数为八束草。

按照索霍尼，钱币上呈现的大象实际是因陀罗的坐骑爱罗婆多（Airāvata）大象。因为据说因陀罗曾经拜访在因陀罗山（Indraśāila）石窟的佛陀[①]。索霍尼将这些钱币的正面图像与佛陀和因陀罗会见相联系。他还将这个图像与佛陀和因陀罗会见的塑像进行比较。他解释阿尔特卡尔所说的草束是佛陀坐着修禅的因陀罗山石窟的岩石碎片。

如果我们认同这个人物是佛陀，那么，这些钱币的重要性就大为增加，因为它们代表最早在钱币上出现的佛像。迄今学者们将迦腻色迦钱币（一世纪末）上出现的形象视为最早的佛像。如果我们认同莫埃斯钱币上的形象是佛像，那么，佛像的古老起源还要向上推好几百年。这也将证明甚至在大乘出现前，外国皈依者已经努力表现佛像。然而，塔恩及其支持者认为佛像出现在莫埃斯钱币上的观点没有得到普遍公认。在这方面，马歇尔指出，所谓佛陀座位靠背显然是某种武器，与阿泽斯钱币[②]呈现的图像相似。莫埃斯将他自己的形象放在背面，是遵循安提摩楚斯二世尼克佛劳斯的先例，后者出现在他的银币背面的马背上，而正面是手持棕榈叶或花环的胜利女神。安提摩楚斯·尼克佛劳斯统治犍陀罗，而正是在犍陀罗，莫埃斯发行这种特殊类型的钱币。莫埃斯钱币正面以大象和花环替代胜利女神和花环，似乎模仿安提奥吉达斯方形铜币背面的类似格式，其正面呈现国王加冕的胸像。因此，看来莫埃斯钱币背面国王的坐像不可能是佛陀的坐像。

---

① JBRS, Buddha Jayanti Special Issue, 1956, 第214—215页。

② Taxila, 1, 第79—81页。

在贵霜王朝第一位统治者古朱罗·卡德比塞斯的一些钱币正面呈现盘腿而坐的形象，右手举起，戴有顶上有结的圆锥形头饰。钱币背面呈现右手抬起的宙斯站像。史密斯模拟卡德比塞斯的两枚钱币作为佛陀样例，正面呈现“湿婆和公牛”图案，背面是所谓“盘腿而坐的佛陀，右臂举起，左手放在臀部”。但是，依据以下理由①，难以认为这个形象是佛陀。(1) 按照怀特赫德，正面呈现佛陀，背面呈现宙斯。按照史密斯，背面是佛陀，正面是湿婆和公牛。发行者国王的形象在钱币的任何一面都不出现，似乎十分罕见。(2) 钱币两面同时呈现神祇，在贵霜王朝钱币中也很稀罕。(3) 马歇尔在德叉始罗发现有卡德比塞斯钱币背面呈现高举手臂的坐像，紧密连接正面“坐着的国王和宙斯”的图案。(4) 背面呈现国王坐像并不陌生。前面提到的莫埃斯和阿泽斯在他们发行的一些钱币上显示盘腿而坐的国王。(5) 圆柱形系结的帽子和右手举着武器不是佛陀的特征。(6) 明显没有迦腻色迦钱币上所有佛陀形象必有的围绕头部的光环②。(7) 按照古马尔斯瓦米，由于举起的手中握有像锤子那样的物件，卡德比塞斯钱币上的坐像肯定不能被确认为是佛陀③。

古马尔斯瓦米提到的一些优禅尼钱币上的坐像特征不确定。因此，似乎不能确定是出现在迦腻色迦之前钱币上的佛像④。

佛陀无疑呈现在迦腻色迦的金币和铜币上。迦腻色迦的一枚金币，现藏英国博物馆，其背面呈现站着的佛陀，身穿长袍，伴随有铭刻的希腊文 Boddo（佛陀）。他的右手举起，左手拿着托钵。新

---

① 参阅 Chattopadhyaya, B, The Age of the Kushāṇas: A Numismatic Study，第187页。

② Agrawala, V. S., Indian Art，第16页。

③ Coomaraswamy, A. K., The Origin of the Buddhist Image，第16页。

④ Coins and Icons，第234页。

近发布有出自不同冲模的另一种类型的样例①。在铜币背面希腊文铭刻是 Sakamana Boddo 即 Śākyamuni Buddha（释迦牟尼佛），或 Metrauo Boudo 即 Maitreya Buddha（弥勒佛）②。佛陀举起右手，仿佛在说法，左手拿着托钵。在一些样例中，呈现坐着的佛陀，左手放在膝部，右手抬起，表示祝福，伴随有同样的铭刻文字。还有另一种样例，佛陀双手放在胸前，但是钱币上铭刻的文字已经残缺③。

就手势（mudrā）和其他肖像特点而言，在一些钱币上佛陀呈现正面站立，而另一些呈现坐着。关于手势，可以看到大多是举起右手，最可能是胜施手势（varadamudrā）。在一些钱币上，佛陀站着显示解说手势（vyākhyānamudrā）。在英国博物馆的金币上，佛陀坐着，右手放在胸前，显示思惟手势（vitarkamudrā），左手握着甘露（amṛta）瓶。还有一些样例，佛陀显示转法轮手势（dharmacakrapravartanamudrā）。佛陀盘腿的坐姿令人想起大王坐姿（mahārājāsana）。佛陀的服装主要展现在塑像上。它包含三件：内衣（antaravāsaka）、上衣（uttarāsaṅga）和袈裟衣（saṅghāṭī）。在钱币上，我们发现佛陀穿上衣，覆盖胸部和肩部，内衣下垂到脚。当然，这在站立的佛像上更明显。

在佛教艺术中，有一些习惯的标志（lakṣaṇa，“相”）用于表示佛陀形象特征。他的头顶有顶髻（uṣṇīṣa），双眉之间有白毫（ūrṇā）。但是，在钱币上难以辨别这些标志。在英国博物馆的金币上，

---

① Bajpai，K. D.，A New Boddo Type Gold Coin of Kanishka，JNSI，44，1982，第42页以下。

② 同上书，第45页。

③ 关于迦腻色迦佛教信仰的发展，参阅 Sircar，D. C.，Religious Leanings of the Kushāṇa Kings，Some Problems Kushāṇa and Rājpūt History，Calcutta，第11页，第17页以下。

佛陀整个形象绕有光环（prabhāmaṇḍala）。在其他样例上，佛陀有围绕头部的光环（śiraścakra）。格伦威德尔①和德劳因②相信这种光环源于希腊。但是，古马尔斯瓦米指出，见于摩突罗和犍陀罗佛像的光环可以追溯到吠陀仪式中放在祭台上代表太阳的金盘。在本书别处已经说明，佛教早就发展出佛陀具有三十二种大人相或转轮王相的概念。因此，这些标志借自希腊的问题不成立③。

---

① Grunwedel，Buddhist Art，第86页。

② IA，32，1903，第431页。

③ 本人感谢古普特博士（Dr. S. K. Gupta，Associate Professor，Dept. of History and Culture，University of Rajasthan，Jaipur）与我一起讨论本附录中的相关问题，厘清一些有关的观点。

参考书目

原　著

Abhidharmasamuccaya, ed, by P. Pradhana, Santiniketan

Ācāryāṅga, ed. by H. Jacobi, London, 1882; Hindi trans. by S. S. Saras, Beawar, 1980

Aitareya Brāhmaṇa, ed. by B. G. Apte, Poona, 1931

Aṅguttara Nikāya, Eng. trans. by Woodward and Hare, PTS, London, 1932 - 1936

Āpastambīya Dharmasūtra, ed. by G. Bühler (Bombay Sanskrit Series), 1892, 1894

Āpastambīya Śrautasūtra, ed. by R. Garbe, Calcutta, 1882 - 1902

Arthaśāstra of Kauṭilya, trans. by R. Shamasastry, Mysore, 1929; Kangle, Bombay, 1963

Āryamañjuśrīmūlakalpa, ed. by T. Ganapati Sastri, 1925

Āṣṭādhyāyī by Pāṇini, Chaukhamba Sanskrit Series

Āśvalāyana Gṛhyasūtra, ed. by A. G. Stenzler, Leipzig, 1864

Atharvaveda, trans. by W. D. Whitney, Cambridge, Mass., U. S. A., 1905

Aṭṭhasālinī, ed. by P. V. Bapat, Poona, 1942

Aupapātikasūtra, Leipzig, 1883

Baudhāyana Dharmaśāstra, ed. by E. Hultsch, Leipzig, 1884

Bhagvadgītā with Śaṅkarācārya's comm. and Hindi trans., pub. by Gita Press, Gorakhpur, 1926

Bhagavatīsūtra, 2 vols., Surat, 1937; Jamnagar, 1940

Bodhicaryāvatāra, Calcutta, 1902 – 1914

Bodhivaṃsa of Upatissa, ed. by S. A. Strong, PTS, London, 1891

History of Buddhism by Bu-ston, trans. by E. Obermiller, Heidelberg, 1932

Cariyāpiṭaka, PTS, London, 1982

Catuḥśataka, ed. by A. P. Sastri, Calcutta, 1914

Caturbhāṇi, ed. by Motichandra, Bombay, 1959

Culavaṃsa, Eng. trans. by W. Geiger and Mrs. R. Rickmers, London, 1930

Dhammapada, trans. by Max Müller, SBE, 1898

Dhammapada Commentary, ed. by Norman, 5 Vols., London, 1906 – 1915

Dhammasaṅgaṇī, Eng. trans. by Mrs. Rhys Davids, London, 1923

Dīgha Nikāya, Eng. trans. by T. W. Rhys Davids, 3 Vols., 1890, 1910, 1921

Dīgha Nikāya Commentary, see Sumaṅgalavilāsinī

Dīpavaṃsa, ed. and trans. by Oldenberg, London, 1879

Divyāvadāna, ed. by Cowell and Neil, 1886

Dohākośa of Siddha Sarahapāda, ed. by P. C. Bagchī, Calcutta, 1935; ed. and trans. by Rāhula Sāṅkṛtyāyana, Patna, 1957

Gītā, see Bhagvadgītā

Guhyasamājatantra (or Tathāgataguhyaka), ed. by B. Bhatta-charya,

GOS, 53, Baroda, 1937

Fa-hsien's Travels, trans. by H. A. Giles (The Travels of Fa-hsien, or Record of Boddhistic Kingdoms)

Harṣacarita of Bāṇa, ed. by P. V. Kane, 2nd ed., Delhi, 1965

Hume, Thirteen Principal Upanishads

Ittivuttaka, Eng. trans. by J. H. Moore, 1908

I-tsing's Record, trans. by J. Takakusu (A Record of the Buddhist Religion as Practised in India and Malay Archipelago), Oxford, 1896

Jātaka, ed by V. Fausböll, 7 Vols., 1877 - 1897, ed. E. B. Cowell, 6 Vols., 1895 - 1913

Jātakamālā, ed. by H. Kern, Boston, 1891

Kathāvatthu, Eng. trans. London, 1915

Kaulajñānanirṇaya, ed. by P. C. Bagchi, Calcutta, 1934

Khuddakapāṭha, trans. by Childers, 1870

Lalitavistara, ed. by R. Mitra, Calcutta, 1877

Laṅkāvatārasūtra, Eng. trans. by Suzuki, London, 1932

Mahābhārata, critical edn., Poona, several Vols.; Gita Press edition with Hindi trans

Mahānirvāṇatantra, see Tantra of the Great Liberation

Mahāvaṃsa, Eng. trans. by Geiger, London, 1912

Mahāvastu, ed. by E. Senart, Paris, 1882 - 1897

Majjhima Nikāya, Eng. trans. by Chalmers, 2 Vols., London, 1926, 1927

Manusmṛti, Eng. trans. by Bühler, SBE, Oxford, 1886; Chokhamba, Varanasi; Calcutta, 1932 - 1939

Milinda Pañho, Eng. trans. by T. W. Rhys Davids, SBE, Oxford, 1890 - 1894

Mystic Tales of Lāmā Tārānātha, tr. by Bhupendra Nath Dutt, Calcutta, 1944

Niddesa, London, 1916 – 1918

Pariśiṣṭaparvan, see Sthavirāvalīcarita

Prajñāpradīpa, ed. by Wallesar, Calcutta, 1914

Rāmāyaṇa, Eng. trans. by T. H. Griffth; Hindi trans., Pub. by Gita Press, Gorakhpur

Ṛgveda, ed. by Max Mller, 1890 – 1892; edn. of Poona, 4 vols., 1933; edn. of Griffth, 2 vols., reprint

Sādhanamālā, Vol. 2, ed. B. Bhattacharyya, GOS, No. 41, Baroda, 1928

Samādhirājasūtra, Calcutta, 1914

Saṃyutta Nikāya, Eng. trans. by Mrs. Davids and F. L. Woodward, London, 1917 – 1930

Śatapatha Brāhmaṇa, Kashi, V. S. 1994; trans. by Eggeling, 5 parts, SBE, 1882 – 1890

Saudarananda of Aśvaghaṣa, ed. by Johnston, 1932

Sthavirāvalīcarita, ed. by Jacobi, 1932

Sumaṅgalavilāsinī, ed. by T. W. Rhys Davids, London, 1886

Sutrālaṃkāra of Aśvaghoṣa, Paris, 1908

Taittirīya Saṃhitā, ed. by A. Weber, Berlin, 1871 – 1872

Tantrāloka of Abhinavagupta, Kashmir Series of Texts and Studies, No. 30, 1921

Tantra of the Great Liberation, 2 Vols., tr. Arthur Avalon, London

Tantravārtika of Kumārila, Banaras edition

Tārānātha's Account of Buddhism, portions translated by Miss E. Lyall in IA Vol. 4; also IHQ Vols. 3 to 8, 10, 18, 28

Theragāthā, ed. by Pischel, London, 1883

Therīgāthā, ed. by Oldenberg, PTS, London

Therīgāthā Commentary, ed. by E. Müller, London, 1893

Tripiṭakas, ed. in Devanagari script by J. Kashyapa, 41 Volumes, Nalanda Pali Mahāvihāra; ed. in Roman script, PTS

Triṣaṣṭiśalākāpuruṣacarita of Hemachandra; Śrī Jaina Ātmānandaśatābdi Series, Nos. 7 (1936) and 8 (1950), Eng. trans. by Helen M. John- son, Baroda, 1949

Udāna, London, 1935

Uttarādhyayana, trans. by Jacobi, SBE, Oxford, 1895

Vājasaneyī Saṃhitā, ed. by A. Weber, London, 1852, Bombay, 1929

Vajrayānagranthadvayam, ed. by B. Bhattacharya, GOS, 44, Baroda, 1929

Vinaya Piṭaka, ed. by Oldenberg, London, 1879 – 1883; Hindi trans. by Rāhula Sāṅkṛtyāyana and J. Kashyapa, Sarnath, 1936

Yayurveda, Griffth's trans.

Yuan Chwang's Travels, trans. by T. Watters (On Yuan Chwang's Travels in India), ed. by T. W. Rhys Davids and S. B. Bushell

现代著作

Agrawal, D. P., The Archaeology of India, London, 1982

Agrawala, V. S., India as known to Pāṇini, Lucknow, 1953

——, Indian Art

——, Prācīna Bhāratīya Lokadharma, Varanasi, 1964

Allan, J., Catalogue of the Coins of the Gupta Dynasties and of

Śaśaṅka, king of Gauḍa (in the British Museum), London, 1914

Allchin, Bridget and Raymond, The Birth of Indian Civilization, 1968

Altekar, A. S., Education in Ancient India, Varanasi, 1957

——, Position of Women in Hindu Civilization, Bararas, 1938

Ambedkar, B. R., The Buddha and His Dhamma, Bombay, 1974

——, What Congress and Gandhi have Done to the Untouchables?

Asutosh Mukerjee Silver Jubilee Volumes, Calcutta

Aurobindo, Sri, The Foundations of Indian Culture, Pondicherry, 1959

Avalon, Arthur, see under Woodroffe, John

Bagchi, P. C., Studies in the Tantras, 1, Calcutta, 1975

——, Sino-Indian Studies, Volume 2

——, India and China

——, Shi Kia Fang Che, Calcutta, 1959

Bahm, A. J., Philosophy of Buddha

Baldev Kumar, The Early Kuṣāṇas, New Delhi, 1973

Banerjee, A. K., Sarvāstikavāda Literature, Calcutta, 1957

Bapat, P. V., ed. 2500 Years of Buddhism, Delhi, 1959

Bardwell L. Smith, ed. Essays on the Gupta Culture, Delhi, 1983

Barth, A., The Religions of India, London, 1882

Barthelemy-Saint-Hilaire, Jules, Buddhism in India, trans. by Laura Ensore, as Hiouen Tshang in India, Calcutta, 1952

Barua, B. M., Inscriptions of Aśoka, Calcutta, 1934

——, Aśoka and His Inscriptions, Calcutta, 1946

——, Ājīvakas, Calcutta, 1920

——, Prolegomena to the History of Buddhist Philosophy, Calcutta, 1918

——, A History of Pre-Buddhistic Indian Philosophy, Calcutta, 1925

Basak, R. G., Lectures on Buddha and Buddhism, Calcutta, 1961

——, The History of North-Eastern India

Basham, A. L., History and Doctrines of Ājīvikas, Delhi, 1981

——, The Wonder that was India, 1954

Basham, A. L., ed. A Cultural History of India, Oxford, 1984

Basu, Jogiraj, India in the Age of Brāhmaṇas, Calcutta, 1969

Beal, S., The Romantic Legend of Śākya Buddha, London, 1875

——, Si-yu-ki, Buddhist Records of the Western World, trans. from the Chinese of Hiuen Tsang, London, 1906

Bhandarkar, D. R., Aśoka, (Carmichael Lectures), 1923

——, Ājīvikas, IA, 41, p. 286 ff.

Bhandarkar, R. G., Vaiṣṇavism, Śaivism and Minor Religions Systems, Poona, 1929 (Collected Works, 4)

Bhandarkar, D. R. and other ed. B. C. Law Volume, 1 and 2, 1945, 1946

Bhandarkar, D. R. and Majumdar, S. N., Inscriptions of Aśoka, Calcutta, 1920

Bhandarkar, R. G., Collective Works, 4

Bhattacharya, B., Indian Buddhist Iconography, Oxford, 1924

——, An Introduction to Budhhist Esoterism, Bombay, 1932

Bhattacharya, N. N., History of Tāntrika Religion, New Delhi, 1982

Bhattacharya, Vidhushekara, The Basic Conception of Buddhism, Calcutta, 1934

Bhattasali, N. K. , Iconography of Buddhist and Brāhmaṇical Sculptures in the Dacca Museum, Dacca, 1929

Bloomfield, The Religion of Veda

Bodhi, Bhikshu, Great Discourse on Causation (The Mahānidāna sutta and its Commentarial Exegesis), Kandy, 1984

Bongard-Levin, G. M. , Mauryan India, New Delhi, 1985

Bose, Phanindranath, Indian Teachers in Buddhist Universities, Madras, 1923

Buddha Prakash, Studies in Indian History and Civilization, Agra, 1965

——, Aspects of Indian History and Civilization, Agra, 1965

Bunyiu, Nanjio, The Chinese Buddhist Tripiṭaka, Oxford, 1883

Bu-ston, History of Buddhism, Heidelberg, 1932

Cambridge Ancient History

Central Asia in the Kushān Period, 2 parts, Moscow, 1975

Chakraborty, H. , Asceticism in Ancient India, Calcutta, 1973

Chatterji, Cauri Shankar, Harshavardhana, in Hindi, Allahabad, 1950

Chanda, R. P. , The Indo-Aryan Races

——, Gauḍarājamālā

Chattopadhyay, Bhaskar, The Age of the Kushāṇas—a Numismatic Study, Calcutta, 1979

Chattopadhyaya, D. , Lokāyata, New Delhi, 1959

Chattopadhyaya, Sudhakar, Bimbisāra to Aśoka, Calcutta, 1977

Chaturvedi, Sitarama, Kālidāsa Granthāvalī, in Hindi, Varanasi

Childers, R. C. , A Dictionery of Pali Language

Chitrava, Siddhevara, Bhāratavarṣīya Prācīna Caritrakośa, Poona, 1964

Conze, E. , Buddhist Thought in India, London, 1962

——, Buddhism, Oxford, 1953

——, A Short History of Buddhism, 1960

Coomaraswamy, A. K. , Buddha and the Gospel of Buddhsm, 1928

——, Hinduism and Buddhism, New York

——, Yakṣas, 2 Parts, 1928 – 1931

Coomaraswamy, A. K. , History of Indian and Indonesian Art

——, Figures of Speech or Figures of Thought

——, The Dance of Śiva

Coomaraswamy and Horner, Living Thoughts of Gautama the Buddha, London, 1948

Cosma De Koros, Alexander, The Life and Teachings of Buddha, Calcutta, 1957

Cultural Heritage of India, 4 Vols. , pub. by the Ramakrishna Mission Institute of Culture, Calcutta, 1937, 1953, etc. (Reprint, 1970)

Cunningham, A. , The Ancient Geography of India, Varanasi, 1963

Dahlke, P. , Buddhism and its Place in the Mental Life of Mankind, London, 1927

Dahlmann, Joseph, Nirvāṇa, Berlin, 1896

Dandekar, R. N. , Rudra in the Veda, Poona

Das, A. C. , Ṛgvedic Culture, Calcutta, 1925

Dasgupta, S. , Obscure Religious Cults (2nd edn.), Calcutta, 1962

Dasgupta, S. B., An Introdution to Tāntric Buddhism, Calcutta, 1974

Dasgupta, S. N., History of Indian Philosophy, Cambridge, 1955

Dasgupta, S. N. and De S. K., A History of Sanskrit Literature, Vol. 1, Calcutta, 1947

Dasgupta, Surama, Development of Moral Philosophy in India, 1961

Datta, B., ed. Aruṇa Bhātatī, Prof. A. N. Jani Felicitation Volume, Baroda, 1983

Devahuti, D., Harsha: a Political Study, 2nd edn., Oxford University Press, Delhi, 1983; 1st edn. Oxford, 1970

Despande, P. Y., Tathāgata Buddha, New Delhi, 1984

Dammaratna, Thera B. and Wijayasundara, Senart, Life of Gotama the Buddha, Singapore, 1984

Dube, S. N., Cross Currents in the Early Buddhism, Delhi, 1980

Dutt, N., Mahāyāna Buddhism, Calcutta, 1973

——, Early Monastic Buddhism, Calcutta, 1941

Dutt, N. K., Origin and Growth of Caste in India, Calcutta, 1965

Dutt, N. N. and Bajpai, K. D., Uttara Pradeśa men Baoddha Dharma kā Vikāsa, Lucknow, 1956

Dutt, R. C., Buddhism and Buddhist Civilization in India, 1983

Dutt, S., Early Buddhist Monachism, London, 1924

——, Buddhst Monks and Monasteries of Inda, London, 1962

——, Buddhism in Far East

Dvivedi, Hajari Prasad, Nātha Sampradāya, Allahabad, 1950

——, Madhyakālīna Dharma-sādhanā, Allahabad, 1952

Edkins, J. , Chinese Buddhism

Eliot, Charles, Hinduism and Buddhism, 3 Vols. , London, 1954

Encyclopaedia of Religion and Ethics

Fairservis, Walter, A. , The Roots of India, Chicago, 1975

Fick, R. , The Social Organization in North-East India in Buddha's Time, Calcutta, 1920

Fleet, J. F. , Corpus Inscriptionum Indicarum, 3, Calcutta, 1888

Foucher, The Beginning of Buddhist Art

Frauwallner, E. , On the Date of the Buddhist Master of Law Vasubandhu, Rome, 1951

Gour, Hari Singh, The Spirit of Buddhism, Calcutta

Getty, Alice, The Gods of Northern Buddhism, Oxford, 1928

Ghoshal, U. N. , A History of Indian Political Ideas, Oxford, 1959

Giles, H. A. , The Travels of Fa-hien or Records of Buddhistic Kingdom, Cambridge, 1923

Gokhale, B. G. , Indian Thought through the Ages (a study of some dominant concepts), Bombay, 1961

Goyal, Shankar, Kumārajīva: The Yuan Chwang of India, JRIHR, Jaipur, 14, No. 2, 1977, pp. 38 – 40

Goyal, S. R. , Prācīna Bhāratīya Abhilekha Saṃgraha, Jaipur, 1982

——, Guptakālīna Abhilekha, Meerut, 1984

——, Maukhari-Pushyabhūti-Chālukya Yugīna Abhilekha, Meerut

——, Harsha and Buddhism, Meerut, 1986

——, Harsha Śīlāditya, Meerut, 1987

——, A Religious History of Ancient India, Volume 1, Meerut,

1984; volume 2, 1986

——, Kauṭilya and Megasthenes, Meerut, 1985

——, A History of Imperial Guptas, Allahabad, 1967

——, Samudragupta Parākramāṅka, Meerut, 1987

——, Brāhmī Script: An Invention of the Early Maurya Period, in The Origin of Brāhmī Script, ed. Gupta, S. P. and Ramachandran, K. S., Delhi, 1999, pp. 1 – 53

——, Did Harsha Ever Embrace Buddhism as His Personal Religion?, in K. P. Jayaswal Commemoration Volume, Patna, 1981, pp. 373 – 393

Goyal, S. R. and Gupta S. K. eds, Māgadha Sāmrājya kā Udaya, New Delhi, 1980

Gupta, S. K., Lion Seat in Buddhist Art, Proceedings of the Annual Conference of All-India Archaeological Society, Pune Session, pp. 253 – 257

——, Early Buddha Images from Gandhāra: A Fresh Study in Genesis, Readings in Indian History, Jodhpur, 1978, pp. 166 – 178

——, Origin of Prabhāvalī in Early Buddha Image, PAIAS, Kurukshetra Session, 1972

——, Cause of the Absence of the Buddha Image in Early Indian Art, K. P. Jayaswal Commemoration Volume, ed. J. S. Jha, Patna, 1981, pp. 134 – 139

——, A Critical Study of Indian Art Motifs (unpublished thesis)

——, Impact of Bhāgavata Cult on the Origins of Buddha Image, Jijñāsā, 3, Pt. 1, 1984

——, Vedic Devatattva, Bhāratī, 10, Part 2, Sept. 1965

——, The Concept of Godhood in Early Indian Thought, Jijñāsā,

Vol. 1, Nos. 1 – 2, Jaipur, 1974

Gupta, S. P., The Roots of I ndian Art, Delhi, 1980

Gupta, S. P. and Ramachandran, K. S. eds. The Origin of Brāhmī Script, Delhi, 1979

Hazra, Kanailal, Royal Patronage of Buddhism in Ancient India, New Delhi, 1984

Har Dayal, The Bodhisattva Doctrine, London

Hardy, R. Spence, Eastern Monachism, 1850

——, A Manual of Buddhism in its Modern Development, London, 1880

——, The Legends and Theories of the Buddhists, London, 1981

Hegel, Philosophy of History

Hiriyanna, M., Outlines of Indian Philosophy, London, 1956

Holmes, E. G. A., The Creed of Buddha, New York, 1908

Horner, I. B., Early Buddhist Theory of Man Perfected, London, 1936

——, Women in Primitive Buddhism, Delhi, 1975

——, The Book of Discipline, 1

Indra, The Status of Women in Aenciet India, Lahore, 1940

Jacobi, H., On Mahāvīra and His Predecessors, IA, 9, p. 158ff

——, Jaina Sūtras (2 Vols.), Oxford, 1892 – 1895

Jaini, J. L., Outlines of Jainism, (ed. with preliminary note by F. W. Thomas), Cambridge, 1916

Jayaswal, K. P., An Imperial History of India

Jennings, J. G., The Vedāntic Buddhism of the Buddha, London, 1947

Jha, J. S., ed. K. P. Jayaswal Commemoration Volume, 1982

Jhingran, Saral, The Roots of World Religions, New Delhi, 1984

Joshi, L. M., Studies in the Buddhist Culture of India, Delhi, Second edn

——, Brahmanism, Buddhism and Hinduism, Kandy, 1970

Joshi, L. M., ed. History of Punjab, Patiala, 1977

Kane, P. V., History of Dharmaśāstra, 5 Vols, Poona, 1930 - 1962

Kavirāja, Gopīnātha, Bhāratīya Saṃskṛti aura Sādhanā, Vol. 1, in Hindi, Patna, 1953

Keith, A. B., Religion and Philosophy of the Veda and Upanishads, 2 Vols., Cambridge, 1925

——, Buddhist Philosophy

Kern, H., Manual of Indian Buddhism, Strausburg, 1896

Kimura, R., Hīnayāna and Mahāyāna and the Origin of Mahāyāna Buddhism, Calcutta, 1925

King, W. L., Buddhism and Christianity, London, 1963

Kosambi, D. D., An Introduction to the Study of Indian History, Bombay, 1950

Kosambi, Dharmananda, Pāraśvanātha kā Cāturyāma Dharma

Lal, B. B. and Gupta, S. P. eds. Frontiers of Indus Civilization, New Delhi, 1984

Laski, H. J., The American Democracy

Law, B. C., History of Pali Literature, 2 Vols., London, 1933

——, India as Described in the Early Buddhism and Jainism, 1941

——, A Study of Mahāvastu, Calcutta, 1930

Law, B. C. ed. Buddhist Studies, Calcutta, 1931

Legge, J. H., Record of the Buddhistic Kingdoms, being an

Account of the Chinese Monk Fa-hsien's Travels, Oxford, 1886

Leeuw, Lohuizen De, The Scythian Period

Lévi, S. , Le Nepal

Mcdermott, James Paul, Development in the Early Buddhist Concept of kamma/karma, New Delhi, 1984

Macdonell, A. A. , Vedic Mythology, Varanasi, 1963

Macdonell and Keith, Vedic Index of Names and Subjects, 2 Vols. , 1912

MacGovern, W. H. , An Introdution to Mahāyāna Buddhism, London, 1922

Majumdar, A. K. , Concise History of India, 3, New Delhi, 1983

Majumdar, N. G. , A Guide to the Sculptures in the Indian Museum

Majumdar, R. C. , ed. History of Bengal, 1, Dacca, 1943

Majumdar, R. C. , ed. A Comprehensive History of India, 3, Pt. 1, New Delhi, 1981

Majumdar, R. C. and Pusalker, A. D. , eds. The Vedic Age, London, 1951

——, The Imperial Unity, Bombay, 1953

——, The Classical Age, Bombay, 1954

——, The Age of Imperial Kanauj, Bombay, 1955

——, The Struggle for Empire, Bombay, 1957

Malalashekhra, G. D. , Dictionary of Pali Proper Names, 2 Vols. , London, 1931 – 1938

Marshall, J. , Mohenjodaro and the Indus Civilization, 1, London, 1931

——, Taxila

Mehta, R. N. , Pre-Buddhist India, Bombay, 1939

Melamed, S. M. , Spinoza and Buddha, 1933

Mishra, G. S. P. , The Age of Vinaya, Delhi, 1972

——, Development of Buddhist Ethics, New Delhi, 1984

Mitra, R. C. , The Decline of Buddhism in India, Vishva Bharati Studies, 1954

Monier-Williams, M. , Buddhism in Its Connection with Brahmanism and Hindism, London, 1890

——, Sanskrit-English Dictionary, Delhi, 1958

Mookerji, R. C. , Harsha, London, 1926

Muir, J. , Original Sanskrit Texts, 5 Vols. , London, 1858 – 1870; New Delhi, 1976, reprint

Mukherjee, P. K. , Indian Literature in China and Far East

Muni Hazarimala Smṛti Grantha, Beawar, 1965

Murti, T. R. V. , Central Philosophhy of Buddhism, London, 1983

Morgan, K. W. , The Path of the Buddha, New York, 1956

Mookerji, R. K. , Ancient Indian Education, Delhi, 1974

Mukhajee, B. M. , et al. eds. Śrī Dineścandrikā, Shri D. C. Sicar Festschrift (Studies in Indology), Delhi, 1983

Munishri Mishrimalji Maharaja Abhinandana Grantha, Jodhpur, 1968

Muni, Devendra, Bhagavāna Pārśva: Eka Samīkṣātmaka Adhyayana, Poona, 1969

Nagrajji, Munishri, The Contemporaneity and Chronology of Mahāvīra and Buddha, Calcutta, 1964

Nakamura, Hajime, Indian Buddhism: A Survey with Bibliographical

Notes, Delhi, 1987

Narain, A. K. , The Indo-Greeks

——, ed. Studies in History of Buddhism, Delhi, 1980

——, ed. Studies in Buddhist Art of South Asia, New Delhi, 1985

Narasu, P. Lakshmi, The Essence of Buddhism, Delhi, 1976

Narendra Deva, Bauuddha-Darśana (in Hindi), Patna, 1956

Negi, J. S. , Groundwork of Ancient Indian History, Allahabad, 1958

Nehru, J. L. , The Discovery of India, London, 1960

Niyogi, Jātakakālīna Bhāratīya Saṃskṛti (in Hindi)

Obermiller, E. , History of Buddhism, 2 Vols. , 1932

Oldenberg, H. , Buddha—His Life, His Doctrines, His Order, 1927

Pande, C. B. , Mauryan Art, Varanasi, 1982

Pande, G. C. , Studies in the Origins of Buddhism, Allahabad, 1957

——, Śramaṇa Tradition: Its History and Contribution to Indian Culture, Ahmedabad, 1978

——, Foundations of Indian Culture (Vol. 1: Spiritual Vision and Symbolic Forms in Ancient India; Vol. 2: Dimensions of Ancient Indian Social History), New Delhi, 1983, 1984

——, Bauddha Dharma ke Vikāśa kā Itihāsa, Lucknow, 1963

Philips, C. H. ed. Historians of India, Pakistan and Ceylon, Oxford, 1961

Poussin, Louis de la Vallee, The Way to Nirvāṇa (Six Lectures on Ancient Buddhism as a Disciline of Salvation), 1917

Prabhu, P. N. , Hindu Social Organisation, Bombay, 1954

Premi, Nathuram, Jaina Sāhitya aura Itihāsa, Bombay, 1956

Puri, B. N., India Under the Kushāṇas, Bombay, 1965

Pankaj, N. Q., State and Religion in Ancient India, Allahabad, 1983

Radhakrishna, S., Indian Philosophy, 2 Vols., London, 1923, 1927

——, Gotama the Buddha

Ranade, R. D., Constructive Survey of the Upanishadic Philosophy, Poona, 1926

Rao, K. L., Seshagiri, ed. Buddhism, Patiala, 1969

Rao, V. B., Uttara Vaidika Samāja evam Saṃskṛti, Varanasi, 1966

Raychaudhuri, H. C., Political History of Ancient Inda, 6th. ed.

Renou, L., Religions of Ancient India, London, 1953

Rhys Davids, Mrs. C. A. F., Buddhism, A Study of the Buddhist Norm, 1912

——, Buddhist Psychology, London, 1914

——, Gotama the Man, London, 1928

——, Śākya or Budhist Origins, London, 1931

——, What was the Original Gospel in Buddhism?

——, Buddhism: Its Bieth and Dispersal, London, 1934

Rhys Davids, T. W., History of Indian Buddhism, London, 1897

——, Early Buddhism, London, 1908

——, Buddhism: Its History and Literature, London, 1926

——, Buddhist India, London, 1957

——, Hibbert Lectures

Rhys Davids, T. W. and C. A. F., Dialogues of the Buddha

Rockhill, W. W. , The Life of the Buddha, 2nd edn. , London, 1884

Roerich, G. , Biography of Dharmasvāmin: A Tibetan Monk Pilgrim

Saha, S. , Buddhism in Central Asia,

Sahai, Bhagawant ed. History and Culture, (B. P. Sinha, Felicitation Volume), Delhi, 1987

Sahu, N. K. , Buddhism in Orissa, 1958

Saletore, Life in the Gupta Age

Samkrtyayana, Rahula, Bauddha-Darśana (in Hindi), Allahabad, 1962

——, Buddhacaryā (in Hindi), 1931

——, Purātattva Nibandhāvalī

Sankalia, H. D. , The University of Nālandā, Madras, 1934

Sankar, H. , Studies in Early Buddhist Architecture of India

Sastri, K. N. , Sindhu Sabhyatā kā Ādi-kendra——Harappa (in Hindi), Delhi, 1959

Sen, D. B. , Studies in Tantra Yoga, Karnal, 1985

Sen, Madhu ed. Studies in Religion and Change, New Delhi, 1983

Sharma, Arvind, Spokes of the Wheel (Studies in Buddha's Dhamma), New Delhi, 1985

Sharma, G. R. , Kushāṇa Studies, Allahabad, 1968

Sharma, R. C. , Buddhist Art of Mathurā, Delhi, 1984

Sharma, R. S. , Śūdra in Ancient India, Delhi, 1958

——, Material Culture and Social Formation in Ancient India, Delhi, 1983

——, Indian Feudalism, Calcutta, 1965

Shastri, K. A. N. ed. A Comprehensive History of India, 2, 1957

Singh, S., Evolution of the Smṛti Law, Varanasi, 1972

Sinha, B. P., Readings in History and Culture, Delhi, 1978

Sinha, B. P., The Decline of the Kingdom of the Magadha

Sicar, D. C., Select Inscriptions bearing on Indian History and Civilization, Vol. 1, (From the Sixth Century B. C. to the Sixth Century A. D.), Calcutta, 2nd ed

——, Śākta Pīṭhas

——, Some Problems of Kushāṇa and Rājput History, Calcutta, 1969

Sircar, D. C., ed. Social Life in Ancient India, Calcutta, 1971

——, Foreigners in Ancient India and Lakṣmī and Sarasvatī in Art and Literature, Calcutta, 1970

——, Religious Life in Ancient India

Singhal, D. P., Buddhism in East Asia, New Delhi, 1984

Smith, Vincent A., The Early History of India (4th edn., Oxford), 1962

Snellgrove, David, Buddhist Himalaya, Oxford, 1957

Sogen, Y., Systems of Buddhst Thought, Calcutta, 1912

Sources of Indian Tradition, Delhi, 1953

Srivastava, V. S., ed. Cultural Contours of India (Dr. Satya Prakash Felicitation Volume), New Delhi, 1981

Stcherbatsky, The Central Conception of Buddhism, London, 1922

——, The Conception of Buddhist Nirvāṇa, Leningrad, 1927

Streeter, B. H., The Buddha and Christ, London, 1932

Suzuki, B. L., Outlines of Mahāyāna Buddhism, London, 1907

Suzuki, D. T., The Outlines of Mahāyāna Buddhism, London, 1927

Takakusu, J., The Essentials of Buddhist Philosophy, Honolulu, 1945

——, Record of the Buddhist Religion as Practised in India and Malay Archipelago, by I-tsing, Oxford, 1896

Taranatha, History of Buddhism in India, Indian Institute of Advanced Studies, Simla, 1977

Tarn, W. W., Greeks in Bactria and India

Teggart, J. F., Theory of History

Thapar, B. K., Recent Archaeological Discoveries, Unesco, 1985

Thapar, R., From Lineage to State, Oxford, 1984

——, Aśoka and the Decline of the Mauryas

Thirty Years of Buddhist Studies, Oxford, 1967

Thomas, E. J., The Life of Buddha as Legend and History, London, 1927, 1949

——, History of Buddhist Thought, London, 1951

Tripathi, R. S., History of Kanauj, Delhi, 1959

Tucci, G., Tibetan Painted Scrolls, 2 Vols, Roma, 1949

——, Minor Buddhist Texts, 2 Parts, Roma, 1956, 1958

Tulasi, Acharyashri, Prevedic Existence of Śramaṇa Tradition, Calcutta, 1964

Upadhyaya, Bharat Singh, Buddha-Darśana tathā anya Bhāratīya Darśana (in Hindi), 2 Vols.

Upadhyaya, B. S., Women in Ṛgveda

Upadhyaya, K. N., Early Buddhism and the Bhagavadgītā,

Delhi, 1971

Upadhyaya, N. N. , Tāntrika Bauddha Sādhanā aura Sāhitya (in Hindi), Kasi, V. S. 2015

——, Gorakshanātha (in Hindi), Varanasi, V. S. 2033

Varma, V. P. , Modern Indian Political Thought, Agra, 1986

——, Early Buddhism and its Origins, New Delhi, 1973

Vedalankara, H. , Hindu Parivāra Mīmāṃsā, Allahabad, V. S. 2011

Venkataraman, The Central Philosophy of Buddhism, 1954

Vidyabhushana, S. C. , Medieval School of Indian Logic

——, History of Indian Logic

Waddell, L. A. , The Buddhism of Tibet or Lamaism, London, 1895

Warder, A. K. , Indian Buddhism, Delhi, 1970

——, An Intraduction to Indian Historiography, Bombay, 1972

Watanbe, Fumimaro, Philosophy and its Development in the Nikāyas and Abhidhamma, Delhi, 1983

Watters, T. , On Yuan Chwang's Travels in India, ed. by T. W. Rhys Davids and S. W. Bushell, 2 Vols. , London, 1904, 1905

Wayman, Alex, The Buddhist Tantras

Weber, A. , History of Indian Literature, reprinted 1961

Weber, Max, The Religion of India, 1958

Wheeler, M. , The Indus Civilization, 1968

Williams, M. , Hinduism

Winternitz, M. , History of Indian Literature, 2 Vols. , Calcutta, 1927, 1933

Woodroffe, John, Introduction to Tantrashāstra, 2nd edn. , Madras,

1952

——, Principles of Tantra

Yadava, B. N. S. , Society and Culture in Northern India, Allahabad, 1973

Yu, Chai-shin, Early Buddhism and Christianity, Delhi, 1986

Zimmer, H. , Philosophies of India, New York, 1960

杂 志

Adyar Library Bulletin

American Philosophical Quarterly, Pennsylvania

Anekānta, Delhi

Annual of the Bhandarkar Oriental Research Institute, Poona

Annual Reports of the Archaeological Survey of India

Aryan Path, Bombay

Bhāratī, Bombay

Bhāratī, Varanasi

Bhāratīya Vidyā, Bombay

Bhavan's Journal, Bombay

Brahmavidyā, Adyar

Buddhist, Colombo

Bulletin of Ram Krishna Mission Institute of Culture, Calcutta

Bulletin of Tibetology

Bulletin of the Institute of Post-Graduate (Evening) Studies, Delhi

Bulletin of the School of Oriental and African Studies, London

Calcutta Review, Calcutta

Ceylon Today, Colombo

Cultural Forum, New Delhi

Epigraphia Indica, Delhi

Hibbert Journal, London

History of Religion, Chicago

Indian Culture

Indian Historical Quarterly, Calcutta

Indian Journal of Para-Psychology, Jaipur

Indica, Bombay

Jain Antiquary

Jijñāsā, Jaipur

Journal Asiatique, Paris

Journal of the American Oriental Society, New Haven

Journal of the Andhra Historical Research Society, Rajmundry

Journal of Ancient Indian History, Calcutta

Journal of the Asiatic Society of Bengal, Calcutta

Journal of the Bihar and Orissa Research Society, Patna

Journal of the Bihar Research Society, Patna

Journal of the Bombay Historical Society, Bombay

Journal of the Department of Letters, Calcutta University

Journal of the Economic and Social History of the Orient

Journal of the Ganganatha Jha Research Institute, Allahabad

Journal of Ganga Natha Jha Kendriya Sanskrit Vidyapeetha

Journal of Indian History, Trivandrum

Journal of Oriental Institue, Baroda

Journal of Oriental Research, Madras

Journal of the Numismatic Society of India, Varanasi

Journal of the Pali Text Society

Journal of the Royal Asiatic Society—Bombay Branch, Bombay

Journal of the Royal Asiatic Society of Bengal, Calcutta

Journal of the Royal Asiatic Society of Great Britain and Ireland

Journal of the University of Poona, Poona

Journal of the University of Bombay, Bombay

Journal of the U. P. Historical Society, Lucknow

Kashmir Research Biannual

Kalyāṇa, Corakhpur

Mahābodhi, Calcutta

Memoirs of the Archaeological Survey of India

Nagpur University Journal

New Indian Antiquary

Philosophy: East and West, Hawaii

Poona Orientalist, Poona

Prabuddha Bhārata, Calcutta

Prāchī Jyoti, Kurukshetra

Proceedings and Transactions of the All-India Oriental Conference

Proceedings of the Annual Conferences of All India Archaeological Society

Proceedings of the Indian History Congress

The Art Bullitin

University of Allahabad Studies, Allahabad

University of Ceylon Review

Vedānta and West, Hollywood

Vedānta Kesarī, Madras

Vishweshwaranand Indological Journal, Hoshiarpur

Viśvabhāratī Annuals

Viśvabhāratī Quarterly, Calcutta

World Buddhism, Colombo

译后记

《印度佛教史》的作者戈耶尔（S. R. Goyal）是印度著名的文化历史学家，著有《印度古代宗教史》（A Religious History of Ancient India，两卷本）、《戒日王和佛教》（Harsha and Buddhism）和《笈多帝国史》（A History of the Imperial Guptas）等多种著作。这部《印度佛教史》出版于1987年，有三位印度著名学者为此书作序，一致给予高度评价。

般代（G. C. Pande）教授认为“戈耶尔教授这部著作的视域是全面的，讨论是评价性的和精细的。表述是清晰的和系统的。信息是广泛的和自古迄今的。他令人敬佩地适应社会需求，在一卷著作中用历史的观点对印度佛教作出可靠的概述。我确信这门学科的学生和学者会发现这部著作作为这门学科的导论和随手查阅的参考书大有裨益”。帕塔克（V. S. Pathak）教授认为“关于佛教的不同方面，有好几部著作，但是，涵盖整个领域——哲学、宗教、国家和社会，概述从佛教产生前直至现代的历史，这样的一种权威性著作是人们盼望已久的。戈耶尔教授提供这样清晰、全面和批评性的叙述，确实赢得学者和一般读者的感激。我肯定这部著作会成为今后几十年的标准参考书”。戈波尔教授（L. Gopal）认为“我肯定对于那些想要获得关于佛教及其历史和丰富的文化遗产的可靠论述的读者，本书将会成为他们手头必备的藏书”。

佛教是中国传统文化的组成部分，因此，在中国现代学术领域中，佛教研究也占有重要的一席之地。中国的佛教学者也关注国外的佛教研究成果，但从近代以来的情况看，更多关注日本和西方学者的研究成果，而对印度学者的研究成果关注较少。其实，自近代以来，印度学者对佛教也进行了大量研究，积累了丰富的研究成果。而且，印度是佛教的发源地，印度学者熟悉本民族文化背景和传统，又能充分利用第一手原始材料，自有他们的研究优势。

戈耶尔的这部《印度佛教史》总结了自十九世纪以来印度国内外学者的研究成果，尤其是印度学者的成果在其中得到充分反映，因而对我们了解印度学者的佛教研究方法和观点很有参考价值。而且，作者戈耶尔本人注重联系印度社会历史和文化背景考察佛教，形成这部著作的重要特色，这方面也值得我们借鉴。

自然，中国古代引入印度佛教，在中华民族的文化土壤中扎根，努力适应儒家和道家文化传统以及现实社会需要，有着自己的发展历史和特色，形成有别于印度佛教的中国佛教。但是，全面深入了解印度古代佛教起源、发展和衰亡的历史，为我们的佛教研究提供一个参照系，也应该是有益的和必要的。

鉴于以上想法，我勉力译出这部著作，供国内佛教研究者参考。

黄宝生

2018 年 5 月 28 日